MÉMOIRES
DU PRINCE
DE TALLEYRAND

PUBLIÉS AVEC UNE PRÉFACE ET DES NOTES

PAR

LE DUC DE BROGLIE
DE L'ACADÉMIE FRANÇAISE

II

PARIS
CALMANN LÉVY, ÉDITEUR
RUE AUBER, 3, ET BOULEVARD DES ITALIENS, 15
A LA LIBRAIRIE NOUVELLE
—
1891

Droits de reproduction et de traduction réservés pour tous les pays
y compris la Suède et la Norvège.

MÉMOIRES

DU

PRINCE DE TALLEYRAND

LE PRINCE DE BÉNÉVENT
VICE-GRAND ÉLECTEUR DE L'EMPIRE
(D'après Prud'hon).

SIXIÈME PARTIE

1809-1813

1809-1813

En quittant une existence longtemps agitée par les illusions et le mouvement du pouvoir, je devais songer à m'en créer une qui m'offrît un mélange de repos, d'intérêt et d'occupations douces. La vie intérieure seule peut remplacer toutes les chimères. Mais, à l'époque dont je parle, cette vie intérieure, douce et calme, n'existait que pour bien peu de gens. Napoléon ne permettait guère de s'y attacher; il croyait que, pour être à lui, il fallait être hors de soi. Entraîné par la rapidité des événements, par l'ambition, par l'intérêt de chaque jour; placé dans cette atmosphère de guerre et de mouvement politique qui planait sur l'Europe entière, chacun était empêché de jeter un regard attentif sur sa propre situation; l'existence publique tenait trop de place dans l'esprit, pour que l'on pût réserver une seule pensée à l'existence privée. On se trouvait chez soi en passant, parce qu'il faut prendre du repos quelque part; mais personne n'était préparé à faire de sa maison son séjour habituel.

Je partageais cette condition qui explique l'indifférence que chacun portait dans tous les actes de sa vie, et que je me reproche d'avoir mise dans plusieurs de la mienne. C'est alors que je cherchai à marier mon neveu, Edmond de Périgord [1]. Il était important que le choix de la femme que je lui donnerai n'éveillât pas la susceptibilité de Napoléon, qui ne voulait pas laisser échapper à sa jalouse influence la destinée d'un jeune homme qui portait un des grands noms de France. Il croyait que, quelques années auparavant, j'avais influé sur le refus de ma nièce, la comtesse Just de Noailles [2], qu'il m'avait demandée pour Eugène de Beauharnais, son fils d'adoption. Quelque choix que je voulusse faire pour mon neveu, je devais donc trouver l'empereur mal disposé. Il ne m'aurait pas permis de choisir en France, car il réservait pour ses généraux dévoués les grands partis qui s'y trouvaient. Je jetai les yeux au dehors.

J'avais souvent entendu parler, en Allemagne et en Pologne, de la duchesse de Courlande [3]. Je savais qu'elle était distinguée par la noblesse de ses sentiments, par l'élévation de son caractère et par les qualités les plus aimables et les plus brillantes.

---

1. Alexandre-Edmond de Talleyrand-Périgord, né le 2 août 1787; depuis duc de Dino, et plus tard, duc de Talleyrand-Périgord.

2. Françoise de Talleyrand-Périgord, fille d'Archambauld Joseph, comte puis duc de Talleyrand-Périgord, frère de l'auteur. Née en 1785, elle épousa en 1803 Just, comte de Noailles, et plus tard duc de Poix, qui fut chambellan de l'empereur. Elle mourut en 1863.

3. Charlotte-Dorothée, comtesse de Medem, veuve de Pierre, dernier duc de Courlande et de Semigalle, née le 3 février 1761, mariée le 6 novembre 1779, veuve le 13 janvier 1800, morte le 20 août 1821.

La plus jeune de ses filles était à marier [1]. Ce choix ne pouvait que plaire à Napoléon. Il ne lui enlevait point un parti pour ses généraux qui auraient été refusés, et il devait même flatter la vanité qu'il mettait à attirer en France de grandes familles étrangères. Cette vanité l'avait, quelque temps auparavant, porté à faire épouser au maréchal Berthier une princesse de Bavière. Je résolus donc de faire demander pour mon neveu la princesse Dorothée de Courlande, et, pour que l'empereur Napoléon ne pût pas revenir, par réflexion ou par caprice, sur une approbation donnée, je sollicitai de la bonté de l'empereur Alexandre, ami particulier de la duchesse de Courlande, de demander lui-même à celle-ci la main de sa fille pour mon neveu. J'eus le bonheur de l'obtenir, et le mariage se fit à Francfort-sur-Mein, le 22 avril 1809.

En me déterminant à ne plus prendre part à rien de ce que faisait l'empereur Napoléon, je restais toutefois assez au courant des affaires, pour pouvoir bien juger la situation générale, calculer quelle devait être l'époque et la véritable nature de la catastrophe qui paraissait inévitable, et chercher les moyens de conjurer pour la France les maux qu'elle devait produire. Tous mes antécédents, toutes mes anciennes relations avec les hommes influents des différentes cours, m'assuraient des facilités pour être instruit de tout ce qui se passait. Mais je devais en même temps donner à ma manière de vivre un air d'indifférence et d'inaction qui n'offrît pas la moindre prise aux soupçons continuels de Napoléon. J'eus la preuve que c'était déjà s'exposer que de ne le plus servir ; car à différentes reprises il me montra une grande animosité, et me fit plusieurs

---

1. Dorothée, princesse de Courlande, née le 21 août 1793, morte en 1862.

fois publiquement des scènes violentes. Elles ne me déplaisaient pas, car la crainte n'est jamais entrée dans mon âme ; et je pourrais presque dire que la haine qu'il manifestait contre moi lui était plus nuisible qu'à moi-même. Si ce n'était pas anticiper sur l'ordre des temps, je dirais que cette haine me maintint dans mon indépendance, et me décida à refuser le portefeuille des affaires étrangères qu'il me fit, plus tard, offrir avec insistance. Mais à l'époque où cette offre me fut faite, je regardais déjà son beau rôle comme fini, car il ne semblait plus s'appliquer qu'à détruire lui-même tout le bien qu'il avait fait. Il n'y avait plus pour lui de transaction possible avec les intérêts de l'Europe. Il avait outragé en même temps les rois et les peuples.

Quelque besoin que l'on eût en France de se faire illusion, on était forcé de reconnaître, dans le blocus continental, dans l'irritation naturelle, quoique dissimulée, des cabinets étrangers profondément blessés, dans les souffrances de l'industrie garrottée par le système prohibitif ; on était forcé de reconnaître, dis-je, l'impossibilité de voir durer un état de choses qui n'offrait aucune garantie de tranquillité pour l'avenir. Chaque triomphe, celui de Wagram même, n'était qu'un obstacle de plus à l'affermissement de l'empereur, et la main d'une archiduchesse qu'il obtint peu après, ne fut qu'un sacrifice fait par l'Autriche aux nécessités du moment. Napoléon eut beau chercher à présenter son divorce comme un devoir qu'il remplissait uniquement pour assurer la stabilité de l'empire, personne ne s'y trompa, et l'on vit bien que c'était une satisfaction de vanité de plus, qu'il avait demandée à son mariage avec l'archiduchesse.

Les détails sur le conseil où l'empereur mit en délibération le choix de la nouvelle impératrice ne sont pas sans un certain intérêt historique ; je veux leur donner place ici. Depuis longtemps Napoléon faisait circuler à sa cour et dans le public que l'impératrice Joséphine ne pouvait plus avoir d'enfants, et que Joseph Bonaparte, son frère, qui n'avait ni gloire ni esprit, était incapable de lui succéder. Cela se mandait au dehors, et du dehors cela revenait en France. Fouché avait soin de faire répandre ces bruits par sa police ; le duc de Bassano endoctrinait dans le même sens les hommes de lettres ; Berthier se chargeait des militaires ; on a vu qu'à l'entrevue d'Erfurt, Napoléon lui-même avait voulu s'en ouvrir à l'empereur Alexandre. Enfin tout était prêt, lorsqu'au mois de janvier 1810, l'empereur convoqua un conseil extraordinaire, composé des grands dignitaires, des ministres, du grand maître de l'instruction publique et de deux ou trois autres grands personnages dans l'ordre civil. Le nombre et la qualité des personnes qui faisaient partie de ce conseil, le silence gardé sur l'objet de sa convocation, le silence encore pendant quelques minutes dans la salle même de la réunion, tout annonçait l'importance de ce qui allait se passer.

L'empereur, avec un certain embarras et une émotion qui me parut sincère, parla à peu près en ces termes : « Je n'ai pas renoncé sans regret, assurément, à l'union qui répandait tant de douceur sur ma vie intérieure. Si, pour satisfaire aux espérances que l'empire attache aux nouveaux liens que je dois contracter, je pouvais ne consulter que mon sentiment personnel, c'est au milieu des jeunes élèves de la Légion d'honneur, parmi les filles des braves de la France, que j'irais choisir une compagne, et je donnerais pour impératrice aux Français celle que ses qualités et ses vertus rendraient la plus digne du trône. Mais il faut céder aux mœurs de son siècle, aux usages des autres États, et surtout aux convenances dont la politique a fait des devoirs. Des souverains ont désiré l'alliance de mes proches, et je crois qu'il n'en est maintenant aucun à qui je ne puisse offrir avec confiance mon alliance personnelle. Trois familles régnantes pourraient donner une impératrice à la France : celles d'Autriche, de Russie et de Saxe. Je vous ai réunis pour examiner avec vous quelle est celle de ces trois alliances à laquelle, dans l'intérêt de l'empire, la préférence peut être due. »

Ce discours fut suivi d'un long silence que l'empereur rompit par ces mots : « Monsieur l'archichancelier, quelle est votre opinion ? »

Cambacérès, qui me parut avoir préparé ce qu'il allait dire, avait retrouvé dans ses souvenirs de membre du comité de Salut public, que l'Autriche était et serait toujours notre ennemie. Après avoir longuement développé cette idée qu'il appuya sur beaucoup de faits et de précédents, il finit par exprimer le vœu que l'empereur épousât une grande duchesse de Russie.

Lebrun[1], mettant de côté la politique, employa bourgeoise-

---

1. Charles Lebrun, né en 1739, fut en 1768 payeur des rentes et inspecteur général du domaine royal; il était l'ami et le collaborateur dévoué du chancelier Maupeou. Il fut destitué en 1774. Député du tiers aux états généraux, puis administrateur du département de Seine-et-Oise, il fut arrêté en 1794 et ne fut relâché qu'après le 9 thermidor. Il fut nommé député au conseil des Anciens en 1796. Après le 18 brumaire il devint troisième consul, architrésorier en 1804, prince et duc de Plaisance en 1808, lieutenant de l'empereur en Hollande en 1810. En 1814, il fut nommé commissaire royal à Caen et pair de France. Sous les Cent-jours, il accepta également la pairie impériale et les fonctions de grand maître de l'Université. Il mourut en 1824.

ment tous les motifs tirés des mœurs, de l'éducation et de la simplicité pour donner la préférence à la cour de Saxe, et vota pour cette alliance. — Murat et Fouché crurent les intérêts révolutionnaires plus en sûreté par une alliance russe; il paraît que tous deux se trouvaient plus à leur aise avec les descendants des czars qu'avec ceux de Rodolphe de Habsbourg.

Mon tour vint; j'étais là sur mon terrain; je m'en tirai passablement bien. Je pus soutenir par d'excellentes raisons qu'une alliance autrichienne serait préférable pour la France. Mon motif secret était que la conservation de l'Autriche dépendait du parti que l'empereur allait prendre. Mais ce n'était pas là ce qu'il fallait dire. Après avoir brièvement exposé les avantages et les inconvénients d'un mariage russe et d'un mariage autrichien, je me prononçai pour ce dernier. Je m'adressai à l'empereur, et comme Français, en lui demandant qu'une princesse autrichienne apparût au milieu de nous pour absoudre la France aux yeux de l'Europe et à ses propres yeux d'un crime qui n'était pas le sien et qui appartenait tout entier à une faction. Le mot de réconciliation européenne que j'employai plusieurs fois, plaisait à plusieurs membres du conseil, qui en avaient assez de la guerre. Malgré quelques objections que me fit l'empereur, je vis bien que mon avis lui convenait. M. Mollien[1] parla après

---

1. Le comte Mollien, né à Rouen en 1758, était premier commis au contrôle général en 1789. Il fut arrêté en 1794 comme complice des fermiers généraux, mais fut sauvé par le 9 thermidor. Au 18 brumaire; il devint directeur de la caisse d'amortissement, conseiller d'État en 1804, ministre du trésor en 1806; il resta à ce poste jusqu'en 1814, et y revint durant les Cent-jours. Il fut nommé pair de France en 1819. Il mourut en 1850.

moi, et soutint la même opinion avec l'esprit juste et fin qui le distinguait.

L'empereur, après avoir entendu tout le monde, remercia le conseil, dit que la séance était levée et se retira. Le soir même il envoya un courrier à Vienne, et au bout de peu de jours, l'ambassadeur de France manda que l'empereur François accordait la main de sa fille, l'archiduchesse Marie-Louise, à l'empereur Napoléon.

Pour rattacher à cette union la gloire d'une conquête faite par son armée, Napoléon envoya le *prince de Wagram* (Berthier) épouser l'archiduchesse par procuration, et donna à la maréchale Lannes, duchesse de Montebello (son mari avait été tué à Wagram[1]) la place de dame d'honneur. Comme il ne faut rien omettre des bizarreries de cette époque, je dois faire remarquer qu'au moment où le canon annonçait à Paris les fiançailles faites à Vienne, les lettres de l'ambassadeur de France apprenaient que le dernier traité avec l'Autriche était fidèlement exécuté, et que le canon faisait sauter les fortifications de la ville de Vienne. Cette observation montre avec quelle rigoureuse exigence l'empereur Napoléon traitait son nouveau beau-père, et prouve bien que la paix n'était alors pour lui qu'une trêve employée à préparer de nouvelles conquêtes. Aussi tous les peuples étaient en souffrance; tous les souverains restaient inquiets et troublés. Partout Napoléon faisait naître des haines et inventait des difficultés, qui, à la longue, devaient devenir insurmontables. Et comme si l'Europe ne lui en fournissait pas assez, il s'en créait de nouvelles, en autorisant les ambitions de sa propre famille. La funeste parole qu'il avait

---

1. Le maréchal Lannes fut tué à Essling, et non à Wagram.

proférée un jour, qu'avant sa mort, sa dynastie serait la plus ancienne de l'Europe, lui faisait distribuer à ses frères et aux époux de ses sœurs les trônes et les principautés que la victoire et la perfidie mettaient dans ses mains. C'est ainsi qu'il disposa de Naples, de la Westphalie, de la Hollande, de l'Espagne, de Lucques, de la Suède même, puisque c'était le désir de lui plaire qui avait fait élire Bernadotte prince royal de Suède.

Une vanité puérile le poussa dans cette voie qui offrait tant de dangers. Car, ou ces souverains de nouvelle création restaient dans sa grande politique et en devenaient les satellites, et, alors, il leur était impossible de prendre racine dans le pays qui leur était confié; ou ils devaient leur échapper plus vite que Philippe V n'avait échappé à Louis XIV. La divergence inévitable de peuple à peuple altère bientôt les liens de famille des souverains. Aussi, chacune de ces nouvelles créations devint-elle un principe de dissolution dans la fortune de Napoléon. On le retrouve partout dans les dernières années de son règne. Quand Napoléon donnait une couronne, il voulait que le nouveau roi restât lié au système de cette domination universelle, de ce *grand empire* dont j'ai déjà parlé. Celui, au contraire, qui montait sur le trône, n'avait pas plutôt saisi l'autorité, qu'il la voulait sans partage et qu'il résistait avec plus ou moins d'audace à la main qui cherchait à l'assujettir. Chacun de ces princes improvisés se croyait placé au niveau des plus anciens souverains de l'Europe, par le seul fait d'un décret et d'une entrée solennelle dans sa capitale occupée par un corps d'armée français. Le respect humain qui lui commandait de se montrer indépendant en faisait un obstacle plus dangereux aux projets de Napoléon que ne l'aurait été un ennemi naturel. Suivons-les un instant dans leur carrière royale.

Le royaume de Naples, par lequel je commencerai, avait été conféré, ce sont les termes d'alors, le 30 mars 1806, à Joseph Bonaparte l'aîné des frères de l'empereur. On voulut donner à son entrée dans ce royaume l'air d'une conquête, mais le fait est qu'il dut lire avec un peu d'étonnement dans le *Moniteur* le récit de la soi-disant résistance qu'il avait éprouvée.

Au bout de quatre mois, le nouveau roi était déjà en querelle avec son frère. Joseph ne résida que peu de temps à Naples; les circonstances le conduisirent bientôt en Espagne. Le pouvoir, pendant son séjour à Naples, n'avait été pour lui qu'un moyen d'amusement; et, comme s'il eût été le quinzième de sa race, il regardait comment ses ministres se tireraient, suivant l'expression de Louis XV, des embarras journaliers du gouvernement. Sur le trône, il ne cherchait que les douceurs de la vie privée et les facilités d'un libertinage que de grands noms rendaient brillant.

A Joseph succéda Murat, que son grand-duché de Berg ne contentait plus. Celui-ci n'eut pas plus tôt mis le pied au delà des Alpes que son imagination lui présenta déjà l'Italie entière comme devant être à lui, un jour. Par le traité qui lui assurait la couronne de Naples, il s'était engagé à maintenir la constitution donnée par son prédécesseur Joseph. Mais comme cette constitution n'était encore exécutée que dans sa partie administrative, il laissa de côté le changement des lois civiles et criminelles qu'il avait promis de faire, et il ne se montra pressé que de terminer l'organisation financière du pays. Pour faciliter les recettes, et accroître les revenus, il commença par abolir tous les droits féodaux. Excité par son ministre

Zurlo[1], il voulut que cette opération, qu'il n'envisageait que du côté fiscal, fût immédiatement consommée. Et la commission instituée à cet effet prononça sur tous les litiges existant entre les seigneurs et les communes, de manière à favoriser les seules communes; et cela se faisait dans le temps même où Napoléon cherchait à refaire en France de l'aristocratie et à créer des majorats. Le résultat de cette opération fut non seulement de dépouiller les barons napolitains de tous les droits féodaux et de toutes les prestations dont ils jouissaient, mais encore de leur enlever, au profit des communes, la plus grande partie des terres, qui se trouvaient indivises depuis plusieurs siècles.

Cette mesure porta un préjudice notable à la fortune des nobles, mais elle rendit plus facile l'assiette de l'impôt, et celui-ci, plus productif. Aussi, dans l'espace de cinq années, le gouvernement napolitain porta-t-il les revenus publics de quarante-quatre millions de francs à plus de quatre-vingts. Des améliorations réelles dans l'administration, qui furent la suite de la prospérité du trésor, dirigé par les mains habiles de M. Agar, créé depuis comte de Mosbourg[2], apaisèrent les pre-

---

1. Giuseppe, comte Zurlo, né en 1759 à Naples, fut nommé directeur des finances en 1798. En 1806, il suivit le roi Ferdinand à Palerme, mais se rallia en 1809 à Murat, devint conseiller d'État, ministre de la justice et des cultes, et ministre de l'intérieur. En 1815 il se réfugia à Rome, revint à Naples en 1820, fut nommé ministre de l'intérieur, mais dut se retirer la même année. Il mourut en 1828.

2. Michel Agar, comte de Mosbourg, né en 1771 près de Cahors, fut d'abord avocat, puis professeur dans cette ville. En 1804 il entra au Corps législatif, devint en 1806 ministre des finances de Murat, son compatriote, qui venait d'être nommé grand-duc de Berg, et l'accompagna en la même qualité à Naples. Il vécut dans la retraite sous la Restauration, fut nommé député du Lot en 1830, et pair de France en 1837. Il mourut en 1844.

miers mécontentements du pays et les empêchèrent d'arriver jusqu'à Napoléon, qui, du reste, était disposé à l'indulgence pour Murat. Il voyait encore tant d'argile en lui, qu'il était flatté de ce qu'il lui rappelait à chaque moment une de ses créations. Il lui passa mille choses inconvenantes et quelques-unes même assez graves avant de lui faire des reproches. Il fallut bien cependant éclater lorsque Murat ordonna que les Français, qui, avec l'autorisation de l'empereur, se trouvaient au service de Naples, lui prêtassent serment de fidélité et se fissent naturaliser dans le pays. Tous furent indignés de cette exigence; et Napoléon, poussé à bout, manifesta son mécontentement avec sa violence accoutumée. Il ordonna de réunir dans un camp, à douze lieues de Naples, les troupes françaises qui se trouvaient dans le royaume; et, de ce camp, il fit déclarer que tout citoyen français était de droit citoyen du royaume de Naples, parce que, aux termes de son institution, ce royaume faisait partie du *grand empire*.

Murat, qui, dans un moment de fougue, s'était laissé entraîner à une démarche aussi imprudente, se persuada que jamais l'empereur ne la lui pardonnerait et qu'il n'avait d'autre parti à prendre que de chercher sa sûreté dans un accroissement de puissance; dès lors, il ne s'occupa plus que des moyens d'envahir toute l'Italie. La réunion à l'empire français de la Toscane, de Rome, de la Hollande, des villes hanséatiques, avait déjà jeté beaucoup d'inquiétude dans son esprit. L'emploi, non défini, de ce mot de *grand empire*, qu'il venait d'entendre au milieu de ses États, le troubla complètement, et il commença à dévoiler ses vues ultérieures.

La reine, qui partageait jusqu'à un certain point les craintes de Murat, n'était cependant pas du même avis que lui sur la manière d'échapper aux projets que pouvait avoir son frère. Elle croyait que c'était un mauvais moyen pour conserver une domination aussi peu affermie, que de chercher à l'étendre.

L'arrivée du maréchal Pérignon[1] à Naples, pour y prendre le gouvernement de la ville, légitima aux yeux de Murat les extrémités auxquelles il pourrait se porter. Et bientôt, les événements de l'Europe, en ranimant ses espérances d'ambition et de vengeance, donnèrent plus d'activité à ses combinaisons. Dans sa double pensée d'échapper à l'influence française et d'étendre sa domination en Italie, il ne s'occupa que d'augmenter son armée et de chercher à entamer quelques négociations avec l'Autriche, qui était elle-même effrayée de plus en plus de la politique envahissante du gouvernement français. La reine se chargea d'écrire à M. de Metternich, sur lequel elle croyait avoir conservé de l'influence et dont elle avait éprouvé la discrétion. Le roi, d'un autre côté, conduisait secrètement une négociation avec les autorités anglaises et particulièrement avec lord William Bentinck[2] qui se trouvait

1. Dominique, comte, puis marquis Pérignon, était officier sous l'ancien régime. Député à l'Assemblée législative, puis commandant d'une légion à l'armée des Pyrénées, il succéda à Dugommier dans le commandement en chef. Membre du conseil des Cinq-cents en 1795, ambassadeur à Madrid en 1796, il fut ensuite placé à la tête d'un corps de l'armée d'Italie, mais fut blessé et pris à Novi. Il entra au Sénat en 1801, fut nommé maréchal de France en 1804, gouverneur de Parme et de Plaisance, et enfin commandant en chef des armées du royaume de Naples. Il fut créé pair de France en 1814 et mourut en 1818.

2. Lord William Cavendish Bentinck (1774-1839), fils du duc de Portland, entra à l'armée, devint gouverneur de Madras en 1803 et général major en 1808. En cette qualité il fit les campagnes de Portugal et d'Espagne. En 1811, il fut nommé commandant en chef des troupes anglaises en Sicile. En 1827, Bentinck fut nommé gouverneur du Bengale, puis gouverneur général de l'Inde. Il fut rappelé en 1835.

en Sicile. Les intérêts du commerce en avaient été le prétexte et la base. Murat, se croyant autorisé à se plaindre de Napoléon et à rejeter sur lui l'odieux des prohibitions, indiquait sa disposition à se séparer de lui. Mais le temps de la rupture n'était pas encore arrivé. La campagne de Russie venait de s'ouvrir et Murat ne pouvait pas refuser de s'y rendre avec son contingent, sur le chiffre duquel, comme les autres alliés de l'empereur, il se borna à discuter. La reine demeura chargée du gouvernement. Un mélange de raison, de finesse et de galanterie lui donnait plus d'influence et de pouvoir que n'en avait jamais eu son mari. Pendant que Murat se battait, et servait de sa personne la cause française, toute sa politique était donc dirigée dans un sens contraire. Ce double rôle lui plaisait assez : d'une part, il remplissait ses devoirs envers la France et l'empereur ; et, de l'autre, il croyait agir en roi, en prince indépendant appelé aux plus hautes destinées.

Quand l'Autriche se déclara contre la France, et que la bataille de Leipzig eut marqué le terme de la fortune de Napoléon, Murat accourut à Naples, et depuis ce moment il mit tout en jeu pour rendre sa défection utile au maintien de sa couronne, et pour entrer dans la grande ligue européenne. Il y trouva beaucoup de facilité. Le désir qu'avaient les puissances coalisées d'isoler complètement Napoléon, et le refus qu'avait fait Eugène de Beauharnais d'entrer dans cette combinaison, rendaient la défection de Murat très utile pour les puissances coalisées.

Napoléon, instruit de tout ce qui se passait, ne fut éclairé dans cette circonstance ni par son génie ni par ses conseillers. Il aurait dû, dans son intérêt, rappeler Eugène de Beauharnais sur

Lyon, avec tout ce qui lui restait de troupes françaises, et abandonner l'Italie aux rêves ambitieux de Murat. C'était le seul moyen qui restât pour empêcher sa jonction avec les puissances coalisées, et pour provoquer en Italie un mouvement national qui, dans cette campagne, aurait été d'une grande importance pour Napoléon. Mais les yeux de celui-ci étaient fascinés, et la trahison était consommée au moment même où il croyait utile de parler encore de la fidélité de celui qui, depuis plusieurs mois déjà, avait signé son traité avec l'Autriche. Les intrigues de Murat pour arriver à la domination générale de l'Italie n'en continuèrent pas moins ; on put en suivre assez exactement la trace, pour qu'elles devinssent au congrès de Vienne un motif de rupture avec lui, de la part de toutes les puissances. Sa ruine en a été la suite.

J'ai voulu ici faire ressortir cette vérité, qu'il y avait dans la puissance de Napoléon, au point où elle était parvenue, et dans ses créations politiques, un vice radical, qui me paraissait devoir nuire à son affermissement et même préparer sa chute. Napoléon se plaisait à inquiéter, à humilier, à tourmenter ceux qu'il avait élevés ; eux, placés dans un état perpétuel de méfiance et d'irritation, travaillaient sourdement à nuire au pouvoir qui les avait créés et qu'ils regardaient déjà comme leur principal ennemi.

Sous une forme ou sous une autre, le même principe de destruction dont je viens avec détails de montrer l'existence à Naples, se retrouve dans tous les établissements du même genre que Napoléon voulut faire.

En Hollande, il avait commencé par faire passer le pouvoir, qui était entre les mains d'un directoire amovible, dans celles d'un président. Il avait déterminé M. Schimmelpenninck [1] à accepter le pouvoir souverain sous le titre de grand pensionnaire. M. Schimmelpenninck était trop homme d'esprit pour se dissimuler que le rôle qu'on l'appelait à jouer ne devait être que temporaire. Mais les exigences des agents français, et les dilapidations de tout genre qui en étaient la suite, irritant naturellement l'opinion publique en Hollande, M. Schimmelpenninck avait espéré se servir utilement pour son pays du crédit momentané qui devait être le prix de sa déférence pour Napoléon, et obtenir par là de meilleures conditions pour la Hollande. Son illusion à cet égard ne put pas être de longue durée. L'empereur, qui voulait toujours donner les apparences d'un mouvement national aux crises qu'il faisait naître dans le but d'anéantir l'indépendance des pays conquis, provoqua sourdement, dès l'avènement de M. Schimmelpenninck, les murmures des anciens ordres privilégiés, de la magistrature des villes et de la noblesse de la Hollande contre un individu sorti de la classe bourgeoise, et chercha en même temps à ranimer l'esprit révolutionnaire du peuple, pour le porter à se soulever contre le pouvoir que le nouvel ordre de choses accordait à un seul homme. Mais la modération, la sagesse du grand pensionnaire, le profond bon sens des

---

1. Roger Jean, comte Schimmelpenninck, né en 1761, homme d'État hollandais, fut mêlé aux mouvements révolutionnaires qui agitèrent la Hollande en 1795. Il fut nommé ambassadeur à Paris en 1798, puis à Londres en 1802. En 1805, la constitution hollandaise ayant été transformée à l'instigation de Napoléon, il dut accepter la charge de grand pensionnaire. — Sous le règne de Louis Bonaparte, Schimmelpenninck vécut dans la retraite. Après la réunion de la Hollande à la France, il fut nommé sénateur. Il donna sa démission en 1814, et, redevenu Hollandais, il devint membre de la première chambre des États-généraux. Il mourut en 1825.

Hollandais, et la conviction que toute tentative de mouvement amènerait immédiatement l'intervention péremptoire de la France, déterminèrent la nation à se soumettre tranquillement à son nouveau gouvernement.

L'empereur, qui vit que ses menées n'aboutissaient point au but qu'il s'était proposé et qu'il n'avait point d'action sur le pays, suivit une autre marche. Il fit savoir principalement par l'entremise de l'amiral Verhuell[1], à M. Schimmelpenninck lui-même, et à quelques personnes marquantes du pays, que cet état de choses ne pouvait pas durer, et qu'il était indispensable pour la Hollande de former avec la France une union plus intime, en demandant pour souverain un prince français. Quelques explications prouvèrent jusqu'à l'évidence à Napoléon que la réunion à la France était ce que le pays redoutait le plus, et il se servit habilement de cette disposition pour faire presque désirer un de ses frères. Non seulement il promettait de conserver l'intégralité du territoire, mais il y ajoutait l'Ost-Frise, et donnait aux familles notables des espérances de tout genre. M. Schimmelpenninck était dans l'irrésolution la plus pénible; il n'osait ni consulter la nation, ni consentir à ce que l'on exigeait. Le parti de nommer une députation pour se rendre à Paris et y juger sur les lieux jusqu'où pouvait aller la résistance lui parut être ce qu'il y

---

1. Charles-Henri Verhuell, comte de Sevenaar, né en 1764, entra dans la marine en 1779. Contre-amiral en 1803, il commanda la flotte destinée à agir contre l'Angleterre, et fut nommé ministre de la marine de Hollande. En 1806, il présida la commission chargée d'offrir la couronne de Hollande à Louis Bonaparte. Il devint maréchal et ambassadeur à Paris en 1807. En 1811, après la réunion de la Hollande à la France, il entra au Corps législatif; il commanda les armées du Texel et du Helder en 1813, et resta fidèle à l'empereur jusqu'à la dernière extrémité. Naturalisé Français en 1814, il fut créé pair de France en 1819, et mourut en 1845.

avait de plus prudent et de plus sage à faire. Il composa cette députation de MM. Goldberg, Gogel[1], Six et Van Styrum. Leurs instructions, comme celles de l'amiral Verhuell, portaient de ne consentir sous aucun prétexte à la réunion, et de se défendre contre toute proposition d'un établissement monarchique, en soutenant que les formes en étaient opposées aux mœurs et aux habitudes du pays.

L'empereur savait tout cela aussi bien que les députés hollandais; mais sa volonté était si positive, sa vanité était si engagée, qu'aucune considération, de quelque genre qu'elle fût, ne put empêcher ces malheureux négociateurs d'être amenés à demander formellement que Louis Bonaparte voulût bien accepter la couronne de Hollande. Louis de son côté fut contraint de la recevoir; c'est ainsi qu'on érigea la Hollande en royaume. D'un tel ordre de choses, il ne devait sortir que des difficultés pour Napoléon. Aussi arrivèrent-elles bientôt, et en foule.

Le prince Louis, en arrivant à La Haye, reçut un accueil très froid. Il n'y resta d'abord que très peu de temps; appelé par la déclaration de guerre contre la Prusse à marcher à la tête de l'armée hollandaise en Westphalie, il commençait le siège de Hameln, quand cette forteresse se trouva comprise dans la capitulation de Magdebourg; sa campagne finit là. Revenu à Amsterdam, il travailla à donner à la Hollande une existence indépendante; de là, des discussions interminables entre les deux frères. Un traité très dur pour la Hollande en fut la suite. L'empereur le fit rédiger de manière à choquer assez

---

1. Alexandre Gógel, né en 1765, industriel et homme d'État hollandais. Il fut ministre des finances de la république batave. Il fut également ministre du roi Louis, et devint membre du conseil d'État de France, après la réunion de la Hollande à l'empire. Il mourut en 1821.

son frère pour qu'il dût se déterminer à abdiquer. Mais l'irritation de Louis Bonaparte le porta à des extrémités d'un tout autre genre. Il se soumit en apparence, signa ce que l'on voulut, et entama immédiatement des négociations avec les cours de Saint-Pétersbourg et de Londres. Ses démarches auprès de ces deux cours n'eurent aucun succès. Alors, décidé qu'il était à ne pas exécuter le traité qu'il avait signé avec son frère, il se prépara à une résistance ouverte : il excita toute la Hollande à la guerre, fit élever des fortifications contre la France, et ne voulut pas céder, même à la force, que Napoléon fut obligé d'employer contre lui. Lorsqu'il vit son royaume envahi par l'armée que commandait le maréchal Oudinot, il quitta furtivement le pays, et se retira dans je ne sais quel coin de l'Allemagne, léguant à la Hollande toute la haine qu'il avait contre son frère [1].

1. Napoléon n'avait placé son frère sur le trône de Hollande que pour maintenir ce pays dans le système continental. Sa tâche était difficile, car les intérêts et les sympathies des Hollandais les rapprochaient de l'Angleterre au lieu que la politique de Napoléon les ruinait. Le roi Louis ne voulut, ou ne put pas défendre dans son royaume les volontés de l'empereur, et laissa la contrebande anglaise s'organiser sur ses côtes. Napoléon se plaignit vivement, et ne négligea rien pour contraindre son frère à entrer dans ses vues. Par le traité du 11 novembre 1807, il lui enleva Flessingue, un des ports les plus importants de la Hollande, contre quelques agrandissements sans conséquence. La situation restant toujours la même, il alla plus loin, et annonça au Corps législatif que les exigences de sa politique pourraient le forcer à annexer la Hollande (discours du 3 déc. 1809). Toutefois, ce moyen extrême lui répugnait ; il tenta de l'éviter en signant avec le roi Louis un second traité (16 mars 1810) par lequel celui-ci lui cédait la Zélande et le Brabant hollandais ; en même temps, il était stipulé que les côtes de Hollande seraient gardées par les douaniers français assistés d'un corps de troupe. Louis vint à Paris signer ce traité, mais, rentré dans ses États, il évita de l'appliquer. Napoléon fit aussitôt entrer vingt mille hommes en Hollande. Le roi eut un instant la pensée de résister, mais personne n'ayant voulu le suivre, il abdiqua et se réfugia à l'étranger. La Hollande fut réunie à l'empire par un décret en date du 1ᵉʳ juillet 1810.

La réunion de ce pays à la France fut la suite de son départ. L'empereur agrandit par là son empire, mais diminua ses forces; car il devait employer constamment un corps d'armée pour s'assurer de la fidélité de ses nouveaux sujets. Ceux-ci craignaient beaucoup plus les levées rigoureuses de la conscription et des gardes d'honneur, qu'ils n'étaient flattés de voir le fort du Helder devenir un des boulevards maritimes de l'empire français, et le Zuydersée fournir une grande école de navigation, où devaient être exercés les équipages des flottes que la France faisait construire à Anvers. Les différents gouvernements par lesquels Napoléon fit passer la Hollande y détruisirent complètement la confiance du peuple, et firent détester le nom français; mais les plus grandes difficultés qu'il eut à éprouver dans ce pays surgirent, on vient de le voir, là, comme dans d'autres de ses créations, de sa propre famille.

L'agrégation d'une vingtaine de petits États, érigés par un décret en royaume de Westphalie, en faveur de Jérôme Bonaparte son frère, apporta à son ambition de nouveaux embarras. Ce royaume, dont la population était d'environ deux millions d'habitants, comprenait en entier les États de l'électeur de Hesse-Cassel. Il faut se souvenir que dans ce pays de Hesse, la volonté du souverain remplaçait à peu de choses près toutes les institutions, et que le peuple, qui n'était point surchargé d'impôts, ne cherchait pas encore d'autre manière d'être gouverné.

Jérôme, peu de temps après sa nomination (c'était le terme dont l'empereur voulait qu'on se servît), se rendit à Cassel, capitale de ses États. Son frère lui avait donné une espèce de régence, composée de M. Beugnot[1], homme de beaucoup d'esprit, et de MM. Siméon[2] et Jolivet[3] dont il devait suivre les directions. Leurs portefeuilles étaient pleins de décrets organiques de tout genre. Ils avaient d'abord apporté de Paris avec eux une constitution; ensuite, ils devaient y adapter un système judiciaire, un système militaire et un système de finances. Leur première opération fut de partager le territoire et de changer ainsi en un moment,

---

1. Jacques Claude, comte Beugnot, né en 1761, avocat au parlement de Paris en 1782, procureur syndic du département de l'Aube en 1790, député à l'Assemblée législative en 1791. Il fut arrêté en 1793, mais fut délivré au 9 thermidor. Après le 18 brumaire, il fut nommé préfet de la Seine-Inférieure, puis conseiller d'État en 1806. En 1807, il fut un des administrateurs du royaume de Westphalie, puis, en 1808, commissaire impérial et ministre des finances du grand-duché de Berg. En 1814, il fut nommé par le gouvernement provisoire commissaire pour l'intérieur, puis directeur général de la police. Il passa de là à la marine. La seconde restauration le fit directeur général des postes, ministre d'État, et membre du conseil privé. Il fut élu député de la Marne. Il mourut en 1835.

2. Joseph-Jérôme, comte Siméon, né à Aix en 1749, était professeur de droit dans cette ville en 1789. En 1792, il fut un des chefs du mouvement fédéraliste provoqué dans le Midi par les girondins. Il dut s'enfuir en 1793, revint en France en 1795, entra au conseil des Cinq-Cents, et en devint le président. Proscrit au 18 fructidor, il fut détenu à l'île d'Oléron jusqu'au 18 brumaire. Il fut nommé membre du tribunat en 1800, conseiller d'État en 1804, ministre de l'intérieur et de la justice, et président du conseil d'État de Westphalie, ministre de Westphalie à Berlin, puis près la confédération du Rhin. En 1814 il devint préfet du Nord. Sous la seconde restauration, il fut conseiller d'État (1815), puis sous-secrétaire d'État au département de la justice, pair de France, ministre d'État et membre du conseil privé (1821). Il fut président de la Cour des comptes sous la monarchie de Juillet, et mourut en 1842.

3. Jean-Baptiste, comte Jolivet, né en 1754, était avocat à Melun en 1789. Administrateur du département de Seine-et-Marne, puis député à l'Assemblée législative, il siégea dans le parti constitutionnel, fut arrêté sous la Terreur, et ne recouvra la liberté qu'après le 9 thermidor. Il devint conservateur général des hypothèques en 1795, conseiller d'État après le 18 brumaire, liquidateur général de la dette des départements de la rive gauche du Rhin, et ministre des finances de Westphalie (1807). Il se retira en 1815 et mourut en 1818.

sans l'aide de l'esprit révolutionnaire, toutes les traditions, toutes les habitudes et tous les rapports que le temps avait établis. On créa ensuite des préfectures, des sous-préfectures et on mit des maires partout. On transporta ainsi en Allemagne tous les rouages de l'organisation française et on prétendit leur avoir donné le mouvement. La tâche de MM. les conseillers finie, M. Beugnot et M. Jolivet revinrent en France. Jérôme Bonaparte s'empressa de leur faciliter les moyens de s'y rendre. Il garda M. Siméon comme son ministre de la justice, et alors il régna seul, c'est-à-dire qu'il eut une cour et un budget, ou plutôt des femmes et de l'argent.

La cour se forma toute seule; mais le budget, élevé au point où les réserves de Napoléon qui se composaient de la moitié des biens allodiaux forçaient de le porter, fut, dès les premières années, très difficile à établir. Cette dynastie commença par où les autres finissent. On en était aux expédients dès la seconde année du règne. On ne chercha pas les expédients dans les économies qui pouvaient être faites, mais dans la création de nouveaux impôts. Il fallut, au lieu de trente-sept millions de revenu qui eussent été suffisants pour fournir aux dépenses nécessaires de l'État, en trouver plus de cinquante. Pour cela, on eut recours au moyen qui mécontente le plus les peuples: on fit un emprunt forcé, qui, selon le résultat ordinaire de ce genre d'impôt, provoqua beaucoup d'exactions et ne se remplit pas à moitié. De trente-sept millions, les besoins et les dépenses finirent par s'élever à soixante. La cour de Cassel avait la prétention de rivaliser d'éclat avec celle des Tuileries. Le jeune souverain s'abandonnait tellement à tous ses penchants, que j'ai entendu dire au grave et véridique

M. Reinhard [1], alors ministre de France à Cassel, qu'à l'exception de trois ou quatre femmes respectables par leur âge, il n'en était presque aucune au palais sur la fidélité de laquelle Sa Majesté n'eût acquis des droits, quelque grande que fût la surveillance de la belle madame de Truchsess et celle de madame de la Flèche, qui avait aussi à surveiller les entours du jeune prince de Wurtemberg [2].

Le luxe de la cour, ses désordres et le malaise du pays, faisaient détester la France et l'empereur à qui tout était attribué ; et si ce malaise ne produisit pas d'explosion immédiate, c'est que la résignation naturelle aux Allemands était augmentée par la terreur que causait l'alliance étroite du roi de Westphalie avec le colosse de la puissance française. De quel œil les graves universités de Göttingue et de Halle, dont Jérôme était le souverain, pouvaient-elles voir ce luxe effréné, ce désordre, si éloignés de la simplicité, de la décence et du bon sens qui distinguaient cette partie de l'Allemagne ? Aussi, lorsqu'en 1813 les troupes russes entrèrent en Westphalie,

---

1. Charles-Frédéric, comte Reinhard, né en 1761, entra dans la diplomatie comme premier secrétaire à Londres en 1791. C'est là qu'il connut M. de Talleyrand. Il passa à Naples en 1793, puis devint, en 1794, chef de division au département des relations extérieures. En 1795, il fut nommé ministre plénipotentiaire près les villes hanséatiques, puis en Toscane (1798). En juillet 1799, il succéda à Talleyrand comme ministre des relations extérieures, puis fut nommé successivement ministre en Helvétie (1800), à Milan (1801), en Saxe (1802), en Moldavie (1805), en Westphalie (1805-1814). En 1815, il entra au conseil d'État, fut ensuite ministre près la confédération germanique (1815-1829). Le gouvernement de Juillet le nomma ministre à Dresde (1830) et pair de France (1832). Il mourut en 1837. M. de Talleyrand prononça son éloge à l'Académie des sciences morales et politiques.

2. Le prince royal de Wurtemberg, brouillé avec le roi, son père, s'était réfugié, à cette époque, auprès de son beau-frère Jérôme Bonaparte, marié à la princesse Catherine de Wurtemberg.

regarda-t-on ce moment comme celui de la délivrance. Et cependant, le pays retombait sous la domination de cet électeur de Hesse, qui, trente ans auparavant, vendait ses soldats à l'Angleterre[1].

Le luxe de ces cours fondées par Napoléon, c'est ici l'occasion de le remarquer, était absurde. Le luxe des Bonaparte n'était ni allemand ni français; c'était un mélange, une espèce de luxe érudit : il était pris partout. Il avait quelque chose de grave comme celui de l'Autriche, quelque chose d'européen et d'asiatique, tiré de Pétersbourg. Il étalait quelques manteaux pris à la Rome des Césars; mais, en revanche, il montrait bien peu de chose de l'ancienne cour de France où la parure dérobait si heureusement la magnificence sous le charme de tous les arts du goût. Ce que ce genre de luxe faisait ressortir surtout, c'était le manque absolu de convenance; et, en France, quand les convenances manquent trop, la moquerie est bien près.

Cette famille des Bonaparte qui était sortie d'une île retirée, à peine française, où elle vivait dans une situation mesquine, ayant pour chef un homme de génie, dont l'élévation était due à une gloire militaire acquise à la tête d'armées républicaines, sorties elles-mêmes d'une démocratie en ébullition, n'aurait-elle pas dû repousser l'ancien luxe, et adopter, même pour le côté frivole de la vie, une route toute nouvelle? N'aurait-elle pas été plus imposante par une noble simplicité qui aurait inspiré de la confiance dans sa force et dans sa durée? Au lieu de cela, les Bonaparte s'abusèrent assez pour

---

1. Guillaume IX, landgrave de Hesse-Cassel, électeur en 1803, dépossédé en 1806. Ses États lui furent rendus en 1814. Il mourut en 1821.

croire qu'imiter puérilement les rois dont ils prenaient les trônes était une manière de leur succéder.

Je veux éviter tout ce qui aurait une apparence libellique, et je n'ai d'ailleurs pas besoin de citer des noms propres pour prouver que par leurs mœurs aussi, ces nouvelles dynasties ont nui à la puissance morale de l'empereur Napoléon. Les mœurs du peuple, dans les temps de troubles, sont souvent mauvaises; mais, alors même que la foule a tous les vices, sa morale est sévère. « Les hommes, dit Montesquieu, corrompus en détail, sont très honnêtes gens en gros. » Et ce sont ces honnêtes gens-là qui prononcent sur les rois et les reines. Quand ce jugement est une flétrissure, il est bien difficile qu'une puissance, surtout de nouvelle date, n'en soit pas ébranlée.

L'orgueil espagnol ne permit pas à ce grand et généreux peuple de concentrer aussi longtemps sa haine que l'avait fait celui de Westphalie. La perfidie de Napoléon la fit naître, et Joseph, depuis son arrivée en Espagne, l'alimentait chaque jour. Il s'était persuadé que dire du mal de son frère, c'était s'en séparer; et que se séparer de son frère, c'était s'enraciner en Espagne. De là, une conduite et un langage toujours en opposition formelle avec les volontés de l'empereur. Il ne cessait pas de dire que Napoléon méprisait les Espagnols. Il parlait de l'armée qui attaquait l'Espagne, comme du rebut de l'armée française. Il racontait tout ce qui pouvait nuire le plus à son frère. Il allait jusqu'à dévoiler les secrets honteux de sa famille, et cela quelquefois en plein conseil. « Mon frère ne connaît qu'un seul gouvernement, disait-il, et c'est un gouvernement de fer; pour y arriver, tous les moyens lui sont bons; » et niaisement il ajoutait : « Il n'y a que moi d'honnête homme dans ma famille, et si les Espagnols voulaient se rallier autour de moi, ils apprendraient bientôt à ne rien craindre de la France. » L'empereur, de son côté, parlait avec la même inconvenance de Joseph; il l'accablait de mépris et cela aussi devant les Espagnols, qui, entraînés par leur propre exaspération, finirent par les croire tous deux quand ils parlaient l'un de l'autre. L'irritation de Napoléon contre son frère le faisait toujours agir de premier mouvement dans les affaires d'Espagne, et lui faisait sans cesse commettre des fautes graves. Les deux frères se contrariaient dans toutes leurs opérations; jamais il ne fut possible de concerter entre eux aucun plan de conduite politique, aucun plan de finances, aucune disposition militaire.

Il importait d'établir un commandement suprême; d'avoir une armée d'occupation et une armée d'opérations, de convenir des moyens de nourrir, d'habiller, de solder les troupes. Tout ce qui pouvait conduire à ce résultat échouait successivement, ou par les ménagements de Napoléon envers ses généraux auxquels il lui était connu de s'en rapporter, et qui employaient sans cesse, et souvent dans leur propre intérêt, ce prétexte banal : *la sûreté de l'armée que j'ai l'honneur de commander exige telle ou telle chose;* ou bien, tout échouait par la politique particulière de Joseph qui tendait constamment, par opposition contre son frère, à faire retomber sur la France, toutes les dépenses de la guerre. L'empereur, pour éviter les obstacles que Joseph apportait incessamment à l'exécution de ses desseins, ordonna à ses généraux de correspondre directement avec le prince de Neufchâtel, son major général. Ils le firent tous, et sans s'être concertés, uniquement éclairés par leur intérêt, dans presque toutes leurs correspondances, ils engageaient l'empereur à renoncer au projet de s'assurer de l'Espagne pour l'établissement d'un prince de sa famille, et à chercher seulement à la morceler comme l'Italie et à y distribuer des principautés, des duchés, des majorats, dont il ferait la récompense *de ses braves*. On m'a dit que le duc d'Albuféra[1] quelque peu bel esprit, ajoutait que ce serait en revenir au temps des princes maures, vassaux du calife d'Occident.

On savait semaine par semaine à Cadix, et, de là, dans tout le royaume, ce qui se passait aux quartiers généraux français; et on peut juger de l'intensité que la crainte d'un pareil avenir, donnait à la résistance espagnole. Aussi, les généraux français avaient beau vaincre, ils retrouvaient toujours de nouveaux ennemis devant eux, et il n'y avait de véritablement soumis que les points couverts de troupes françaises; et encore leurs communications étaient-elles constamment coupées par les guérillas.

Joseph, de son côté, n'accordait de faveurs qu'à quelques Français mécontents de l'empereur, qui avaient pris sa cocarde. Ces Castillans nouveaux s'étaient glissés dans toutes les charges de cour, civiles et militaires; ils avaient pénétré dans le conseil d'État; traitaient avec une hauteur insupportable les Espagnols; flattaient la vanité du roi de toutes les manières et ne manquaient jamais de dénigrer son frère. La haine pour l'empereur se montrait autant au palais du roi que dans la salle de la junte à Cadix.

---

1. Louis-Gabriel Suchet, né à Lyon en 1772, s'engagea en 1791, devint général en 1796, puis chef d'état-major de l'armée d'Italie en 1799. Il prit une part brillante aux grandes guerres de l'empire jusqu'en 1808, fut à cette date envoyé en Espagne, où sa belle conduite lui valut le bâton de maréchal, et ensuite le titre de duc d'Albuféra (1812). Il devint pair de France en 1814 et mourut en 1826.

Quel pouvait être le sort d'une entreprise où les chefs étaient en opposition ouverte entre eux, et où les moyens étaient affaiblis par le rappel successif de troupes déjà acclimatées, mais dont on avait besoin, soit contre l'Autriche, soit contre Russie, et qu'on remplaçait par de malheureux conscrits ?

L'empereur, ayant retrouvé à Wagram la fortune qui l'avait quelques moments abandonné à Lobau, s'était persuadé que la soumission de l'Espagne suivrait la paix qu'il avait dictée à Vienne ; mais il n'en fut rien. Cette paix n'exerça aucune influence sur les affaires de la Péninsule ; la résistance avait eu le temps de s'organiser, et elle l'était partout. Napoléon crut alors qu'il fallait faire un grand effort, et il le fit, mais à contresens. Il partait d'une idée fausse : il croyait avoir bon marché des Espagnols, s'il chassait lord Wellington du Portugal. Le maréchal Masséna employa d'immenses moyens dans cette opération qui fut infructueuse et dont le succès aurait, en tout cas, été à peu près nul pour le fond des affaires. C'était le peuple espagnol en masse qui s'était soulevé, qui était armé, et qu'il fallait dompter. Et en supposant même que l'empereur parvînt à détruire la résistance armée, ne serait-il pas resté, pendant de longues années, une résistance sourde, de toutes, la plus difficile à détruire ?

Joseph, que les autres entreprises de son frère laissèrent un peu plus à lui-même et à ses propres moyens, reconnut enfin que c'était le peuple qui était son véritable ennemi. Il fit alors tout pour le gagner. Ses ministres répandaient des pamphlets remplis de promesses de tout genre : c'était la liberté des Espagnols que voulait Joseph ; c'était une constitution adaptée aux mœurs du pays, dont il allait soumettre le projet aux hommes les plus éclairés ; c'était de grandes économies qu'il annonçait, et une forte diminution dans les impôts. Dans ses proclamations, tous les moyens révolutionnaires étaient mis en mouvement. Les cortès de Cadix, pour en détruire l'effet, firent immédiatement assaut de libéralisme avec Joseph, et allèrent sur tous les points plus loin qu'il n'avait fait. On ne vit plus que décrets de Cadix, supprimant l'inquisition, supprimant les droits féodaux, les privilèges, les entraves de province à province, la censure des journaux, etc... Et du milieu de ces ruines, on fit sortir une constitution toute démocratique, dans laquelle cependant, pour ne pas trop effrayer les amis de la monarchie, on avait placé un roi héréditaire. Mais aucun roi n'aurait pu avec dignité, ni même avec sûreté, occuper un pareil trône. Les cortès de Cadix auraient été mieux avisées en rétablissant les lois fondamentales de l'Espagne, si habilement minées et finalement détruites par les rois de la maison d'Autriche.

Au travers de toutes ces menées, lord Wellington pénétrait en Espagne; il enlevait Badajoz au duc de Dalmatie[1] et Ciudad-Rodrigo au duc de Raguse[2]. Maître de ces deux clefs de l'Espagne aux extrémités nord et sud de la frontière du Portugal, le général anglais trompa habilement le duc de Dalmatie, en lui faisant croire qu'il voulait déboucher en Andalousie, tandis qu'il se porta sur le Duero, vers Valladolid. Le duc de Raguse, de son côté, sans attendre un renfort de quinze mille hommes qui était à sa portée, laissa engager la bataille des Arapiles[3], où, en arrivant sur le terrain, il reçut

---

1. Le maréchal Soult.

2. Le maréchal Marmont.

3. Village d'Espagne, près de Salamanque. La bataille est du 21 juillet 1812.

une blessure grave. L'armée, sans chef, dès le premier coup de feu, fut cruellement battue. Lord Wellington qui, à la suite de ses succès, s'était d'abord trop avancé vers le nord, n'hésita pas, en homme prudent, à adopter une marche rétrograde; il rentra en Portugal, d'où le firent de nouveau sortir, en 1812, les désastres fameux de la campagne de Russie, qui obligèrent l'empereur Napoléon à rappeler près de lui les meilleures troupes qui restaient en Espagne.

La première nouvelle de ces désastres avait augmenté le désordre que des chefs trop nombreux et peu soumis fomentaient autour de Joseph : la perte de la fatale bataille de Vittoria[1] en fut la suite. Le duc de Dalmatie, renvoyé à toute course en Espagne, chercha à réunir les débris de l'armée. Il fit des marches savantes, mais ce n'était plus que pour disputer à son habile adversaire les provinces méridionales de la France. C'est ainsi que se termina cette grande conquête de l'Espagne aussi mal conduite que perfidement conçue; et je dis mal conduite, non seulement par les généraux de Napoléon, mais par lui-même. Car lui aussi avait commis de graves fautes militaires en Espagne. Si, à la fin de 1808, après la capitulation de Madrid, au lieu de se lancer à la poursuite d'un corps anglais qui courait s'embarquer à la Corogne, et auquel il ne fit que peu de mal, il avait marché sur l'Andalousie et y avait frappé un grand coup, il aurait désorganisé la résistance des généraux espagnols, qui n'auraient plus eu que la ressource de se retirer en Portugal.

---

1. Ville d'Espagne, chef-lieu de la province d'Alava. La bataille est du 21 juin 1813.

L'empereur, ayant une fois perdu de vue les vrais intérêts de la France, s'était livré, avec l'irréflexion et l'ardeur de la passion, à l'ambition de placer encore un membre de sa famille sur l'un des premiers trônes de l'Europe, et, pour y parvenir, il attaqua l'Espagne sans pudeur, et sans le moindre prétexte à faire valoir : c'est ce que la probité des peuples ne pardonne jamais. Lorsqu'on étudie toutes les actions ou plutôt tous les mouvements de Napoléon à cette époque si importante de sa destinée, on arrive presque à croire qu'il était entraîné par une sorte de fatalité qui aveuglait sa haute intelligence.

Si l'empereur n'avait vu dans l'Espagne, qu'un terrain sur lequel il pouvait forcer l'Angleterre à la paix, faire décider toutes les grandes questions politiques pendantes alors en Europe, et assurer à chaque souverain un état de possession solidement garanti, son entreprise n'en serait pas plus justifiable ; mais, du moins, elle aurait été plus conforme à la politique hardie des conquérants. J'ai rencontré quelques personnes qui ne le connaissaient pas, et dont l'esprit, comme celui de nos vieux diplomates, étant porté à juger théoriquement des événements, lui supposaient cette intention. Et, en effet, les transactions de Bayonne étant révocables à volonté, on pouvait les regarder comme un sacrifice bon à faire en temps utile, à la pacification générale de l'Europe : mais, depuis le mois d'avril 1812, tous les faiseurs de combinaisons politiques ont été obligés d'abandonner cette hypothèse ; car, à cette époque, Napoléon refusa les ouvertures du cabinet britannique, qui déclarait n'apercevoir aucune difficulté insurmontable à s'arranger avec lui, sur tous les points en litige, s'il admettait pour préalable le rétablissement de

Ferdinand VII sur le trône d'Espagne, et celui de Victor-Amédée sur le trône de Sardaigne. S'il eût accepté ces propositions, il se serait aisément fait alors un titre puissant de ses sacrifices, et tous les cabinets auraient pu croire qu'il n'avait envahi l'Espagne que dans l'espoir de faire jouir la France d'une paix durable, et d'affermir sa dynastie.

Mais, depuis longtemps, il ne s'agissait plus pour Napoléon de la politique de la France, à peine de la sienne. Il ne songeait pas à maintenir, il ne pensait qu'à s'étendre. Il semblait que l'idée de conserver n'était jamais entrée dans son esprit et que son caractère la repoussât.

Néanmoins, ce qu'il ne sut pas faire en temps utile, il fut forcé de le faire lorsqu'il était trop tard, et sans aucun profit pour sa puissance et pour sa gloire. Le renvoi des princes d'Espagne à Madrid au mois de janvier 1814, et celui du pape à Rome à la même époque, n'ont été que des expédients inspirés par la détresse; et la façon subite, furtive même, dont ces mesures furent prises et exécutées, leur ôta tout prestige de grandeur et de générosité. Mais je m'aperçois que je parle du retour du pape dans ses États, sans que nos affaires avec la cour de Rome aient trouvé leur place dans ce récit. C'est cependant un événement trop remarquable de notre temps pour que je ne doive pas en donner ici les détails.

Les contestations qui s'élevèrent entre Napoléon et la cour de Rome, peu après le concordat de 1801, s'aigrirent encore après le sacre, deux événements qui auraient dû les prévenir. Ces contestations ne furent longtemps connues que par le bruit des violences de l'empereur envers le pape et par les nobles plaintes du Saint-Père, qui ne parvenaient que très difficilement et très confusément au public. Leur origine et leurs causes auraient pu être mieux appréciées pour ce qui concernait la partie purement théologique de ces discussions, lorsque Napoléon convoqua à Paris un conseil ecclésiastique dont je parlerai bientôt. Mais les opérations de ce conseil composé d'hommes fort éclairés, avaient été tenues secrètes.

Par quelle suite d'événements le pape se trouva-t-il tourmenté et persécuté pendant près de dix ans, si odieusement, si impolitiquement, et de tant de manières?

Parcourons les faits avec leurs dates, en les reprenant d'un peu plus loin. Plusieurs de ces dates expliqueront les grandes infortunes de Pie VII, supportées avec un courage tellement héroïque, qu'on ose à peine remarquer dans le Saint-Père, quelques légers torts d'imprévoyance.

Pie VI, son prédécesseur, enlevé de Rome par ordre du directoire, le 10 février 1798, était mort à Valence le 29 août 1799. Pie VII fut élu le 14 mars 1800 à Venise qui appartenait alors à l'empereur d'Allemagne, d'après une des stipulations du traité de Campo-Formio; et il fit, le 3 juillet de la même année, son entrée à Rome qui avait été reconquise avec les États romains par les coalisés, pendant que Bonaparte était en Égypte.

J'ai déjà dit quelque part que Bonaparte, de retour d'Égypte, était arrivé subitement à Paris, le 16 octobre 1799, et que, par suite du coup d'État du 18 brumaire (9 novembre 1799), il avait été placé à la tête du gouvernement comme premier consul, le 13 décembre 1799. — Le conclave s'était ouvert à Venise, le 1er de ce même mois de décembre, et, pendant que Pie VII, élu au mois de mars suivant, allait de Venise à Rome, Bonaparte venait de signaler sa prise de possession du pouvoir par deux faits qui eurent la plus grande influence sur l'Italie. Le 2 juin 1800, il était entré à Milan où il avait rétabli la république cisalpine, et douze jours après, le 14 juin, il avait gagné la fameuse bataille de Marengo, qui rendit à la France une si grande partie de l'Italie, et réduisit les États de l'Eglise à ce qu'ils avaient été fixés par le traité de Tolentino.

Ainsi le pape, entrant à Rome après ces deux événements, le 3 juillet 1800, dut sentir combien il lui importait de se ménager un protecteur aussi puissant et aussi redoutable que Bonaparte, et combien il importait aussi à la religion dont il était le chef, et qui avait éprouvé tant de vicissitudes et de persécutions en France, de faire cesser le schisme qui déchirait depuis si longtemps ce malheureux pays.

Bonaparte éprouva aussi ce même besoin, et, à son passage à Milan, il entendit avec le plus grand intérêt les premières ouvertures qui lui furent faites très secrètement et très habilement de la part de la cour de Rome. N'est-ce pas une chose remarquable que, porté à la tête du gouvernement par ses exploits militaires et par les idées philosophiques ou libérales qui dominaient alors, Bonaparte ait senti immédiatement la nécessité de se rapprocher de la cour de Rome? C'est peut-être dans cette circonstance qu'il a donné la plus grande preuve de la force de son caractère, car il sut braver alors toutes les moqueries de l'armée et l'opposition même des deux consuls, ses collègues. Il resta fermement attaché à l'idée, que, pour soutenir soit la constitution civile du clergé, soit la théophilanthropie, qui étaient également discréditées, il fallait accepter le rôle de persécuteur de la religion catholique, et armer contre elle et contre ses ministres la sévérité des lois ; tandis qu'en abandonnant les innovations religieuses de la Révolution, il lui était facile de se faire de notre antique religion une amie, et même un appui dans toutes les consciences catholiques de la France.

Il résolut donc, et c'est un des traits de son grand génie, de s'entendre avec le chef de l'Église qui, seul, pouvait réconcilier, ramener, prononcer comme juge ou comme arbitre, et rétablir enfin par son autorité, à laquelle nulle autre n'était comparable, l'unité de culte et de doctrine.

A cette autorité se joignait, dans la personne du pape, l'ascendant d'une grande et sincère piété, de beaucoup de lumières et d'une douceur attirante.

Le concordat ne pouvait paraître sous de plus heureux auspices; il était fort désiré, dans les provinces surtout. Il fut converti en loi le 8 avril 1802. Il se composait de dix-sept articles rédigés avec une sagesse et une prévoyance remarquables. Tout y était clair, sans équivoque; il n'y avait pas un mot qui pût choquer ou déplaire. Les biens ecclésiastiques aliénés ne pouvaient plus être réclamés, et il était déclaré que les acquéreurs de ces biens devaient être, à cet égard, pleinement rassurés contre toute crainte. C'était un point immense obtenu de la condescendance d'un pape rempli de piété.

Mais un point présentait de prodigieuses difficultés. Pour rétablir le culte en France, il fallait obtenir de tous les anciens évêques leur démission ou s'en passer. Ils les avaient tous offertes et même remises à Pie VI, en 1791, lors de la constitution civile du clergé. Pie VI avait cru devoir les refuser. Le pape Pie VII les leur demanda, en 1801, par son bref du 24 août, *Tam multa*, etc..., comme préliminaire indispensable de toute négociation, leur déclarant, toutefois, avec des expressions douces, confiantes, mais fermes, que s'ils la refusaient, ce qu'il ne présumait pas, il se verrait avec regret dans la nécessité de pourvoir par de nouveaux titulaires au gouvernement des évêchés de la nouvelle circonscription.

Sur les quatre-vingt-un évêques qui vivaient encore et qui n'avaient pas renoncé à l'épiscopat, quarante-cinq envoyèrent leur démission, trente-six la refusèrent; le plus grand nombre, je pense, moins par conviction théologique, quoiqu'ils fussent encouragés dans leur refus par le savant théologien Asseline[1], que par attachement à la maison de Bourbon et en haine du gouvernement de fait. On a prétendu que le refus de plusieurs d'entre eux était plutôt dilatoire qu'absolu, mais pourtant tous y persévérèrent, et leur résistance même sembla s'accroître de jour en jour; car, après leurs réclamations canoniques de 1803, signées par tous les évêques non démissionnaires[2], on vit paraître, au mois d'avril 1804, avec une suite

---

1. Jean-René Asseline, né en 1742, entra dans les ordres et devint grand vicaire de M. de Beaumont, archevêque de Paris. En 1790, il fut nommé évêque de Boulogne, refusa de prêter serment à la constitution civile et émigra en 1791. Il se retira à Munster d'où il protesta contre le concordat, en 1802. En 1807, il se rendit à l'appel de Louis XVIII, et vécut dans l'intimité de la famille royale jusqu'à sa mort (1813). Il a laissé de nombreux ouvrages de théologie.

2. C'est en 1801 que les évêques ayant refusé leur démission, réunis à Londres, avaient protesté contre le concordat, et avaient envoyé au pape un long mémoire où ils exposaient les motifs de leur refus. Ce mémoire a été publié à Londres en 1801. Il est signé de quatorze prélats : Arthur Dillon, archevêque de Narbonne ; Louis de Conzié, évêque d'Arras ; Joseph de Malide, évêque de Montpellier ; Louis de Grimaldi, évêque-comte de Noyon, pair de France ; Jean Lamarche, évêque de Léon ; Pierre de Belbeuf, évêque d'Avranches ; Sébastien Amelot, évêque de Vannes ; Henry de Bethisy, évêque d'Uzès ; Seignelai Colbert, évêque de Rodez ; Charles de La Laurencie, évêque de Nantes ; Philippe d'Albignac, évêque d'Angoulême ; Alexandre de Chauvigny de Blot, évêque de Lombez ; Emmanuel de Grossoles de Flammarens, évêque de Périgueux ; Étienne de Galois de La Tour, évêque nommé de Moulins.

de réclamations plus fortes encore, une *déclaration sur les droits du roi*[1], signée par les treize évêques résidant en Angleterre. Et, enfin, anticipant sur les événements, je dirai ici qu'en 1814, Louis XVIII, remontant sur le trône, ces évêques prétendirent se faire, auprès du pape même, un titre d'honneur de lui avoir résisté, et lui écrivirent, dans ce sens, une lettre hautaine où chacun d'eux prenait le titre de son ancien évêché. Le pape refusa de la recevoir, et il les amena, par la persévérance de son refus, à lui adresser une lettre d'excuses, dans laquelle ils abandonnèrent leurs prétentions et qu'ils ne signèrent que comme *anciens* évêques. Pour qu'il ne restât pas le moindre doute à cet égard, le pape ne voulut pas qu'aucun d'eux fût replacé dans le siège qu'il avait précédemment occupé, pas même M. l'archevêque de Reims[2], malgré toute la convenance qu'il pouvait y avoir à faire une exception en sa faveur.

---

1. Le 15 avril 1804, M. de Dillon, archevêque de Narbonne, écrivit au pape pour protester de nouveau contre le concordat. Cette lettre était accompagnée d'une *déclaration sur les droits du roi*, signée des mêmes prélats que ci-dessus, sauf de l'évêque de Périgueux. Cette déclaration portait que la fidélité inviolable des peuples à leur souverain est commandée par l'Évangile ; *que le prince est ministre de Dieu* ; que tout rebelle envers son roi est coupable envers Dieu ; *que le gouvernement actuel de la France, où le prince légitime n'a pas la part qui lui est due, s'il peut se faire qu'il allège un peu le poids des calamités sous lesquelles l'anarchie faisait gémir le peuple, ne satisfait ni à Dieu ni à César...,* il constitue une puissance de fait et non pas une puissance de droit ; *il n'a que la possession ou plutôt l'usurpation ;* — mais le prince légitime continue de conserver tous ses droits, bien qu'il soit forcé *d'en suspendre l'exécution.* En conséquence, les soussignés *pour remplir leur devoir d'évêques et de sujets, déclarent :* 1° *que notre très honoré seigneur et roi légitime Louis XVIII conserve, dans toute leur intégrité, les droits qu'il tient de Dieu à la couronne de France ;* 2° *que rien n'a pu dégager les Français, ses sujets, de la fidélité qu'ils doivent à ce prince, en vertu de la loi de Dieu.*

2. M. de Talleyrand-Périgord, plus tard cardinal et archevêque de Paris.

Je reviens à ce qui se passa en 1801 et les années suivantes. Le pape vit le concordat en pleine activité sans qu'il en résultât aucun trouble en France ; malgré la diversité des opinions, les oppositions y étaient légères, rares et sans suite.

Il faut bien, cependant, dire ici que Pie VII avait déployé dans cette circonstance une autorité qui sortait des règles ordinaires, et qui n'eût pas été reconnue dans un autre temps, si un pape eût essayé de l'exercer : celle de destituer des évêques sans jugement, comme aussi celle de supprimer plus de la moitié des évêchés de France sans formalité. A une autre époque, rien n'eût paru, en France, plus opposé aux libertés de l'Église gallicane. Mais le cas était ici hors de toute comparaison avec les temps ordinaires ; il était impossible et presque dérisoire d'invoquer et de vouloir appliquer ici l'exercice de ces libertés. Le pape avait vainement épuisé les plus puissantes instances auprès de cette minorité composée de trente-six évêques, et alors, s'appuyant sur la majorité de l'épiscopat français, il employa le *seul* moyen possible d'éteindre le schisme qu'il était si urgent de faire cesser. Quel autre moyen, en effet, aurait pu employer le pape ? Que l'on cherche, on ne pourra même pas en imaginer un. L'abbé Fleury[1], tout zélé gallican qu'il était, et très peu disposé assurément à étendre l'autorité du pape, n'en dit pas moins dans son discours sur *les libertés de l'Eglise gallicane*, que : « l'autorité du pape *est souveraine et s'élève au-dessus de tout* », lorsqu'il s'agit de mainte-

---

1. L'abbé Claude Fleury, né en 1640, fut d'abord précepteur des fils du prince de Conti, puis sous-gouverneur des ducs de Bourgogne, d'Anjou et de Berry. En 1716, il vint de nouveau à la cour comme confesseur de Louis XV. Il se démit peu après de cette charge et mourut en 1723. L'abbé Fleury a laissé un grand nombre d'ouvrages d'histoire ecclésiastique et de controverse religieuse.

nir les règles et de faire observer les canons. Bossuet tient aussi un semblable langage : « On doit dire, conséquemment, à plus forte raison (ajoute M. Émery [1], dans un de ses ouvrages), que l'autorité du pape est souveraine et s'élève au-dessus de tout, et même des canons, quand il s'agit de la conservation de l'Eglise ou d'une partie notable de l'Église, puisque ce n'est que pour le *maintien* de ces grands intérêts que ces règles et ces canons ont été faits. » — Le Père Thomassin [2], dans son grand et célèbre ouvrage sur la discipline de l'Église, dit aussi : « Rien n'est plus conforme aux canons que de violer les canons, quand, de cette violation, il doit résulter un plus grand bien que de leur observance même. »

Pie VII montra donc, à la fois, dans cette difficile circonstance, un grand caractère et une connaissance profonde des véritables principes en agissant comme il le fit. Il éteignit le schisme sans irriter, sans humilier les évêques constitutionnels, et pourtant, sans leur céder aucun point, et le calme se rétablit partout.

---

[1]. Jacques-André Emery, né en 1732, reçut les ordres en 1756, fut professeur de théologie à Orléans, fut nommé, en 1776, grand vicaire du diocèse d'Angers, supérieur du séminaire de cette ville, et peu après supérieur général de l'ordre de Saint-Sulpice. Sous la Terreur, il fut emprisonné durant dix-huit mois. Après le 9 thermidor, il fut chargé des fonctions de grand vicaire du diocèse de Paris. Sous le consulat, il réorganisa sa congrégation. Il fit partie des deux commissions ecclésiastiques réunies par l'empereur, et mourut en 1811.

[2]. Louis de Thomassin, né à Aix, en 1619, entra dans la congrégation de l'Oratoire, enseigna la philosophie et les belles-lettres dans plusieurs collèges de province, et fut en 1654, nommé professeur de théologie au séminaire Saint-Magloire, à Paris. Il composa un très grand nombre d'ouvrages d'histoire religieuse. L'ouvrage dont il est ici question : *Ancienne et nouvelle discipline de l'Église touchant les bénéfices*, fut publié à Paris en 1678. Le Père Thomassin mourut en 1695.

Il y eut, toutefois, quelques consciences agitées dans les diocèses dont les anciens titulaires n'avaient pas donné leur démission. Quelques-uns, parmi ceux-ci, tout en se réservant leur juridiction, avaient consenti, néanmoins, à l'exercice des pouvoirs de l'évêque qui les remplaçait et suppléé par là à l'insuffisance de son titre. Mais les plus vifs dans leur résistance, ceux qui, par opinion politique, s'étaient montrés le plus ennemis de la Révolution dans son principe, et qui étaient imperturbablement dominés par ce sentiment, n'eurent garde de le faire. Cette opposition persistante ne produisit, au surplus, ni l'effet ni les suites qu'ils s'en promettaient et qu'ils auraient dû en redouter. Ceux de leurs diocésains dont la conscience était plus particulièrement timorée, inquiets peut-être un instant, ne tardèrent pas à comprendre que leur ancien évêque n'ayant voulu ni venir au milieu d'eux, ni donner sa démission sur la demande du pape, ils étaient assurément à l'abri de tout reproche en accordant, dans des circonstances semblables, leur confiance au nouvel évêque que le Saint-Père leur envoyait.

Les évêques restés à Londres virent sûrement avec douleur que des hommes imbus de leur doctrine, tels que l'abbé Blanchard[1] et l'abbé Gaschet, poussant à l'extrême les conséquences (assez bien déduites pourtant) de ces doctrines, publièrent en Angleterre, et introduisirent autant qu'ils le purent en France,

---

1. L'abbé Pierre-Louis Blanchard, né en 1762, était professeur de philosophie en 1789. Ayant refusé le serment, il émigra en Angleterre, où il resta jusqu'en 1814. De sa retraite il publia un grand nombre de factums et de libelles, où il s'élève avec la dernière violence contre ceux qui portent atteinte aux intérêts de la religion. Il attaque le concordat, et n'épargne même pas le pape, principalement à l'occasion du sacre de l'empereur. Ses nombreux écrits ont été publiés à Londres.

une foule de libelles contre le pape, où, dans un style frénétique et qui semblait copié de Luther, ils le déclaraient hérétique, schismatique, déchu de la papauté, déchu même du sacerdoce ; ils disaient que c'était un blasphème de prononcer son nom au canon de la messe, qu'il était aussi étranger à l'Église que l'était un juif ou un païen. Ils parlaient de ses attentats, de ses scandales, etc... Je n'altère pas une syllabe. Croyons pour l'honneur des évêques qui formaient ce qu'on appelait alors *la petite Église* que, quelque opposants qu'ils fussent, ils n'approuvèrent pas ces fureurs insensées, quoiqu'elles parussent leur être dédiées. Elles furent, au surplus, solennellement condamnées par vingt-neuf évêques catholiques d'Irlande et par les vicaires apostoliques qui résidaient à Londres. Ce qu'il faut ajouter, c'est qu'en France, où on répandit ces libelles, un mépris universel en fit une complète justice. Je crois que la police les déféra ou voulut les déférer un jour aux tribunaux, mais cela même ne put les faire sortir de leur profonde obscurité.

Bonaparte avait fait décréter, sous forme de loi, en même temps que le concordat, des *articles organiques*, tant pour le clergé catholique que pour le culte protestant. Plusieurs de ces articles déplurent au pape, en ce qu'ils paraissaient mettre l'Église de France dans une trop grande dépendance du gouvernement, même pour des détails secondaires. Il s'en plaignit avec modération, en demanda la réforme ; obtint peu à peu, et même sans beaucoup de difficultés, des modifications essentielles. Quelques-uns de ces articles étaient d'ailleurs transitoires ; leurs effets devaient cesser avec les circonstances qui les avaient provoqués. Il en était d'autres qui découlaient naturellement des anciennes libertés gallicanes ; on ne pouvait pas accorder la réforme de ceux-ci, et le pape ne dut pas l'espérer. Pour faire le concordat, on avait été obligé de renoncer momentanément à ces libertés; le concordat fait, il était urgent de rentrer dans nos privilèges. Tout ce qui était véritablement nécessaire avait été accordé, sinon tout de suite, du moins avec le temps. Le pape fut parfaitement secondé dans ses désirs par l'évêque de Nantes, comme on le verra plus bas, et par son légat, le cardinal Caprara. Celui-ci, connaissant le caractère du premier consul, mit une grande sagesse et une mesure extrême dans toute sa conduite, sachant attendre, craignant d'irriter, et trop heureux de ce qu'on avait obtenu pour chercher à le compromettre.

Le cardinal Caprara, nommé légat *a latere* près de Bonaparte, avait été investi des pouvoirs les plus étendus par la bulle *Dextera...* du mois d'août 1801, et par la bulle *Quoniam...* du 29 novembre de la même année, pour exécuter le concordat, instituer les nouveaux évêques... et résoudre toutes les difficultés qui pourraient s'élever. Mais, quoique le concordat eût été conclu et signé à Paris, le 15 juillet 1801, et ratifié à Rome par Pie VII, au mois d'août suivant, il n'avait été converti en loi (à raison de l'absence du Corps législatif), que le 8 avril 1802; et ce ne fut que de ce jour-là que le légat put exercer ses fonctions et instituer les nouveaux évêques, après avoir prêté ce même jour (8 avril) serment entre les mains du premier consul. On peut remarquer dans son serment, mais avec des yeux bien exercés, une légère différence entre ce qui avait été réglé par l'arrêté des consuls et les termes dont il se servit. L'arrêté portait ce peu de mots : « Il jurera et promettra suivant la formule usitée de se conformer aux lois de l'État, et aux libertés de l'Église gallicane. » — Or, le cardinal *jura* et *promit* (en latin) d'observer la constitution, les lois, les statuts et usages de la république française, et en même temps : « de ne déroger en aucune manière à l'autorité et juridiction du gouvernement de la république, ainsi qu'aux droits, libertés et privilèges de l'Église gallicane. » — Le tout précédé d'un compliment au premier consul, tel qu'on n'en fit jamais, peut-être, à aucun souverain. On peut voir, en y regardant de près, qu'au lieu de promettre de *se conformer* aux libertés de l'Église gallicane (ce qui comporte une sorte d'adhésion, ou du moins de reconnaissance de ces libertés), il promit seulement de n'y déroger en rien, ce qui est purement négatif. La différence au reste est bien minime, ou même nulle, quant au résultat, et l'on ne dut pas s'y arrêter. D'ailleurs, il promit, dans l'autre partie du serment, au delà de ce qu'on lui avait demandé, car on voulait qu'il jurât de se conformer *aux lois de l'État*, et lui, jura positivement *d'observer la constitution, les lois, les statuts et les usages* de la république, ce qui est plus expressif.

Quant aux libertés de l'Église gallicane, qui font peur à la cour de Rome, s'engager par serment à ne pas y déroger est assurément tout ce qu'on pouvait attendre d'un légat, surtout si l'on songe qu'aucun pape ne les a jamais reconnues. Innocent XII[1] (Odescalchi) bouleversa pendant huit ans l'Église de France, à cause de ces mêmes libertés consacrées dans l'assemblée du clergé de 1682, et refusa constamment d'accorder des bulles aux ecclésiastiques du second ordre, membres de cette assemblée (où ils n'avaient cependant pas voix déli-

1. Innocent XI (Benoît Odescalchi), né à Côme en 1611, pape en 1671, mort en 1689.

bérative). Son successeur, Alexandre VIII [1] (Ottoboni), fut plus opiniâtre encore dans ses refus, puisque deux jours avant sa mort il publia une bulle contre les quatre articles de 1682, laquelle, au reste, n'eut pas de suite, parce qu'il était mourant. Innocent XII [2] (Pignatelli) tout bonhomme qu'il était, ne put se résoudre à accorder des bulles aux évêques nommés entre 1682 et 1693, qu'après qu'ils lui eurent écrit chacun une lettre d'excuses et de regrets sur ce qui s'était passé dans cette assemblée. Cette lettre était vraiment humiliante, et ce qui lui donna surtout ce caractère, c'est que Louis XIV en joignit une de sa propre main, dans laquelle il s'engageait à ne donner aucune suite à son édit du 22 mars 1682. La lettre du roi dut paraître une rétractation, dont il se releva pourtant avant sa mort, puisqu'enfin, l'édit ne fut pas révoqué, et qu'après lui, il continua d'être exécuté.

Il est presque inutile de rappeler ici que Bonaparte, proclamé empereur par le Sénat le 20 mai 1804, mit un grand prix, et cela se conçoit, à être sacré par le pape. C'est un miracle de sa destinée qu'il ait pu l'obtenir, et dans le temps, je me trouvai fort heureux d'y avoir contribué, parce que je pensais que les liens de la France avec la cour de Rome s'en trouveraient resserrés. Pie VII, ayant déjà reconnu le gouvernement consulaire, puisque c'est avec ce gouvernement qu'il avait traité pour le concordat, ne pouvait être arrêté par la considération des droits que pourrait, un jour, faire valoir la maison de Bourbon, si le gouvernement nouveau,

---

1. Alexandre VIII, né à Venise en 1610, pape en 1689. Il cassa les articles de la déclaration de 1682 par la bulle *Inter multiplices*, et mourut en 1691.

2. Innocent XII (Antoine Pignatelli), né à Naples en 1615, pape de 1691 à 1700.

se brisant lui-même, la nation la rappelait. Il n'avait donc rien à objecter contre le titre d'empereur que Bonaparte s'était donné, ou qui lui avait été décerné en France, avec plus de solennité, quoique, peut-être, avec moins de sincérité, que celui de premier consul. Le pape n'avait plus à délibérer que sur un seul point : savoir, si, dans l'unique intérêt de la religion, à laquelle le nouvel empereur pouvait faire, par sa puissance immense, tant de bien ou tant de mal, il devait consentir à le venir sacrer, comme saint Boniface, le légat du pape Étienne III, était venu sacrer Pépin, du vivant du roi légitime, Childéric III ; comme Léon III couronna Charlemagne empereur, à Rome en 800, et comme un autre pape, Étiennne V, vint ensuite sacrer Louis le Débonnaire à Reims, après la mort de Charlemagne.

Le pape se décida à venir faire ce sacre à Paris, et cette mémorable cérémonie eut lieu le 2 décembre 1804. Pie VII ne fut pas dirigé dans cette circonstance par des vues temporelles, comme le pape Étienne III, qui avait imploré le secours de Pépin contre les Lombards, mais bien évidemment et bien uniquement par des motifs purement religieux, puisqu'il s'abstint même de laisser entrevoir le désir si naturel de recouvrer ses trois légations de Bologne, de Ferrare et de Ravenne, que l'empereur, au reste, n'eut garde de lui offrir, ni même de lui faire espérer. Toutes les demandes du pape, sans aucune exception, furent dans l'intérêt de la religion. Aucune ne le regardait personnellement, et il refusa les présents qu'on lui offrit pour sa famille.

Il quitta Paris le 4 avril 1805, laissant partout sur son passage l'impression profonde de ses vertus et de sa bonté : Napoléon avait quitté Paris quelques jours avant lui ; il songeait à tout autre chose, qu'à montrer sa reconnaissance au Saint-Père. Le 16 mai le pape arrive à Rome, et le 26 mai, l'empereur se fait couronner à Milan roi d'Italie. Peu de temps après, ses troupes occupent Ancône, sur le territoire romain[1]. Le pape s'en plaint. Napoléon ne lui répond pas; mais après la bataille d'Austerlitz du 2 décembre 1805 et la paix de Presbourg du 26, il écrit au pape, le 6 janvier 1806, qu'il n'avait pas voulu s'approprier Ancône, mais l'occuper comme protecteur du Saint-Siège, et pour que cette ville ne fût pas souillée par les musulmans.

Trois mois après, le 30 mars 1806, Napoléon place son frère Joseph sur le trône de Naples, et demande au pape de le reconnaître. Il lui demande presque en même temps de faire avec lui (empereur) une ligue offensive et défensive, d'embrasser le système continental, de fermer par conséquent ses ports aux Anglais, c'est-à-dire de leur déclarer la guerre. De telles propositions, dans un temps surtout où l'empereur foulait aux pieds le concordat qu'il avait conclu avec le pape en 1803 pour l'Italie; qu'il dépouillait les évêchés et les monastères de leurs biens, supprimant à son gré les uns et les autres; qu'il tourmentait les évêques et les curés par de nouveaux serments, etc... de telles propositions ne pou-

---

1. Ancône avait à ce moment une grande importance. Des troupes russes étaient concentrées à Corfou, d'où elles n'attendaient qu'une occasion pour passer en Italie et se joindre aux Anglais. Ancône était donc exposée à un coup de main, d'autant plus que la garnison était presque nulle, et les fortifications ruinées. Napoléon sollicita du gouvernement pontifical qu'il mît la ville en état de défense. Sa demande n'obtint aucun résultat. Aussitôt le général Gouvion Saint-Cyr, qui à ce moment traversait les États de l'Église pour se rendre dans le royaume de Naples, reçut l'ordre de s'emparer de la ville. Il y entra par surprise, et s'y établit le 6 novembre 1805.

vaient pas être acceptées et ne le furent pas. Elles donnèrent lieu à cette correspondance avec les autorités françaises, dans laquelle on a remarqué tant de force, de raison et de convenance du côté de la cour de Rome.

Un pareil refus et tant de raison, ne pouvaient manquer d'irriter l'empereur. Le 2 février 1808 il fait occuper Rome par ses troupes que commandait le général Miollis[1]. Elles s'emparent du château Saint-Ange. Le général veut obliger le pape à souscrire à toutes les demandes qui lui sont faites, sous la menace de perdre ses États; il prodigue les vexations; se saisit de la poste, des imprimeries; fait enlever vingt cardinaux, parmi lesquels étaient plusieurs ministres, etc... Le pape proteste en vain contre de telles violences. Napoléon n'en tient aucun compte. Le 2 avril suivant, il réunit au royaume d'Italie les légations d'Urbin, d'Ancône, de Macerata et de Camerino, pour en faire trois départements. Il confisque les biens des cardinaux qui ne se rendaient pas au lieu de leur naissance. Il fait désarmer presque toute la garde du Saint-Père; les nobles de cette garde sont emprisonnés. Enfin, Miollis fait enlever le cardinal Gabrielle[2], pro-secrétaire d'État; et fait mettre les scellés sur ses papiers.

1. François, comte Miollis, né en 1759, était capitaine d'infanterie en 1789. Il servit dans les armées de la république, devint général en 1794, et fit avec distinction la campagne d'Italie. Il fut longtemps gouverneur de Mantoue. En 1807, il fut nommé gouverneur de Rome et des États de l'Église. Il fut mis à la retraite en 1815 et mourut en 1828.

2. Jules Gabrielle, issu d'une vieille famille romaine, né en 1748, fut évêque de Sinigaglia, puis cardinal en 1801. Le 27 mars 1808, il devint pro-secrétaire d'État. Il protesta énergiquement contre toutes les mesures attentatoires aux droits du pape ordonnées par l'empereur, et fut arrêté en juin de la même année. Il fut interné en France et se rendit en 1813 à Fontainebleau auprès du pape. Il mourut en 1822.

Le 17 mai 1809, décret de Napoléon, daté de Vienne, portant réunion (en sa qualité de successeur de Charlemagne) des États du pape à l'empire français, en statuant que la ville de Rome serait ville impériale et libre; que le pape continuerait à y siéger, et qu'il jouirait de deux millions de francs de revenu. Le 10 juin il fait promulguer ce décret à Rome. Ce même 10 juin, le pape proteste contre toutes ces spoliations, refuse toute pension; et, récapitulant tous les attentats dont il a à se plaindre, lance la fameuse et imprudente bulle d'excommunication contre les auteurs, fauteurs et exécuteurs des violences contre lui et le Saint-Siège, mais sans nommer personne.

Napoléon en fut outré, et, dans un premier mouvement, il écrivit aux évêques de France une lettre dans laquelle il parlait, en termes presque révolutionnaires, « de celui qui voulait, disait-il, faire dépendre d'un temporel périssable l'intérêt éternel des consciences et celui de toutes les affaires spirituelles ».

Le 6 juillet 1809, Pie VII, enlevé de Rome après qu'on lui eut demandé s'il voulait renoncer à la souveraineté temporelle de Rome et de l'État de l'Église, fut conduit par le général Radet[1] jusqu'à Savone, où il arriva seul le 10 août, les cardinaux ayant tous été transportés auparavant à Paris.

---

1. Étienne, baron Radet, né en 1762, avait été sous-officier sous l'ancien régime. En 1792, il était sous-lieutenant de la garde nationale à Varennes. Accusé d'avoir favorisé la fuite de Louis XVI, il fut acquitté par le tribunal révolutionnaire. Il devint général de brigade en 1799, et commandant en chef de la gendarmerie. C'est en cette qualité qu'il reçut l'ordre, le 6 juillet 1809, d'arrêter le pape. En 1813, il fut nommé grand prévôt de la grande armée et général de division. Condamné à neuf ans de détention en 1816, il fut gracié en 1818 et mourut en 1825.

Et pour bien compléter les spoliations exercées sur le pape, Napoléon fit paraître, le 17 février 1810, un sénatus-consulte qui décerne au fils aîné de l'empereur le titre de roi de Rome, et statue même que l'empereur sera sacré une seconde fois à Rome, dans les dix premières années de son règne.

C'est opprimé, captif, et privé de tout conseil, que le pape refusa les bulles à tous les évêques nommés par l'empereur, et c'est alors que commencèrent les discussions sur les mesures propres à faire cesser la viduité des églises.

CONSEIL ECCLÉSIASTIQUE
Formé en 1809.

Ce conseil était composé du cardinal Fesch, du cardinal Maury[1], de l'archevêque de Tours[2], de l'évêque de

---

1. Jean Maury, né en 1746 à Valréas (Vaucluse), était fils d'un cordonnier. Il reçut les ordres en 1771, et se rendit bientôt célèbre par son éloquence : il entra à l'Académie en 1784. Député du clergé de Péronne aux états généraux, il devint le chef du parti droit. Il émigra en 1791, alla à Rome, fut nommé archevêque *in partibus*, cardinal et évêque de Montefiascone. Peu après, Louis XVIII l'accrédita comme ambassadeur près le Saint-Siège. Cependant il se rallia à l'empereur en 1806 et devint sénateur et aumônier du prince Jérôme. En 1810, il fut appelé au siège archiépiscopal de Paris, ce qui le fit condamner par le pape et lui valut plus tard la disgrâce de Louis XVIII. En 1814, il dut quitter son archevêché et gagna l'Italie. Il fut un instant détenu au château Saint-Ange, mais relâché peu après. Il rentra en grâce auprès de Pie VII, et mourut en 1817

2. Louis, comte de Barral, né en 1746, avait été agent général du clergé en 1785, puis coadjuteur de l'évêque de Troyes et évêque *in partibus*. Il refusa le serment et émigra. En 1801, il envoya sa démission au pape, et fut peu après nommé évêque de Meaux, puis archevêque de Tours. En 1805, il accepta la charge d'aumônier de l'impératrice et, plus tard, la dignité de sénateur. M. de Barral prononça, en 1814, l'oraison funèbre de l'impératrice Joséphine. C'est également lui, qui, le 1ᵉʳ juin 1815, officia pontificalement sur le Champ-de-Mars. A la rentrée de Louis XVIII, il fut forcé de donner sa démission ; il mourut en 1818.

Nantes[1], de l'évêque d'Évreux[2], de l'évêque de Trèves[3], de l'évêque de Verceil[4], de M. l'abbé Émery, supérieur de Saint-Sulpice, et du père Fontana[5], général des barnabites.

Le gouvernement lui proposa trois séries de questions : La première sur ce qui intéresse la chrétienté en général. — La seconde sur ce qui intéresse la France en particulier. — La troisième sur ce qui intéresse les Églises d'Allemagne, d'Italie et la bulle d'excommunication.

Chacune de ces séries se divisait en plusieurs questions. Je vais les donner toutes avec les réponses que j'ai abrégées mais sans les altérer, en ayant soin de souligner les expressions du conseil, ainsi que les citations qu'il invoque.

Dans le préambule qui est en tête des réponses faites par le conseil aux questions posées par le gouvernement, on remarque d'abord ces paroles : *Nous ne séparons pas de l'hommage que nous rendons à Votre Majesté le tribut d'intérêt, de zèle et d'amour que nous commande la situation actuelle du Souverain*

---

1. M. Duvoisin.

2. M. Bourlier.

3. M. Mannay.

4. Jean-Baptiste Canaveri, né en 1753, entra dans l'ordre des Oratoriens en 1771, devint évêque de Bielle en 1797, puis de Verceil en 1808. Il fut, peu après, nommé premier aumônier de madame Lætitia Bonaparte. Il mourut en 1818.

5. François-Louis Fontana, né en 1750, entra dans la congrégation des Barnabites en 1767, et fut élu supérieur de son ordre dans la province de Milan. Il accompagna en 1804 le pape à Paris, et devint ensuite procureur général de son ordre, consulteur des rites et enfin général de sa congrégation. Après l'enlèvement du pape, il fut interné à Arcis-sur-Aube, fit partie de la commission ecclésiastique de 1809, mais n'assista qu'aux premières séances. Arrêté et emprisonné l'année suivante, il ne recouvra sa liberté qu'en 1814, revint à Rome, fut nommé cardinal en 1819 et mourut en 1822.

Pontife... Tout le bien spirituel que nous pouvons attendre du résultat de nos délibérations est donc uniquement entre les mains de Votre Majesté..., et nous osons espérer qu'elle jouira bientôt de cette gloire, si elle daigne seconder nos vœux en accélérant une réunion si désirable entre Votre Majesté et le Souverain Pontife, par l'entière liberté du pape, environné de ses conseillers naturels, sans lesquels il ne peut ni communiquer avec les Églises confiées à sa sollicitude, ni résoudre aucune grande question, ni pourvoir aux besoins de la catholicité.

PREMIÈRE SÉRIE : PREMIÈRE QUESTION. — Le gouvernement de l'Église est-il arbitraire?

Réponse. — Non. Il appartient, il est vrai, spécialement au successeur de saint Pierre, qui en est le chef, ayant primauté d'honneur et de juridiction dans toute l'Église; mais, il appartient aussi aux évêques, successeurs des apôtres ; et, quelque éminente que soit l'autorité de la chaire apostolique, *elle est réglée dans son exercice par les canons, c'est-à-dire par les lois communes de toute l'Église.* Le pape saint Martin écrivait à un évêque: *Nous sommes les défenseurs et les dépositaires et non les transgresseurs des saints canons.* — *C'est en les observant, et les faisant observer aux autres,* dit Bossuet, *que l'Église de Rome s'éleva éminemment au-dessus des autres.* — Le conseil ajoute que les usages dont les Églises particulières sont en possession, et qui prennent leur source *dans l'ancienne discipline, font loi pour ces Églises. Ils forment en quelque sorte son droit commun et doivent être respectés.* Il invoque l'autorité du pape saint Grégoire qui dit expressément, en parlant de l'Église d'Afrique : *Les usages qui ne nuisent point à la foi catholique doivent demeurer intacts.*

DEUXIÈME QUESTION. — Le pape peut-il, pour des motifs d'affaires temporelles, refuser son intervention dans les affaires spirituelles ?

Réponse. — *La primauté dont le pape jouit de droit divin, étant tout à l'avantage spirituel de l'Église, nous croyons ici lui rendre hommage en répondant que si les affaires temporelles n'ont par elles-mêmes aucun rapport nécessaire avec le spirituel, si elles n'empêchent pas le chef de l'Église de remplir librement les fonctions du nonce apostolique, le pape ne peut pas, par le seul motif des affaires temporelles, refuser son intervention dans les affaires spirituelles.*

TROISIÈME QUESTION. — Il est hors de doute que depuis un certain temps la cour de Rome est resserrée dans un petit nombre de familles, que les affaires de l'Église y sont examinées et traitées par un petit nombre de prélats et de théologiens, pris dans de petites localités des environs... Dans cet état de choses, convient-il de réunir un concile ?

Réponse. — *S'il s'agit ici d'un concile général, il ne pourrait se tenir sans le chef de l'Église, autrement il ne représenterait pas l'Église universelle... S'il s'agit d'un concile national, son autorité serait insuffisante pour régler un objet qui intéresserait toute la catholicité entière.*

QUATRIÈME QUESTION. — Ne faudrait-il pas que le consistoire, ou le conseil particulier du pape, fût composé de prélats de toutes les nations pour éclairer Sa Sainteté ?

Réponse. — Le concile de Bâle avait décidé (avec quelques clauses limitatives) que les cardinaux seraient pris de tous les États catholiques. Les orateurs du roi de France au concile de Trente renouvelèrent les propositions que le concile de Bâle avait adoptées, et ce concile se borna à décider *que le pape prendrait des cardinaux de toutes les nations, autant que cela pourrait se faire commodément, et selon qu'il les en trouverait dignes.*

Le conseil dit qu'il ne peut que former des vœux pour l'exécution de cette mesure qui répond au désir de Sa Majesté.

CINQUIÈME QUESTION. — En supposant qu'il soit reconnu qu'il n'y a pas de nécessité de faire des changements dans l'organisation actuelle, l'empereur ne réunit-il pas sur sa tête les droits qui étaient sur celles des rois de France, des ducs de Brabant et autres souverains des Pays-Bas, des rois de Sardaigne, des ducs de Toscane..., soit pour la nomination des cardinaux, soit pour toute autre prérogative ?

Réponse. — Le conseil pense que l'empereur, très naturellement, est fondé à réclamer les prérogatives des souverainetés réunies à l'empire.

DEUXIÈME SÉRIE. — Questions qui intéressent la France en particulier.

PREMIÈRE QUESTION. — Sa Majesté l'empereur ou ses ministres, ont-ils porté atteinte au concordat ?

Réponse. — Le conseil pense que le pape n'a pas lieu de se plaindre *d'aucune contravention essentielle* faite au concordat. Quant aux *articles organiques,* ajoutés au concordat, le conseil convient que le pape remit, pendant son séjour à Paris, des représentations à l'empereur sur un certain nombre de ces articles *qu'il jugeait contraires au libre exercice de la religion catholique. Mais plusieurs des articles dont se plaignait Sa Sainteté ne sont que des applications ou des conséquences des maximes et des usages reçus dans l'Église gallicane, dont ni l'empereur ni le clergé de France ne peuvent se départir.*

Quelques autres à la vérité, ajoute-t-il, *renferment des dispositions qui seraient très préjudiciables à l'Église, si elles étaient exécutées à la rigueur. On a tout lieu de croire qu'elles ont été ajoutées au concordat comme des règlements de circonstance, comme des ménagements jugés nécessaires pour aplanir la voie au rétablissement du culte catholique; et nous espérons de la justice et de la religion de Sa Majesté, qu'elle daignera les révoquer ou les modifier de manière à dissiper les inquiétudes qu'elles ont fait naître.*

Le conseil en indique trois : Le premier, sur les bulles, brefs... qui ne devaient être reçus, ni mis à exécution, sans l'autorisation du gouvernement. Il désire qu'on excepte les *brefs de pénitencerie*, qui étaient formellement exceptés par les parlements. — Le vingt-sixième sur la fixation à trois cents francs du titre ou revenu exigé des ecclésiastiques, pour être ordonnés par l'évêque; tandis qu'il n'était que de cent cinquante francs avant la Révolution où les aspirants, pris pour la plupart dans des classes élevées, étaient bien plus riches. — Le trente-sixième sur les vicaires généraux qui devaient, par cet article, continuer leurs fonctions, même après la mort de l'évêque, tandis qu'il est de principe que les pouvoirs du grand vicaire expirent avec celui qui les a donnés, que le chapitre se trouve de plein droit investi de la juridiction épiscopale, et que c'est par lui que sont nommés les vicaires généraux qui gouvernent pendant la vacance du siège.

Il est juste de remarquer que ces trois demandes furent accordées par décret, le 28 février 1810.

DEUXIÈME QUESTION. — L'état du clergé de France est-il, en général, amélioré ou empiré depuis que le concordat est en vigueur?

La réponse est ici la plus affirmative, la plus détaillée, la plus riche en faits. Outre la liberté du culte catholique qui est, à elle seule, le plus grand des bienfaits dus au concordat, que de nouveaux bienfaits depuis cette époque ! Dotation des chapitres ; trente mille succursales pensionnées ; quatre cents bourses et huit cents demi-bourses pour les séminaires ; exemption de la conscription pour les étudiants présentés par l'évêque ; invitation aux conseils généraux de département de suppléer aux dotations des évêques, des chapitres, et de pourvoir aux besoins du culte ; rétablissement des congrégations religieuses vouées à l'enseignement gratuit, au soulagement des pauvres et des malades, etc... Tous ces faits sont évidents.

TROISIÈME QUESTION. — Si le gouvernement français n'a point violé le concordat, le pape peut-il, arbitrairement, refuser l'institution aux archevêques et évêques nommés, et perdre la religion en France, comme il l'a perdue en Allemagne, qui, depuis dix ans, est sans évêques ?

Réponse. — *Le concordat est un contrat synallagmatique entre le chef de l'État et le chef de l'Église, par lequel chacun d'eux s'oblige envers l'autre...* C'EST AUSSI *un traité public par lequel chacune des parties contractantes acquiert des droits et s'impose des obligations. Le droit réservé au pape ne doit pas être exercé arbitrairement. Par le concordat entre le roi François I*er *et Léon X*[1] *(1515), le pape était tenu d'accorder les bulles d'institution aux sujets nommés par le souverain, ou*

---

1. Ce concordat dont les bases furent jetées le 10 décembre 1515, dans une entrevue entre les deux souverains, ne fut signé que le 18 août 1516. Il abolissait la pragmatique sanction, abandonnait au pape le revenu des annates et reconnaissait la supériorité du pape sur les conciles. Par contre, il donnait au roi le droit de nommer à toutes les prélatures de France.

d'alléguer les motifs canoniques de son refus. — Pie VII est également lié envers l'empereur et la France par le concordat qu'il a solennellement ratifié.

Le Saint-Père ayant écrit de Savone, le 28 août 1809, une lettre au cardinal Caprara pour exposer les motifs de *ses refus, le conseil ne croit pas s'écarter du profond respect dont il est pénétré pour la personne et la dignité suprême du chef de l'Église, en mettant sous les yeux de l'empereur les réflexions qu'il oserait présenter à Sa Sainteté elle-même, s'il était admis à l'honneur de conférer avec elle.*

Le pape donnait trois motifs de refus dans sa lettre : 1° Les innovations religieuses introduites en France depuis le concordat, et cependant il n'en articulait aucune qui fût une atteinte essentielle portée à ce concordat. Les innovations connues avaient été en France des bienfaits pour la religion. Le gouvernement avait fait droit aux représentations sur les articles organiques, et, d'ailleurs, cette plainte déjà ancienne, en ce qui concerne la France, n'avait point été suivie, jusqu'alors, d'un refus de bulles de la part du pape. — 2° Le second motif était fondé sur les événements et les mesures politiques qu'il ne lui appartenait pas de juger. — *L'événement principal,* dit le conseil, *est le décret de 1809, portant réunion de l'État romain à l'empire français Ce motif est-il canonique ? Est-il fondé sur les principes et sur l'esprit de la religion ?* Le conseil répond : *La religion nous apprend à ne pas confondre l'ordre spirituel et l'ordre temporel; la juridiction que le pape exerce essentiellement de droit divin est celle que saint Pierre a reçue de Jésus-Christ, la seule qu'il ait pu transmettre à ses successeurs; et celle-ci est purement spirituelle. La souveraineté temporelle n'est pour les papes qu'un accessoire étranger à leur autorité. La première durera autant que l'Église, autant que le monde; et l'autre, d'institution humaine, n'étant point comprise dans les promesses divines qui ont été faites à l'Église, peut être enlevée, comme elle a été donnée, par les hommes et les événements. Dans toutes les suppositions à cet égard, et quelle que soit la position politique du pape, son autorité dans l'Église universelle et ses relations avec les Églises particulières doivent être toujours les mêmes, et comme il n'a reçu ses pouvoirs que pour l'avantage des fidèles et le gouvernement de l'Église, le conseil se persuade que le Saint Père mettrait un terme à ses refus, s'il était convaincu, comme eux qui voient les choses de près, que ce refus ne peut être que très préjudiciable à l'Église.*

D'après le conseil, l'invasion de Rome ne peut donc être un motif pour refuser l'institution canonique aux évêques nommés. Cette invasion n'est pas une violation du concordat. Le concordat n'a rien stipulé, rien garanti du temporel; et tant que la juridiction du pape sur l'Église de France est reconnue, les liens qui attachent cette Église à la chaire de saint Pierre ne sont point relâchés, et le concordat subsiste dans son intégrité.

Le pape reconnaît cette distinction dans sa lettre, mais il ne pouvait, dit-il, sacrifier la défense du patrimoine de l'Église. Cela n'est point contesté : il pouvait réclamer avec toute la force de ses moyens. Mais comment le refus des bulles serait-il un de ces moyens ? Si l'empereur exigeait et obtenait des évêques nommés quelque déclaration contraire à l'autorité du Saint-Siège, ou relative à l'invasion des États romains, le pape serait dans son droit pour leur refuser l'institution canonique; mais il n'y a rien de semblable dans la circonstance. Comment donc pourrait-il vouloir ou croirait-il pouvoir les punir pour un événement qui ne peut leur être imputé ? Lorsque Rome fut prise d'assaut par les troupes de Charles-Quint, Clément VII, pour se venger de ce prince, a-t-il abandonné toutes les Églises à l'anarchie ? — 3° Le troisième motif de refus dans la lettre du Saint-Père est pris dans sa situation actuelle. Dieu sait, dit le pape, si nous désirons ardemment donner aux églises de France vacantes leurs pasteurs, et si nous désirons trouver un expédient pour le faire d'une manière convenable ; mais devons-nous agir dans une affaire de si haute importance sans consulter nos conseillers naturels ? Or, comment pourrions-nous les consulter, quand, séparé d'eux par la violence, on nous a ôté toute libre communication avec eux, et, en outre, tous les moyens nécessaires pour l'expédition de pareilles affaires, n'ayant pu même, jusqu'à présent, obtenir d'avoir auprès de nous un seul de nos secrétaires ?

L'objection était forte, et le conseil se vit réduit à faire la réponse suivante : *A ces dernières plaintes, nous n'avons d'autre réponse à faire que de les mettre nous-mêmes sous les yeux de Sa Majesté, qui en sentira toute la force et toute la justice.*

Cette phrase n'était peut-être pas sans quelque courage, car c'était justifier le refus du pape, et montrer clairement à l'empereur son injustice et son inconséquence.

QUATRIÈME QUESTION. — Le gouvernement français n'ayant point violé le concordat, si, d'un autre côté, le pape refuse de l'exécuter, l'intention de Sa Majesté est de regarder le concordat comme abrogé, mais, dans ce cas, que convient-il de faire pour le bien de la religion ?

Réponse. — *Si le pape persistait à se refuser à l'exécution du concordat, il est certain, rigoureusement parlant, que l'empereur ne serait plus tenu de l'observer, et qu'il pourrait le regarder comme abrogé.* — Ce sont les premiers mots de la réponse ; ils ont l'air de tout décider ; mais, toutefois, ce n'était pas le cas, et le conseil ajoute bientôt : *Mais le concordat n'est pas une transaction purement personnelle... C'est un traité qui fait partie de notre droit public... et il importe d'en réclamer l'exécution, dans la supposition même où le Souverain Pontife persisterait à la refuser en ce qui le concerne.*

Ce raisonnement est subtil et même singulier : car le conseil semble n'avoir mis en avant avec assurance un principe, que pour reculer plus vite devant la conséquence, il semble même s'être étudié à faire renaître la difficulté, au moment où elle paraissait assez nettement résolue.

Le conseil dit ensuite qu'il faudrait regarder le concordat, non comme abrogé, mais comme *suspendu*, en protestant toujours contre le refus du pape, et en en appelant, ou au pape lui-même, mieux informé, ou à son successeur.

Mais, soit que le concordat soit regardé comme abrogé, soit qu'il demeure suspendu, ajoute le conseil, *que convient-il de faire pour le bien de la religion ?* (Ce sont les derniers mots de la question.) — Ici le conseil établit avec clarté les principes et n'épargne pour cela aucun raisonnement. *Tous les pouvoirs des ministres de l'Église étant d'un ordre spirituel, c'est à l'Église seule à les conférer. Les évêques ont des pouvoirs d'ordre et des pouvoirs de juridiction. Dans les trois premiers siècles de persécutions, il a bien fallu que l'Église seule investît les pasteurs de ces pouvoirs, et elle n'a pas pu perdre ce droit quand les rois se sont faits ses enfants. L'Église n'a jamais reconnu d'évêques que ceux qu'elle avait institués; mais la manière de procéder à l'élection, et puis de conférer l'institution, n'a pas toujours été la même. Dans les premiers siècles, la simple nomination, ou élection, ou présentation, appartenait aux évêques co-provinciaux, au clergé et au peuple de l'Église qu'il fallait pourvoir; et cette élection était confirmée par le métropolitain par qui l'évêque était sacré; ou s'il s'agissait du métropolitain lui-même, par le concile de la province qui conférait l'institution ou la mission, pour cette Église en particulier, à celui qui venait d'être élu. Dans la suite, les empereurs et autres princes chrétiens eurent grande part à la nomination, c'est-à-dire à l'élection, et insensiblement, le peuple et le clergé de la campagne cessèrent d'être appelés. L'élection passa alors au chapitre de l'église cathédrale, mais toujours avec la nécessité du consentement du prince (représentant le peuple), et de la confirmation ou institution métropolitaine ou du concile de la province.*

Le conseil ecclésiastique oublia d'ajouter, que, jusqu'au XIIIe siècle, les papes n'avaient été pour rien, ni dans l'élection, ni dans l'institution. Depuis, par les réserves et autres principes puisés dans les fausses décrétales[1], ils s'attribuèrent quelquefois et l'élection et la confirmation. C'est à cet état de choses, si étranger à l'ancienne discipline, puisqu'il n'y en avait pas de traces dans les douze premiers siècles de l'Église, que le concile de Bâle ainsi que la pragmatique sanction voulurent remédier. A la suite du concile de Bâle et de la pragmatique

---

1. On connaît sous le nom de fausses décrétales un recueil de droit canonique du VIe siècle, attribué au moine Denys le Petit, qui tendait à augmenter considérablement la puissance des papes.

sanction publiée à Bourges en 1438[1], conformément aux décrets de ce concile, il avait été décidé que l'élection par le peuple et par le chapitre, serait confirmée par le métropolitain ou par le concile provincial. En 1516, on substitua à cette pragmatique sanction, le concordat entre François Ier et Léon X, en vertu duquel l'élection passa tout entière au roi, à la place du peuple ou du chapitre, et la confirmation ou institution au pape, à la place des métropolitains et des conciles provinciaux.

Le conseil ecclésiastique reprend à l'occasion de ces changements : *ces deux changements dans les élections ont été regardés comme faits du consentement exprès ou tacite de l'Église. Nous dirons plus : cette approbation (de l'Église) serait encore indispensable, quand même on proposerait de revenir à une des méthodes adoptées dans les siècles précédents ; car une loi abrogée n'est plus une loi, et elle ne peut en reprendre le caractère que par le fait de l'autorité qui l'a abrogée.* — *C'est là un des vices capitaux de la constitution civile du clergé, adoptée par l'Assemblée constituante ;... car, outre que les élections décrétées par cette constitution ne ressemblaient, en aucune manière, à celle des premiers siècles, l'Assemblée constituante, qui n'avait que des pouvoirs politiques était essentiellement incompétente pour rétablir, sans le concours et le consentement de l'Église, ces règlements de discipline que l'Église avait abolis.*

Ainsi, dans la supposition où par la persévérance des refus des bulles, le concordat serait regardé comme suspendu ou comme abrogé, on ne serait pas autorisé à faire revivre la

---

1. La pragmatique sanction de Bourges est le nom donné à l'ordonnance que le roi Charles VII rendit, en 1438, sur les affaires de l'Église de France.

pragmatique sanction, à moins que l'autorité ecclésiastique, n'intervînt dans son rétablissement. Sans cela, elle deviendrait la source de troubles semblables à ceux qu'a excités dans toute la France la constitution civile du clergé en 1791.

Que conviendrait-il donc de faire alors pour le bien de la religion ? car cette question revient toujours.

Le conseil n'a pas l'autorité nécessaire pour indiquer les mesures propres à remplacer l'intervention du pape dans la confirmation des évêques. (Cette réponse est-elle bien exacte ? Est-ce donc qu'indiquer ces mesures supposerait une autorité ?)

Le conseil pense que l'empereur ne peut rien faire de plus sage et de plus conforme aux règles que de convoquer un concile national, qui examinerait la question proposée et indiquerait les moyens propres à prévenir les inconvénients du refus des bulles. En 1688, à l'occasion d'un refus semblable de bulles fait par le pape Innocent XI aux évêques, à la suite de l'assemblée du clergé de 1682, le parlement de Paris, sur les conclusions du procureur général du Harlay, rendit un arrêt portant que le roi serait supplié de convoquer les conciles provinciaux ou même un concile national.

L'empereur, dans une note qu'il dicta à l'évêque de Nantes, M. Duvoisin, trouva que cette réponse n'éclaircissait pas entièrement la question. Il avait pensé, dit-il dans cette note, que le concordat tombant, la France rentrait de droit dans ce qui existait avant. Mais le conseil l'avait fait changer d'avis, et il estimait maintenant avec lui, que le concordat ayant abrogé la loi qui existait lors de sa conclusion, elle ne pouvait plus être rétablie que par le pouvoir qui l'avait abrogée, mais il différait de l'opinion du conseil, en ce qu'il pensait que l'Église gallicane était suffisante pour prononcer le rétablissement de l'ancienne loi, sans quoi il y aurait une lacune dans la législation de l'Église. L'empereur n'expliquait pas davantage sa pensée dans sa note, ayant été interrompu par d'autres affaires.

Le conseil ecclésiastique, cependant, sur le simple aperçu contenu dans la note, discuta de nouveau la question, sans trop entrer dans l'idée de l'empereur, car il commence par dire : *qu'il persiste à croire que la convocation d'un concile national est la seule voie canonique qui puisse conduire au but désiré*. Il suppose que *le concile adresserait d'abord au pape des remontrances respectueuses sur les suites qu'entraînerait un refus plus longtemps prolongé; sur la nécessité où se trouveraient l'empereur et le clergé de pourvoir par une autre voie à la conservation de la religion et à la perpétuité de l'épiscopat, et qu'on proposerait ensuite tous les moyens de conciliation, etc... et si le pape se refusait à ces prières, à ces sollicitations du clergé de France assemblé, le concile examinerait* (ce que nous n'avons pas cru devoir faire) *s'il est compétent pour rétablir ou renouveler un mode d'institution canonique qui pût remplacer le mode établi par le concordat. S'il se jugeait compétent, il arrêterait, sous le bon plaisir de Sa Majesté, un règlement de discipline sur cet objet, mais en déclarant que ce règlement n'est que provisoire, et que l'Église de France ne cessera point de demander l'observation du concordat, toujours prête à y revenir... Et si le concile national ne se jugeait pas compétent, il réclamerait le recours à un concile général, la seule autorité dans l'Église qui soit au-dessus du pape. Et si ce recours devenait impossible parce que le pape ne voudrait pas reconnaître le concile, ni le présider, ou que dans les circonstances politiques, sa convocation pré-*

sentât trop de difficultés pour l'assembler, — que conviendrait-il de faire pour le bien de la religion? — Vu l'impossibilité de recourir au concile général, et vu le danger imminent dont l'Église est menacée, le concile national pourrait déclarer que l'institution donnée par le métropolitain à ses suffragants, ou par le plus ancien évêque de la province à l'égard du métropolitain, tiendrait lieu des bulles pontificales, jusqu'à ce que le pape ou ses successeurs consentissent à la pleine exécution du concordat. C'est ici une loi de nécessité, loi que le pape lui-même a cru pouvoir reconnaître, lorsque, s'élevant au-dessus de toutes les règles ordinaires et par un acte d'autorité sans exemple, il a supprimé tous les anciens évêchés de France pour en créer de nouveaux.

Ne peut-on pas s'étonner que le conseil ecclésiastique, avant d'arriver à une pareille solution, n'ait pas répété ici que, pour faire cesser le principal motif d'opposition du pape (motif énoncé par lui dans sa lettre au cardinal Caprara, où il déclare que son refus de donner des bulles est fondé particulièrement sur ce que, dans sa prison de Savone, il est privé de toute liberté), l'empereur était prié de rendre au pape, au moins la mesure de liberté nécessaire pour l'expédition des bulles, afin de le constituer dans son tort s'il persistait alors à la refuser. Au lieu de cela, le conseil restait toujours dans la supposition que le pape ne refusait les bulles que pour des motifs purement temporels, et à cause surtout de l'invasion de Rome, tandis que le Saint-Père avait formellement déclaré que c'était parce qu'on l'avait privé de sa liberté, de son conseil et même de son secrétaire, qu'il se refusait à faire expédier les bulles,

Le conseil, qui avait senti toute la force de cette réclamation, qui en avait déjà reconnu toute la justice, aurait dû renouveler ses instances à cet égard. La liberté réclamée ici par le pape n'était pas un objet purement temporel; c'était une condition indispensable pour valider les actes du plus simple citoyen, à plus forte raison ceux du chef de l'Église. Le conseil, dans cette longue et dernière partie de la discussion, a trop l'air de croire que tous les torts sont du côté du pape. Est-ce complaisance ou pusillanimité ? — Qu'il n'ait pas conseillé à l'empereur de rendre Rome, cela se conçoit : il n'était pas appelé à traiter cette question politique, qui était d'ailleurs tout à fait indépendante de celle de la délivrance des bulles qu'on lui soumettait; mais ne pas répéter chaque jour, qu'avant de songer au concile ou à tout autre remède extraordinaire auquel on ne pouvait avoir recours que dans le cas, où sans aucune raison, le pape s'obstinerait à ne pas vouloir exécuter le concordat, il était nécessaire de lui rendre assez de liberté pour qu'il ne pût pas se plaindre qu'on lui faisait violence par une telle demande, c'était non seulement une grande pusillanimité envers l'empereur, mais aussi, c'était une inconséquence : c'était paraître vouloir prolonger la rupture, lorsqu'il ne fallait peut-être qu'un mot pour la faire cesser.

TROISIÈME SÉRIE. — Questions qui intéressent les Églises d'Allemagne, d'Italie, et la bulle d'excommunication.

PREMIÈRE QUESTION. — Sa Majesté, qui peut, à juste titre, se considérer comme le chrétien le plus puissant, sentirait sa conscience troublée, s'il ne portait aucune attention aux plaintes des Églises d'Allemagne sur l'abandon dans lequel le pape les laisse depuis dix ans. Elle désire, comme *suzerain de l'Allemagne,* comme *héritier de Charlemagne,* comme *véritable empereur d'Occident,* comme *fils aîné de l'Église,* savoir quelle conduite elle doit tenir pour rétablir le bienfait de la religion chez les peuples de l'Allemagne?

Réponse. — Celle que donne le conseil à cette question est on ne peut plus vague. Le rapporteur croit devoir rappeler ici l'ancien concordat de la nation germanique de 1447 et le traité de Munster de 1648 ; puis, il entre dans de longs détails sur la diète de Ratisbonne de 1803, qui bouleversa par tant de sécularisations l'état politique et religieux de l'Allemagne, et transféra le siège de Mayence à Ratisbonne; — sur les conférences préparatoires de 1804, entre le nonce du pape et le référendaire de l'empire; — sur l'acte de la confédération du Rhin, du 12 juillet 1806; — sur l'abdication de la couronne impériale d'Allemagne par l'empereur François II (6 août 1806), qui opéra la dissolution du corps germanique; — sur les prétentions diverses d'une multitude de princes à l'égard du clergé catholique, de l'instruction religieuse, des dispenses matrimoniales...; — sur l'asservissement des évêques, des curés, des chanoines à tous ces princes; — et enfin sur les difficultés nouvelles apportées à un arrangement quelconque par la situation actuelle du Saint-Père.

Le conseil, ne voit depuis l'abdication de l'empereur François II, que le protecteur de la confédération du Rhin (Napoléon), qui puisse, d'accord avec le Souverain Pontife, remédier à ces maux, et il se borne à faire des vœux.

Il faut convenir qu'il y avait bien de la mauvaise grâce

et surtout bien de la mauvaise foi de la part de l'empereur Napoléon, à imputer, dans ce moment-là, les troubles religieux de l'Allemagne à l'abandon dans lequel le pape laissait depuis dix ans l'Église d'Allemagne, et la raison du conseil sur ce point est bien faible et bien insignifiante.

DEUXIÈME QUESTION. — Est-il indispensable de faire une nouvelle circonscription d'évêchés en Toscane et dans d'autres parties de l'empire? Si le pape refuse de coopérer à ces arrangements, quelle marche Sa Majesté devrait-elle suivre pour les régulariser?

Réponse. — Le conseil pense que les églises de Toscane ne sont pas en souffrance comme celles d'Allemagne; qu'elles sont régulièrement organisées et administrées; qu'ainsi une nouvelle circonscription, bien qu'utile, n'a rien d'urgent. *Tout porte à croire,* ajoute-t-il, *que lorsque le pape sera entouré de ses conseils, Sa Sainteté y donnera une attention active et soutenue.* Enfin le conseil croit que Sa Majesté peut suspendre les améliorations qu'elle projette pour les églises de la Toscane, jusqu'à ce que les affaires générales de l'Église soient terminées, puisque la loi de la nécessité n'est pas ici applicable.

TROISIÈME QUESTION. — La bulle d'excommunication du 10 juin 1809 étant contraire à la charité chrétienne ainsi qu'à l'indépendance et à l'honneur du trône, quel parti prendre pour que, dans des temps de trouble et de calamité, les papes ne se portent pas à de tels excès de pouvoir?

Réponse. — Le conseil cite d'abord l'extrait de cette bulle qui déclare que les *auteurs, fauteurs, conseillers et exécuteurs des attentats* (c'est-à-dire l'invasion de Rome et des provinces de l'État romain, ainsi que les autres persécutions), *en vertu du livre XXII, chapitre XI° qu'il rappelle, ont encouru l'excommunication prononcée par le concile de Trente, et le Saint Père les excommunie et les anathématise de nouveau, sans toutefois nommer personne spécialement. Sa Sainteté défend même d'attenter aux droits et prérogatives des personnes comprises dans cette catégorie.*

Le conseil dit ensuite : *Que les bulles de Boniface VIII contre Philippe le Bel, de Jules II contre Louis XII, de Sixte-Quint contre Henri IV, n'ont jamais eu de force ni d'effet en France, parce que les évêques de France ont refusé de les admettre et de les publier. Par la même raison, la bulle* IN CŒNA DOMINI, *si longtemps publiée à Rome, a toujours été regardée en France comme non avenue.*

Si la bulle du 10 juin 1809 eût été adressée aux évêques de France, le conseil pense *qu'ils l'eussent déclarée contraire à la discipline de l'Église gallicane, à l'autorité du souverain, et capable, contre l'intention du pape, de troubler la tranquillité publique.*

Il rappelle que *Grégoire XIV, successeur de Sixte-Quint, lança en 1591, des lettres* MONITORIALES *contre Henri IV, et que les évêques assemblés à Chartres déclarèrent que les censures et excommunications portées par lesdites lettres étaient nulles, tant en la forme qu'en la matière, et qu'elles ne pouvaient lier ni obliger la conscience...*

Le conseil se borne donc à déclarer : *Qu'il ne doute pas que le concile national, si on l'assemble, rappelant les vrais principes à cet égard, et l'esprit de l'Église, dans l'application des censures, n'en déclare aussi la nullité, et n'interjette appel, tant de cette bulle que de toutes bulles semblables, au concile général, ou au pape mieux informé, comme cela a toujours eu lieu dans l'Église.*

Le conseil aurait pu ajouter que les lettres monitoriales contre le roi Henri IV avaient été condamnées au feu par les parlements séant à Tours et à Châlons.

Quant à Henri IV lui-même, alors roi de Navarre, excommunié par Sixte-Quint en 1588, on sait que, suivant son caractère, il fit afficher son acte d'appel au Vatican, et que le pape ne l'en estima que davantage.

Le conseil ecclésiastique conclut, dans sa réponse générale, en citant le premier article de la déclaration du clergé de France en 1682[1].

C'est par la remise de ces réponses, le 11 janvier 1810, que le conseil termina ses travaux qui avaient commencé le 16 novembre 1809.

J'oubliais de dire que le travail du conseil sur la première série de questions est attribué à l'évêque de Trêves; celui sur la seconde série, à l'évêque de Nantes, et celui sur la troisième, à l'archevêque de Tours. On assure que le Père Fontana ne parut qu'aux premières séances, et que M. Émery fut très peu exact aux séances, et ne signa point les réponses de la commission, alléguant qu'il ne lui convenait pas de mettre sa signature à côté de celles de cardinaux et d'évêques.

RÉFLEXIONS SUR CE CONSEIL ECCLÉSIASTIQUE.

Je conçois tous les ménagements que les membres de ce conseil ont dû avoir pour l'empereur, dans la crainte de

---

1. Cet article disait en substance que Dieu n'avait donné ni à saint Pierre, ni à ses successeurs, aucune puissance directe ou indirecte sur les choses temporelles.

l'irriter et de le pousser à des mesures plus violentes encore, c'est-à-dire à une rupture complète avec le pape, qui eût ramené le schisme dans l'Église de France. Mais je ne puis concevoir comment ils n'ont pas essayé avec plus de persistance de le convaincre, que, pour être en droit d'imputer les torts au pape, il fallait, du moins, lui accorder le genre de liberté qu'il jugerait lui-même nécessaire pour donner des bulles, et lui demander, en conséquence, ce qu'il estimait indispensable pour cela. Le pape n'aurait pas osé dire qu'il lui fallait avant tout Rome et le patrimoine de saint Pierre; cela eût été trop évidemment faux, quelque naturel qu'il fût qu'il désirât ardemment cette restitution, et qu'il ne cessât de protester contre la violence qui lui avait ravi ses États. Il se serait réduit sans doute, à demander un certain nombre de cardinaux, son secrétaire, ses papiers... S'il eût demandé plus, ou que, ayant obtenu les objets de sa première demande, il eût continué à refuser les bulles, alors les réponses du conseil que nous venons d'analyser, eussent offert au public l'expression d'opinions justes et convenables; mais, tant que ce point indispensable n'était point accordé, presser le pape (dans la situation où il se trouvait) par des arguments qui n'auraient eu de valeur que dans le cas où il eût été démontré que son refus était de la mauvaise volonté, c'était grandement affaiblir des raisons, fort bonnes dans une autre supposition, mais qui, hors de là, devaient ne paraître que des sophismes mêlés d'un peu de mauvaise foi et même de déloyauté.

Avant la réunion et les délibérations du conseil ecclésiastique, l'empereur avait fait quelques démarches vers le pape pour vaincre sa répugnance à donner les bulles. Il lui avait fait dire par le cardinal Caprara, dans une lettre que ce cardinal (lequel n'était plus légat, mais qui, pourtant, se trouvait à Paris) écrivit au pape à Savone, le 20 juillet 1809, que l'empereur consentait à ce que son nom, de lui empereur, et même son droit de nomination, ne fussent pas mentionnés dans les bulles qui seraient alors délivrées sur la simple demande du conseil d'État ou du ministre des cultes. A quoi le pape répondit, le 26 août, que ce conseil d'État ou ce ministre étant les organes de l'empereur, ce serait reconnaître également dans l'empereur le droit de nomination et la faculté de l'exercer, ce qu'il ne voulait pas.

Et pourquoi ne voulait-il pas reconnaître ce droit? Était-ce donc à cause de l'excommunication? Alors, c'était montrer une humeur peu raisonnée et commencer à se donner un tort. Pourquoi aussi l'empereur avait-il fait ce sacrifice? N'aurait-il pas mieux valu qu'il n'en fît aucun, et qu'il essayât de l'effet que produirait sur le Saint-Père, la liberté suffisante qu'il lui accorderait?

L'année 1810, loin d'apporter quelques adoucissements à la situation du pape, et de lui valoir, d'après les vœux et les prières du conseil ecclésiastique, un peu plus de liberté, aggrava, au contraire, cette situation, et rendit sa captivité plus dure.

En effet, le 17 février 1810, parut le sénatus-consulte prononçant la réunion des États romains à l'empire français, l'indépendance du trône impérial de toute autorité sur la terre, et annulant l'existence temporelle des papes. Ce sénatus-consulte assurait une pension au pape, mais il statuait aussi que le pape prêterait serment de ne rien faire en opposition aux quatre articles de 1682. — Le même jour, autre sénatus-consulte qui décerne au fils aîné de l'empereur le titre de roi de

Rome, et statue que l'empereur sera sacré une seconde fois à Rome [1].

Toutes ces dispositions étaient hostiles et provocantes. On n'accordait pas même au pape le droit et la liberté de s'en plaindre. Comment se serait-il cru assez de liberté pour le reste? Ordonner par un sénatus-consulte un serment au pape captif, et un serment de ne rien faire contre les quatre articles de 1682, étaient deux points irritants au suprême degré, et très évidemment inadmissibles, surtout lorsqu'ils étaient imposés avec une telle hauteur. Le pape dut s'en consoler au reste, presque s'en réjouir, en voyant qu'on faisait dépendre de la prestation d'un tel serment la pension injurieuse qu'on lui offrait, et c'est là ce qui lui fournit la réponse si noblement apostolique : *qu'il n'avait nul besoin de cette pension, et qu'il vivrait de la charité des fidèles.*

Il faut tout dire. Malgré son état de captivité à Savone, le Saint-Père avait cependant répondu en 1809 à chacune des lettres des dix-neuf évêques qui lui avaient demandé des *pouvoirs extraordinaires* pour des dispenses de mariage, et les leur avait accordés. — Le 5 novembre 1810, il publia, autant

---

[1]. En outre de ces dispositions le sénatus-consulte du 17 février 1810, décidait :

Que le territoire pontifical formerait deux départements; celui de Rome et celui de Trasimène.

Qu'un prince du sang ou un grand dignitaire tiendrait à Rome la cour impériale.

Que toute souveraineté étrangère était incompatible avec l'exercice de toute autorité spirituelle dans l'intérieur de la France.

Qu'il serait préparé pour le souverain pontife des palais dans les différents lieux de l'empire où il voudrait résider; qu'il en aurait nécessairement un à Paris et un à Rome.

Que deux millions de revenu en biens ruraux seraient assignés à Sa Sainteté.

Que l'État pourvoirait aux dépenses du sacré collège et de la propagande.

du moins qu'il le put, son bref contre le cardinal Maury et le lui adressa en réponse à la communication que le cardinal lui avait faite de sa nomination à l'archevêché de Paris. Le cardinal, en attendant ses bulles d'institution, avait pris l'administration du diocèse, qui lui avait été déférée par le chapitre métropolitain. Le pape, dans son bref, lui reproche d'avoir abandonné la sainte cause qu'il avait si bien défendue autrefois; de violer son serment, d'avoir quitté son siège de Montefiascone, et de prendre l'administration d'un siège dont il ne pouvait être chargé. Il lui *ordonne* d'y renoncer et de ne pas le forcer à procéder contre lui, conformément aux canons de l'Église. Ce bref fit grand bruit et valut, le 1er janvier 1811, une éclatante disgrâce à l'abbé d'Astros qui l'avait fait connaître, et bientôt après à son parent, M. Portalis, le fils, qui l'avait connu par lui[1].

Il y avait bien ici, on ne peut le nier, un peu de contradiction de la part du pape : pouvoir lancer un bref contre le cardinal Maury; pouvoir répondre dix-neuf lettres aux évêques qui lui demandaient des pouvoirs et les leur accorder; — et ne pouvoir, faute de liberté, délivrer des bulles d'institution et faire cesser la longue viduité de tant d'églises; cela était-il bien conséquent?

Deux autres faits viennent à l'appui de cette réflexion.

---

1. Ce bref avait été adressé par Pie VII à l'abbé d'Astros, vicaire général du diocèse de Paris. Celui-ci l'avait communiqué à son cousin, le comte Portalis, alors conseiller d'État et directeur de la librairie. Tous deux gardèrent le secret, et le bref fut publié. Napoléon eut connaissance de ces faits : sa colère fut violente. Dans la séance du conseil d'État du 4 janvier 1811, il reprocha avec véhémence, sa conduite au comte Portalis, le destitua de toutes ses fonctions et l'exila en Provence. Quant à l'abbé d'Astros, il fut arrêté et enfermé à Vincennes d'où il ne sortit qu'en 1814.

Vers la fin de l'année 1810, l'empereur avait nommé à l'archevêché de Florence M. d'Osmond[1], évêque de Nancy, Pie VII, par un bref du 2 décembre 1810, déclara que cet évêque ne pouvait administrer le diocèse de Florence, s'appuyant pour cela sur les décisions du second concile de Lyon et sur celles du concile de Trente, qui n'étaient vraiment pas applicables à cette circonstance. Le chapitre de Florence déféra à l'ordre du pape, ce qui causa des troubles dans la ville. Napoléon avait aussi nommé à l'évêché d'Asti un M. Dejean[2] : autre bref du pape pour que le chapitre ne lui confiât pas le pouvoir d'administrer. L'empereur, qui voyait que le pape voulait mettre des bornes à son pouvoir, se porta alors à de grandes violences.

Le 1er janvier 1811 éclata l'affaire de l'abbé d'Astros, qu'on arrêta en sortant des Tuileries. Le chapitre de Paris lui retira ses pouvoirs de grand vicaire et profita de cette occasion pour écrire, probablement sous les yeux du cardinal Maury, une lettre à l'empereur, dans laquelle il établissait le droit du chapitre de pourvoir au siège vacant, et de déférer à un évêque nommé tous les pouvoirs capitulaires, c'est-à-dire toute la juridiction épiscopale, se fondant sur ce qui avait été pratiqué du temps de Louis XIV, et même par le conseil de Bossuet, disait-

---

1. Antoine baron d'Osmond, né en 1754, fut d'abord vicaire général de M. de Brienne, archevêque de Toulouse. Le 1er mai 1785, il fut sacré évêque de Comminge pour succéder à son oncle. Il émigra à la Révolution, se démit de son siège en 1801, et fut nommé en 1802 évêque de Nancy. En 1810, il fut nommé archevêque de Florence, mais le pape refusa de l'instituer, et il dut, en 1814, reprendre son siège de Nancy. Il mourut en 1823.

2. François-André, baron Dejean, né à Castelnaudary en 1748, nommé évêque d'Asti le 9 février 1809.

il, mais sans pouvoir le prouver. Cette lettre, envoyée dans tous les diocèses de France et d'Italie, attira une multitude d'adhésions d'évêques et de chapitres, soit d'Italie, soit de France, qui confirmaient cette doctrine.

La publication de tous les brefs dont je viens de parler, loin de disposer l'empereur à accorder plus de liberté au pape, lui persuada qu'il en avait beaucoup trop, puisqu'il en abusait ainsi. On donna l'ordre, le 7 janvier 1811, de faire dans son appartement une perquisition rigoureuse; on fouilla tout, jusqu'à son secrétaire; et ses papiers et ceux des personnes de sa maison furent envoyés à Paris. On y trouva, dit-on, un bref qui conférait des pouvoirs extraordinaires au cardinal di Pietro[1]. Alors on lui retira plumes, encre, papier. On lui enleva son maître de chambre, le prélat Doria, son confesseur. On le priva de toute communication avec l'évêque de Savone[2]; on saisit les papiers de ce dernier et on l'emmena lui-même

---

1. Michel di Pietro, né en 1747, avait été institué délégué apostolique par Pie VI en 1798, lorsque ce pape fut enlevé de Rome par ordre du directoire. Pie VII le nomma patriarche de Jérusalem, cardinal et préfet de la propagande. Il dut venir à Paris après l'arrestation du pape, et fut exilé à Semur pour avoir refusé d'assister au mariage de Napoléon et de Marie-Louise. Il revint à Rome en 1815, devint grand pénitencier et évêque d'Albano. Il mourut en 1821.

2. Voici l'ordre signifié au Saint-Père par le préfet du département de Montenotte, M. de Chabrol, d'après les instructions envoyées de Paris :

« Le soussigné, d'après les ordres émanés de son souverain, Sa Majesté impériale et royale Napoléon, empereur des Français, roi d'Italie, protecteur de la confédération du Rhin... est chargé de notifier au pape Pie VII que défense lui est faite de communiquer avec aucune Église de l'empire, ni avec aucun sujet de l'empereur, sous peine de désobéissance de sa part et de la leur ; qu'il cesse d'être l'organe de l'Église, celui qui prêche la rébellion et dont l'âme est toute de fiel ; que puisque rien ne peut le rendre sage, il verra que Sa Majesté est assez puissante pour faire ce qu'ont fait ses prédécesseurs et déposer un pape. » *(Note de M. de Bacourt).*

Savone, le 14 janvier 1811.

à Paris. Il resta au pape quelques domestiques auxquels on assigna environ quarante sous par jour pour leur dépense. C'est au moment où l'empereur se livrait à de si indignes violences et où le pape continuait ses nobles et légitimes refus, pour ce qui le concernait personnellement, que Napoléon se décida à nommer une seconde commission ecclésiastique.

SECONDE COMMISSION ECCLÉSIASTIQUE.

Formée en janvier 1811, cette commission termina ses travaux à la fin de mars. Elle était composée des cardinaux Fesch, Maury et Caselli, des archevêques de Tours des évêques de Gand[1], d'Évreux, de Nantes, de Trèves, et de M. l'abbé Emery.

Elle eut à répondre à ces deux seules questions :

PREMIÈRE QUESTION. — Toute communication entre le pape et les sujets de l'empereur, étant interrompue quant à présent, à qui faut-il s'adresser pour obtenir les dispenses qu'accorderait le Saint-Siège ?

DEUXIÈME QUESTION. — Quand le pape refuse persévéramment d'accorder des bulles aux évêques nommés par l'empereur pour remplir les sièges vacants, quel est le moyen légitime de leur donner l'institution canonique ?

---

1. Maurice-Madeleine de Broglie (1766-1821), troisième fils du maréchal de Broglie, évêque d'Acqui et aumônier de l'empereur en 1805, promu à l'évêché de Gand en 1809 ; fut emprisonné à la suite de sa résistance aux volontés de l'empereur au concile de 1811. De retour dans son siège épiscopal en 1814, il protesta contre diverses dispositions de la constitution du royaume des Pays-Bas, fut de nouveau exilé et vint mourir à Paris.

La commission, avant de répondre, exprime d'abord *sa profonde douleur de ce que toute communication entre le pape et les sujets de l'empereur vient d'être rompue. Elle ne peut prévoir que des jours de deuil et d'affliction pour l'Église, si ces communications demeurent longtemps suspendues...*

C'était bien demander la liberté du pape. Mais la commission ne devait pas se borner à placer cela dans un préambule. Il fallait y revenir dans ses réponses, sans quoi elle avait l'air de vouloir se débarrasser dans une formule préliminaire, et pour ne plus y revenir, de cette objection qui accusait si fortement Napoléon.

Réponse à la première question :

La commission pense que la réserve des dispenses, attribuée au pape dans l'Église d'Occident, est très convenable, en ce qui regarde la discipline générale du clergé, et que, sans examiner si elle est de droit divin ou non, elle est devenue, par cette convenance même et par un très long exercice, une sorte de droit commun dont on ne doit pas chercher à s'affranchir. Mais, quant à la réserve des dispenses relatives aux besoins journaliers des fidèles, laquelle se trouve aussi, avec beaucoup de diversités locales, dans ses attributions, la commission affirme, sans hésitation, *que les évêques ont, chacun dans leur diocèse, entièrement en eux le pouvoir d'accorder aux fidèles les dispenses et absolutions qui s'y rapportent ; que ce pouvoir ne leur a jamais été retiré par aucune loi, ni par aucun canon, qu'il est même inaliénable et qu'ils rentrent tout naturellement dans ce pouvoir, lorsque surtout, comme dans les circonstances présentes, le recours au pape est à peu près impossible.*

Réponse à la seconde question :

Cette question avait déjà été proposée à la commission de 1809 et résolue tant bien que mal par elle. Elle avait été reproduite ici parce que l'empereur présumait qu'il aurait une réponse plus précise et plus rapprochée de la note qu'il avait, dans le temps, dictée à M. Duvoisin, et il ne se trompa pas complètement. La nouvelle commission reconnut d'abord que le pape avait continué à refuser les bulles, sans alléguer aucune raison canonique de son refus, malgré les supplications des églises de France, et quoique les suites de ce refus devinssent tous les jours plus funestes. Elle rappela ce qui s'était passé à l'époque d'Innocent XI, lorsque des évêques nommés par le roi purent gouverner leur diocèse, en vertu des pouvoirs à eux donnés par le chapitre. Fléchier, ainsi nommé successivement à Lavaur et à Nîmes, en était une preuve. Elle dit ensuite que le pape, en proscrivant par ses brefs adressés aux chapitres de Paris, de Florence et d'Asti, ce mode adopté de tout temps par l'Église de France, attaquait ouvertement l'antique discipline de cette Église, ce qui était *une triste preuve des préventions qu'on lui avait inspirées.*

Mais l'empereur, ajoute la commission, *ne veut plus faire dépendre l'existence de l'épiscopat en France de l'institution canonique du pape qui serait ainsi maître de l'épiscopat. Que faut-il faire ?* Elle convient *que le concordat donne un avantage très marqué au pape sur le souverain de France. Le prince perd le droit de nommer, si, dans un temps fixé, il ne présente pas un sujet capable.* (La commission se trompe ici tout à fait : il ne le perd jamais; sans quoi, à qui ce droit passerait-il ?) *Pour qu'il y eût égalité, il eût fallu que, de son côté, le pape fût obligé à donner l'institution ou à produire un motif canonique de refus, dans un temps déterminé ; faute de quoi il perdrait son droit d'institution, qui serait dévolu à qui de droit. Cette clause manque au concordat. Il faut qu'elle y soit ajoutée ; c'est la mesure la plus simple et la plus conforme aux principes. L'empereur*, disait la commission, *est en droit de l'exiger et le pape doit y consentir* (ce sont les termes employés), *et s'il n'y consentait pas, il justifierait, aux yeux de l'Europe, l'entière abolition du concordat et le recours à un autre moyen de conférer l'institution canonique.* (La commission de 1809 n'avait pas eu un langage aussi fort et aussi décidé.)

Quelque juste que fût, dans la circonstance, l'entière abolition du concordat, quelque légitime que pût être le rétablissement de la pragmatique sanction ou de tout autre moyen d'institution canonique, la commission cependant pensait *qu'il fallait y préparer les esprits, et avoir convaincu les fidèles qu'il ne restait pas d'autre ressource pour donner des évêques à l'Église de France, sans quoi la position des évêques institués d'après les formes nouvelles serait insoutenable. Ce changement serait assimilé à la constitution civile du clergé de 1791, et produirait les mêmes troubles. Les personnes éclairées verraient bien que cela ne peut se comparer à une constitution ecclésiastique décrétée par une autorité purement politique, contre le sentiment du Souverain Pontife et de presque tous les évêques de France. Mais les autres ne saisiraient peut-être pas bien la différence, en voyant surtout l'autorité de l'empereur déployée avec tant de vivacité contre le Saint-Père. Les uns, dans cette lutte, prendraient parti pour le pape contre l'épis-*

copat français; les autres se sépareraient peut-être beaucoup trop du Saint-Siège, et le schisme renaîtrait avec tous ses désordres. A peine a-t-on pu l'éteindre en 1801, au moyen de l'accord parfait du pape et de la majorité des évêques. Combien n'aurait-on pas à craindre de le voir renaître, si les évêques se déclaraient séparés du pape, par une aussi grave décision?

Cependant, on ne peut laisser les choses dans l'état où elles sont. La juridiction accordée par les chapitres aux évêques nommés, outre qu'elle a aussi le grave inconvénient d'être improuvée par le pape, ne fait pas réellement jouir les diocèses d'un épiscopat complet. Si donc le pape persiste dans ses refus sans motif canonique, nous nous permettons d'exprimer le désir que l'on déclare à Sa Sainteté, ou que le concordat déjà rompu par son propre fait sera publiquement aboli par l'empereur, ou qu'il ne sera conservé qu'à la faveur d'une clause propre à rassurer contre des refus arbitraires, qui rendent illusoires les droits que le concordat assure à nos souverains.

Ce sont les propres paroles de la commission. Elle reconnaissait donc que l'empereur avait, dans le cas présent, le droit de déclarer le concordat aboli, sauf à chercher ensuite le moyen de s'en passer. Or, quel autre moyen, si ce n'est, ou de recourir à l'ancien droit, selon lequel les bulles n'étaient pas nécessaires (je me sers de l'expression de la commission), ou bien, si l'on veut que le concordat subsiste, d'y ajouter une clause par laquelle le droit du pape passerait à une autre autorité, faute d'être exercé par lui dans un temps déterminé?

Ainsi, ou le concordat sera déclaré aboli, ou il sera modifié à l'aide d'une clause acceptée par les deux parties et qui préviendra tous les abus.

Je remarque que, dans le premier cas, on pourra se passer tout à fait du pape, s'il persiste dans ses refus, et chercher ailleurs une autre institution canonique que la sienne. Cela est dit par la commission, sans la moindre restriction. L'empereur ne veut plus, dit-elle, que l'épiscopat en France, dépende de l'institution du pape qui serait ainsi maître de l'épiscopat; et elle trouve qu'il a raison, qu'il est juste, et tout à fait au pouvoir de l'empereur, que le concordat soit aboli par lui, puisqu'il n'est plus exécuté que par lui. Elle n'éprouve à cet égard ni doute ni regret. C'est la faute du pape. Or, de là à dire que l'empereur pourra ensuite faire le reste, ou aviser aux moyens pour que le reste soit fait, à peine y avait-il un pas. Car, si l'empereur n'avait pas en lui ou à sa disposition tout ce qu'il fallait pour obtenir qu'une autre institution fût substituée à celle du pape, à quoi lui eût servi le pouvoir d'abolir le concordat? Il pouvait se trouver alors en l'abolissant, tout aussi embarrassé qu'auparavant.

Cependant la commission ne voulut pas faire ce pas. Elle pensa, elle déclara que, par principe comme par prudence, il fallait un concile national qui déterminât où l'on trouverait cette institution. Mais était-elle sûre que ce concile, travaillé par l'esprit de parti et par des intrigues de tout genre, se croirait un pareil droit? N'embarrasserait-il pas ou n'inquiéterait-il pas par de nouvelles difficultés, au lieu de résoudre celles qu'il était appelé à régler? Consentirait-il à chercher d'où l'institution des évêques pourrait sortir? La solution pourrait donc rester incomplète.

La commission n'aurait pas dû tant appuyer sur le droit de l'empereur d'abolir le concordat et le proclamer si haut, puisqu'elle ne pouvait pas lui faire connaître un moyen certain de s'en passer. Ce fut un tort, je crois, et une inconséquence de la part de la commission.

J'ai pensé quelquefois que si l'empereur avait fait l'évêque de Nantes ministre des cultes, on aurait pu se passer d'un concile qui ne devait qu'embarrasser les questions. Cet évêque si honnête, si habile et si versé dans les connaissances théologiques, en agissant avec la triple autorité de ministre, d'évêque et de théologien consommé, sur chacun des autres évêques séparément, aurait bien plus aisément obtenu leur consentement pour qu'on substituât une autre institution canonique à celle du pape, qu'il ne le pouvait dans un concile où chaque évêque redoutait l'idée de paraître gouverné par plus habile que lui, et où les évêques réunis n'avaient plus de l'empereur la crainte que chacun d'eux avait en particulier. Peut-être même que le pape lui-même les aurait tous tirés d'embarras en donnant cette fois l'institution, de peur d'en perdre le droit pour l'avenir.

Quoi qu'il en soit de cette idée purement conjecturale, il y avait une autre supposition à discuter que celle de l'abolition du concordat : c'était celle de sa modification par une clause qui préviendrait pour jamais les abus, et c'est là incontestablement tout ce qu'il y avait de plus désirable et le parti le plus conforme aux principes, et le plus propre, de l'aveu même de la commission, à rassurer toutes les consciences.

Par là, en effet, les deux parties contractantes pouvaient se trouver satisfaites. Le pape, dans la rédaction, eût concilié cette clause avec ses sentiments même les plus ultramontains, en y déclarant qu'après les trois ou six mois expirés, il autorisait le métropolitain à le remplacer; et alors, c'était toujours lui qui était la source du pouvoir; il ne compromettait rien aux yeux des plus difficiles; et je pense que cette concession de la part du pape pouvait être obtenue si la négociation eût été bien conduite. L'empereur, de son côté, avait tout ce qu'il voulait, plus même qu'il n'avait voulu jusqu'alors; car, jusqu'à l'existence des commissions, il avait voulu seulement que le pape donnât des bulles aux évêques nommés par lui, consentant même à ce que le pape n'insérât pas le nom de l'empereur dans ces bulles; et en suivant la marche que je propose, Napoléon obtenait de plus, du consentement même du pape, qu'elles ne pussent plus être refusées à l'avenir par lui, sans qu'à l'instant même l'institution qu'il ne donnait pas fût remplacée par un acte non moins canonique. Obtenir cela du pape, sans lui rendre Rome et ses autres États, eût été un triomphe digne de la fabuleuse destinée de Napoléon, un triomphe mille fois plus important dans ses suites que s'il l'eût obtenu d'un concile national.

Mais d'abord la commission avait mis elle-même un obstacle à ce qu'on pût obtenir une pareille clause. Tout en convenant que cette clause dans le concordat était ce qu'il y avait le plus à désirer, elle était toujours revenue à dire qu'il fallait soit pour l'obtenir, soit pour s'en passer, recourir à un concile national, ce qui ne mettait pas fin à la difficulté: car, si le concile éludait la question au lieu de la résoudre, que devenait-on? Cependant, elle n'avait garde non plus d'écarter l'idée d'une négociation; seulement, elle ne se croyait pas en mesure d'en faire la proposition, n'ayant pas été assemblée pour cela..

Ce qu'elle ne se crut pas en droit de faire, l'évêque de Nantes se risqua à le tenter directement auprès de l'empereur, dans la crainte sans doute de l'éclat que ferait la rupture subite du concordat qui, dans les *considérants* du décret, aurait sûrement été accompagnée d'expressions dures, et par conséquent d'un effet très fâcheux. M. Duvoisin était peut-être aussi inquiet des dispositions qu'apporterait le concile ou de celles que l'on parviendrait à lui suggérer une fois qu'il serait assemblé. Il pressa donc beaucoup l'empereur, non d'envoyer, si cela ne lui convenait pas, auprès du pape trois membres de la commission pour tenter un dernier effort sur lui, mais de les autoriser à y aller.

L'empereur résista très longtemps, et M. Duvoisin eut beaucoup de peine à le faire céder. Dans un moment d'emportement, il avait résolu de déchirer le concordat; il l'avait dit, et il ne voulait pas se dédire; je crois en vérité qu'il y mettait une sorte de gloire; cependant, elle n'était pas grande. Il voulait, disait-il, en finir avec le pape. Une fois le concordat déchiré, il croyait que tout était fini. Il avait consenti, il est vrai, à convoquer un concile; mais il pensait qu'il n'avait rien à en redouter : « Le concordat détruit par un décret, disait-il, il faudrait bien que le concile, s'il voulait conserver l'épiscopat, proposât nécessairement un autre mode d'institution pour les évêques, puisqu'on ne pourrait plus recourir à un concordat qui n'existerait plus. »

M. Duvoisin ne se tint pas pour battu et insista toujours; enfin, il décida l'empereur qui, tout en cédant, y mit tant de mauvaise grâce qu'il s'occupa plus dans les instructions qu'il donna, d'accroître les difficultés que de les aplanir; il avait l'air de chercher lui-même à faire manquer la négociation. On sut que les instructions données par le ministre des cultes [1] aux évêques partant pour Savone, avaient été dictées par l'empereur. Le ministre, qui ne voulait pas en avoir la responsabilité, l'avait dit à plusieurs membres influents du clergé.

Au lieu de se borner au point important qu'il eût été si heureux d'obtenir, Napoléon voulait que les évêques fissent au Saint-Père les demandes les moins admissibles, comme si c'était une faveur qu'il accordait au pape de maintenir le concordat, même avec la clause qu'il demandait. Il voulut qu'on lui annonçât avant tout la convocation d'un concile national pour le 9 juin suivant, et qu'on lui exposât les mesures que l'Église de France pourrait être entraînée à prendre d'après les exemples anciens. Il ne consentirait à revenir au concordat, disait-il, dans ces mêmes instructions, qu'autant que le pape instituerait d'abord tous les évêques nommés et s'engagerait ensuite à ce qu'à l'avenir l'institution des évêques fût faite par le métropolitain, dans les cas où il ne les aurait pas lui-même institués dans le terme de trois mois. Il voulait, et *c'était un ordre formel*, que les négociateurs déclarassent au pape qu'il ne rentrerait jamais dans Rome comme souverain; mais qu'il lui serait permis d'y retourner comme simple chef de la religion catholique, s'il consentait à rati-

---

1. Le ministre des cultes était alors Jean Bigot de Préameneu. Né en 1747, il avait été avocat au parlement. En 1791, il fut élu député de Paris à l'Assemblée législative, et en devint le président en 1792. Il vécut dans la retraite durant toute la Révolution. Après le 18 brumaire, il fut nommé commissaire du gouvernement près le tribunal de cassation, puis conseiller d'État et président de la section de législation. Il fit partie de la commission chargée de rédiger le code civil. En 1808, il devint ministre des cultes. La première restauration lui conserva ses fonctions et le créa pair de France. Il vécut dans la retraite sous la deuxième, et mourut en 1825.

fier les modifications demandées pour le concordat. Dans le cas où il ne lui conviendrait plus d'aller à Rome, il pourrait résider à Avignon, où il jouirait des honneurs souverains, et où il aurait la liberté d'administrer les intérêts spirituels des autres pays de la chrétienté. Enfin, on devait lui offrir deux millions, le tout sous la condition qu'il promettrait de ne rien faire dans l'empire de contraire aux quatre articles de 1682.

Les trois négociateurs députés étaient : l'archevêque de Tours, l'évêque de Nantes et l'évêque de Trêves auxquels était adjoint l'évêque de Faenza[1], nommé patriarche de Venise, qui devait de son côté, se rendre à Savone. Ils étaient députés par tous les cardinaux et évêques qui se trouvaient alors à Paris et qui leur avaient remis dix-sept lettres adressées au Saint-Père; la plus étendue et la plus pressante était celle du cardinal Fesch.

C'est munis de ces lettres, d'instructions et de pouvoirs pour conclure et signer un arrangement, que les trois députés partirent, à la fin d'avril 1811. Ils arrivèrent à Savone le 9 mai. Il leur avait été fortement recommandé d'être de retour à Paris huit jours avant l'ouverture du concile, c'est-à-dire avant le 9 juin; ils quittèrent, en effet, Savone le 19 mai.

Ce que renfermaient les lettres qu'ils écrivirent de Savone au ministre des cultes, au nombre de neuf, et celle plus détaillée qu'ils lui écrivirent ensuite de Paris après leur retour, montre avec quelle sagesse et quelle convenance ils conduisirent cette négociation, et comment ils amenèrent le pape, en ne lui déguisant rien, à leur témoigner chaque jour des disposi-

---

1. M. Buonsignori, nommé par Napoléon, patriarche archevêque de Venise.

tions plus douces, plus conciliantes, et à le faire consentir enfin, avec quelques légères modifications, aux demandes principales qu'ils étaient chargés de lui soumettre, ou, si l'on veut, de lui imposer.

Il est à remarquer que le lendemain de leur arrivée, le pape, en les voyant, montra d'abord quelque inquiétude qu'ils ne vinssent lui annoncer que le futur concile allait se constituer juge de sa conduite. On rejeta avec force cette idée, et on employa pour le calmer les formes du plus grand respect. On prétendit, dans le temps, que la crainte qu'il avait laissé percer alors, pouvait bien avoir eu quelque influence sur ses bienveillantes dispositions. Il résista les premiers jours sans aigreur, avec une extrême modération et même avec quelques paroles d'affection pour l'empereur; mais ce qu'on lui demandait était si important que cela exigeait qu'il en conférât avec ses conseillers accoutumés, et il se plaignait d'en être privé. Les trois négociateurs ne pouvaient pas les lui rendre, mais ils ne négligeaient rien pour lui persuader qu'il n'en serait plus privé lorsqu'il serait entré dans les idées conciliatrices et pacifiques dont ils étaient près de lui les organes; ils ajoutaient que, pour ce qui concernait les bulles, il n'était pas besoin de beaucoup de délibérations ni de conseillers; qu'au fond, la demande était juste, et qu'il devait voir clairement, combien il importait au bien des fidèles, des diocèses et de la religion, qu'il accordât les bulles aux évêques nommés; et à son propre intérêt, comme Souverain Pontife, qu'il conservât, en adoptant la nouvelle clause dans le concordat, ce lien si précieux avec l'épiscopat de France, qui allait se rompre, si une fois le concordat était déclaré aboli.

Le pape faisait de nouvelles objections, mais chaque jour

moins fortes; il exprimait du regret, jamais l'apparence de la mauvaise volonté. Les évêques ne se pressaient pas de lui parler de la souveraineté de Rome, de peur de nuire à la négociation principale. Ils crurent d'ailleurs s'apercevoir que le Saint-Père ne s'attendant plus à recouvrer cette souveraineté, protesterait sans doute, toujours sur ce point, puisqu'il n'avait pas le droit d'en faire le sacrifice, mais qu'il s'engagerait probablement à ne pas retourner à Rome, plutôt que de consentir à prêter le serment par lequel il en reconnaîtrait l'empereur comme souverain; enfin, qu'il sentait bien que la privation de cette souveraineté ne devait pas l'empêcher de gouverner l'Église, aussitôt que ses conseillers lui auraient été rendus. Le pape était donc résigné; c'était tout ce qu'il fallait aux députés négociateurs.

Il n'y eut pas de véritable discussion au sujet de la bulle d'excommunication, sur laquelle cependant les évêques avaient eu occasion d'exprimer leurs sentiments. Il leur avait paru que le Saint-Père n'y tenait pas, et qu'il consentirait sans peine à la regarder comme non avenue.

Le pape résista doucement, mais constamment, à faire la promesse de regarder comme règle disciplinaire du clergé de France les quatre articles de 1682. Il se montra très disposé en faveur du premier de ces articles, qui reconnaît l'indépendance de la souveraineté temporelle. Mais pourquoi, ajoutait-il, exiger de lui une déclaration sur les trois autres articles ? Il donnait sa parole d'honneur de ne rien faire contre; on pouvait s'en rapporter à lui. Comment lui demander ce qui n'a jamais été demandé à aucun pape, une promesse signée à cet égard ? Il s'agissait ici de part et d'autre, disait-il, d'opinions libres. Bossuet, lui-même, ne demandait pas autre chose.

Il n'avait eu garde d'exposer les siennes aux théologiens d'Italie et surtout au pape. Le Saint-Père revenait souvent à la bulle d'Alexandre VIII (Ottoboni) successeur d'Innocent XI, qui loin de se relâcher de l'inflexibilité de son prédécesseur, avait lancé une bulle contre la déclaration de 1682, trois jours avant sa mort. Il convenait que cette bulle n'avait pas eu de suites; il ne cherchait pas à la justifier, mais, était-ce à lui à faire le procès de son prédécesseur et à le condamner? Ne dirait-on pas en Italie, et dans tout le monde chrétien, qu'il avait consenti à donner cette promesse par ennui de la captivité? Sa mémoire serait flétrie par un tel soupçon. Ces questions étaient d'ailleurs compliquées et difficiles; il n'en est point, sur lesquelles il eût plus besoin de conseil...

Quant aux bulles, nous n'avons pu, écrivaient les trois évêques, après sept ou huit entretiens, obtenir du pape que l'engagement de les accorder aux évêques déjà nommés; il ne croit pas pouvoir décider quelque chose pour l'avenir sans son conseil, et par conséquent, consentir à la clause nouvelle, et si importante, qui serait insérée dans le concordat. Nous épuisâmes sur ce point toutes les raisons et les considérations possibles, et nous annonçâmes avec regret que nous partirions le surlendemain. Ce départ si prompt parut l'affecter; il nous fit exprimer le désir de nous revoir; nous nous rendîmes à ses ordres, et il nous sembla qu'il ne tenait plus alors qu'à obtenir la substitution du terme de six mois à celui de trois pour exercer son droit d'instituer. Nous présumâmes que cela ne ferait pas une véritable difficulté; nous lui exprimâmes donc toute notre confiance à cet égard. Enfin, nous l'amenâmes, peu à peu, à agréer les articles suivants, rédigés en quelque sorte sous sa dictée, et dont il voulut garder une copie, comme un témoignage, dit-il, de ses propres concessions, et de son ardent désir de rétablir la paix de l'Église.

ARTICLES CONSENTIS PAR LE PAPE.

« Sa Sainteté, prenant en considération les besoins et le vœu des Églises de France et d'Italie qui lui ont été présentés par l'archevêque de Tours et par les évêques de Nantes, de Trèves et de Faenza, et voulant donner à ces Églises une nouvelle preuve de son affection paternelle, a déclaré aux archevêque et évêques susdits :

» 1° Qu'elle accorderait l'institution canonique aux sujets nommés archevêques et évêques par Sa Majesté Impériale et Royale, dans la forme convenue à l'époque des concordats de France et d'Italie.

» 2° Sa Sainteté se prêtera à étendre les mêmes dispositions aux Églises de la Toscane, de Parme et de Plaisance par un nouveau concordat.

» 3° Sa Sainteté consent qu'il soit inséré dans les concordats une clause par laquelle elle s'engage à faire expédier des bulles d'institution aux évêques nommés par Sa Majesté, dans un temps déterminé, que Sa Sainteté estime ne pouvoir être moindre de six mois ; et, dans le cas où elle différerait plus de six mois pour d'autres raisons que l'indignité personnelle des sujets, elle investit du pouvoir de donner, en son nom, les bulles, après les six mois expirés, le métropolitain de l'Église vacante, et, à son défaut, le plus ancien évêque de la province.

» 4° Sa Sainteté ne se détermine à ces concessions que dans l'espérance que lui ont fait concevoir les entretiens qu'elle a eus avec les évêques députés, qu'elles prépareraient les voies à des arrangements qui rétabliront l'ordre et la paix de l'Église, et qui rendront au Saint-Siège la liberté, l'indépendance et la dignité qui lui conviennent.

» Savone, le 19 mai 1811. »

La déclaration qu'on obtenait ainsi du pape était une grande chose qui fermait pour ainsi dire, à l'avenir, tout débat entre le gouvernement français et la cour de Rome. Comment celle-ci pouvait-elle désormais troubler l'ordre en France? L'institution canonique des évêques était la seule arme par où le refus d'un pape et son inaction pussent apporter du trouble ; son action n'en apporterait jamais ; car elle ne pouvait se produire que par des brefs, des bulles... et la France se maintiendrait toujours dans l'usage de ne pas en permettre la publication, qu'elle ne les eût examinés et jugés comme ne renfermant rien de contraire aux lois du pays. Toute volonté hostile d'un pape, et même toute dissidence qui aurait déplu seraient par là paralysées. Peu importait ce que le pape pensait des libertés gallicanes, puisqu'il ne serait pas en son pouvoir d'en arrêter l'effet. Vouloir lui faire signer d'avance quelque promesse à cet égard était donc tout à fait inutile. Le pape lui-même l'avait dit ; et, dès lors, ce n'était qu'une tyrannie puérile qu'on exerçait sur lui. On avait la parole d'honneur du Saint-Père; c'était bien quelque chose; c'était même beaucoup plus qu'aucun pape n'avait jamais fait; et, ne l'eût-il pas donnée, il n'en serait résulté aucun danger, ni même le plus léger inconvénient.

J'oubliais de dire qu'il y avait un autre point sur lequel il avait montré dans la conversation qu'il ne céderait jamais : c'était celui par lequel l'empereur prétendait se réserver la nomination à tous les évêchés d'Italie, en ne laissant au pape que *l'institution*. — Quoi, disait-il avec émotion, pour récompenser des sujets, des cardinaux même, qui auront servi avec zèle et talent, l'administration pontificale, le pape ne pourrait pas nommer un seul évêque dans toute la chrétienté, même dans les Églises qui, de temps immémorial, faisaient partie du diocèse de Rome, et dont les titres se trouveraient annulés par un simple concordat? Cela serait pourtant *bien terrible...* C'était son expression, la seule de ce genre qui lui soit échappée dans ses entretiens avec les évêques français. Ceux-ci n'avaient rien à lui répliquer sur ce point, tant le vœu du Saint-Père leur paraissait naturel.

Ils eurent occasion de lui parler des deux millions en biens ruraux, fixés par le décret du 17 février 1810 pour l'entretien du pape. Pie VII commença par un refus très absolu, se plaisant à leur répéter ce qu'il avait dit dès le principe, qu'il voulait vivre de peu et des secours que lui procurerait la charité des fidèles. Mais les évêques combattirent cette résolution, toute noble qu'elle était, en lui faisant observer qu'il ne pouvait pas priver ses successeurs des avantages temporels accordés par l'empereur, des honneurs souverains, des moyens de communiquer avec les princes catholiques; et aussi des ressources nécessaires pour l'entretien du sacré collège, qui, par l'effet du décret du 17 février 1810, restait à la charge du trésor impérial.

Ces considérations parurent l'ébranler : il n'insista point, mais rien ne fut décidé à cet égard.

Les évêques retournèrent en France, convaincus qu'avec sa liberté et de bons conseils, le Saint-Père, si l'on ménageait sa délicatesse, pourrait encore faire de nouvelles concessions sur plusieurs points même assez importants. Mais ils avaient obtenu le principal.

Une telle négociation si bien commencée aurait dû amener la fin de toutes les contestations.

Que fallait-il faire pour cela ? Une seule chose, ce semble. Ne pas laisser le concile s'ouvrir et l'ajourner à un mois. Pendant ce temps, Napoléon eût traité avec le pape sur l'article des bulles et sur la nouvelle clause à ajouter au concordat, sans y mêler autre chose. Il lui eût rendu quelques conseillers et une liberté suffisante, et le pape aurait tenu à honneur de ratifier ce qu'il avait promis, par le fait d'une conviction intime, du moins en apparence.

Ce traité une fois signé, l'empereur n'avait plus besoin de concile, et il pouvait être d'autant plus tenté de l'ajourner indéfiniment, que sa convocation avait déjà jeté sur lui quelque ridicule, ce qu'il ne pouvait guère se dissimuler. D'ailleurs, ne devait-il pas mieux lui convenir de terminer avec le pape lui-même, dont il aurait vaincu toutes les répugnances par ses négociateurs, que d'avoir à faire à une assemblée sûrement tumultueuse et, probablement pour lui, ingouvernable? Avec la promesse du pape, qu'avait-on à faire du concile, qui n'avait été convoqué que dans la supposition que le pape ne consentirait jamais à donner l'institution aux évêques nommés, et encore moins à se lier pour l'avenir de façon à ne pouvoir plus refuser cette institution ? Or, tout cela était accordé et pouvait être rédigé en traité. Le concile voudrait-il autre chose sur ce point? Tant pis! et s'il ne voulait que cela, à quoi servait son intervention? Elle n'était nullement agréable au pape ; nous l'avons vu. Elle ne pouvait l'être à l'empereur que dans un cas qui n'existait plus. Et encore eût-il dû préférer pouvoir s'en passer. M. Duvoisin était-il bien sûr de diriger à son gré ces quatre-vingt-quinze évêques de France et d'Italie, qui, assez souples individuellement, pouvaient se laisser aisément échauffer dans leur réunion? Et précisément parce qu'ils sentiraient qu'ils n'avaient plus rien à décider, ils ne devaient en être que plus disposés à susciter une foule d'embarras, de questions incidentes et tracassières, pour qu'on ne pût pas leur reprocher de n'avoir su rien dire, ni rien faire.

L'empereur comptait sans doute sur l'influence que pourrait prendre à son profit le cardinal Fesch qui présidait le concile. Ici, il se trompa, comme dans tout ce qu'il avait fait en élevant chacun des membres de sa famille, dans la pensée de s'en servir ensuite. Son oncle, le cardinal Fesch, avait à faire oublier son origine; et il voulut, comme les frères de Napoléon, tirer sa considération de son opposition à ses volontés, de son rigorisme, et non de son crédit sur son neveu.

Ni l'empereur, ni même l'évêque de Nantes, que son succès à Savone aurait dû mieux éclairer, ne sentirent toute la gravité de la réunion du concile. Napoléon, qui n'était désarmé, ni par la cruelle situation du pape ni par les concessions prodigieuses que, malgré cette situation, on avait obtenues de lui, avait quelques phrases d'injures contre le pape toutes prêtes, et il ne voulait pas les perdre. Il tenait au ridicule honneur de les faire entendre dans le concile, sans songer que l'assemblée, même la plus lâche, ne pourrait refuser un intérêt, au moins de convenance, aux malheurs du Saint-Père, et ne voudrait pas se déshonorer avec éclat.

L'évêque de Nantes se flatta peut-être aussi, et en cela il eut tort, d'exercer une influence prépondérante dans le con-

cile, par sa grande habileté et par sa facile et brillante parole
Il croyait intéresser d'abord, et acquérir ensuite des droits à
la confiance de l'assemblée, en rendant compte de ses conférences avec le pape. Il ne parvint qu'à créer des jaloux. On
ne lui pardonnait pas son succès; on refusait d'y croire; et
comme les quatre articles consentis par le Saint-Père
n'étaient pas signés de lui, on prétendit qu'on n'en devait
tenir aucun compte. En outre, on savait que l'empereur lui
accordait une bienveillance particulière, qu'il avait de fré-
quentes relations avec lui; on en fit aussitôt un favori, et, à
ce titre, toutes ses paroles étaient suspectes. Puis l'empereur,
dans ses violences, parlait aussi durement du concile que du
pape; et on supposa que M. Duvoisin était l'instigateur de ce
langage. Enfin, lorsqu'un jour il lisait dans l'assemblée un
projet d'adresse à l'empereur en réponse à son message, et
que, sur quelques objections qu'on lui fit quant à la rédaction, il eut l'inconcevable maladresse de vouloir les écarter,
en disant que le projet, tel qu'il venait de le lire, avait déjà été
communiqué à l'empereur, il fut perdu sans ressource.

Ce qui reste démontré pour moi, c'est qu'il ne peut pas y
avoir eu un instant où Napoléon n'ait dû se repentir d'avoir
convoqué cette assemblée et de l'avoir laissé se réunir, puisqu'il a pu reconnaître à quel point, après le retour de la députation de Savone, ce concile lui était devenu inutile et combien il pouvait lui devenir funeste. Il est également vrai que
dans l'intention où était l'empereur de faire tourner cette
assemblée au profit de son pouvoir, il était impossible de
suivre une marche plus inconséquente et plus maladroite que
celle qu'il suivit.

Je ne veux que passer rapidement en revue la direction

prise par cette assemblée et quelques incidents qui s'y rapportent.

Le concile avait été convoqué pour le 9 juin 1811; mais, sous le prétexte du baptême du roi de Rome, fils de Napoléon, il ne tint sa séance d'ouverture que le 17 juin, dans l'église de Notre-Dame. M. de Boulogne[1], évêque de Troyes, prêcha le sermon. L'assemblée comptait quatre-vingt-quinze évêques (six étaient cardinaux) et neuf évêques nommés par l'empereur, mais qui n'avaient pas reçu leur institution du pape. Le cardinal Fesch, comme nous l'avons dit, prit d'emblée la présidence que personne ne lui contesta, et, dans l'énumération de ses titres, celui de primat des Gaules, qui lui revenait de droit en sa qualité d'archevêque de Lyon. On verra plus loin, pourquoi nous faisons mention de cette particularité. Après le sermon, le président prêta le serment d'usage, que tous les évêques répétèrent après lui, et qui est conçu dans les termes suivants :

« Je reconnais la sainte Église catholique, apostolique romaine, mère et maîtresse de toutes les autres Églises ; je jure une *obédience* vraie au pontife romain, successeur de saint Pierre, prince des apôtres et vicaire de Jésus-Christ. »

Ce serment produisit beaucoup d'effet, en reportant l'atten-

---

1. Étienne-Antoine de Boulogne, né en 1747, entra dans les ordres en 1771, fut en 1782 grand vicaire de M. de Clermont-Tonnerre à Châlons-sur-Marne. Il demeura à Paris durant toute la Révolution, fut emprisonné trois fois sous la Terreur, et proscrit au 18 fructidor; mais il échappa alors à toute recherche. Sous l'empire, il devint grand vicaire de l'évêché de Versailles, puis évêque de Troyes (1807). A la suite du concile de 1811, il fut arrêté et enfermé à Vincennes. Il donna sa démission, et fut exilé à Falaise; mais le pape n'accepta pas sa démission, et M. de Boulogne revint à Troyes en 1814. Il fut créé pair de France en 1822 et mourut en 1825.

tion sur la malheureuse victime à laquelle il s'adressait. C'est à cela que se borna la séance de ce jour-là.

Le lendemain même de l'ouverture, le 18, Napoléon manda quelques-uns des évêques à Saint-Cloud, à une de ces réunions du soir qu'on appelait les entrées. L'impératrice Marie-Louise et les dames qui étaient de service auprès d'elle étaient présentes, ainsi que beaucoup d'autres personnes, et entre autres, le prince Eugène, vice-roi d'Italie. L'empereur, prenant du café que lui versait l'impératrice, fit introduire le cardinal Fesch; l'évêque de Nantes, Duvoisin; l'évêque de Trêves, Mannay; l'archevêque de Tours, de Barral, et un prélat italien. Au moment où ils entrèrent Napoléon saisit vivement, et de manière à ce qu'on le vît, le *Moniteur*, placé probablement par ordre sur une table. Ce papier à la main, il aborda ces messieurs. L'air troublé qu'il prit, la violence et le désordre de ses expressions et l'attitude de ceux à qui il s'adressait, font de cette singulière conférence une scène comme il aimait à en jouer, et où il déployait sa brutale grossièreté.

Le procès-verbal de la première séance du concile se trouvait rapporté dans le *Moniteur* que l'empereur tenait; il le tordait dans ses mains. Il attaqua d'abord le cardinal Fesch, et, ce qui est curieux, c'est qu'il se jeta d'emblée, avec une volubilité singulière, dans une discussion de principes et d'usages ecclésiastiques, sans la moindre notion préalable, soit historique, soit théologique.

« De quel droit, monsieur, dit-il au cardinal, prenez-vous le titre de primat des Gaules? Quelle prétention ridicule! Et encore, sans m'en avoir demandé l'autorisation! Je vois votre finesse, elle est facile à démêler. Vous avez voulu vous grandir, monsieur, pour appeler l'attention sur vous et préparer par là le public à une élévation plus haute encore dans l'avenir. Profitant de la parenté que vous avez avec ma mère, vous cherchez à faire croire que je veux un jour faire de vous le chef de l'Église: car il n'entrera dans la tête de personne que vous ayez eu l'audace de prendre, sans mon autorisation, le titre de primat des Gaules. L'Europe croira que j'ai voulu la préparer par là à voir en vous un pape futur... Beau pape, en vérité!... Avec ce nouveau titre, vous voulez effaroucher Pie VII et le rendre plus intraitable encore! »

Le cardinal, blessé, répliqua avec fermeté et fit oublier, par sa réponse honorable, le peu de dignité de sa figure, de son ton, de ses manières, et même les souvenirs de sa première profession [1], dont on retrouvait habituellement en lui trop de traces, car le corsaire reparaissait souvent sous l'habit d'archevêque. Mais là, en face de l'empereur, il eut tout l'avantage : il expliqua que, de tout temps, il y avait eu, en France, non seulement un primat des Gaules, mais un primat d'Aquitaine et un primat de Neustrie. Napoléon, un peu étonné, se tourna vers l'évêque de Nantes et lui demanda si cela était vrai. « Le fait est incontestable, » dit l'évêque. Alors, l'empereur quitta le cardinal, que, jusque-là, il avait pris seul à partie. Il généralisa sa colère, et, sur le mot d'*obédience* dans le serment, qu'il confondait avec celui d'*obéissance*, il s'échauffa jusqu'à

---

[1]. Pendant les premières années de la guerre maritime, c'est-à-dire en 1793, 1794 et 1795, le cardinal Fesch montait un corsaire, nommé *l'Aventurier*. Il fit quelques prises qu'il amena à Gênes, qui, plus tard, lui occasionnèrent des procès qu'il soutint avec chaleur devant les tribunaux de cette ville, et pour lesquels il a, plusieurs fois, à ma connaissance, demandé l'appui du gouvernement. (*Note du prince de Talleyrand.*)

appeler les pères du concile des traîtres. « Car on est traître, ajouta-t-il, lorsqu'on prête deux serments de fidélité à la fois, et à deux souverains ennemis. »

L'évêque de Nantes dit quelques mots que l'empereur n'écouta pas. Il ne fit attention ni à l'air triste, mécontent et réfléchi de M. Duvoisin, ni à l'air abattu de MM. de Barral et Mannay, ni au maintien soumis de l'Italien, ni au frétillement courroucé du cardinal Fesch, et il continua à parler pendant une heure avec une incohérence qui n'aurait rien laissé dans le souvenir que l'étonnement de son ignorance et de sa loquacité, si la phrase qui va suivre, et qu'il répétait toutes les trois à quatre minutes, n'avait pas révélé le fond de sa pensée : « Messieurs, leur criait-il, vous voulez me traiter comme si j'étais Louis le Débonnaire. Ne confondez pas le fils avec le père. Vous voyez en moi Charlemagne... Je suis Charlemagne, moi... oui, je suis Charlemagne ! » — Ce « je suis Charlemagne! » revenait à chaque instant. Les évêques, après quelques vains efforts pour lui faire comprendre la différence qui existe entre le mot d'*obédience*, qui ne se dit qu'au spirituel, et celui d'*obéissance*, dont le sens est plus étendu, se lassèrent enfin de leurs infructueux essais. Il ne leur restait plus qu'à attendre, dans le plus profond silence, que la fatigue mît fin à ce flux déréglé de paroles. L'évêque de Nantes, profitant alors d'un moment de lassitude, demanda à l'empereur à lui parler en particulier. Napoléon sortit, et il le suivit dans son cabinet. Il était près de minuit, et chacun se retira de son côté, emportant de Saint-Cloud d'étranges impressions.

A la suite de cette scène, l'empereur exigea que les deux ministres des cultes, celui de France, M. Bigot de Préameneu, et celui d'Italie, M. Bovara, assistassent à toutes les séances du concile. C'était une inconvenance ajoutée à tant d'autres ; ces deux laïques au milieu d'une réunion tout ecclésiastique, où ils n'avaient pas le droit de prendre part aux délibérations, ne pouvaient y occuper qu'une position aussi blessante pour l'assemblée que pour eux-mêmes.

Les deux ministres se rendirent donc à la seconde séance du concile, qui eut lieu le 20 juin. Ils présentèrent un décret impérial qui ordonnait qu'un bureau serait formé du président, de trois évêques et des deux ministres, et que ce bureau dirigerait les opérations du concile. Il y eut quelque contestation à ce sujet, mais on passa outre, et le bureau se trouva composé du cardinal Fesch, président ; de l'archevêque de Bordeaux (M. d'Aviau[1]), de l'archevêque de Ravenne (Codronchi), de l'évêque de Nantes et des deux ministres. Ceux-ci lurent ensuite un message de l'empereur, qui n'était qu'un long manifeste contre Pie VII et contre tous les papes en général. C'était l'empereur qui avait tout fait pour la religion ; c'était le pape qui faisait tout contre elle en France et en Italie ; tel était, en résumé, le sens de ce message, dont on attribua, dans le temps, la rédaction à M. Daunou, ancien oratorien. On y annonçait que le pape avait violé le concordat, que, par conséquent, il était aboli, et on demandait à l'assemblée de trouver un nouveau mode pour pourvoir à l'institution des évêques. Cette diatribe produisit juste l'effet contraire à celui qu'en attendait l'empereur : c'est-à-dire un redoublement d'intérêt pour le Saint Pontife, calomnié et persécuté.

---

1. Charles-François, comte d'Aviau de Sanzay, né en 1736, fut d'abord grand vicaire du diocèse d'Angers. En 1789, il fut nommé archevêque de Vienne, mais refusa le serment à la constitution civile et émigra. En 1802, il devint archevêque de Bordeaux et mourut en 1826.

Et dans cette même séance, la majorité prononça l'exclusion des délibérations des neuf évêques nommés par l'empereur et non institués par le pape, qui, jusque-là, avaient pris part aux opérations du concile. C'était déjà un fâcheux présage pour le gouvernement.

Le 25 juin, le concile nomma une commission qui était appelée à proposer une adresse à l'empereur en réponse à son message. Cette commission fut composée de douze membres, y compris le président, le cardinal Fesch; des cardinaux Spina[1] et Caselli[2] qui avaient conclu, au nom de Pie VII, le concordat de 1801; des archevêques de Bordeaux et de Tours; des évêques de Comacchio, d'Ivrée[3] de Tournai[4], de Troyes, de Gand, de Nantes et de Trêves. Le 26, on discuta le projet d'adresse; la rédaction en avait été confiée à l'évêque de Nantes, et c'est pendant cette discussion qu'il eut, ainsi que je l'ai déjà dit, l'insigne maladresse de laisser échapper que son projet avait déjà

---

1. Le cardinal comte Joseph Spina, l'un des négociateurs du concordat de 1801, archevêque *in partibus* de Corinthe, aumônier de la princesse Pauline, nommé archevêque de Gênes le 5 juillet 1802.

2. Charles-François Caselli, né en 1740, entra dans l'ordre des Servites, et en devint le procureur général. Après la signature du concordat de 1801, il devint évêque *in partibus* et cardinal (1802), puis évêque de Parme en 1804. Cette ville ayant été réunie à l'empire, le cardinal vint à Paris, où il séjourna jusqu'en 1814. Il revint à Parme en 1814, fut nommé conseiller intime de l'impératrice Marie-Louise devenue duchesse de Parme, et mourut en 1828.

3. Joseph-Marie de Grimaldi, né en 1754, évêque de Pignerol en 1797 puis d'Ivrée en 1805. En 1817, il devint archevêque de Verceil. Il appartenait à la vieille et puissante famille des Grimaldi, qui a longtemps possédé la principauté de Monaco.

4. François-Joseph de Hirn, né à Strasbourg en 1751, évêque de Tournai, en 1802.

été soumis à l'empereur, ce qui n'empêcha pas la majorité de se prononcer contre le passage qui blâmait la bulle d'excommunication. Le lendemain, 27, après l'adoption du projet amendé de l'adresse, un évêque, celui de Chambéry[1] je crois, fit la motion, et dans des termes très touchants, que le concile en masse allât à Saint-Cloud demander à l'empereur la liberté du Saint-Père. Le cardinal Fesch se hâta de lever la séance pour couper court à cette motion, qui, sans cela, eût été certainement votée avec acclamation.

Napoléon, très mécontent, refusa de recevoir l'adresse.

Il fallait, maintenant, que la commission des douze se prononçât sur la proposition présentée par le gouvernement, et qui consistait à trouver un moyen de suppléer à l'institution canonique des évêques par le pape, quand celui-ci la refusait. L'évêque de Nantes fit un rapport sur les travaux de la commission de 1810, au sujet de cette question; et M. de Barral, archevêque de Tours, rendit compte du voyage des trois évêques à Savone, et termina en lisant la note rédigée sous les yeux du Saint-Père, et approuvée, mais non signée par lui.

On écarta immédiatement ce point, et un membre de la commission demanda qu'avant tout on décidât la question de compétence du concile. Cette proposition amena une discussion très vive, dans laquelle l'évêque de Gand (M. de Broglie) parla avec chaleur contre la compétence du concile. En définitive, la question posée : *Le concile est-il compétent pour ordonner un autre mode d'instituer les évêques ?* huit voix se prononcè-

---

[1]. Irenée-Yves, baron de Solles né à Auch en 1744, évêque de Digne le 29 avril 1802 et ensuite de Chambéry le 30 mai 1805.

rent pour la négative[1], et les trois évêques députés à Savone pour l'affirmative[2]. Le cardinal Fesch s'abstint.

Napoléon devint furieux quand il apprit ce résultat ; il s'écria qu'il chasserait le concile, qu'il n'en avait pas besoin, qu'il ferait lui-même un décret auquel tout le monde obéirait et qui contiendrait les concessions obtenues à Savone. L'évêque de Nantes, cette fois encore, parvint à le calmer, et le fit consentir à ce qu'un projet de décret serait porté au concile, qui renfermerait en effet, les concessions de Savone; mais auxquelles on ajouterait un article pour remercier le pape de ses concessions : et qu'on demanderait à l'assemblée de sanctionner ce projet par son vote.

La commission des douze accueillit le projet de décret, mais avec une restriction, c'est qu'avant d'avoir force de loi, il serait soumis à l'approbation du pape, ce qui était déclarer implicitement l'incompétence du concile. Le 10 juillet, le projet de décret amendé fut communiqué au concile, Napoléon envoya le même soir à Vincennes trois membres de la commission: l'évêque de Gand, M. de Broglie; celui de Troyes, M. de Boulogne ; et celui de Tournai, un Allemand dont j'ai oublié le nom[3], et un décret impérial annonça que le concile était dissous.

Cette dissolution du concile prononcée *ab irato*, ces violences exercées contre trois de ses membres, ne résolvaient rien et créaient même de nouveaux embarras, car il n'y avait plus moyen d'envoyer au pape un projet de décret au nom d'un

---

1. Les cardinaux Spina et Caselli, MM. de Broglie, d'Aviau, Hirn, de Boulogne, de Grimaldi et l'évêque de Comacchio.

2. MM. de Barral, Duvoisin et Mannay.

3. M. Hirn.

concile qui avait été dissous, et qui l'avait été surtout parce qu'il avait soutenu qu'il fallait que ce projet fût soumis au Saint-Père. Ce qu'on aurait si bien pu faire avant le concile et par conséquent sans lui, on ne pouvait donc plus le faire aujourd'hui.

Embarrassé dans les résultats de son emportement, Napoléon dut revenir sur ses pas; il fallut recourir au pitoyable moyen de reconstituer pour ainsi dire le concile après l'avoir dissous. On ramassa les évêques qui n'étaient pas encore partis de Paris et ceux qu'on y retint par ordre. On les appela chacun séparément chez le ministre des cultes, et on obtint d'eux une approbation écrite au projet de décret avec un nouvel article, toutefois, qui statuait que le décret serait soumis au pape, et que l'empereur serait supplié de permettre qu'une députation de six évêques se rendît auprès de Sa Sainteté pour la prier de confirmer un décret qui seul pouvait mettre un terme aux maux des Églises de France et d'Italie.

C'était une double inconséquence puisque, d'une part, on soumettait au pape les propositions auxquelles il avait déjà consenti, et que de l'autre, on sollicitait son approbation quand on avait dissous le concile pour avoir demandé cette approbation.

Les évêques plus abattus qu'irrités, signèrent séparément ce qu'on leur proposa, et dans une séance générale, le 5 août 1811, adoptèrent par assis et levé (nouveau mode de voter suggéré par une ruse du cardinal Maury) le projet suivant :

« ARTICLE PREMIER.—Conformément à l'esprit des canons, les archevêchés et évêchés ne pourront rester vacants plus d'un an pour tout délai. Dans cet espace de temps, la nomination, l'institution et la consécration devront avoir lieu.

» Article II. — L'empereur sera supplié de continuer à nommer aux sièges vacants, conformément aux concordats, et les nommés par l'empereur s'adresseront à notre Saint-Père le pape pour l'institution canonique.

» Article III. — Dans les six mois qui suivront la notification faite au pape par les voies d'usage, de ladite nomination, le pape donnera l'institution canonique, conformément aux concordats.

» Article IV. — Les six mois expirés sans que le pape ait accordé l'institution, le métropolitain ou, à son défaut, le plus ancien évêque de la province ecclésiastique, procédera à l'institution de l'évêque nommé, et s'il s'agissait d'instituer le métropolitain, le plus ancien évêque de la province conférerait l'institution.

» Article V. — Le présent décret sera soumis à l'approbation de notre Saint-Père le pape, et, à cet effet, Sa Majesté sera suppliée de permettre qu'une députation de six évêques se rende auprès de Sa Sainteté, pour la prier de confirmer un décret, qui seul peut mettre un terme aux maux des Églises de France et d'Italie. »

Il n'y avait absolument aucune différence quant au fond, entre ce qui avait été proposé d'abord par le concile, et ce qui fut adopté par la nouvelle assemblée. L'article V demandait l'approbation du Saint-Père, tandis que dans le projet primitif, c'était l'approbation de l'empereur qui devait être sollicitée. Il est vrai que celle-ci était fort inutile, puisque le projet n'était que l'expression littérale de la propre demande de l'empereur. A quoi bon alors le lui soumettre ? Mais substituer aussi littéralement une expression à l'autre, pouvait lui paraître une injure, si on lui eût proposé cette substitution ; aussi j'imagine que l'assemblée n'aurait pas osé la lui demander, et qu'elle se trouva trop heureuse que le décret lui arrivât, revêtu de l'approbation impériale, car ce fut Napoléon c'est-à-dire son conseil, qui proposa la rédaction. Son approbation était renfermée dans la proposition faite en son nom au concile, dans l'envoi qu'il faisait de la députation au pape, et dans les instructions qu'il donnait à cette députation. — Et quant à l'approbation déférée au pape par l'article V du décret et à laquelle le concile mettait une si grande importance, l'évêque de Nantes put aisément persuader à l'empereur que le premier projet qui avait été si violemment repoussé par lui, n'était en réalité qu'une forme, à l'aide de laquelle on demandait au pape s'il reconnaissait bien là son propre ouvrage. Il n'y avait aucun inconvénient, ajouta-t-il, à accorder cette petite satisfaction au concile, auquel il se chargeait de faire entendre que les sévérités impériales envers quelques-uns de ses membres ne provenaient pas de ce qu'ils avaient voulu insérer cet article dans le décret, mais bien des dispositions hostiles qu'ils avaient manifestées contre le gouvernement.

Quelques jours plus tard, le 19 août, quatre-vingt-cinq évêques, parmi lesquels, cette fois, se trouvaient les neuf non institués, signèrent en commun une lettre au pape, dans laquelle ils lui demandaient de confirmer le décret. Puis on nomma neuf députés pour le lui porter à Savone. Ces députés étaient les archevêques de Malines[1], de Pavie et de Tours ; les évêques d'Évreux, de Nantes, de Trèves, de Plai-

---

1. M. de Pradt.

sance[1], de Faenza et de Feltre, et pour que le pape ne pût pas se plaindre qu'il était privé de son conseil, on lui envoya aussi cinq cardinaux : MM. Doria[2], Dugnani[3], Roverella, de Bayanne[4] et Ruffo[5], du concours desquels j'ai tout lieu de croire qu'on s'était secrètement assuré. Enfin, on fit partir en même

1. Étienne-André Fallot de Beaumont, né en 1750, entra dans les ordres et devint évêque de Vaison (comtat Venaissin). Il protesta contre la réunion du comtat à la France, fut privé de son siège à ce moment, et se réfugia à Rome. En 1801, il fut nommé évêque de Gand, puis évêque de Plaisance (1807) et archevêque de Bourges (1813). Mais il ne reçut pas de bulle d'institution pour ce nouveau siège, et dut l'abandonner en 1814. Il vécut dès lors dans la retraite jusqu'à sa mort.

2. Giovanni Pamphili Doria, issu de la vieille famille génoise de ce nom. Né en 1751, il fut archevêque à vingt ans, puis nonce à Paris, cardinal et secrétaire d'État (1797). Il devint ensuite camerlingue de la cour pontificale.

3. Antoine Dugnani, né en 1748, entra dans les ordres et devint, en 1785, archevêque *in partibus* de Rhodes. Il était nonce à Paris en 1789. De retour à Rome en 1792, il fut créé cardinal, et en 1800, contribua activement à l'élection de Pie VII. Son attachement pour ce pontife le fit exiler à Milan en 1808. Il fut conduit en France l'année suivante. Il revint à Rome en 1814, fut nommé évêque de Porto et de Santa-Ruffina, et mourut en 1818.

4. Alphonse-Hubert de Lallier, duc de Bayanne, né à Valence, en 1739, fut d'abord auditeur de rote près la cour de Rome. Il fut créé cardinal en 1802. Il revint en France sous l'empire, joua un rôle assez actif dans les négociations entre le pape et l'empereur, et fut nommé sénateur en 1813. Il devint pair de France sous la Restauration et mourut en 1818.

5. Fabrice-Denis Ruffo, né en 1744, à Naples. Destiné à l'état ecclésiastique, il ne fut, néanmoins, jamais que diacre. Pie VI le nomma assesseur général et trésorier de la chambre pontificale. De retour à Naples, il fut nommé par le roi Ferdinand intendant du palais et devint son conseiller le plus écouté. Il fut créé cardinal en 1794. En 1798, il suivit le roi en Sicile, fut nommé par lui vicaire général avec des pouvoirs illimités. Il souleva les Calabres, et rétablit partout l'autorité royale. En 1805, Ruffo revint à Rome, puis alla en France en 1809; il ne put retourner en Italie qu'en 1814. En 1821, il fut nommé membre du conseil royal par le roi des Deux-Siciles et mourut en 1827.

temps le *cameriere secreto* du pape, Bertazzoli, et son aumônier.

Ils arrivèrent à Savone vers la fin du mois d'août. Le pape ne les reçut que le 5 septembre. On dit qu'il ne les accueillit pas avec autant de bienveillance que la première députation. Il ignorait ce qui s'était passé au concile ; d'ailleurs il ne prononçait jamais ce nom-là, auquel il substituait toujours celui d'*assemblée ;* ce qui prouve combien il eût été facile dès la première députation, de terminer avec le pape sur le point essentiel, celui qui était relatif à l'institution des évêques, sans recourir à un concile dont le Saint-Père ne se souciait nullement. Mais c'est ce que Napoléon ne sut pas faire, et ce que personne n'eut l'habileté de lui persuader. Le mal devint irrémédiable, parce que l'approbation du décret que l'on obtint du pape, et qui devait mettre fin à cette grande affaire, n'aboutit à rien par suite de l'humeur indomptable de Napoléon, qui, près de tout conclure, chercha à tout brouiller et n'en trouva que trop les moyens.

Après quelques explications fort douces entre la députation envoyée à Savone et le pape, explications qui ne portaient sur aucune véritable difficulté opposée par lui, le Saint-Père accéda de bonne grâce aux cinq articles du décret. Il les inséra littéralement dans un bref, en date du 20 septembre 1811, qu'il adressait aux évêques avec des expressions pleines de tendresse paternelle, et sans le moindre retour sur lui-même. Il rappelle dans le préambule, avec une reconnaissance touchante, que Dieu a permis qu'avec l'agrément de son bien cher fils, Napoléon Ier empereur des Français et roi d'Italie (ces deux titres y sont mentionnés), quatre évêques vinssent le visiter et le prier de pourvoir aux Églises de France et d'Italie.

Il parle de l'affection avec laquelle il les a reçus, et avec une véritable joie, de la manière dont ils ont reporté ses vues et ses intentions. Il annonce que d'après une nouvelle autorisation de son très cher fils Napoléon Ier... cinq cardinaux et l'archevêque son aumônier sont revenus auprès de lui, et que huit députés (car il en était mort un en route [1]) en l'informant qu'une *assemblée* générale du clergé a été tenue à Paris le 5 août, lui ont remis une lettre qui relatait ce qui s'était passé dans cette assemblée, et qui était signée par un grand nombre de cardinaux, archevêques et évêques, et qu'enfin on le suppliait, en termes convenables, d'approuver de nouveau cinq articles qu'il avait *précédemment approuvés.*

Le pape après avoir entendu les cinq cardinaux et son camérier l'archevêque d'Edesse, confirma tous les actes qu'on lui présenta. Il ajouta seulement dans le bref qu'il voulait que le métropolitain ou l'évêque le plus ancien, quand ils auraient à procéder à l'institution, fissent les informations d'usage, qu'ils exigeassent la profession de foi, qu'ils instituassent au nom du Souverain Pontife, et qu'ils lui transmissent les actes authentiques constatant que ces formalités avaient été fidèlement accomplies. Cette addition était une clause toute simple; elle était une conséquence même de l'adoption des articles, et il ne paraît pas que l'empereur lui-même s'en soit formalisé lorsqu'il la lut.

Mais il n'en fut plus de même lorsqu'il prit connaissance des pièces qui contenaient les félicitations et les éloges que le Saint-Père adressait aux évêques pour leur conduite et leurs sentiments. A la lecture d'une phrase qui témoignait que les évê-

---

1. L'évêque de Feltre.

ques avaient montré, comme il convenait, envers lui et envers *l'Église romaine qui est la mère et la maîtresse de toutes les autres Églises, une véritable obédience* « aliarum omnium matri et magistri veram obedientiam », Napoléon n'y tint plus. Les mots *maîtresse* et *obédience* excitèrent tantôt son rire, tantôt sa fureur, et il résolut de renvoyer le bref avec mépris en exigeant une autre rédaction. Divers bruits circulèrent à Paris sur ses dispositions variables et chaque jour plus hostiles contre le Saint-Père. Enfin, sans aucun acte public, sans même qu'il parût rien à ce sujet dans le *Moniteur* (autant qu'il m'en souvient), il se répandit au bout de quelque temps que les négociations avec le pape étaient rompues. On ne réunit pas les évêques du concile pour leur en faire part, mais on les renvoya dans leurs diocèses, sans leur apprendre autre chose si ce n'est que tout était rompu avec le pape et par sa faute.

Cependant le bref était rendu; Napoléon, peu accoutumé au langage de la cour de Rome, pouvait y blâmer quelques expressions et même en provoquer le changement; mais en dépit de lui, de ses violences, de ses fureurs, les concessions demandées au pape et tant désirées pendant trois ans avaient été accordées. Le bref avait même reçu un commencement d'exécution à Savone, car le pape avait sans difficulté donné l'institution à quatre évêques nommés par l'empereur, et le nom de l'empereur se trouvait dans les bulles comme auparavant, ce qui était bien clairement révoquer la bulle d'excommunication. Enfin le pape acceptait ce qu'on avait été bien loin d'oser espérer, la clause additionnelle au concordat; son bref n'était que cela, et l'empereur pouvait donc désormais, quand il le voudrait, appliquer cette clause, par un décret ou par un sénatus-consulte, sans avoir besoin de recourir au pape. Pourquoi préféra-t-il renvoyer le bref, rejeter tout ce qu'il avait d'utile à son point de vue, à cause de quelques expressions qui étaient en dehors de la partie principale du bref, et contre lesquelles, en l'acceptant, il pouvait faire toutes les réserves qu'il aurait voulu ? — Je l'ignore : il était capable de toutes les inconséquences.

L'évêque de Nantes, s'il eût été à Paris, aurait pu, je pense, le réconcilier avec les mots de *mère* et *maîtresse* de toutes les Églises, et avec celui d'*obédience*, en les lui montrant plusieurs fois répétés dans le fameux discours de Bossuet, prononcé à l'ouverture de l'assemblée du clergé de 1682 ; il eût pu ajouter que ces expressions sont conciliables avec les libertés de l'Église gallicane, puisqu'elles signifient seulement que le pape a le droit de parler, comme chef, à toutes les Églises catholiques, ce que reconnaît l'Église de France comme les autres. Mais l'évêque de Nantes était à Savone avec les autres députés, où ils devaient tous attendre de nouveaux ordres.

L'empereur renvoya le bref ; le pape le reprit avec douleur et dut le regarder comme non avenu. Cependant avec la douce condescendance qu'on lui connaissait, il était sûrement prêt, quand on le voudrait, à le maintenir, puisqu'il ne l'avait pas donné conditionnellement, et que surtout il n'avait rien demandé pour lui-même.

En lisant les instructions remises par Napoléon aux évêques députés, avant leur départ pour Savone, on voit clairement, que ce n'est pas à cause de quelques expressions répandues dans le texte du bref, et qui n'en formaient point la substance, que l'empereur rejeta le bref tout entier, et que c'est surtout, parce que le pape y parlait en son propre nom. (Comme s'il pouvait faire autrement !)

Ces instructions, au reste, n'étaient pas de nature à rien concilier: elles étaient d'une dureté révoltante, et dévoilaient à chaque mot le désir évident de rompre la négociation. Ainsi les évêques députés avaient ordre de dire au pape que l'empereur les avait chargés de lui déclarer que les concordats avaient cessé d'être lois de l'empire et du royaume d'Italie, et que le pape l'avait autorisé à prendre cette mesure en violant lui-même depuis plusieurs années quelques dispositions de ces traités ; qu'en conséquence la France et l'Italie allaient rentrer dans le droit commun. Les évêques étaient chargés en outre, de lui demander son approbation *pure et simple* au décret, et ils devaient exiger que celui-ci embrassât non seulement la France et l'Italie, mais encore la Hollande, Hambourg, Munster, le grand-duché de Berg, l'Illyrie, enfin tous les pays réunis ou qui seraient réunis par la suite à l'empire français. Ils devaient refuser cette approbation, si le pape la faisait dépendre d'une *modification, restriction* ou *réserve quelconque* excepté pour l'évêché de Rome. Ils devaient lui dire, surtout, que l'empereur *n'accepterait aucune constitution ni bulle d'où il résulterait que le pape refaisait en son nom ce qu'avait fait le concile.* Enfin, ils ne devaient lui parler que la menace à la bouche.

Il est probable que Napoléon, ne trouvant pas dans le bref, l'exécution littérale de ses instructions, le renvoya aux députés, pour que le pape eût à se conformer à celles-ci ; qu'ils le lui proposèrent, non avec menace, sans doute, mais avec des formes respectueuses et suppliantes, en lui apprenant la manière dont le bref avait été reçu; et que le Saint-Père voyant bien qu'il n'y avait aucune possibilité de satisfaire l'empereur par les seuls moyens à sa disposition, refusa à son tour ce qu'on voulait si durement et si arbitrairement exiger de lui.

J'oubliais de dire qu'on avait remarqué dans le bref que le nom de concile n'était pas employé, mais seulement celui d'assemblée des évêques. Cela devait être plus qu'indifférent à Napoléon ; les évêques seuls auraient pu en être blessés, et ils étaient loin de s'en plaindre. L'empereur, qui avait traité ce concile si légèrement, qui l'avait dissous avec tant de mépris, qui s'était repenti, chaque fois qu'on lui en parlait, de l'avoir convoqué, devait être fort peu jaloux de relever son titre, lorsque, surtout, le pape lui en donnait un, si parfaitement équivalent. Cependant, son humeur querelleuse le porta à puiser dans cette omission du mot de concile un nouveau sujet d'attaque contre le Saint-Père, qu'il répétait souvent dans les conversations, quoique ce ne fût pas là, assurément, le principal motif de son refus et de sa colère.

Les évêques, qui étaient à Savone, y restèrent longtemps encore malgré eux. Ils ne revinrent à Paris qu'au commencement du printemps de 1812. L'empereur voulait, disait-il, les punir de leur maladresse. On ne réunit pas même les membres du concile à Paris, pour leur faire part de ce qui s'était passé à Savone ; on leur avait fait dire le 2 octobre 1811, par le *ministre de la police*, qu'ils eussent à rentrer dans leurs diocèses, et ils y retournèrent. On ne publia rien sur la négociation, pas plus que sur le concile, pas plus que sur le bref. Chacun tira de cet imbroglio ce qu'il voulut ; et l'on pensa à autre chose.

Les rigueurs continuèrent à Savone, dans le traitement qu'on y faisait subir au Saint-Père pendant l'hiver de 1811 à 1812 et le printemps suivant. A cette époque, il paraît qu'on eut quelque crainte, à l'apparition d'une escadre anglaise, qu'elle pourrait enlever le pape ; et l'empereur donna l'ordre de le transférer à Fontainebleau. Il partit le 10 juin de Savone, et on fit voyager jour et nuit ce malheureux vieillard. Il tomba assez sérieusement malade à l'hospice du Mont-Cenis ; mais on ne le força pas moins à continuer le voyage. On l'avait obligé à se revêtir d'habits qui ne pussent pas le faire reconnaître sur la route qu'il parcourait. On avait eu grand soin aussi de dérober sa marche au public et l'on garda même un secret si profond, qu'en arrivant le 19 juin à Fontainebleau, le concierge qui n'avait pas été prévenu de son arrivée et qui n'avait rien préparé, dut le recevoir dans son propre logement. Le Saint-Père fut assez longtemps avant de pouvoir se remettre des fatigues de ce pénible voyage, et des rigueurs, au moins inutiles, dont on l'avait accablé.

Les cardinaux non disgraciés par Napoléon, qui étaient à Paris, de plus l'archevêque de Tours, l'évêque de Nantes, celui d'Évreux, celui de Trèves, eurent ordre d'aller voir le pape. On dit qu'il exprima le désir que le cardinal Maury fut un peu plus sobre de ses visites. On répandit le bruit que le pape serait amené à Paris, et on fit de grands préparatifs pour le recevoir au palais archiépiscopal, où toutefois il ne vint jamais.

La campagne de Russie, marquée par tant de désastres, touchait à son terme. L'empereur, de retour à Paris le 18 décembre 1812, se nourrissait toujours de chimériques espérances et méditait sans doute encore de gigantesques projets. Avant de s'y livrer, il voulut reprendre les affaires de l'Église, soit qu'il se repentît de ne les avoir pas finies à Savone, soit qu'il eût la fantaisie de vouloir prouver qu'il en ferait plus en deux heures de tête-à-tête avec le pape, que n'en avaient fait le concile, ses commissions et ses plus habiles négociateurs. Cependant il avait pris d'avance des mesures qui devaient faciliter sa négociation personnelle. Le Saint Père était entouré depuis plusieurs mois de cardinaux et de prélats, qui, soit par conviction, soit par soumission à l'empereur, dépeignaient l'Église comme parvenue à un état d'anarchie qui mettait son existence en péril. Ils répétaient sans cesse au pape que s'il ne se rapprochait pas de l'empereur pour s'aider de sa puissance et arrêter le mal, le schisme devenait inévitable. Enfin le pontife, accablé par l'âge, par les infirmités et par les inquiétudes et les soucis dont on agitait son esprit, se trouvait bien préparé pour la scène que Napoléon avait projeté de jouer et qui devait lui assurer ce qu'il croyait être un succès.

Le 19 janvier 1813, l'empereur accompagné de l'impératrice Marie-Louise, entra inopinément dans l'appartement du Saint-Père, se précipita vers lui, et l'embrassa avec effusion. Pie VII, surpris et touché, se laissa entraîner, après quelques explications, à donner son approbation aux propositions qu'on lui imposa, plutôt qu'on ne les lui soumit. Elles furent rédigées en onze articles qui n'étaient pas encore un concordat, mais qui devaient servir de bases à un acte nouveau. Le 24 janvier l'empereur et le pape apposèrent leur signature sur cette pièce étrange, à laquelle manquaient les formes diplomatiques d'usage, puisque c'étaient les deux souverains qui avaient directement traité ensemble,

Il était dit dans ces articles : que le pape exercerait le pontificat en France et en Italie ; — que ses ambassadeurs et ceux accrédités près de lui jouiraient de tous les privilèges diplomatiques : — que ses domaines qui n'étaient pas aliénés seraient exempts d'impôts, et que ceux qui l'étaient seraient remplacés jusqu'à la somme de deux millions de revenu ; — que le pape nommerait, soit en France, soit en Italie, à des évêchés qui seraient ultérieurement désignés ; — que les évêchés *suburbains* seraient rétablis et à la nomination du pape, et que les biens non vendus de ces évêchés seraient restitués ; — que le pape pourrait donner des évêchés *in partibus* aux évêques romains absents de leur diocèce par l'effet des circonstances, et qu'il leur serait fait une pension égale à leur ancien revenu, en attendant qu'ils soient replacés dans des sièges vacants ; — que l'empereur et le pape se concerteraient en temps opportun sur la réduction à faire, s'il y avait lieu, aux évêchés de la Toscane et du pays de Gênes, ainsi que pour les évêques à établir en Hollande et dans les départements hanséatiques ; — que la propagande, la pénitencerie et les archives seraient établies dans le lieu de séjour du Saint-Père ; enfin que Sa Majesté Impériale rendait ses bonnes grâces aux cardinaux, évêques, prêtres, laïques, qui avaient encouru son déplaisir, par suite des événements actuels. — L'article principal, consenti par le Saint-Père à Savone, y figurait naturellement aussi, et il était rédigé dans les termes suivants : *Dans les six mois qui suivront la notification d'usage de la nomination par l'empereur aux archevêchés et évêchés de l'empire et du royaume d'Italie, le pape donnera l'institution canonique conformément aux concordats et en vertu du présent indult. L'information préalable sera faite par le métropolitain. Les six mois expirés sans que le pape ait accordé l'institution, le métropolitain, et, à son défaut ou s'il s'agit du métropolitain, l'évêque le plus ancien de la province procédera à l'institution de l'évêque nommé, de manière qu'un siège ne soit jamais vacant plus d'une année.* — Tel était l'article 4.

Par un dernier article, le Saint-Père déclarait qu'il avait été porté aux dispositions ci-dessus par considération de l'état actuel de l'Église et dans la confiance que lui a inspirée Sa Majesté, qu'elle accordera sa puissante protection aux besoins si nombreux qu'a la religion dans le temps actuel.

La nouvelle de la signature de ce traité répandit une grande joie dans le public. Mais il paraît que celle du pape fut de courte durée. Les sacrifices qu'il avait été amené à faire étaient à peine consommés, qu'il en ressentit une amère douleur ; elle ne put que s'accroître, à mesure que les cardinaux exilés et emprisonnés, Consalvi, Pacca, di Pietro, etc., en obtenant leur liberté, reçurent aussi l'autorisation de se rendre à Fontainebleau. Ce qui se passa alors entre le Saint-Père et ces cardinaux, je n'ai pas la prétention de le savoir; mais il faut que Napoléon ait été averti par quelques symptômes de ce qui allait arriver: car, malgré l'engagement qu'il avait pris avec le pape de ne regarder les onze articles que comme des préliminaires qui ne seraient pas publiés [1], il se décida néanmoins à en faire l'objet d'un message que l'archichancelier fut chargé de porter au Sénat.

Cette publicité prématurée donnée à un acte que le pape regrettait si vivement d'avoir signé dut hâter sa rétractation, qu'il adressa le 24 mars 1813 par un bref à l'empereur. J'ignore sur quels considérants le Saint-Père a fondé cette rétractation;

---

1. Le préambule de ce concordat porte en effet:

« Sa Majesté l'empereur et roi et Sa Sainteté, voulant mettre un terme aux différends qui se sont élevés entre eux et pourvoir aux difficultés survenues sur plusieurs affaires de l'Église sont convenus des articles suivants, *comme pouvant servir de base à un arrangement définitif.* »

mais on ne peut que déplorer la faiblesse qui dirigea sa conduite, dans cette circonstance et qui, à si peu d'intervalle, le fit consentir à se rétracter. La meilleure explication qu'on puisse donner à cette conduite, c'est que, par suite d'un affaiblissement physique et moral, son esprit a plié devant les exigences de Napoléon, et n'a retrouvé ses forces que quand il s'est senti entouré de ses fidèles conseillers. On peut regretter, mais qui se croira en droit de blâmer?

Cette fois, l'empereur, quoique très irrité de la rétractation, crut qu'il était de son intérêt de ne pas faire d'éclat, et prit le parti de n'en tenir en apparence aucun compte. Il fit publier deux décrets: un du 13 février et l'autre du 25 mars 1813. Par le premier, le nouveau concordat du 25 janvier était proclamé loi d'État; par le second, il le déclarait obligatoire pour les archevêques, évêques et chapitres, et ordonnait, en conséquence de l'article IV de ce concordat, aux métropolitains, de donner l'institution aux évêques nommés, et, en cas de refus, ordonnait qu'ils seraient traduits devant les tribunaux.

On restreignit de nouveau la liberté qui avait été momentanément accordée au Saint-Père, et le cardinal di Pietro retourna à l'exil. Puis Napoléon partit bientôt après pour cette campagne de 1813 en Allemagne, prélude de celle qui devait amener sa chute.

Les décrets lancés *ab irato* ne furent pas exécutés, et pendant les diverses fluctuations de la campagne de 1813, le gouvernement impérial tenta plusieurs fois de renouer avec le pape des négociations qui n'aboutirent à rien. Les choses traînèrent ainsi en longueur, et l'on ne prévoyait aucune issue, lorsque, le 23 janvier 1814, on apprit tout à coup que le pape avait quitté ce jour-là même Fontainebleau et retournait à Rome.

Napoléon était alors vivement pressé par les troupes alliées qui avaient pénétré en France ; mais, comme il comptait bien en triompher, on ne comprit pas le motif d'une résolution si inattendue, si précipitée. Elle s'explique cependant. Murat, qui avait abandonné la fortune de l'empereur, et qui, comme nous l'avons déjà dit, avait traité avec la coalition, occupait alors les États de l'Église, et il est évident que Napoléon, dans son indignation contre Murat, préféra laisser rentrer le pape dans ses États, à les voir dans les mains de son beau-frère.

Pendant que Pie VII était en route et que l'empereur combattait en Champagne, un décret du 10 mars 1814 annonça que le pape reprendrait possession de la partie de ses États dont on avait formé les départements de *Rome* et de *Trasimène*. Le lion, quoique vaincu, ne voulait pas encore lâcher toute la proie qu'il espérait bien reprendre.

Le voyage du Saint-Père ne se faisait pas sans entraves et sans difficultés, tellement que le gouvernement provisoire, que j'avais l'honneur de présider, se vit obligé de donner des ordres, le 2 avril 1814, pour qu'on mît fin à toutes ces entraves, et qu'on rendît sur la route au Souverain Pontife les honneurs qui lui étaient dus.

Il faut dire que le vice-roi d'Italie, Eugène, accueillit le pape avec respect, et que Murat lui-même n'osa pas s'opposer à ce qu'il reprît possession de ses États, quoiqu'il les occupât lui-même avec ses troupes.

Le pape arriva le 30 avril à Césène, le 12 mai à Ancône, et fit son entrée solennelle à Rome le 24 mai 1814.

En m'étendant aussi longuement que je viens de le faire sur les négociations entre l'empereur et le pape, j'avais un double but : je voulais montrer jusqu'où la passion pouvait entraîner Napoléon quand il rencontrait devant lui les résistances mêmes du bon droit, et prouver que, dans la question traitée ici, il eut également tort dans le fond et dans la forme; c'est ce qu'il me sera facile, je crois, de démontrer. Je n'ai plus rien à ajouter, ce me semble, pour constater combien a été odieuse toute la conduite suivie par lui envers le pape, depuis l'année 1806; les faits que je viens d'exposer avec impartialité et avec autant de sang-froid qu'il m'a été possible d'en mettre en rapportant d'aussi indignes persécutions, ces faits parlent d'eux-mêmes; je risquerais d'en affaiblir l'impression en insistant. Mais je tiens encore plus, peut-être, à faire ressortir les fautes énormes, au point de vue de la politique générale, qui ont été commises par l'empereur dans ses relations avec la cour de Rome.

Lorsque, en 1801, Napoléon rétablit le culte en France, il avait fait non seulement un acte de justice, mais aussi de grande habileté: car il avait immédiatement rallié à lui, par ce seul fait, les sympathies des catholiques du monde entier; et, par le concordat avec Pie VII, il avait raffermi sur une base solide la puissance catholique un moment ébranlée par la Révolution française, et dont tout gouvernement sensé en France doit aider le développement, ne fût-ce que pour l'opposer aux envahissements du protestantisme et de l'Église grecque. Or, quelles sont les forces principales du catholicisme, comme de toute puissance, si ce n'est l'unité et l'indépendance? Et ce sont précisément ces deux forces que Napoléon voulut saper et détruire le jour où, poussé par l'ambition la plus insensée, il entra en lutte avec la cour de Rome. Il s'attaqua à l'unité de l'Église catholique, en voulant priver le pape du droit d'instituer les évêques; à son indépendance, en arrachant au Saint-Siège son pouvoir temporel.

L'institution des évêques par le pape est le seul véritable ien qui rattache toutes les Églises catholiques du monde à celle de Rome. C'est elle qui maintient l'uniformité des doctrines et des règles de l'Église, en ne laissant arriver à l'épiscopat que ceux reconnus capables par le Souverain Pontife de les soutenir et de les défendre. Supposez un moment ce lien rompu, vous tombez dans le schisme. Napoléon était d'autant plus coupable à cet égard, qu'il avait été éclairé par les erreurs de l'Assemblée constituante. Je ne crains pas de reconnaître ici, quelque part que j'aie eue dans cette œuvre, que la constitution civile du clergé, décrétée par l'Assemblée constituante, a été peut-être la plus grande faute politique de cette Assemblée, indépendamment des crimes affreux qui en ont été la conséquence. Il n'était pas permis, après un pareil exemple, de retomber dans la même erreur et de recommencer contre Pie VII les persécutions de la Convention et du Directoire contre Pie VI, qui avaient été si sévèrement et si justement blâmées par Napoléon lui-même. Il n'y a donc aucune excuse possible pour sa conduite dans cette question. On m'opposerait en vain qu'il s'est rencontré des papes turbulents qui ont abusé de l'institution des évêques et s'en sont fait une arme contre des gouvernements même catholiques. Je répondrai à cela que c'est exact, mais que ces gouvernements se sont tirés de cet embarras; qu'on ferait de même si on s'y trouvait encore, et que c'est une mauvaise politique, pour prévenir un abus possible, de créer un danger réel. Ajoutons que Napoléon était moins justifiable que tout autre d'agir comme il l'a fait, après avoir rencontré dans Pie VII les facilités les plus inespérées, pour régler les affaires de l'Église, et une mansuétude et une douceur qui ne se sont pas démenties un seul instant, malgré les plus odieux procédés : car la bulle d'excommunication est un incident qui n'a eu aucune portée. Et combien faut-il que Napoléon ait été coupable dans cette occasion, pour que lui, qui se vantait tant de créer partout des ennemis à l'Angleterre, comme jadis Mithridate aux Romains, en soit venu à faire du pape un allié des Anglais, et pour qu'il ait pu craindre un instant de voir ceux-ci lui enlever sa victime à Savone ?

La destruction du pouvoir temporel du pape par l'absorption des États romains dans le *grand empire* était, politiquement parlant, une faute non moins grave. Il saute aux yeux que le chef d'une religion aussi universellement répandue sur la terre que l'est la religion catholique a besoin de la plus parfaite indépendance pour exercer impartialement son pouvoir et son influence. Dans l'état actuel du monde, au milieu des divisions territoriales créées par le temps et des complications politiques résultant de la civilisation, cette indépendance ne peut exister que si elle est garantie par une souveraineté temporelle. Il serait aussi absurde de vouloir remonter au temps de la primitive Église, où le pape n'était que l'évêque de Rome, parce que le christianisme était renfermé dans l'empire romain, qu'il était insensé à Napoléon de prétendre faire du Saint-Père un évêque français. Que devenait alors le catholicisme dans tous les pays qui ne faisaient pas partie de l'empire français ? Que penserait la France si le pape était entre les mains de l'Autriche ou de toute autre puissance catholique ? Le croirait-elle bien impartial, bien indépendant ? Quelque illusion que pût se faire Napoléon sur l'étendue et sur la durée de sa puissance, dans sa personne, ou dans celle de ses successeurs, il ne devait pas créer un précédent aussi dangereux et qui pouvait, un jour, être fatal à la France. 1814 a prouvé que, dans ce genre, rien n'était impossible.

Je m'arrête : j'en ai dit assez pour montrer tout le mal que l'insatiable ambition de l'empereur préparait pour la France dans l'avenir. Mais, me diront peut-être les révolutionnaires de l'espèce de ceux de 1800, pourquoi, alors, avoir rétabli la religion, la papauté? C'est Napoléon lui-même qui leur a d'avance répondu en faisant le concordat de 1801 ; mais c'est le Napoléon vraiment grand, éclairé, guidé par son beau génie, et non par les passions furieuses qui, plus tard, l'ont étouffé.

FIN DE LA SIXIÈME PARTIE.

SEPTIÈME PARTIE

CHUTE DE L'EMPIRE — RESTAURATION

(1813-1814)

CHUTE DE L'EMPIRE — RESTAURATION

(1813-1814)

Il faut maintenant que l'attention de mes lecteurs se reporte à l'époque du règne de Napoléon où je disais que, par un arrangement habile fait en Espagne, il aurait pu arriver à une paix générale et consacrer ainsi son propre établissement.

Napoléon avait été élevé au pouvoir suprême par le concours de toutes les volontés réunies contre l'anarchie; l'éclat de ses victoires l'avait fait choisir, c'étaient là tous ses droits; des défaites les annulaient, tandis qu'une paix glorieuse les aurait légitimés et affermis. Mais, dupe de son imagination qui dominait son jugement, il disait avec emphase qu'il fallait élever autour de la France un rempart de trônes occupés par des membres de sa famille, pour remplacer cette ligne de forteresses créée autrefois par Louis XIV. Il trouvait parmi ses ministres et parmi ses courtisans des hommes pour approuver cette extravagance; et la plupart de ces hommes étaient d'anciens membres de la Convention, du conseil des Anciens... Mais le bon sens des masses en France se bornait à désirer la conservation des résultats vraiment utiles de la Révolution, c'est-à-dire le maintien des libertés civiles dont l'empereur avait à peine laissé subsister les formes, en plaçant sans cesse son pouvoir despotique au-dessus de la loi.

Ses succès l'avaient tellement aveuglé qu'il ne voyait pas qu'en poussant à l'extrême le système politique dans lequel il s'était follement engagé, tant à l'intérieur qu'à l'extérieur, il lasserait les Français aussi bien que les nations étrangères, et forcerait les uns et les autres à chercher en dehors de lui des garanties qui pussent assurer la paix générale, et pour les Français, la jouissance de leurs droits civils.

Tout était insensé dans son entreprise contre l'Espagne. Pourquoi ruiner un pays qui lui était attaché et dévoué? Pour n'en saisir qu'une partie, tandis qu'il livrait ses riches colonies à l'Angleterre qu'il prétendait détruire, ou au moins affaiblir partout? N'était-il pas évident que si toutes les provinces de la péninsule étaient forcées de plier sous le joug français et de subir la royauté de son frère, les colonies espagnoles se soulèveraient par leur propre impulsion ou par celle de l'Angleterre? Le chef-d'œuvre de la politique, à cette époque, aurait été d'isoler assez la Grande-Bretagne pour la laisser sans un lien quelconque avec le continent et sans des rapports nouveaux avec les colonies. Napoléon, au contraire, par la guerre d'Espagne, lui ouvrit et le continent d'Europe et les colonies d'Amérique.

En rappelant dans mes souvenirs ce qui m'avait frappé

davantage pendant les vingt années dont je viens de parler, je me suis souvent fait cette question : que serait-il arrivé si l'empereur, à telle époque de sa carrière, s'était arrêté, eût changé de système et ne se fût occupé qu'à s'affermir? Ainsi, par exemple, après la paix de Lunéville, après avoir signé son premier traité avec la Russie, conclu la paix d'Amiens avec l'Angleterre, et fait reconnaître le recès de l'empire par toutes les puissances de l'Europe, tout ne lui était-il pas facile? La France avait acquis alors des limites auxquelles l'Europe avait dû consentir; les oppositions intérieures étaient calmées, la religion avait repris sa place dans l'État. Cette situation ne laissait évidemment plus aucune chance à la maison de Bourbon.

Si cette même pensée se présente quelquefois à Louis XVIII, que de reconnaissance ne doit-il pas avoir envers la Providence, et que de soins ne doit-il pas apporter au bonheur et à la prospérité de la France! Qu'il songe un moment à tout ce qu'il a fallu depuis 1803, pour préparer son retour[1]!

Il a fallu que toutes les illusions s'emparassent à la fois de l'esprit de Napoléon ; qu'il se livrât sans prévision aux expéditions les plus hasardeuses; que, par caprice, il créât des trônes, et que par d'autres caprices, il leur ôtât toute chance de stabilité, et se fît des ennemis de ceux-là mêmes qu'il plaçait sur ces trônes. Il a fallu que, pour détruire la confiance de la France et des nations étrangères, il leur imposât des institutions, d'abord républicaines, puis monarchiques, puis qu'il finît par les soumettre à sa despotique

---

1. Rappelons ici que cette partie des *Mémoires* du prince de Talleyrand a été écrite pendant la Restauration et avant la mort de Louis XVIII.

domination. Il a fallu, enfin, qu'il donnât aux peuples, qui bientôt s'entendent entre eux, la triste consolation de mépriser successivement les différentes formes de gouvernement qui passaient sous leurs yeux, et qu'il ne vît pas que de ce mépris, devait sortir parmi les peuples, une disposition générale au soulèvement et bientôt après à la vengeance.

Mais, si, dépassant encore cette date de 1803, nous nous reportons à l'année 1807, où l'empereur avait vaincu l'une après l'autre l'Autriche, la Prusse et la Russie et tenait entre ses mains le destin de l'Europe, quel grand et noble rôle n'eût-il pas pu jouer alors !

Napoléon est le premier et le seul qui ait pu donner à l'Europe un équilibre réel qu'elle cherche en vain depuis plusieurs siècles, et dont elle est aujourd'hui plus éloignée que jamais.

Il ne fallait pour cela : 1° qu'appeler à l'unité l'Italie, en y transférant la maison de Bavière; 2° que partager l'Allemagne entre la maison d'Autriche, qui se serait étendue jusqu'aux bouches du Danube, et la maison de Brandenbourg[1], qu'on aurait agrandie; 3° que ressusciter la Pologne en la donnant à la maison de Saxe.

Avec l'équilibre réel, Napoléon a pu donner aux peuples de l'Europe une organisation conforme à la véritable loi morale. Un équilibre réel eût rendu la guerre presque impossible. Une organisation convenable eût porté chez tous les peuples la civilisation au degré le plus élevé qu'elle puisse atteindre.

---

1. La maison de Hohenzollern-Brandenbourg, qui occupe le trône de Prusse.

Napoléon a pu faire ces choses, et ne les a point faites. S'il les eût faites, la reconnaissance lui aurait élevé partout des statues, et sa mort aurait été pleurée chez tous les peuples. Au lieu de cela, il a préparé l'état de choses que nous voyons, et amené les dangers qui menacent l'Europe du côté de l'Orient. C'est sur ces résultats qu'il doit être et qu'il sera jugé. La postérité dira de lui : cet homme fut doué d'une force intellectuelle très grande ; mais il n'a pas compris la véritable gloire. Sa force morale fut très petite ou nulle. Il n'a pu supporter la prospérité avec modération, ni l'infortune avec dignité ; et c'est parce que la force morale lui a manqué, qu'il a fait le malheur de l'Europe et le sien propre.

Placé pendant tant d'années au milieu de ses projets, et, pour ainsi dire, dans le cratère de sa politique, témoin de tout ce qui se faisait ou se préparait contre lui, il n'y a pas eu grand mérite à prévoir que tous les pays rangés nouvellement sous ses lois, que toutes les créations nouvelles placées sous la domination de sa famille, porteraient les premiers coups à sa puissance. Ce n'est pas sans une douloureuse amertume, je l'avoue, que j'assistais à un pareil spectacle. J'aimais Napoléon ; je m'étais attaché même à sa personne, malgré ses défauts ; à son début, je m'étais senti entraîné vers lui par cet attrait irrésistible qu'un grand génie porte avec lui ; ses bienfaits avaient provoqué en moi une reconnaissance sincère. Pourquoi craindrais-je de le dire ?... j'avais joui de sa gloire et des reflets qui en rejaillissaient sur ceux qui l'aidaient dans sa noble tâche. Aussi, je puis me rendre le témoignage que je l'ai servi avec dévouement, et, autant qu'il a dépendu de moi, avec un dévouement éclairé. Dans le temps où il savait entendre la vérité, je la lui disais loyalement; je la lui ai dite même plus tard, lorsqu'il fallait employer des ménagements pour la faire arriver jusqu'à lui; et la disgrâce que m'a valu ma franchise me justifie devant ma conscience de m'être séparé de sa politique d'abord, puis de sa personne, quand il était arrivé au point de mettre en péril la destinée de ma patrie.

Lorsque Napoléon, repoussant toute transaction raisonnable, se lança, en 1812, dans la funeste expédition de Russie, tout esprit réfléchi pouvait presque fixer d'avance le jour, où, poursuivi par les puissances qu'il avait humiliées, forcé de repasser le Rhin, il perdrait le prestige dont l'avait entouré la fortune. Napoléon, battu, devait disparaître de la scène du monde; c'est le sort des usurpateurs vaincus. Mais la France, une fois envahie, que de chances contre elle! Quels moyens pouvaient conjurer les maux qui la menaçaient? Quelle forme de gouvernement devait-elle adopter, si elle résistait à cette terrible catastrophe? C'étaient là de graves sujets de méditation pour tous les bons Français; s'y livrer était un devoir pour ceux que les circonstances, ou, si l'on veut, leur ambition, avaient déjà appelés, à d'autres époques, à exercer de l'influence sur le sort du pays. C'est ce que je me croyais le droit de faire depuis plusieurs années; et, à mesure que je voyais approcher le redoutable dénouement, j'examinais et je combinais avec plus d'attention et de soin les ressources qui nous resteraient. Ce n'était ni trahir Napoléon ni conspirer contre lui, quoiqu'il me l'eût plus d'une fois déclaré. Je n'ai conspiré dans ma vie qu'aux époques où j'avais la majorité de la France pour complice, et où je cherchais avec elle le salut de la patrie. Les méfiances et les injures de Napoléon à mon égard ne peuvent rien changer à la vérité des faits, et, je le répète hautement : il n'y a jamais eu de conspirateur dangereux contre lui que lui-même. Il n'en a pas moins fait exercer contre moi la plus odieuse surveillance pendant les dernières années de son règne. Je pourrais presque faire valoir cette surveillance comme un témoignage de l'impossibilité dans laquelle je me serais trouvé de conspirer, si même j'en avais eu le goût.

On me pardonnera de rappeler un incident de cette surveillance, qui me revient à la mémoire et qui montrera ce que la police de l'empereur savait faire de l'intimité de la vie privée. Au mois de février 1814, j'avais, un soir, quelques personnes réunies dans mon salon, au nombre desquelles étaient le baron Louis, l'archevêque de Malines, M. de Pradt, M. de Dalberg et plusieurs autres. On causait un peu de tout, mais particulièrement des événements graves du moment, qui préoccupaient à bon droit tous les esprits. La porte s'ouvre avec fracas, et, sans laisser le temps au valet de chambre de l'annoncer, le général Savary, ministre de la police générale, s'élance au milieu du salon en s'écriant : « Ah ! je vous prends donc tous en flagrant délit de conspiration contre le gouvernement ! » — Quelque sérieux qu'il ait essayé de mettre dans le ton de son exclamation, nous vîmes bientôt que son intention était de plaisanter, tout en cherchant cependant à découvrir, s'il le pouvait, quelques notions propres à alimenter ses rapports de police à l'empereur. Il ne parvint pas, toutefois, à nous déconcerter, et l'état des choses ne justifiait que trop bien l'inquiétude que chacun lui exprima sur la situation périlleuse de Napoléon et sur les conséquences qui pouvaient en résulter. Je serais assez porté à croire que sans la chute de l'empereur, M. le général Savary n'aurait pas manqué de faire valoir près de lui la hardiesse, et, ce qu'il pensait être, l'habileté de sa conduite dans cette occasion. C'est, décidément, un vilain métier que celui de ministre de la police.

Ce qu'il y a de bizarre dans la conduite de Napoléon à mon égard, c'est que, dans le temps même où il était le plus rempli de soupçons sur moi, il cherchait à me rapprocher de lui. Ainsi, au mois de décembre 1813, il me demanda de reprendre le portefeuille des affaires étrangères, ce que je refusai nettement, comprenant bien que nous ne pourrions jamais nous entendre sur la seule manière de sortir du dédale dans lequel ses folies l'avaient enfermé. Quelques semaines plus tard, au mois de janvier 1814, avant son départ pour l'armée, et lorsque M. de Caulaincourt était déjà parti pour le congrès de Châtillon[1], l'empereur travaillait presque chaque soir avec M. de la Besnardière[2], qui, en l'absence de M. de Caulaincourt, tenait le portefeuille des affaires étrangères. Dans ces entretiens, qui se prolongeaient fort avant dans la nuit, il lui faisait souvent d'étranges confidences. Eh bien, il lui a plusieurs fois répété, après avoir lu les dépêches dans lesquelles le duc de Vicence rendait compte de la marche des négociations à Châ-

---

1. Dès le mois de novembre 1813, les négociations avaient commencé. Les alliés offraient alors les frontières des Alpes et du Rhin. Napoléon consentit à la réunion d'un congrès à Manheim. Mais les événements se précipitèrent, et le congrès ne se réunit que le 7 février à Châtillon-sur-Seine. M. de Caulaincourt, ministre des affaires étrangères, y représentait l'empereur. Cette fois les alliés n'offraient plus que les limites de 1789. Le congrès se sépara le 19 mars, sans avoir abouti.

2. Jean-Baptiste de Gouey, comte de la Besnardière, né en 1765, était entré dans la congrégation des oratoriens sous l'ancien régime. En 1796 il entra au ministère des relations extérieures comme simple commis. Il devint en 1807, directeur de la première division politique, et garda ces importantes fonctions jusqu'en 1814. Il devint conseiller d'État en 1826, se retira des affaires publiques en 1830, et mourut en 1843.

tillon : « Ah! si Talleyrand était là, il me tirerait d'affaire. »
Il se trompait, car je n'aurais pu le tirer d'affaire, qu'en
prenant sur moi, ce que j'aurais fait très probablement, d'accepter les conditions des ennemis; et si, ce jour-là, il avait
eu le plus léger succès militaire, il aurait désavoué ma signature. M. de la Besnardière me raconta aussi une autre scène
à laquelle il assista, et qui est trop caractéristique pour que je
ne la mentionne pas. Murat, pour rester fidèle à la cause de
son beau-frère, demandait qu'on lui abandonnât l'Italie jusqu'à
la rive droite du Pô. Il avait écrit plusieurs lettres à Napoléon,
qui ne lui répondait pas, ce dont il se plaignait amèrement,
comme d'une marque de mépris. « Pourquoi, dit la Besnardière à l'empereur, Votre Majesté lui laisse-t-elle ce prétexte, et quel inconvénient trouverait-elle, non pas à lui accorder ce qu'il veut, mais à le flatter de quelques espérances? »
— Il répondit alors : « Est-ce que je puis répondre à un
insensé? Comment ne sent-il pas que mon extrême prépondérance a seule pu faire que le pape ne fût pas à Rome; c'est
l'intérêt de toutes les puissances qu'il y retourne, et, maintenant, cet intérêt est aussi le mien. Murat est un homme qui
se perd; je serai obligé de lui faire l'aumône; mais je le ferai
enfermer dans un bon cul de basse-fosse, afin qu'une si noire
ingratitude ne reste pas impunie. » Peut-on comprendre
si bien les folies des autres et ne pas se rendre compte des
siennes propres?

Je disais plus haut que Napoléon seul avait conspiré contre
lui-même, et je puis établir la parfaite exactitude de ce fait;
car il est constant que, jusqu'à la dernière minute qui a précédé sa ruine, il n'a dépendu que de lui de se sauver. Non
seulement, comme je l'ai déjà dit, il pouvait, en 1812, par

une paix générale, consolider à jamais sa puissance; mais, en 1813, à Prague[1], il aurait obtenu des conditions, sinon aussi brillantes qu'en 1812, du moins encore assez avantageuses ; et enfin, au congrès même de Châtillon, en 1814, s'il avait su céder à propos, il pouvait faire une paix utile à la France réduite aux abois, et qui, même, dans l'intérêt de sa folle ambition, lui aurait offert des chances de retrouver plus tard quelque gloire. La terreur qu'il avait su inspirer à tous les cabinets a maintenu ceux-ci, jusqu'au dernier moment, dans la résolution de traiter avec lui. Ceci réclame quelques développements, et je veux consigner ici des faits qui sont à ma parfaite connaissance, et qui constateront l'exactitude de ce que j'avance. Il faut d'abord nous transporter à la frontière des Pyrénées, où les armées françaises soutenaient si bravement une lutte inégale contre les troupes anglaises, espagnoles et portugaises réunies. Nous reviendrons ensuite dans les plaines de Champagne.

La place de Saint-Sébastien avait été prise à la fin du mois d'août 1813, et celle de Pampelune venait de se rendre dans les derniers jours d'octobre, quand le duc de Wellington, qui voyait l'Espagne délivrée de ce côté de ses ennemis, et était informé de la bataille de Leipzig et des résultats importants qui la suivirent, se décida à porter la guerre sur le territoire français, pour contribuer autant que possible au triomphe de la cause générale de l'Europe; celle de l'Espagne n'était que secondaire.

---

1. Après les victoires de Lutzen, de Bautzen et de Wurtschen, Napoléon, triomphant, avait consenti à un armistice qui fut signé à Pleiswitz, le 5 juin. L'Autriche s'interposa comme médiatrice et un congrès s'ouvrit à Prague le 12 juillet. Napoléon ne voulut rien céder; les négociations furent rompues le 10 août, et l'Autriche entra dans la coalition.

Il passa la Bidassoa vers le milieu de novembre, malgré la vive résistance de l'armée française commandée par le maréchal Soult, et son quartier général s'établit le premier jour à Saint-Pé, petit village de la frontière.

Le temps était affreux, la pluie tombait par torrents, ce qui força l'armée à faire halte, et le quartier général à rester à Saint-Pé. Le hasard fit qu'il se trouvait dans ce village un curé plein d'esprit et d'activité, tout dévoué aux Bourbons et à la cause royale; il avait émigré en Espagne au commencement de la Révolution et il n'était rentré en France qu'après le concordat. Son nom était l'abbé Juda, très populaire parmi les Basques et très estimé parmi les Espagnols, et comme le mauvais temps ne permettait pas au duc de Wellington de sortir, l'ennui et l'oisiveté lui firent chercher la société du curé chez lequel il était logé.

La conversation, naturellement, tourna sur l'état de la France et sur l'esprit qui y régnait. Le curé n'hésita pas à affirmer qu'on était fatigué de la guerre à laquelle on ne voyait aucun terme; qu'on était surtout très irrité contre la conscription, et qu'on se plaignait beaucoup du poids des impositions; enfin, qu'on désirait un changement à peu près comme un malade désire changer de position dans son lit avec l'espoir de trouver du soulagement : « Le colosse a des pieds d'argile, disait l'abbé Juda, attaquez-le vigoureusement, avec résolution, et vous le verrez s'écrouler plus facilement que vous ne croyez. »

Ces conversations convainquirent le duc de Wellington de la nécessité d'attaquer simultanément la France par toutes ses frontières si l'on voulait obtenir du chef du gouvernement une paix honorable et sûre, et il fit part de ce plan à son gouvernement.

Il ne fut pas question des Bourbons, car on voyait bien qu'ils étaient oubliés et entièrement inconnus à la génération nouvelle. On voulut cependant faire un essai de l'effet produit par l'apparition subite d'un de ces princes sur une partie quelconque du territoire français, et savoir à quoi s'en tenir; c'est ce qui motiva l'arrivée du duc d'Angoulême [1] au quartier général de Saint-Jean-de-Luz dans les premiers jours du mois de janvier 1814.

Le duc d'Angoulême fut très bien reçu par le général en chef, ce qui était très naturel; par le maire de la ville de Saint-Jean et par le clergé; mais sans produire aucun effet sur le peuple, excepté celui de la curiosité. On courait sur son passage le dimanche, quand il allait à l'église, sans témoigner aucun sentiment, ni donner aucune preuve d'approbation ou de désapprobation. S'il y eut des offres de service, des protestations de fidélité, elles restèrent très secrètes, et on n'en vit pas le moindre effet à l'extérieur.

On attendait ainsi tout du temps, quand, vers la moitié du mois de janvier, débarqua à Saint-Jean-de-Luz, venant de Londres, sir Henry Bunbury [2], sous-secrétaire du ministère de la guerre, qui, parmi différentes commissions importantes, avait celle d'informer le duc de Wellington de l'acceptation par l'Angleterre des bases proposées à Francfort par les sou-

---

1. Louis-Antoine de Bourbon, duc d'Angoulême, fils aîné du comte d'Artois (1775-1844). Il avait épousé en 1799 la princesse Marie-Thérèse, fille de Louis XVI.

2. Sir Henry Edward Bunbury, né en 1778, lieutenant général dans l'armée anglaise. En 1809, il devint sous-secrétaire d'État au département de la guerre. En 1815, il fut chargé, avec l'amiral Keith, de notifier à l'empereur Napoléon son exil à Sainte-Hélène. Il entra à la Chambre des communes en 1830, et refusa peu après le portefeuille de la guerre. Il mourut en 1860.

verains alliés pour régler la paix générale, et de la nécessité de prévenir et d'empêcher que, sous la protection anglaise, on excitât le peuple à la rébellion contre le gouvernement existant avec lequel on était en négociation. Le gouvernement anglais, par un sentiment très honorable, ne voulait pas soulever des peuples, qu'à la paix, on aurait dû abandonner au ressentiment du gouvernement de Napoléon, et il insistait tellement sur ce point que la situation du duc d'Angoulême au quartier général devint très fausse pour lui et très embarrassante pour le général en chef. En conséquence on ne l'invita plus à prendre part aux opérations qu'on allait entreprendre, comme on en avait eu d'abord l'intention ; et lorsque, dans les premiers jours du mois de février, il fut question de passer l'Adour pour attaquer l'armée française et faire le siège de Bayonne, on laissa le duc d'Angoulême à Saint-Jean-de-Luz, éloigné du théâtre des opérations.

C'est alors, et au moment de passer les gaves, que se présentèrent au général en chef diverses personnes venant de Bordeaux, et parmi elles M. de la Rochejacquelein[1], qui insistèrent beaucoup sur la nécessité de faire un mouvement en faveur des Bourbons, faisant valoir les bonnes dispositions de la ville de Bordeaux. Ils virent le prince à Saint-Jean-de-Luz et, différentes fois, le duc de Wellington qui se trouvait alors vers Saint-Palais. Ils tâchèrent de l'engager à favoriser et à

---

1. Louis du Vergier, marquis de La Rochejacquelein, frère du célèbre général vendéen tué en 1794. Il naquit en 1777, suivit son père en émigration, et revint en France en 1801. En 1814, il vint au-devant du duc d'Angoulême à Saint-Jean-de-Luz et fut, peu après, nommé par Louis XVIII maréchal de camp. Durant les Cent-jours, il chercha à soulever la Vendée, mais fut tué le 4 juin au combat du Pont-de-Mathes. Il avait épousé la veuve du marquis de Lescure.

exciter ce mouvement, mais il fut inébranlable dans ses refus, d'accord avec les instructions qu'il venait de recevoir de son gouvernement.

Le 27 février, les Français perdirent la bataille d'Orthez, qui laissa à découvert tout le pays des Landes jusqu'à Bordeaux, et le duc de Wellington, qui désirait avoir une communication plus facile, plus directe et plus ouverte avec son pays, se décida à occuper cette ville militairement, en y envoyant la 7e division de son armée, sous les ordres de lord Dalhousie.

Les prières et les instances pour le mouvement en faveur des Bourbons se renouvelèrent plus que jamais, et d'autres personnes arrivèrent de Bordeaux, pressant ce mouvement à l'occasion de l'occupation militaire.

Le duc de Wellington ne crut pas devoir s'y opposer ; mais, voulant éclairer le peuple de Bordeaux et l'informer de l'état des affaires entre son gouvernement et ceux des alliés, il nomma le général Beresford[1], maréchal général des troupes portugaises et le second de l'armée, pour exécuter cette opération. Il lui donna les instructions les plus positives de déclarer, avant d'entrer dans la ville, et après l'occupation, « qu'on traitait la paix avec l'empereur Napoléon, qu'il était même probable qu'elle était faite, et qu'une fois publiée,

---

1. William Carr, vicomte Beresford, issu d'une famille irlandaise. Né en 1768, il entra dans l'armée, et fit les campagnes de 1793 et 1794 contre la France. En 1795, il passa aux Antilles, puis aux Indes (1799), en Égypte (1800), au Cap (1805). En 1806, il attaqua Buenos-Ayres, alors colonie espagnole, mais fut battu et fait prisonnier. De retour en Angleterre, il commanda une expédition contre Madère, débarqua en Portugal en 1808, et fut nommé commandant de Lisbonne. Il devint alors major général et général en chef des troupes portugaises. Il fit en cette qualité les campagnes d'Espagne jusqu'en 1814. Après la paix, il entra à la Chambre des lords. Il mourut en 1854.

l'armée alliée se retirerait du pays sans pouvoir prêter assistance à personne; que c'était donc aux habitants de Bordeaux à décider eux-mêmes s'ils voulaient courir les chances de leur entreprise. » — On écrivit dans les mêmes termes aux deux gouvernements de la péninsule, et la veille de son entrée à Bordeaux, le maréchal Beresford déclara ce qu'on vient de lire au maire, M. Lynch[1], qui, avec quelques autres personnes, était venu à la rencontre du duc d'Angoulême, celui-ci ayant suivi le quartier général de lord Beresford.

Cette déclaration répandit le découragement parmi la plupart de ceux qui étaient dans le complot, et, pour neutraliser le mauvais effet qu'elle pourrait produire dans le public, M. Lynch se hasarda à dire dans une proclamation que le mouvement se faisait d'accord avec l'armée anglaise, ce qui occasionna une réclamation très énergique de la part du duc de Wellington, qui exigea une rétractation et qui l'obtint enfin, malgré les démarches de M. Ravez[2], envoyé

---

[1]. Jean-Baptiste, comte Lynch, né à Bordeaux, en 1749. Sa famille d'origine irlandaise, avait émigré après la révolution de 1688, et s'était fixée dans cette ville. Lynch fut reçu en 1771 conseiller au parlement de Bordeaux. Il fut longtemps emprisonné sous la Terreur. Sous l'empire, il devint conseiller général de la Gironde et maire de Bordeaux en 1808. En 1814, il appela les Anglais et proclama la restauration des Bourbons dès le 12 mars. En 1815, il chercha avec la duchesse d'Angoulême à organiser la résistance, mais il échoua et s'enfuit en Angleterre. A la deuxième restauration il fut créé pair de France. Il mourut en 1835.

[2]. Simon Ravez, né en 1770, était en 1791 avocat à Lyon. Il prit une part active à la révolte de cette ville contre la Convention et dut, après la défaite des Lyonnais, se réfugier à Bordeaux. Il déclina toute fonction publique sous l'empire, et en 1814 fut un des premiers à proclamer la restauration des Bourbons. Il fut élu en 1816, député de la Gironde et devint, en 1819, président de la Chambre. En 1817, il avait été nommé sous-secrétaire d'État au ministère de la justice. se retira en 1830. En 1848, il fut nommé député à l'Assemblée législative, mais mourut en 1849.

par le duc d'Angoulême au quartier général du duc pour donner des explications; elles ne contentèrent pas celui-ci, qui insista sur la rétractation des expressions de M. Lynch, et elle eut lieu.

Le reste du mois de mars se passa sans aucun événement décisif, les Français se retirant toujours devant l'armée anglaise, et à la fin, ils furent obligés de passer la Garonne dans les premiers jours d'avril, pour prendre une forte position devant la ville de Toulouse, sur le canal de Languedoc.

Le 6 avril, le quartier général anglais se trouvait à Grenade, sur la rive gauche de la Garonne, et le même jour le duc de Wellington reçut une lettre officielle de lord Bathurst[1], secrétaire d'État de la guerre, qui lui annonçait « qu'à la réception de sa lettre, la paix devait être faite avec l'empereur Napoléon, mais qu'il devait toujours continuer ses opérations militaires jusqu'à ce qu'il ait reçu la notification officielle de la paix, des plénipotentiaires anglais qui étaient à Châtillon ».

On passa, en conséquence, la Garonne le 8 avril, et, le 10, eut lieu la bataille de Toulouse, sans que d'une part ni de l'autre on eût la moindre connaissance de ce qui se passait à Paris, excepté de la nouvelle de l'entrée des alliés dans

---

1. Henry comte de Bathurst, fils du chancelier de ce nom. Né en 1762, il fut nommé en 1793, membre de la commission pour l'Inde et en 1809, secrétaire d'État de la guerre et des colonies, sous le ministère Castlereagh. Ardent adversaire de la France, il soutint énergiquement devant le parlement le parti de la guerre, et en 1815, insista pour la détention de Napoléon à Sainte-Hélène. Il resta au pouvoir jusqu'en 1827, dut alors céder la place à un ministère whig, mais revint au pouvoir l'année suivante. Le contre-coup de la révolution de Juillet le força de nouveau à la retraite. Il mourut en 1834.

la capitale, que les autorités de Toulouse avaient fait afficher dans les carrefours.

Après la bataille, les Français évacuèrent la ville dans la nuit du 11 au 12, et telle était la persuasion du duc de Wellington de la signature de la paix avec Napoléon, que quand, vers les dix heures du matin et au moment de monter à cheval pour entrer dans la ville, le 12, on vint lui communiquer officiellement qu'on y avait proclamé les Bourbons et qu'on avait arboré le drapeau blanc au Capitole, après avoir renversé le buste de Napoléon, il ne cacha pas sa désapprobation et son désir d'avoir été consulté par la ville avant d'avoir fait un pareil mouvement. Il répéta alors ce qu'il avait dit aux Bordelais. Il tint le même langage devant la municipalité de Toulouse, quand, après avoir été reçu par la garde nationale avec les couleurs des Bourbons, il mit pied à terre au Capitole. Les expressions du duc étaient claires, précises, et n'admettaient pas d'interprétation.

Mais, vers trois heures de l'après-midi, arriva de Bordeaux le colonel anglais Frédéric Ponsomby, précédant MM. de Saint-Simon et le colonel H. Cook, envoyés par le gouvernement provisoire pour communiquer aux deux armées les événements de Paris : l'abdication de l'empereur et le rétablissement des Bourbons.

On accusa alors le gouvernement provisoire d'avoir retardé l'information aux armées d'événements aussi importants et de n'avoir pas prévenu l'effusion du sang, qu'occasionna la bataille de Toulouse. Mais cette accusation était sans fondement, car le gouvernement provisoire ne perdit pas de temps à faire partir M. de Saint-Simon et le colonel H. Cook, chargés par lui d'informer les deux armées de l'abdication de l'empereur et du rétablissement des Bourbons, et, bien certainement, en examinant les dates de leurs dépêches, on voit qu'ils seraient arrivés à temps pour sauver la vie à tant de malheureux, si, arrêtés à Orléans et conduits à Blois où était l'impératrice Marie-Louise, on les avait fait partir pour leur destination, au lieu de les diriger sur Bordeaux où était alors le duc d'Angoulême.

Quand on examine bien les dates des derniers événements, et qu'on voit qu'un mois après la déclaration de la ville de Bordeaux, non seulement on continuait à traiter la paix avec Napoléon, mais qu'on la croyait faite et signée avec lui, d'après la lettre de lord Bathurst, reçue à Grenade, on peut apprécier l'importance de cette déclaration et son peu d'influence sur le renversement du gouvernement impérial et sur le rétablissement des Bourbons, si les événements de Paris n'avaient pas décidé bien autrement la question.

Il résulte de tous ces faits incontestables que le gouvernement anglais était resté convaincu jusqu'au dernier moment que la paix avait pu être signée à Châtillon avec Napoléon, ce qui, disons-le en passant, diminue un peu le mérite que Louis XVIII prêtait, dit-on, au prince régent d'Angleterre, quand il affirmait que c'était à lui, après Dieu, qu'il devait son rétablissement sur le trône.

Revenons maintenant aux événements qui se passèrent à Paris et en Champagne, et c'est ici qu'il convient de parler de la mission de M. de Vitrolles au quartier général des souverains alliés. Les résultats de cette mission serviront à éclaircir le fond de la question que je traite, et, quant à la mission elle-même, je pourrais dire ce qu'il y a de vrai dans la part qu'on m'y a attribuée.

Ainsi que je l'ai dit, il ne se tramait à Paris aucune conspiration contre l'empereur; mais il y régnait une inquiétude générale et très prononcée sur les conséquences qu'amèneraient et sa conduite insensée et sa résolution de ne pas conclure la paix. Il devenait de la plus haute importance de connaître le parti que prendraient les puissances coalisées, le jour, inévitable pour les gens qui voyaient de près l'état des choses, où elles auraient renversé la puissance de Napoléon. Continueraient-elles à vouloir traiter avec lui ? Imposeraient-elles à la France un autre gouvernement, ou, en la laissant libre de le choisir elle-même, la livreraient-elles à une anarchie dont il était impossible de calculer les effets ?

J'étais informé de quelques propos tenus par l'empereur Alexandre à la grande-duchesse Stéphanie de Bade; d'insinuations faites aussi par ce souverain à l'égard d'Eugène de Beauharnais et des prétentions de Bernadotte. M. Fouché intriguait avec la reine Caroline, femme de Murat. Enfin les journaux anglais m'avaient appris que le duc d'Angoulême était au quartier général de lord Wellington, et que le comte d'Artois s'était rendu en Suisse près de la frontière de France. Il y avait là tant d'éléments divergents, qu'il était impossible de s'arrêter à un système raisonnable tant qu'on ne connaîtrait pas les véritables intentions des puissances coalisées, qui, en définitive, seraient les maîtresses de la situation si elles triomphaient de Napoléon. C'était donc leur opinion qu'il s'agissait de connaître. Il fallait pour cela que quelqu'un de sûr se rendît à leur quartier général. M. le baron de

Vitrolles se présenta pour cette mission délicate et difficile. Je ne le connaissais pas; mais il était lié avec M. Mollien et avec M. d'Hauterive[1]. On m'en parla comme d'un homme distingué, énergique, royaliste de cœur, mais ayant cependant reconnu la nécessité d'établir en France avec la royauté, des institutions constitutionnelles; je crois même me souvenir qu'il avait écrit une brochure dans ce sens, qu'il publia après le rétablissement des Bourbons[2].

Les instructions données à M. de Vitrolles ne portaient que sur ces deux points-ci : En supposant, ce qui est inévitable, que Napoléon succombe dans la lutte, quel parti prendront les cabinets alliés? Traiteront-ils encore avec l'empereur? Ou laisseront-ils la France libre de choisir une autre forme de gouvernement?

M. de Vitrolles dut employer une route détournée et assez longue pour se rendre au quartier général des alliés, où il n'arriva que le 10 mars 1814. C'était précisément le jour fixé où Napoléon devait donner sa réponse définitive sur l'acceptation ou la non acceptation de l'*ultimatum* des puissances alliées. Cette réponse ayant été trouvée dilatoire et non satisfaisante, les plénipotentiaires voulaient

---

1. Alexandre-Maurice Blanc, comte d'Hauterive, né en 1754, entra dans la diplomatie et fut secrétaire de M. de Choiseul-Gouffier à Constantinople. En 1792 il fut nommé consul aux États-Unis, mais fut destitué l'année suivante. Il rentra en France après le 18 fructidor, et fut nommé chef de division au ministère des relations extérieures. Après le 18 brumaire, il entra au conseil d'État. En plusieurs occasions il eut à faire l'intérim du ministère des affaires étrangères. Il resta en fonctions sous la Restauration et mourut en 1830.

2. *Du ministère dans le gouvernement représentatif*, par un membre de la Chambre des députés (Paris, Dentu, 1815). — M. de Vitrolles était alors député des Basses-Alpes.

rompre[1]. Mais M. de Caulaincourt, par son crédit personnel, obtint un nouveau délai jusqu'au 15 mars. Je fais cette observation pour bien constater que la mission de M. de Vitrolles n'eut aucune influence sur la décision des gouvernements alliés[2]

---

1. Les alliés offraient les limites de 1790. Napoléon dans le contre-projet produit le 15 mars par M. de Caulaincourt, exigeait la ligne des Alpes et du Rhin. En outre, il réclamait en Italie un établissement pour le prince Eugène, et un autre pour la princesse Élisa.

2. Nous avons voulu ajouter des éclaircissements sur ce point important des *Mémoires* de M. de Talleyrand, et nous avons demandé à M. le comte de Nesselrode, aujourd'hui chancelier de l'empire de Russie, de nous communiquer les renseignements qu'il lui serait possible de nous donner à cet égard. Voici ceux qu'il a bien voulu nous fournir :

« Pendant la campagne de 1814, et à la seconde entrée que les troupes alliées firent dans la ville de Troyes, le quartier général des souverains y séjourna. Je m'y trouvais, lorsque je vis entrer chez moi un monsieur qui m'était inconnu, et qui s'était fait annoncer sous le nom de M. de Saint-George. Puis, ce monsieur, se faisant bientôt connaître pour être le baron de Vitrolles, déclara qu'il était envoyé de Paris par plusieurs personnages pour faire des communications importantes aux souverains alliés ; il désigna parmi ces personnages MM. de Talleyrand et de Dalberg. Pour s'accréditer auprès de moi, auquel il était spécialement adressé, il tira de sa poche une feuille de papier blanc et demanda de la lumière. A l'aide de cette lumière, il fit revivre l'encre sympathique, et je pus reconnaître l'écriture d'un de mes amis et parents, M. de..., qui me mandait : — « Recevez la personne que je vous envoie de toute confiance ;
» écoutez-la, et reconnaissez-moi. Il est temps d'être plus clair. Vous
» marchez sur des béquilles. Servez-vous de vos jambes, et voulez ce
» que vous pouvez. » — M. de Vitrolles entra dans de grands détails sur la situation de Napoléon, sur la lassitude que la nation française éprouvait de son joug et sur le besoin qu'elle avait de garanties contre son despotisme. La disposition des souverains alliés n'était pas telle qu'on pût donner immédiatement suite à ces communications ; et M. de Vitrolles dut repartir avec de vagues promesses.

» Un autre incident plus grave survint quelque temps après. Vers la fin du mois de mars 1814, au moment où se livrait la bataille d'Arcis-sur-Aube (20 et 21 mars), j'assistais à une conférence qui se tenait à Bar-sur-Aube, entre les ministres des souverains alliés. La conférence terminée, le chancelier d'Hardenberg voulut me retenir à dîner. Je m'excusai, étant pressé de rejoindre l'empereur Alexandre et de lui rendre compte des délibérations qui venaient d'avoir lieu. J'eus ainsi le bonheur d'attein-

qui, jusqu'au 15 mars 1814, persévérèrent dans la volonté de traiter avec l'empereur, et que c'est l'entêtement seul de celui-ci qui empêcha les négociations d'aboutir. Le 15 mars, on lui offrait encore les limites de la France en 1789, et le traité de Chaumont[1] du 1ᵉʳ mars 1814 établit de la manière la plus irréfragable qu'à cette date les puissances alliées ne songeaient pas à d'autre souverain pour la France que Napoléon.

dre l'empereur Alexandre à Arcis, tandis que les autres ministres et l'empereur d'Autriche furent coupés de l'armée par le mouvement que Napoléon fit sur Saint-Dizier, et forcés de se diriger sur Dijon. Le même soir le quartier général russe était transporté au château de Dampierre. On y arriva tard. Le quartier général de l'empereur Alexandre s'y trouva réuni à celui du prince de Schwarzenberg. J'étais logé dans une mansarde. A peine endormi, un aide de camp du prince Wolkonsky vint me réveiller et m'inviter à descendre chez le prince de Schwarzenberg, pour aider à débrouiller et à lire une nombreuse correspondance des autorités de Paris avec l'empereur Napoléon, interceptée sur un courrier qui lui était adressé.

» Je me mis sur-le-champ à la besogne, et je trouvai des lettres et des rapports écrits par l'impératrice Marie-Louise, par les ministres et entre autres par le ministre de la police, Savary, dans lesquels ils rendaient compte à Napoléon qu'ils n'avaient plus aucun moyen de résistance, et que l'opinion publique était fort animée contre lui; qu'il serait à peu près impossible de défendre Paris si l'ennemi s'en approchait. Enfin, on annonçait les succès du duc de Wellington sur la frontière des Pyrénées et l'arrivée du duc d'Angoulême à Bordeaux.

» Je rendis immédiatement compte à l'empereur Alexandre des importantes informations contenues dans les lettres interceptées. Elles firent naître le projet de réunir la grande armée à celle de Blücher et de marcher sur Paris, en masquant ce mouvement par un corps de six mille hommes de cavalerie, qui suivrait Napoléon vers Saint-Dizier. L'empereur Alexandre communiqua ce projet au roi de Prusse avec lequel il se réunit sur des hauteurs devant Vitry-le-Français, et c'est là qu'il fut résolu que l'on marcherait droit sur Paris. » (*Note de M. de Bacourt.*)

---

1. Le traité de Chaumont signé entre toutes les puissances alliées prolongeait leur alliance pour une période de vingt années, et déclarait qu'il ne serait fait de paix avec l'empereur Napoléon qu'autant que celui-ci accepterait l'ultimatum proposé au congrès de Châtillon.

M. de Vitrolles vit d'abord à Troyes MM. de Nesselrode et de Stadion[1]. Il leur exposa l'état des esprits à Paris et dans les parties de la France qui n'étaient pas encore envahies; il leur déclara que plusieurs personnes qu'il nomma, désiraient un changement, et des garanties législatives contre les violences et le caractère de l'empereur, et qu'il devenait urgent de prendre un parti pour empêcher la France de retomber dans l'anarchie.

M. de Stadion le conduisit chez M. de Metternich, qui, après l'avoir écouté, lui répondit :

« Qu'il voulait sans détour lui faire connaître toute la pensée des puissances ; qu'elles reconnaissaient que Napoléon était un homme avec lequel il était impossible de continuer à traiter; que le jour où il avait des revers, il paraissait accéder à tout; que lorsqu'il obtenait un léger succès, il revenait à des prétentions aussi exagérées qu'inadmissibles. Qu'on voulait donc établir en France un autre souverain, et régler les choses de manière que l'Autriche, la Russie et la France fussent, sur le continent, des pays d'une égale force, et que la Prusse devait rester une puissance moitié moins forte que chacune des trois autres ; qu'à l'égard du nouveau

---

1. Jean-Philippe-Joseph-Charles, comte de Stadion, né en 1763, homme d'État autrichien. Il débuta dès 1787 par être ambassadeur à Stockholm, puis à Londres en 1790. Il donna sa démission en 1792, et ne reparut sur la scène qu'en 1804. Il fut alors chargé de l'ambassade de Saint-Pétersbourg et contribua beaucoup à nouer la troisième coalition. Après la paix de Presbourg, il fut nommé ministre des affaires étrangères. Il dut se retirer après la campagne de 1809. A partir de 1812, il prit de nouveau une grande part aux incidents diplomatiques qui se succédèrent jusqu'à la chute de Napoléon. Il parut au traité de Tœplitz, aux conférences de Francfort, au congrès de Châtillon, et signa le traité de Paris, 1814. En 1815, il fut nommé ministre des finances. Il mourut à Bade en 1824.

souverain à établir en France, il n'était pas possible de penser aux Bourbons, à cause du personnel des princes de cette famille. »

Telle fut, d'après M. de Vitrolles, l'opinion exprimée par M. de Metternich.

M. de Vitrolles, dévoué aux Bourbons, et que cette réponse satisfaisait peu, pria M. de Nesselrode de lui ménager une entrevue avec l'empereur Alexandre, et l'obtint.

L'empereur Alexandre répéta à peu près les mêmes choses que les ministres, mais il ajouta, sur la question du choix du souverain pour la France, qu'il avait pensé d'abord à établir Bernadotte, ensuite Eugène de Beauharnais, mais que différents motifs s'y opposaient; qu'au reste l'intention était surtout de consulter les vœux des Français eux-mêmes, et que, même si ceux-ci voulaient se constituer en république on ne s'y opposerait pas. L'empereur s'étendit encore plus que les ministres sur l'impossibilité de songer aux Bourbons.

M. de Vitrolles vit aussi l'empereur d'Autriche qui lui dit qu'il se rendait à Dijon, que l'empereur de Russie et le roi de Prusse prendraient à Paris le parti que les circonstances indiqueraient, et qu'il y viendrait plus tard.

M. de Vitrolles, au lieu de retourner à Paris, alla rejoindre M. le comte d'Artois, qui, de la Suisse était entré en France et se trouvait déjà à Nancy. Il y vit le prince le 23 mars et ne donna pas de ses nouvelles à Paris, où il n'arriva qu'après l'entrée des alliés. Plus tard il retourna près du comte d'Artois, à Nancy, mais chargé par le gouvernement provisoire d'inviter le prince à venir à Paris[1].

---

1. Voir l'Appendice I à la fin de la septième partie, qui contient le récit de cette mission de M. de Vitrolles, par le duc de Dalberg.

Pendant tout ce temps que faisait l'empereur Napoléon ?

Après avoir été attaqué par des forces considérables en avant d'Arcis, le 20 mars, et avoir acquis la certitude que c'était la grande armée alliée que l'empereur Alexandre commandait en personne, l'empereur Napoléon passa sur la rive droite de l'Aube, et se porta par Sommes-Puis et Olconte sur Saint-Dizier, où il arriva le 23 mars. De Saint-Dizier, il se détermina à marcher sur les derrières de l'ennemi, et alla coucher à Doulevent. Au moment de continuer son mouvement, il reçut (je crois du maréchal Macdonald) le rapport que des forces très nombreuses, on disait même une armée, suivaient son arrière-garde. En conséquence de ce rapport, l'empereur suspendit sa marche, séjourna le 25 à Doulevent, et le maréchal Macdonald ayant insisté sur l'exactitude des renseignements qu'il avait envoyés et dont l'empereur avait douté, il se décida à se reporter avec toutes ses forces sur Saint-Dizier; mais au lieu de l'armée dont il avait été fait mention, il ne trouva qu'un corps de cavalerie commandé par le général Wintzingerode[1], qui arrivé à Saint-Dizier, se sépara et se retira dans trois différentes directions, Bar, Joinville et Vitry. La partie la plus considérable prit cette dernière route.

L'empereur Napoléon tint une espèce de conseil pour savoir si on les suivrait; mais, comme on craignait d'éprouver une

1. Ferdinand baron de Wintzingerode, né en 1770 à Bodenstein (Wurtemberg), entra d'abord au service du landgrave de Hesse, puis à celui de l'empereur d'Allemagne. En 1797, il se rendit en Russie et obtint le grade de major, devint aide de camp d'Alexandre en 1802, et ambassadeur à Berlin (1805). Il fit les campagnes de 1805, 1806 et 1807. Il se trouvait à Essling en 1809, où il fut grièvement blessé. C'est alors qu'il fut nommé feld-maréchal. Il eut une part active aux campagnes de 1812, de 1813 et 1814, et se distingua particulièrement à la tête de la cavalerie russe. Il mourut en 1818.

forte résistance à Vitry, de trouver peut-être le pont sur la Marne coupé, il fut décidé qu'on se reporterait de nouveau sur Doulevent où l'on arriva le 28, ayant séjourné un jour à Saint-Dizier. Ce fut à Doulevent que l'empereur acquit la certitude de la marche des ennemis sur Paris, et qu'il se décida à s'y porter en toute hâte. Il arriva le 29 à Troyes, le 30 à Fromenteau et le 31 à Fontainebleau.

L'empereur avait informé l'impératrice Marie-Louise de son projet de se porter sur les derrières des armées alliées, et, par là de les forcer à la retraite. Cette lettre avait été écrite d'Arcis, et le convoi avec lequel marchait le courrier qui la portait fut pris par l'ennemi et lui donna connaissance de son mouvement, ce qui détermina probablement la marche des alliés sur Paris.

Tous les faits que je viens de raconter là, sans trop me soucier de l'ordre dans lequel je les ai rapportés, établissent, ce me semble, jusqu'à la plus claire et la plus complète évidence les trois points suivants :

1° Que jusqu'au 15 mars 1814, les puissances coalisées étaient bien fermement décidées à traiter avec Napoléon, et, par conséquent, à conclure avec lui un traité sur la base du maintien de son gouvernement ;

2° Que c'est Napoléon seul, qui, par son obstination, et par suite des vaines espérances dont il se berçait, a amené sa propre ruine et exposé la France au malheur de devoir traiter de son existence et de son salut avec un ennemi vainqueur et triomphant partout ;

3° Enfin, que les souverains alliés en entrant dans Paris, n'avaient encore aucun parti pris sur le choix du gouvernement qu'ils imposeraient à la France ou qu'ils lui laisseraient adopter.

Avant de poursuivre la rapide narration des faits que je rappelle succinctement, et dans le seul but que je me propose, je voudrais exposer les raisons qui me déterminèrent à adopter à l'époque de la Restauration, le système que je suivis alors. Ce sera la meilleure explication de l'influence que j'ai pu exercer dans ce temps-là, comme c'en est, à mes yeux, la meilleure justification.

J'ai déjà dit que je m'étais souvent, dans les derniers temps de l'empire, posé cette question : Quelle forme de gouvernement devait adopter la France après la catastrophe de la chute de Napoléon ?

Songer à conserver la famille de l'homme qui l'avait poussée dans l'abîme, c'était vouloir combler la mesure de ses malheurs, en y ajoutant l'abjection. Et de plus, l'Autriche qui, seule, aurait pu entrevoir sans déplaisir la régence de l'impératrice Marie-Louise, ne portait qu'une faible voix dans le conseil des alliés. Elle s'était placée la dernière des grandes puissances qui avaient entrepris de venger les droits de l'Europe, et l'Europe certainement n'avait pas fait des efforts inouis pour mettre le trône de France à la disposition de la cour de Vienne.

La Russie pouvait dans ses combinaisons songer à Bernadotte pour se débarrasser d'un voisin incommode en Suède; mais Bernadotte n'était qu'une nouvelle phase de la révolution. Eugène de Beauharnais aurait pu, peut-être, être porté par l'armée, mais l'armée était battue.

Le duc d'Orléans n'avait pour lui que quelques individus. Son père avait, pour les uns, le tort d'avoir flétri le mot d'égalité ; pour les autres, le duc d'Orléans n'eût été qu'un usurpateur de meilleure maison que Bonaparte.

Et cependant, il devenait à toute heure plus pressant de préparer un gouvernement que l'on pût rapidement substituer à celui qui s'écroulait. Un seul jour d'hésitation pouvait faire éclater des idées de partage et d'asservissement qui menaçaient sourdement notre malheureux pays. Il n'y avait point d'intrigues à lier ; toutes auraient été insuffisantes. Ce qu'il fallait, c'était de trouver juste ce que la France voulait et ce que l'Europe devait vouloir.

La France, au milieu des horreurs de l'invasion, voulait être libre et respectée : c'était vouloir la maison de Bourbon dans l'ordre prescrit par la légitimité. L'Europe, inquiète encore au milieu de la France, voulait qu'elle désarmât, qu'elle rentrât dans ses anciennes limites, que la paix n'eût plus besoin d'être constamment surveillée ; elle demandait pour cela des garanties : c'était aussi vouloir la maison de Bourbon.

Ainsi les besoins de la France et de l'Europe une fois reconnus, tout devait concourir à rendre la restauration des Bourbons facile, car la réconciliation pouvait être franche.

La maison de Bourbon, seule, pouvait voiler aux yeux de la nation française, si jalouse de sa gloire militaire, l'empreinte des revers qui venaient de frapper son drapeau.

La maison de Bourbon, seule, pouvait en un moment et sans danger pour l'Europe, éloigner les armées étrangères qui couvraient son sol.

La maison de Bourbon seule, pouvait noblement faire reprendre à la France les heureuses proportions indiquées par la politique et par la nature. Avec la maison de Bourbon, la France cessait d'être gigantesque pour redevenir grande. Soulagée du poids de ses conquêtes, la maison de Bourbon seule, pouvait la replacer au rang élevé qu'elle doit occuper dans le système social ; seule, elle pouvait détourner les vengeances que vingt ans d'excès avaient amoncelées contre elle.

Tous les chemins étaient ouverts aux Bourbons pour arriver à un trône fondé sur une constitution libre. Après avoir essayé de tous les genres d'organisation, et subi les plus arbitraires, la France ne pouvait trouver de repos que dans une monarchie constitutionnelle. La monarchie avec les Bourbons offrait la légitimité complète pour les esprits même les plus novateurs, car elle joignait la légitimité que donne la famille à la légitimité que donnent les institutions, et c'est ce que la France devait désirer.

Chose étrange, lorsque les dangers communs touchaient à leur terme, ce n'était point contre les doctrines de l'usurpation, mais seulement contre celui qui les avait exploitées avec un bonheur longtemps soutenu qu'on tournait les armes, comme si le péril ne fût venu que de lui seul.

L'usurpation triomphant en France n'avait donc pas fait sur l'Europe toute l'impression qu'elle aurait dû produire. C'était plus des effets que de la cause qu'on était frappé, comme si les uns eussent été indépendants de l'autre. La France, en particulier, était tombée dans des erreurs non moins graves. En voyant sous Napoléon le pays fort et tranquille, jouissant d'une sorte de prospérité, on s'était persuadé qu'il importait peu à une nation sur quels droits repose le gouvernement qui la conduit. Avec moins d'irréflexion on aurait jugé que cette force n'était que précaire, que cette tranquillité ne reposait sur aucun fondement solide, que cette prospérité, fruit en partie de la dévastation des autres pays, ne présentait aucun élément de durée.

Quelle force, en effet, que celle qui succombe aux premiers

revers! L'Espagne, envahie et occupée par des armées vaillantes et nombreuses, avant même de savoir qu'elle aurait une guerre à soutenir; — l'Espagne sans troupes, sans argent, languissante, affaiblie par le long et funeste règne d'un indigne favori sous un roi incapable; — l'Espagne enfin, privée par trahison de son gouvernement, a lutté pendant six ans contre une puissance gigantesque, et est sortie victorieuse du combat. La France, au contraire, parvenue sous Napoléon, en apparence au plus haut degré de puissance et de force, succombe au bout de trois mois d'invasion. Et si son roi, depuis vingt-cinq ans dans l'exil, oublié, presque inconnu, n'était venu lui rendre une force mystérieuse et réunir ses débris prêts à être dispersés, peut-être aujourd'hui serait-elle effacée de la liste des nations indépendantes.

Elle était tranquille, il est vrai, sous Napoléon, mais sa tranquillité, elle la devait à ce que la main de fer qui comprimait tout, menaçait d'écraser tout ce qui aurait remué, et cette main n'aurait pu sans danger se relâcher un seul instant. D'ailleurs comment croire que cette tranquillité eût survécu à celui dont toute l'énergie n'avait rien de trop pour la maintenir. Maître de la France par le droit du plus fort, ses généraux, après lui, n'eussent-ils pas pu prétendre à la posséder au même titre? L'exemple donné par lui, apprenait qu'il suffisait d'habileté ou de bonheur pour s'emparer du pouvoir. Combien n'eussent pas voulu tenter la fortune et courir les chances d'une si brillante perspective? La France aurait eu peut-être autant d'empereurs que d'armées; et, déchirée par ses propres mains, elle eût péri dans les convulsions des guerres civiles.

Sa prospérité, tout apparente et superficielle eût-elle même poussé les racines les plus profondes, aurait été, comme sa force et son repos, bornée au terme de la vie d'un homme, terme si court, et auquel chaque jour peut faire toucher.

Ainsi rien de plus funeste que l'usurpation pour les nations que la rébellion ou la conquête a fait tomber sous le joug des usurpateurs, aussi bien que pour les nations voisines. Aux premières, elle ne présente qu'un avenir sans fin de troubles, de commotions, de bouleversements intérieurs ; elle menace sans cesse les autres de les atteindre et de les bouleverser à leur tour. Elle est pour toutes un instrument de destruction et de mort.

Le premier besoin de l'Europe, son plus grand intérêt était donc de bannir les doctrines de l'usurpation, et de faire revivre le principe de la légitimité, seul remède à tous les maux dont elle avait été accablée, et le seul qui fût propre à en prévenir le retour.

Ce principe, on le voit, n'est pas, comme des hommes irréfléchis le supposent et comme les fauteurs de révolutions voudraient le faire croire, uniquement un moyen de conservation pour la puissance des rois et la sûreté de leur personne ; il est surtout un élément nécessaire du repos et du bonheur des peuples, la garantie la plus solide ou plutôt la seule de leur force et de leur durée. La légitimité des rois, ou, pour mieux dire, des gouvernements, est la sauvegarde des nations ; c'est pour cela qu'elle est sacrée.

Je parle en général de la légitimité des gouvernements, quelle que soit leur forme, et non pas seulement de celle des rois, parce qu'elle doit s'entendre de tous. Un gouvernement légitime, qu'il soit monarchique ou républicain, héréditaire ou électif, aristocratique ou démocratique, est toujours celui dont l'existence, la forme et le mode d'action sont consolidés et consacrés par une longue succession d'années, et je dirais volontiers par une prescription séculaire. La légitimité de la puissance souveraine résulte de l'antique état de possession, de même que pour les particuliers la légitimité du droit de propriété.

Mais, selon l'espèce de gouvernement, la violation du principe de la légitimité peut, à quelques égards, avoir des effets divers. Dans une monarchie héréditaire, ce droit est indissolublement uni à la personne des membres de la famille régnante dans l'ordre de succession établi; il ne peut périr pour elle que par la mort de tous ceux de ses membres, qui, eux-mêmes, ou dans leurs descendants, auraient pu être, par cet ordre de succession, appelés à la couronne. Voilà pourquoi Machiavel dit dans son livre du *Prince* : « Que l'usurpateur ne saurait affermir solidement sa puissance, qu'il n'ait ôté la vie à tous les membres de la famille qui régnait légitimement. » Voilà pourquoi aussi la Révolution voulait le sang de tous les Bourbons. Mais, dans une république, où le pouvoir souverain n'existe que dans une personne collective et morale, dès que l'usurpation, en détruisant les institutions qui lui donnaient l'existence, la détruit elle-même, le corps politique est dissous, l'État est frappé de mort. Il n'existe plus de droit légitime, parce qu'il n'existe plus personne à qui ce droit appartienne.

Ainsi, quoique le principe de la légitimité n'ait pas été moins violé par le renversement d'un gouvernement républicain que par l'usurpation d'une couronne, il n'exige pas que le premier soit rétabli, tandis qu'il exige que la couronne soit rendue à celui à qui elle appartient. En quoi se manifeste si bien l'excellence du gouvernement monarchique, qui, plus qu'aucun autre, garantit la conservation et la perpétuité des États.

Ce sont là les idées et les réflexions qui me déterminèrent dans la résolution que j'embrassai de faire prévaloir la restauration de la maison de Bourbon, si l'empereur Napoléon se rendait impossible, et si je pouvais exercer quelque influence sur le parti définitif qui serait pris.

Ces idées, je n'ai pas la prétention de les avoir eues seul; je puis même citer une autorité qui les partageait avec moi, et c'est celle de Napoléon lui-même. Dans les entretiens dont je parlais plus haut, qu'il eut avec M. de la Besnardière, il lui dit, le jour où il apprit que les alliés étaient entrés en Champagne : « S'ils arrivent jusqu'à Paris, ils vous amèneront les Bourbons, et ce sera une affaire finie. — Mais, répondit la Besnardière, ils n'y sont pas encore. — Ah ! répliqua-t-il, c'est mon affaire de les en empêcher, et je l'espère bien. » Un autre jour, après avoir longtemps parlé de l'impossibilité où il était de faire la paix sur la base des anciennes limites de la France : « sorte de paix, disait-il, que les Bourbons seuls peuvent faire ; » il dit qu'il abdiquerait plutôt; qu'il rentrerait sans répugnance dans la vie privée; qu'il avait fort peu de besoins; que cent sous par jour lui suffiraient; que son unique passion avait été de faire des Français le plus grand peuple de la terre; qu'obligé de renoncer à cette espérance, le reste n'était rien pour lui, et il finit par ces mots : « Si personne ne veut se battre, je ne puis faire la guerre tout seul ; si la nation veut la paix sur la base des anciennes limites, je lui dirai : — Cherchez qui vous gouverne, je suis trop grand pour vous ! »

C'est ainsi qu'obligé de reconnaître la nécessité du retour des Bourbons, il accommodait sa vanité avec les malheurs qu'il avait attirés sur son pays.

Mais revenons aux faits.

Je n'ai pas l'intention de raconter l'histoire de la restauration de 1814, qui sera écrite un jour par de plus habiles gens que moi. Il me suffira de rappeler ici quelques-uns des principaux événements de cette époque.

Pendant que Napoléon courait sur les derrières de la grande armée coalisée, celle-ci s'était avancée vers Paris où elle arriva le 30 mars. Après une lutte très vive qui dura toute la journée du 30 et qui fut bravement soutenue par les maréchaux Marmont et Mortier, ceux-ci durent capituler dans la nuit du 30 au 31, ainsi qu'ils y étaient autorisés par Joseph Bonaparte qui s'était retiré à Blois avec l'impératrice et le roi de Rome [1].

L'empereur Alexandre, le roi de Prusse et le prince de Schwarzenberg entrèrent dans Paris le 31 mars à la tête de leurs troupes, et après les avoir fait défiler dans les Champs-Élysées, l'empereur Alexandre vint directement à mon hôtel, rue Saint-Florentin [2], où il avait été précédé dès le matin par M. de Nesselrode. L'empereur Alexandre devait d'abord descendre au palais de l'Élysée, mais sur un avis qui lui avait été

---

1. Le roi Joseph en sa qualité de lieutenant général de l'empire, avait le 30 mars, à midi, autorisé le duc de Trévise et le duc de Raguse à entrer en pourparlers avec l'ennemi. En conséquence une convention fut signée le même soir, à six heures, entre les deux maréchaux et le comte de Nesselrode, qui réglait l'évacuation de Paris par les troupes françaises.

2. M. de Talleyrand habitait rue Saint-Florentin un hôtel qui avait été construit au commencement du xviii⁰ siècle par l'architecte Chalgrin pour Louis Phelypeaux comte de Saint-Florentin, ministre d'État. L'hôtel appartint successivement au duc de Fitz-James, puis à la duchesse de l'Infantado (1787). En 1793, il fut transformé en une fabrique de salpêtre. Le marquis d'Herras s'en rendit ensuite acquéreur, puis le vendit au prince de Talleyrand. C'est là qu'il mourut en 1838.

donné, je ne sais comment, qu'il n'y serait pas en sûreté, il préféra demeurer chez moi[1].

Le premier objet traité entre l'empereur Alexandre et moi, ne pouvait être naturellement que sur le choix du gouvernement à adopter pour la France. Je fis valoir les raisons que j'ai exposées plus haut, et je n'hésitai pas à lui déclarer que la maison de Bourbon était rappelée par ceux qui rêvaient l'ancienne monarchie avec les principes et les vertus de Louis XII, comme par ceux qui voulaient une monarchie nouvelle avec une constitution libre, et ces derniers l'ont bien prouvé, puisque le vœu exprimé par le seul corps qui pou-

---

1. Nous avons désiré obtenir également sur ce point des éclaircissements de M. de Nesselrode. Voici ceux qu'il a eu l'obligeance de nous donner :

« Le quartier général de l'empereur Alexandre se trouvait le 30 mars sous les murs de Paris, qui capitula dans la nuit du 30 au 31. Le 31 au matin, l'empereur m'envoya, escorté d'un seul co-aque, à Paris. J'entrai ainsi le premier dans la ville par la barrière Saint-Martin et tous les boulevards, qui étaient couverts d'une foule immense. Je me rendis directement rue Saint-Florentin, à l'hôtel de M. de Talleyrand, qui m'accueillit à merveille, et qui, étant en train de se faire coiffer, me couvrit de poudre de la tête aux pieds, en m'embrassant. Pendant que j'étais chez M. de Talleyrand, l'empereur Alexandre me fit dire qu'on venait de l'avertir que le palais de l'Élysée où il voulait descendre, était miné, et qu'il devait se garder de l'habiter. M. de Talleyrand me dit qu'il ne croyait pas à ce bruit, mais que si l'empereur trouvait plus convenable de descendre ailleurs, il mettait son propre hôtel à sa disposition, ce que j'acceptai : et c'est ainsi que l'empereur vint s'établir rue Saint-Florentin. »

Nous ajouterons ce que ne dit pas M. de Nesselrode, et ce que l'histoire a enregistré, c'est qu'il joua un rôle principal dans les grands événements qui se passèrent dans cet hôtel. C'est lui, entre autres, qui, conjointement avec le duc de Dalberg, rédigea la proclamation adressée par les souverains alliés à la nation française. Quelque grands que fussent les services rendus alors à Louis XVIII par MM. de Nesselrode et de Metternich, il est absolument faux qu'ils reçurent chacun un million de ce souverain. C'est une calomnie inventée par les libellistes, et répétée comme vraie par un des prétendus historiens de la Restauration, M. de Vaulabelle. Ces deux hommes d'État reçurent à l'occasion du traité de Paris, le cadeau diplomatique d'usage, une boîte de la valeur de dix-huit mille francs. (*Note de M. de Bacourt.*)

vait parler au nom de la nation, fut proclamé sur tout le sol français et retentit dans tous les cœurs.

C'est la réponse péremptoire que je fis à une des demandes que m'adressa l'empereur de Russie. — « Comment puis-je savoir, me dit-il, que la France désire la maison de Bourbon? — Par une délibération, Sire, que je me charge de faire prendre au Sénat, et dont Votre Majesté verra immédiatement l'effet. — Vous en êtes sûr? — J'en réponds, Sire. »

Je convoquai le Sénat le 2 avril, et le soir, à sept heures, j'apportai à l'empereur Alexandre la mémorable délibération que j'avais fait signer individuellement par tous ceux qui composaient l'assemblée. C'était celle qui prononçait la déchéance de Napoléon et le rétablissement des Bourbons avec des garanties constitutionnelles[1]. L'empereur Alexandre resta stupéfait, je dois le dire, quand il vit dans le nombre des sénateurs qui demandaient la maison de Bourbon les noms de plusieurs de ceux qui avaient voté la mort de Louis XVI.

Le décret du Sénat rendu, la maison de Bourbon pouvait se considérer comme installée presque paisiblement, non sur le trône de Louis XIV, mais sur un trône solidement établi avec de véritables fondements monarchiques et constitutionnels qui devaient le rendre non seulement inébranlable, mais même inattaquable.

Je sais que tout ce que je viens d'écrire doit déplaire à bien du monde, car je détruis, je crois, l'importance de tous les petits efforts qu'une quantité de personnes dévouées fidèlement aux Bourbons, se vantent d'avoir faits pour amener leur restauration. Mais je dis mon opinion, et cette opinion, c'est

---

1. Voir à l'appendice II (p. 261) une lettre de félicitations de Benjamin Constant à M. de Talleyrand sur son rôle dans la journée du 2 avril.

que personne n'a fait cette restauration, pas plus moi que les autres. Seulement j'ai pu dire à l'empereur de Russie, dont j'avais depuis beaucoup d'années soigné la confiance : « Ni vous, Sire, ni les puissances alliées, ni moi, à qui vous croyez quelque influence, aucun de nous, ne peut donner un roi à la France. La France est conquise, elle l'est par vos armes, et cependant aujourd'hui même vous n'avez pas cette puissance. Un roi quelconque, *imposé*, serait le résultat d'une intrigue ou de la force ; l'une ou l'autre serait insuffisante. Pour établir une chose durable et qui soit acceptée sans réclamation, il faut agir d'après un principe. Avec un principe nous sommes forts ; nous n'éprouverons aucune résistance ; les oppositions, en tout cas, s'effaceront en peu de temps ; et un principe, il n'y en a qu'un : Louis XVIII est un principe ; c'est le roi légitime de la France. »

J'avais à cette époque l'avantage, par les relations politiques que j'avais conservées, et par celles que j'avais nouvellement établies, d'être en mesure de dire aux souverains étrangers ce qu'ils pouvaient faire, et par ma longue habitude des affaires, d'avoir su démêler et bien connaître les besoins et les vœux de mon pays. La fin de ma vie politique serait trop belle, si j'avais eu le bonheur d'être l'instrument principal qui aurait servi, en rétablissant le trône des Bourbons, à assurer à jamais à la France la sage liberté dont une grande nation doit jouir.

J'ai omis de dire que, dans sa séance du 1er avril, le Sénat avait, sur ma proposition, décrété la formation d'un gouvernement provisoire[1].

---

1. Il fut composé de M. de Talleyrand, président ; du duc de Dalberg, du comte de Jaucourt, de l'abbé de Montesquiou et du général Beurnonville.

La déchéance une fois prononcée par le Sénat dans la séance du 2, Napoléon vit bien qu'il n'y avait plus pour lui d'autre ressource que de traiter avec les souverains alliés, sur la situation qui lui serait faite désormais. M. de Caulaincourt et deux de ses maréchaux[1] vinrent à Paris pour suivre cette négociation. Ils s'acquittèrent très noblement de cette pénible mission. Quelques jours auparavant, le 2 avril même, M. de Caulaincourt était déjà venu de Fontainebleau à Paris pour soutenir les droits de Napoléon. Au moment où je partais ce jour-là pour me rendre au Sénat et pour y faire prononcer la déchéance de l'empereur, M. de Caulaincourt, avec lequel je venais d'avoir une longue discussion en présence de l'empereur Alexandre, de M. de Nesselrode et de plusieurs autres personnes, et qui avait défendu avec chaleur et courage les intérêts de Napoléon, me dit : « Eh bien! si vous allez au Sénat pour faire prononcer la déchéance de l'empereur, j'irai de mon côté et pour l'y défendre. » — Je lui répondis sur le ton de la plaisanterie : « Vous faites bien de m'avertir, je vais donner l'ordre de vous retenir dans mon hôtel jusqu'à mon retour. — Vous pensez bien, répliqua-t-il sur le même ton, que si j'en avais eu l'intention je me serais bien gardé de vous prévenir. Je ne vois que trop qu'il n'y a pas moyen de le sauver, puisque vous êtes tous contre moi. »

A la suite des négociations entre les puissances alliées et le gouvernement provisoire d'une part, et les plénipotentiaires de Napoléon de l'autre, un arrangement intervint, par lequel, l'empereur et sa famille étaient traités libéralement, et où l'on avait même respecté leur dignité par les termes employés

---

1. Le maréchal prince de la Moscowa et le maréchal duc de Tarente.

à sa rédaction. La déclaration des alliés était ainsi conçue :

« Voulant prouver à l'empereur Napoléon que toute animosité cesse de leur part, du moment où le besoin d'assurer le repos de l'Europe ne se fait plus entendre, et qu'elles ne peuvent ni ne veulent oublier la place qui appartient à l'empereur Napoléon dans l'histoire de son siècle, les puissances alliées lui accordent en toute propriété, pour lui et sa famille, l'île d'Elbe[1]. Elles lui assurent six millions de revenu par an dont trois millions pour lui et l'impératrice Marie-Louise, et trois millions pour le reste de sa famille, savoir : sa mère, ses frères Joseph, Louis et Jérôme, ses sœurs Élisa et Pauline et la reine Hortense qui sera considérée comme sœur, attendu sa situation avec son mari. »

Il y eut plus tard un changement fait dans cette répartition, l'impératrice Marie-Louise n'ayant pas suivi l'empereur Napoléon ; la répartition fut faite de la manière suivante :

L'empereur, deux millions ; sa mère, trois cent mille francs ; Joseph et sa femme, cinq cent mille francs ; Louis, deux cent mille francs ; Hortense et ses enfants, quatre cent mille francs ; Jérôme et sa femme, cinq cent mille francs ; Élisa, trois cent mille francs, et Pauline, trois cent mille francs.

Le gouvernement provisoire adhéra à son tour à cet acte par la déclaration qui suit :

« Les puissances alliées ayant conclu un traité avec Sa Majesté l'empereur Napoléon, et ce traité renfermant des

---

1. Voir sur ce point l'opinion de Fouché : *Lettre du duc d'Otrante à Napoléon* (Appendice III, à la fin de la septième partie).

dispositions à l'exécution desquelles le gouvernement français est dans le cas de prendre part, et des explications réciproques ayant eu lieu sur ce point, le gouvernement provisoire de France, dans la vue de concourir efficacement à toutes les mesures qui sont adoptées pour donner aux événements qui ont eu lieu un caractère particulier de modération, de grandeur et de générosité, se fait un devoir de déclarer qu'il y adhère autant que besoin est, et garantit en tout ce qui concerne la France, l'exécution des stipulations renfermées dans ce traité qui a été signé aujourd'hui entre MM. les plénipotentiaires des hautes puissances alliées et ceux de Sa Majesté l'empereur Napoléon. »

J'avais eu l'honneur d'être placé par le décret du Sénat du 1er avril à la tête du gouvernement provisoire, qui, pendant quelques jours, conduisit les affaires de la France. Je ne me laisserai pas aller à parler ici de tous les actes de ce gouvernement; ils sont imprimés partout; la plume brillante de M. de Fontanes se retrouve dans plusieurs, et, puisque j'ai nommé celui-là, je suis bien aise de rappeler les services que M. le duc de Dalberg et M. le marquis de Jaucourt[1] ont rendus, à cette époque, à la France. C'est presque un devoir pour moi, quand je vois la disposition dans laquelle on pa-

---

1. François, comte puis marquis de Jaucourt, né en 1757, était colonel de dragons en 1789. Il fut, en 1791, élu député à l'Assemblée législative, émigra l'année suivante, revint en France après le 18 brumaire, fut nommé membre du tribunat en 1802, sénateur en 1803, intendant de la maison du prince Joseph (1804). En 1814 il fit partie du gouvernement provisoire, fit l'intérim du ministère des affaires étrangères pendant le séjour de M. de Talleyrand à Vienne, et fut nommé pair de France. Il devint ministre de la marine en 1815. En 1830 il se rallia à la monarchie de Juillet, conserva son siège à la Chambre des pairs et mourut en 1852.

raît être d'oublier les hommes courageux qui se dévouèrent alors si noblement pour sauver leur patrie.

En une heure, l'empire de Napoléon était détruit; le royaume de France existait et tout était déjà facile à ce petit gouvernement provisoire; il ne rencontra d'obstacles nulle part; le besoin de police, le besoin d'argent ne se firent pas sentir un moment; on s'en passait à merveille. Toute la dépense du gouvernement provisoire qui a duré dix-sept jours et de l'entrée du roi à Paris est portée dans le budget de l'année pour deux cent mille francs. Il est vrai que tout le monde nous aidait. Je suis persuadé qu'on doit encore les frais de course que je fis faire alors par les officiers de l'armée de Napoléon d'un bout de la France à l'autre.

Le 12 avril 1814, M. le comte d'Artois, auquel j'avais envoyé M. de Vitrolles à Nancy, fit son entrée dans Paris et prit le titre de lieutenant général du royaume. Je lui retrouvai pour moi la même bienveillance que dans la nuit du 17 juillet 1789, lorsque nous nous étions séparés, lui pour émigrer, moi pour me lancer dans le tourbillon qui avait fini par me conduire à la tête du gouvernement provisoire. Étranges destinées!

Les devoirs de ma position me retinrent à Paris et me mirent dans l'impossibilité d'aller au-devant de Louis XVIII. Je le vis pour la première fois à Compiègne. Il était dans son cabinet. M. de Duras[1] m'y conduisit. Le roi, en me voyant, me tendit la main et de la manière la plus aimable et même la plus affectueuse me dit : « Je suis bien aise de vous voir; nos maisons datent de la même époque. Mes ancêtres ont été

---

1. Amédée, duc de Durfort-Duras, né en 1770, maréchal de camp, premier gentilhomme de la chambre du roi. Il suivit Louis XVIII en exil, fut nommé pair de France à la Restauration, et mourut en 1836.

les plus habiles; si les vôtres l'avaient été plus que les miens, vous me diriez aujourd'hui : prenez une chaise, approchez-vous de moi, parlons de nos affaires; aujourd'hui, c'est moi qui vous dis : asseyez-vous et causons. »

Je fis bientôt après le plaisir à l'archevêque de Reims, mon oncle, de lui rapporter les paroles du roi, obligeantes pour toute notre famille. Je les répétai le même soir à l'empereur de Russie qui était à Compiègne, et qui, avec un grand intérêt me demanda *si j'avais été content du roi ?* Je me sers des termes qu'il employa. Je n'ai point eu la faiblesse de parler du début de cette entrevue à d'autres personnes.

Je rendis compte au roi, avec beaucoup de détails, de l'état dans lequel il trouverait les choses. Cette première conversation fut fort longue.

Le roi se décida à faire, avant d'arriver à Paris, une proclamation dans laquelle ses dispositions seraient annoncées; il la rédigea lui-même; c'est de Saint-Ouen qu'elle est datée. Pendant la nuit qu'il passa à Saint-Ouen, l'intrigue qui entourait le roi fit faire à cette première déclaration quelques changements que je n'approuvai pas. Le discours que je lui avais adressé en lui présentant le Sénat, la veille de son entrée à Paris, montrera, plus que tout ce que je pourrais dire, quelle était mon opinion, et quelle était celle que je cherchais à lui donner. Voici ce discours :

« Sire,

» Le retour de Votre Majesté rend à la France son gouvernement naturel et toutes les garanties nécessaires à son repos et au repos de l'Europe.

» Tous les cœurs sentent que ce bienfait ne pouvait être dû

qu'à vous-même ; aussi tous les cœurs se précipitent sur votre passage. Il est des joies que l'on ne peut feindre ; celle dont vous entendez les transports est une joie vraiment nationale.

» Le Sénat, profondément ému de ce touchant spectacle ; heureux de confondre ses sentiments avec ceux du peuple, vient, comme lui, déposer au pied du trône les témoignages de son respect et de son amour.

» Sire, des fléaux sans nombre ont désolé le royaume de vos pères. Notre gloire s'est réfugiée dans les camps ; les armées ont sauvé l'honneur français. En remontant sur le trône, vous succédez à vingt années de ruines et de malheurs. Cet héritage pourrait effrayer une vertu commune. La réparation d'un si grand désordre veut le dévouement d'un grand courage ; il faut des prodiges pour guérir les blessures de la patrie ; mais nous sommes vos enfants, et les prodiges sont réservés à vos soins paternels.

» Plus les circonstances sont difficiles, plus l'autorité royale doit être puissante et révérée : en parlant à l'imagination par tout l'éclat des anciens souvenirs, elle saura se concilier tous les vœux de la raison moderne, en lui empruntant les plus sages théories politiques.

» Une charte constitutionnelle réunira tous les intérêts à celui du trône et fortifiera la volonté première du concours de toutes les volontés.

» Vous savez mieux que nous, Sire, que de telles institutions, si bien éprouvées chez un peuple voisin, donnent des appuis et non des barrières aux monarques amis des lois et pères des peuples.

» Oui, Sire, la nation et le Sénat, pleins de confiance dans les hautes lumières et dans les sentiments magnanimes de Votre

Majesté, désirent avec elle que la France soit libre pour que le roi soit puissant. »

Je retournai à Paris pour m'occuper des préparatifs de l'entrée de Louis XVIII, qui fut très brillante. On lui montra de toutes parts que la France voyait en lui l'assurance de la paix, sa gloire sauvée et la liberté rétablie. Il y avait de la reconnaissance sur tous les visages. Madame la duchesse d'Angoulême, en se précipitant à genoux à l'église Notre-Dame, parut sublime à tous ; tous les yeux étaient remplis de larmes.

Le roi reçut dans les deux premières matinées presque tous les corps de l'État ; les harangues étaient très bonnes, et les réponses du roi, convenables et affectueuses. Les souverains étrangers eurent la délicatesse de se peu montrer.

Les cours des Tuileries, les places publiques, les spectacles étaient remplis de monde ; il y avait partout de la foule, partout de l'ordre, et pas un soldat.

Bientôt il fallut s'occuper de rédiger la charte qui était annoncée, et alors l'intrigue et l'incapacité obsédèrent le roi et s'emparèrent de cette importante rédaction. Je n'y eus aucune part ; le roi ne me désigna même point pour être un des membres de la commission qui en avait été chargée. Je suis obligé d'en laisser tout l'honneur à M. l'abbé de Montesquiou[1],

---

1. François-Xavier-Marc-Antoine, abbé de Montesquiou-Fezensac, né en 1757. Ayant embrassé l'état ecclésiastique, il fut nommé en 1785 agent général du clergé. En 1789 le clergé de Paris l'envoya aux états généraux et il devint deux fois président de l'Assemblée en 1790. Il échappa à toute recherche sous la Terreur, fut après le 9 thermidor un des agents nommés par Louis XVIII pour défendre sa cause en France. Aussi fut-il exilé à Menton sous le consulat. En 1814 il fit partie du gouvernement provisoire, et le 13 mai fut nommé ministre de l'intérieur. Sous la deuxième restauration il demeura ministre d'État, et fut créé pair de France. Il mourut en 1832.

à M. Dambray[1], à M. Ferrand[2] et à M. de Sémonville. Je ne nomme que les principaux rédacteurs. Quant à moi, je n'ai connu la charte qu'à la lecture qui en fut faite par M. le chancelier Dambray dans un conseil des ministres, la veille de l'ouverture des Chambres, et j'ignorai les noms des personnes qui devaient composer la Chambre des pairs jusqu'à la séance royale où M. le chancelier les proclama.

Le roi m'avait nommé ministre des affaires étrangères, et je devais en cette qualité m'occuper des traités de paix. C'est ici le lieu de parler de cette œuvre difficile au sujet de laquelle j'ai été tant attaqué et qu'il me sera aisé de défendre.

Dès le 23 avril, et avant l'arrivée du roi, j'avais dû négocier et signer une convention préliminaire avec les plénipotentiaires des puissances alliées.

Il faut, pour juger impartialement les transactions faites à cette époque, se bien représenter ce qu'était la France et à quel état les fautes de Napoléon l'avaient réduite. Épuisée d'hommes, d'argent, de ressources; envahie sur toutes ses

---

1. Charles-Henry, vicomte Dambray, né en 1760 à Rouen, fut d'abord avocat au parlement. En 1788 il fut nommé avocat général à la cour des aides. Il ne fut pas inquiété sous la Terreur, fut en 1795 élu député au conseil des Cinq-Cents, mais refusa de siéger. Sous le consulat il devint conseiller général de la Seine-Inférieure. En 1814, M. Dambray fut nommé chancelier garde des sceaux et pair de France. Sous la deuxième restauration, il ne conserva que ses fonctions de président de la Chambre des pairs. Il mourut en 1829.

2. Antoine-François-Claude, comte Ferrand, né en 1751 d'une vieille famille de robe. Il fut reçu conseiller au parlement à dix-huit ans. Il émigra dès le mois de septembre 1789, se rendit à l'armée des princes, et fit partie en 1793 du conseil de régence. Il rentra en France en 1801, et vécut dans la retraite en s'occupant d'ouvrages historiques. En 1814, il fut nommé ministre d'État et directeur général des postes. En 1815 il reprit ses fonctions, fut nommé pair de France et membre du conseil privé. Il mourut en 1825.

frontières à la fois, aux Pyrénées, aux Alpes, au Rhin, en Belgique, par des armées innombrables, composées en général, non de soldats mercenaires, mais de peuples entiers animés par l'esprit de haine et de vengeance. Depuis vingt ans ces peuples avaient vu leurs territoires occupés, ravagés par les armées françaises; ils avaient été rançonnés de toutes les façons; leurs gouvernements, insultés, traités avec le plus profond mépris; il n'était sorte d'outrage, on peut le dire, qu'ils n'eussent à venger, et s'ils étaient résolus à assouvir leurs passions haineuses, quels moyens la France avait-elle de leur résister? Ce n'étaient pas les derniers débris de ses armées, dispersés sur tous les points du pays, sans cohésion entre eux et commandés par des chefs rivaux qui n'avaient pas su toujours ployer, même sous la main de fer de Napoléon. Il existait bien encore, il est vrai, une belle et nombreuse armée française; mais elle était disséminée dans cinquante forteresses échelonnées des bords de la Vistule à ceux de la Seine; elle existait aussi dans ces masses de prisonniers retenus par nos ennemis. Mais les forteresses étaient étroitement bloquées, les jours de leur résistance étaient comptés et les garnisons de ces places, comme les prisonniers, ne pouvaient être rendus à la France que par le fait d'un traité.

C'est sous l'empire de telles circonstances que le plénipotentiaire français devait négocier avec ceux des puissances coalisées et dans la capitale même de la France. J'ai bien le droit, je pense, de rappeler maintenant avec orgueil les conditions obtenues par moi, quelque douloureuses et quelque humiliantes qu'elles aient été[1].

[1]. Voir sur la Convention du 23 avril et ses conditions comparées à celles qu'offraient les alliés à Châtillon une longue note de M. de Bacourt (Appendice IV à la fin de la septième partie).

Voici les termes de la convention préliminaire du 23 avril 1814 (*Moniteur* de 1814, n° 114) :

CONVENTIONS entre Son Altesse Royale Monsieur, fils de France, frère du roi, lieutenant général du royaume de France, et chacune des hautes puissances alliées, savoir : la Grande-Bretagne, la Russie, l'Autriche et la Prusse, signées à Paris, le 23 avril 1814 et ratifiées le même jour par Monsieur.

« Les puissances alliées réunies dans l'intention de mettre un terme aux malheurs de l'Europe, et de fonder son repos sur une juste répartition des forces entre les États qui la composent, voulant donner à la France revenue à un gouvernement dont les principes offrent les garanties nécessaires pour le maintien de la paix, des preuves de leur désir de se placer avec elle dans des relations d'amitié ; voulant aussi faire jouir la France, autant que possible d'avance, des bienfaits de la paix, même avant que toutes les dispositions en aient été arrêtées, ont résolu de procéder conjointement avec Son Altesse Royale Monsieur, fils de France, frère du roi, lieutenant général du royaume, à une suspension d'hostilités entre les forces respectives et au rétablissement des rapports anciens d'amitié entre elles.

Son Altesse Royale Monsieur, fils de France, etc.., d'une part; et Sa Majesté, etc..., d'autre part, ont nommé, en conséquence, des plénipotentiaires pour convenir d'un acte, lequel, sans préjuger les dispositions de la paix, renferme les stipulations d'une suspension d'hostilités et qui sera suivie, le plus tôt que faire se pourra, d'un traité de paix, savoir :

(Désignation des hautes parties contractantes et de leurs plénipotentiaires.)

» Lesquels, après l'échange de leurs pleins pouvoirs, sont convenus des articles suivants :

» Article premier. — Toutes hostilités sur terre et sur mer sont et demeurent suspendues entre les puissances alliées et la France, savoir : pour les armées de terre, aussitôt que les généraux commandant les armées françaises et les places fortes auront fait connaître aux généraux commandant les troupes alliées qui leur sont opposées, qu'ils ont reconnu l'autorité du lieutenant général du royaume de France ; et, tant sur mer qu'à l'égard des places et stations maritimes, aussitôt que les flottes et ports du royaume de France, ou occupés par les troupes françaises, auront fait la même soumission.

» Article II.—Pour constater le rétablissement des rapports d'amitié entre les puissances alliées et la France, et pour la faire jouir, autant que possible d'avance, des avantages de la paix, les puissances alliées feront évacuer par leurs armées le territoire français tel qu'il se trouvait le 1er janvier 1792, à mesure que les places occupées encore hors de ces limites par les troupes françaises seront évacuées et remises aux alliés. (On remarquera qu'au congrès de Châtillon, c'étaient les limites de la France en 1789, que les ennemis imposaient à Napoléon ; ainsi, par le fait de cet article II, nous conservions le comtat d'Avignon, Landau, la Savoie, le comté de Montbéliard[1] et d'autres territoires réunis à la France entre 1789 et 1792.)

---

1. Montbéliard était autrefois le chef-lieu d'une principauté indépendante, qui après avoir passé par de nombreuses mains, appartenait depuis 1723 aux ducs de Wurtemberg. La France s'en empara en 1792, et la paix de Lunéville lui assura sa conquête.

» Article III. — Le lieutenant général du royaume donnera, en conséquence, aux commandants de ces places l'ordre de les remettre dans les termes suivants, savoir : les places situées sur le Rhin, non comprises dans les limites de la France du 1er janvier 1792, et celles entre le Rhin et les mêmes limites, dans l'espace de dix jours, à dater de la signature du présent acte ; les places de Piémont, et dans les autres parties de l'Italie, qui appartenaient à la France, dans celui de quinze jours ; celles de l'Espagne, dans celui de vingt jours ; et toutes les autres places, sans exception, qui se trouvent occupées par les troupes françaises, de manière à ce que la remise totale puisse être effectuée au 1er juin prochain. Les garnisons de ces places sortiront avec armes et bagages et les propriétés particulières des militaires et employés de tout grade. Elles pourront emmener l'artillerie de campagne, dans la proportion de trois pièces par chaque millier d'hommes, les malades et blessés y compris.

» La dotation des forteresses et tout ce qui n'est pas propriété particulière demeurera, et sera remis en entier aux alliés, sans qu'il puisse en être distrait aucun objet. Dans la dotation sont compris, non seulement les dépôts d'artillerie et de munitions, mais encore toutes autres provision de tout genre, ainsi que les archives, inventaires, plans, cartes, modèles, etc.

» D'abord, après la signature de la présente convention, des commissaires des puissances alliées et français seront nommés et envoyés dans les forteresses pour constater l'état où elles se trouveront et pour régler en commun l'exécution de cet article.

» Les garnisons seront dirigées, par étapes, sur les différentes lignes dont on conviendra pour leur rentrée en France.

» Le blocus des places fortes en France sera levé sur-le-champ par les armées alliées. Les troupes françaises faisant partie de l'armée d'Italie, ou occupant les places fortes dans ce pays, ou dans la Méditerranée, seront rappelées sur-le-champ par Son Altesse Royale le lieutenant général du royaume. (Il ne faut pas oublier qu'avant que les puissances alliées passassent le Rhin, Napoléon leur avait fait offrir la remise des places et forteresses situées sur la Vistule et sur l'Oder, aux conditions indiquées dans les deux premiers paragraphes de cet article[1].)

» ARTICLE IV. — Les stipulations de l'article précédent seront appliquées également aux places maritimes, les puissances

---

1. Nous donnons la lettre suivante pour ceux qui seraient tentés de douter de l'assertion du prince de Talleyrand sur ce point.

LE MAJOR GÉNÉRAL AU MARÉCHAL MARMONT.

« Paris, le 18 novembre 1813.

» Monsieur le maréchal, duc de Raguse, l'empereur me charge de vous écrire pour vous faire connaître que son intention est que vous envoyiez un officier intelligent auprès du prince de Schwarzenberg, pour offrir de traiter de la reddition de Dantzig, de Mœllin, de Zamose, de Custrin, de Stettin et de Glogau. Les conditions de la reddition de ces places seraient : que les garnisons rentreraient en France, avec armes et bagages, sans être prisonnières de guerre ; que toute l'artillerie de campagne aux armes françaises, ainsi que les magasins d'habillement qui se trouveraient dans les places, nous seraient laissés ; que des moyens de transport pour les ramener nous seraient fournis ; que les malades seraient guéris, et, au fur et à mesure de leur guérison, renvoyés. Vous ferez connaître que Dantzig peut tenir encore un an ; que Glogau et Custrin peuvent tenir encore également un an ; et que si l'on veut avoir ces places par un siège, on abîmera la ville ; que ces conditions sont donc avantageuses aux alliés, d'autant plus que la reddition de ces places tranquilisera les États prussiens. Si l'on parlait de la reddition de Hambourg, de Magdebourg, d'Erfurt, de Torgau et de Wittenberg, Sa Majesté désire que vous répondiez que vous prendrez ses ordres là-dessus, mais

contractantes se réservant, toutefois, de régler, dans le traité de paix définitif, le sort des arsenaux, vaisseaux de guerre armés et non armés qui se trouvent dans ces places.

» ARTICLE V. — Les flottes et les bâtiments de la France demeureront dans leur situation respective, sauf la sortie des bâtiments chargés de missions; mais l'effet immédiat du présent acte à l'égard des ports français sera la levée de tout blocus par terre ou par mer, la liberté de la pêche, celle du cabotage, particulièrement de celui qui est nécessaire pour l'approvisionnement de Paris, et le rétablissement des relations de commerce, conformément aux règlements intérieurs de chaque pays; et cet effet immédiat à l'égard de l'intérieur sera le libre approvisionnement des villes et le libre transit des transports militaires ou commerciaux.

» ARTICLE VI. — Pour prévenir tous les sujets de plaintes et de contestations qui pourraient naître à l'occasion des prises qui seraient faites en mer après la signature de la présente convention, il est réciproquement convenu que les vaisseaux

---

que vous n'avez pas d'instructions; qu'il n'est question actuellement, que de traiter pour les places de l'Oder et de la Vistule. Ces communications, monsieur le maréchal, serviront aussi à avoir des nouvelles. »

» Le prince vice-connétable, major général,

» ALEXANDRE. »

(*Mémoires du duc de Raguse*) t. VI, p. 75-76).

Ajoutons que la convention du 23 avril 1814 valut à la France la rentrée d'une armée de deux cent cinquante mille hommes, enfermés dans cinquante-quatre forteresses, et de cent cinquante mille prisonniers de guerre. Le seul maréchal Davoust revint de Hambourg avec vingt mille hommes armés, cent pièces de canon et deux cents caissons; c'était, par conséquent, cinq pièces de canon au lieu de trois par mille hommes stipulées par la convention. (*Note de M. de Bacourt.*)

et effets qui pourraient être pris dans la Manche et dans les mers du Nord, après l'espace de douze jours, à compter de l'échange des ratifications du présent acte, seront de part et d'autre restitués ; que le terme sera d'un mois depuis la Manche et les mers du Nord jusqu'aux îles Canaries ; de deux mois jusqu'à l'équateur ; et enfin de cinq mois dans toutes les autres parties du monde, sans aucune exception ni autre distinction plus particulière de temps et de lieu.

» Article VII. — De part et d'autre, les prisonniers, officiers et soldats de terre et de mer, ou de quelque nature que ce soit et particulièrement les otages, seront immédiatement renvoyés dans leurs pays respectifs, sans rançon et sans échange. Des commissaires seront nommés réciproquement pour procéder à cette libération générale.

» Article VIII. — Il sera fait remise par les co-belligérants, immédiatement après la signature du présent acte, de l'administration des départements ou villes actuellement occupés par leurs forces, aux magistrats nommés par Son Altesse Royale le lieutenant général du royaume de France. Les autorités royales pourvoiront aux subsistances et aux besoins des troupes, jusqu'au moment où elles auront évacué le territoire français, les puissances alliées voulant, par un effet de leur amitié pour la France, faire cesser les réquisitions militaires, aussitôt que la remise au pouvoir légitime aura été effectuée.

» Tout ce qui tient à l'exécution de cet article sera réglé par une convention particulière. (Cet article VIII était d'une grande importance pour mettre un terme aux réquisitions des généraux ennemis, qui achevaient d'épuiser la France.)

» Article IX. — On s'entendra respectivement, aux

termes de l'article II sur les routes que les troupes des puissances alliées suivront dans leur marche, pour y préparer les moyens de subsistances, et des commissaires seront nommés pour régler toutes les dispositions de détail, et accompagner les troupes jusqu'au moment où elles quitteront le territoire français.

» En foi de quoi...

» Fait à Paris, le 23 avril 1814. »

« Article additionnel. — Le terme de dix jours admis en vertu des stipulations de l'article III de la convention de ce jour, pour l'évacuation des places sur le Rhin, et entre ce fleuve et les anciennes frontières de la France, est étendu aux places, forts et établissements militaires, de quelque nature qu'ils soient, dans les Provinces Unies des Pays-Bas. »

Par cette convention, on avait pourvu au plus urgent, qui était la libération du territoire, celle des prisonniers, la rentrée en France des garnisons françaises au delà du Rhin, et la cessation de ruineuses réquisitions. Le traité définitif qui devait régler les relations nouvelles de la France avec l'Europe restait à négocier, et il ne put être conclu et signé que le 30 mai[1].

---

1. Le lendemain de la signature du traité, M. de Talleyrand adressait à la princesse de Courlande la lettre suivante :

Paris, le 31 mai 1814.

« J'ai fini les paix avec les quatre grandes puissances. Les trois accessions ne sont que des broutilles [*]. A quatre heures la paix a été signée. Elle est très bonne, faite sur le pied de la plus grande égalité, et plutôt noble, quoique la France soit encore couverte d'étrangers. Mes amis et vous à la tête, vous devez être contents de moi. »

[*] Les accessions de l'Espagne, du Portugal et de la Suède.

Je vais insérer également ici ce traité :

TRAITÉ DE PAIX entre le roi et puissances alliées, conclu à Paris le 30 mai 1814.

« Au nom de la très sainte et indivisible Trinité,

» Sa Majesté le roi de France et de Navarre, d'une part, et Sa Majesté l'empereur d'Autriche, roi de Hongrie et de Bohême, et ses alliés, d'autre part, étant animés d'un égal désir de mettre fin aux longues agitations de l'Europe et aux malheurs des peuples par une paix solide, fondée sur une juste répartition de forces entre les puissances, et portant dans ses stipulations la garantie de sa durée; et Sa Majesté l'empereur d'Autriche, roi de Hongrie et de Bohême, et ses alliés, ne voulant plus exiger de la France, aujourd'hui que s'étant replacée sous le gouvernement paternel de ses rois, elle offre ainsi à l'Europe un gage de sécurité et de stabilité, des conditions et des garanties qu'ils lui avaient à regret demandées sous son dernier gouvernement, Leursdites Majestés ont nommé des plénipotentiaires pour discuter, arrêter et signer un traité de paix et d'amitié, savoir :

» Sa Majesté le roi de France et de Navarre, M. Charles-Maurice de Talleyrand-Périgord, prince de Bénévent, grand-aigle de la Légion d'honneur... son ministre et secrétaire d'État des affaires étrangères;

» Et Sa Majesté l'empereur d'Autriche, roi de Hongrie et de Bohême, MM. le prince Clément-Wenceslas-Lothaire de Metternich-Winnebourg-Ochsenhausen, chevalier de la Toison d'or... chambellan, conseiller intime actuel, ministre d'État, des conférences et des affaires étrangères de Sa Majesté impériale et royale apostolique, et le comte Jean-Philippe de Stadion

Thannhausen et Warthausen, chevalier de la Toison d'or... chambellan, conseiller intime actuel, ministre d'État et des conférences de Sa Majesté Impériale et Royale apostolique;

» Lesquels, après avoir échangé leurs pleins pouvoirs, trouvés en bonne et due forme, sont convenus des articles suivants :

» Article premier. — Il y aura, à compter de ce jour, paix et amitié entre Sa Majesté le roi de France et de Navarre d'une part, et Sa Majesté l'empereur d'Autriche, roi de Hongrie et de Bohème, et ses alliés, de l'autre part, leurs héritiers et successeurs, leurs États et sujets respectifs à perpétuité.

» Les hautes parties contractantes apporteront tous leurs soins à maintenir, non seulement entre elles, mais encore, autant qu'il dépend d'elles, entre tous les États de l'Europe, la bonne harmonie et intelligence si nécessaires à son repos.

» Article II. — Le royaume de France conserve l'intégrité de ses limites telles qu'elles existaient à l'époque du 1er janvier 1792. Il recevra en outre une augmentation de territoire comprise dans la ligne de démarcation fixée par l'article suivant.

» Article III. — Du côté de la Belgique, de l'Allemagne et de l'Italie, l'ancienne frontière, ainsi qu'elle existait le 1er janvier 1792, sera rétablie, en commençant de la mer du Nord, entre Dunkerque et Neuport, jusqu'à la Méditerranée, entre Cannes et Nice, avec les rectifications suivantes :

» 1° Dans le département de Jemmapes, les cantons de Dour, Merbes-le-Château, Beaumont et Chimay resteront à la France; la ligne de démarcation passera là où elle touche le canton de Dour, entre ce canton et ceux de Boussu et Pâturage, ainsi que plus loin entre celui de Merbes-le-Château et ceux de Binch et de Thuin;

» 2° Dans le département de Sambre-et-Meuse, les cantons de Valcourt, Florennes, Beauraing et Gédinne appartiendront à la France; la démarcation, quand elle atteint ce département, suivra la ligne qui sépare les cantons précités du département de Jemmapes et du reste de celui de Sambre-et-Meuse;

» 3° Dans le département de la Moselle, la nouvelle démarcation, là où elle s'écarte de l'ancienne, sera formée par une ligne à tirer depuis Perle jusqu'à Fremesdorf, et par celle qui sépare le canton de Tholey du reste du département de la Moselle;

» 4° Dans le département de la Sarre, les cantons de Saarbruck et d'Arneval resteront à la France, ainsi que la partie de celui de Lebach qui est située au midi d'une ligne à tirer le long des confins des villages de Herchenbach, Ueberhofen, Hilsbach et Hall (en laissant ces différents endroits hors de la frontière française), jusqu'au point où, près de Querselle (qui appartient à la France), la ligne qui sépare les cantons d'Arneval et d'Ottweiler atteint celle qui sépare ceux d'Arneval et de Lebach; la frontière, de ce côté, sera formée par la ligne ci-dessus désignée, et ensuite par celle qui sépare le canton d'Arneval de celui de Bliecastel;

» 5° La forteresse de Landau ayant formé avant l'année 1792, un point isolé dans l'Allemagne, la France conserve au delà de ses frontières une partie des départements du Mont-Tonnerre et du Bas-Rhin, pour joindre la forteresse de Landau et son rayon au reste du royaume. La nouvelle démarcation en partant du point où, près d'Obersteinbach (qui reste hors des limites de la France) la frontière entre le département de la Moselle et celui du Mont-Tonnerre, atteint le département du Bas-Rhin, suivra la ligne qui sépare les cantons de

Weissenbourg et de Bergzabern (du côté de la France) des cantons de Pirmasens, Dalm et Anweiler (du côté de l'Allemagne) jusqu'au point où ces limites, près du village de Wolmersheim, touchent l'ancien rayon de la forteresse de Landau. De ce rayon qui reste ainsi qu'il était en 1792, la nouvelle frontière suivra le bras de la rivière de la Queich qui, en quittant ce rayon près de Queichheim (qui reste à la France) passe près des villages de Merlenheim, Knittelsheim et Belheim (demeurant également français) jusqu'au Rhin, qui continuera ensuite à former la limite de la France et de l'Allemagne.

» Quant au Rhin, le thalweg constituera la limite, de manière cependant que les changements que subira par la suite le cours de ce fleuve, n'auront à l'avenir aucun effet sur la propriété des îles qui s'y trouvent. L'état de possession de ces îles sera rétabli tel qu'il existait à l'époque de la signature du traité de Lunéville ;

» 6° Dans le département du Doubs, la frontière sera rectifiée de manière à ce qu'elle commence au-dessus de la Rançonnière, près de Locle, et suive la crête du Jura, entre le Cerneux-Péquignot et le village de Fontenelles, jusqu'à une cime du Jura située à environ sept ou huit mille pieds au nord-ouest du village de la Brévine, où elle retombera dans l'ancienne limite de la France ;

» 7° Dans le département du Léman, les frontières entre le territoire français, le pays de Vaud et les différentes portions du territoire de la république de Genève (qui fera partie de la Suisse) restent les mêmes qu'elles étaient avant l'incorporation de Genève à la France. Mais le canton de Frangy, celui de Saint-Julien (à l'exception de la partie située au nord d'une ligne à tirer du point où la rivière de la Laire entre, près de Chancy, dans le territoire genevois, le long des confins de Seseguin, Lacouex et Seseneuve qui resteront hors des limites de la France), le canton de Régnier (à l'exception de la portion qui se trouve à l'est d'une ligne qui suit les confins de la Muraz, Bussy, Pers et Cornier qui seront hors des limites françaises), et le canton de la Roche (à l'exception des endroits nommés la Roche et Armanoy avec leurs districts) resteront à la France. La frontière suivra les limites de ces différents cantons et les lignes qui séparent les portions qui demeurent à la France de celles qu'elle ne conserve pas ;

» 8° Dans le département du Mont-Blanc, la France acquiert la sous-préfecture de Chambéry (à l'exception des cantons de l'Hopital, de Saint-Pierre-d'Albigny, de la Rocette et de Montmélian) et la sous-préfecture d'Annecy (à l'exception de la partie du canton de Faverge, située à l'est d'une ligne qui passe entre Ourechaise et Marlens du côté de la France, et Marthod et Ugine du côté opposé, et qui suit après la crête des montagnes jusqu'à la frontière du canton de Thones) : c'est cette ligne qui, avec la limite des cantons mentionnés formera de ce côté la nouvelle frontière.

» Du côté des Pyrénées, les frontières restent telles qu'elles étaient entre les deux royaumes de France et d'Espagne, à l'époque du 1er janvier 1792, et il sera de suite nommé une commission mixte de la part des deux couronnes, pour en fixer la démarcation finale.

» La France renonce à tous droits de souveraineté, de suzeraineté et de possession sur tous les pays et districts, villes et endroits quelconques, situés hors de la frontière ci-dessus désignée, la principauté de Monaco étant toutefois replacée dans les rapports où elle se trouvait avant le 1ᵉʳ janvier 1792[1].

» Les cours alliées assurent à la France la possession de la principauté d'Avignon, du comtat venaissin, du comté de Montbéliard et de toutes les enclaves qui ont appartenu autrefois à l'Allemagne, comprises dans la frontière ci-dessus indiquée, qu'elles aient été incorporées à la France avant ou après le 1ᵉʳ janvier 1792.

» Les puissances se réservent réciproquement la faculté entière de fortifier tel point de leurs États qu'elles jugeront convenable pour leur sûreté.

» Pour éviter toute lésion de propriétés particulières et mettre à couvert, d'après les principes les plus libéraux, les biens d'individus domiciliés sur les frontières, il sera nommé par chacun des États limitrophes de la France, des commissaires pour procéder conjointement avec des commissaires français à la délimitation des pays respectifs.

» Aussitôt que le travail des commissaires sera terminé, il sera dressé des cartes signées par les commissaires respectifs, et placé des poteaux qui constateront les limites réciproques.

» Article IV. — Pour assurer les communications de la ville de Genève avec d'autres parties du territoire de la Suisse, situées sur le lac, la France consent à ce que l'usage de la route par Versoy soit commun aux deux pays. Les gouvernements respectifs s'entendront à l'amiable sur les moyens de

---

1. La principauté de Monaco était avant la Révolution sous le protectorat de la France (traité de Péronne 1641). En 1793 elle avait été réunie à la France. Le traité de 1814 la rétablit dans son indépendance tout en proclamant le protectorat français, mais en 1815 la France perdit ce droit qui fut attribué à la Sardaigne. Celle-ci le conserva jusqu'en 1860.

prévenir la contrebande, et de régler le cours des postes et l'entretien de la route.

» Article V. — La navigation sur le Rhin, du point où il devient navigable, jusqu'à la mer, et réciproquement, sera libre; de telle sorte qu'elle ne puisse être interdite à personne; et l'on s'occupera au futur congrès, des principes d'après lesquels on pourra régler les droits à lever par les États riverains, de la manière la plus égale et la plus favorable au commerce de toutes les nations.

» Il sera examiné et décidé, de même dans le futur congrès, de quelle manière, pour faciliter les communications entre les peuples et les rendre toujours moins étrangers les uns aux autres, la disposition ci-dessus pourra être également étendue à tous les autres fleuves qui, dans leur cours navigable, séparent ou traversent différents États.

» Article VI. — La Hollande, placée sous la souveraineté de la maison d'Orange, recevra un accroissement de territoire. Le titre et l'exercice de la souveraineté n'y pourront, dans aucun cas, appartenir à aucun prince portant ou appelé à porter une couronne étrangère.

» Les États de l'Allemagne seront indépendants et unis par un lien fédératif.

» La Suisse indépendante continuera de se gouverner par lle-même.

» L'Italie, hors des limites qui reviendront à l'Autriche, sera composée d'États souverains.

» Article VII. — L'île de Malte et ses dépendances appartiendront en toute propriété et souveraineté à Sa Majesté britannique.

» Article VIII. — Sa Majesté britannique stipulant pour

elle et ses alliés, s'engage à restituer à Sa Majesté Très Chrétienne, dans les délais qui seront ci-après fixés, les colonies, pêcheries, comptoirs et établissements de tout genre que la France possédait au 1er janvier 1792, dans les mers et sur les continents de l'Amérique, de l'Afrique et de l'Asie, à l'exception toutefois des îles de Tabago et de Sainte-Lucie et de l'île de France et de ses dépendances, nommément Rodrigue et les Séchelles, lesquelles Sa Majesté Très Chrétienne cède en toute propriété et souveraineté à Sa Majesté britannique, comme aussi de la partie de Saint-Domingue, cédée à la France par la paix de Bâle, et que Sa Majesté Très Chrétienne rétrocède à Sa Majesté catholique en toute propriété et souveraineté.

» Article IX. — Sa Majesté le roi de Suède et de Norvège, en conséquence d'arrangements pris avec ses alliés, et pour l'exécution de l'article précédent, consent à ce que l'île de la Guadeloupe soit restituée à Sa Majesté Très Chrétienne, et cède tous les droits qu'il peut avoir sur cette île [1].

» Article X. — Sa Majesté très fidèle, en conséquence d'arrangements pris avec ses alliés, et pour l'exécution de l'article VIII, s'engage à restituer à Sa Majesté Très Chrétienne, dans le délai ci-après fixé, la Guyane française, telle qu'elle existait au 1er janvier 1792 [2].

» L'effet de la stipulation ci-dessus, étant de faire revivre la contestation existant à cette époque au sujet des limites, il est convenu que cette contestation sera terminée par un arran-

---

1. Les Anglais s'étaient emparés de la Guadeloupe et l'avaient cédée à la Suède (art. IV du traité du 3 mars 1813).

2. Les Portugais s'étaient emparés de la Guyane française dès le début des hostilités, en 1809.

gement amiable entre les deux cours, sous la médiation de Sa Majesté britannique[1].

» Article XI. — Les places et forts existants dans les colonies et établissements qui doivent être rendus à Sa Majesté Très Chrétienne, en vertu des articles VIII, IX et X, seront remis, dans l'état où ils se trouveront au moment de la signature du présent traité.

» Article XII. — Sa Majesté britannique s'engage à faire jouir les sujets de Sa Majesté Très Chrétienne, relativement au commerce et à la sûreté de leurs personnes et propriétés dans les limites de la souveraineté britannique, sur le continent des Indes, des mêmes facilités, privilèges et protection, qui sont à présent, ou seront accordés aux nations les plus favorisées. De son côté Sa Majesté Très Chrétienne, n'ayant rien plus à cœur que la perpétuité de la paix entre les deux couronnes de France et d'Angleterre, et voulant contribuer, autant qu'il est en elle, à écarter dès à présent des rapports des deux peuples ce qui pourrait un jour altérer la bonne intelligence mutuelle, s'engage à ne faire aucun ouvrage de fortification dans les établissements qui lui doivent être restitués et qui sont situés dans les limites de la souveraineté britannique sur le continent des Indes, et à ne mettre dans ces établissements que le nombre de troupes nécessaires pour le maintien de la police.

» Article XIII. — Quant au droit de pêche des Français sur le grand banc de Terre-Neuve, sur les côtes de l'île de ce nom et des îles adjacentes, et dans le golfe de Saint Laurent, tout sera remis sur le même pied qu'en 1792.

---

[1]. On sait que cette question de limites n'a jamais été réglée définitivement; aujourd'hui encore, elle est en suspens entre la France et le Brésil.

» Article XIV. — Les colonies, comptoirs et établissements qui doivent être restitués à Sa Majesté Très Chrétienne, par Sa Majesté britannique ou ses alliés, seront remis, savoir : ceux qui sont dans les mers du Nord ou dans les mers et sur les continents de l'Amérique et de l'Afrique, dans les trois mois; et ceux qui sont au delà du cap de Bonne-Espérance, dans les six mois qui suivront la ratification du présent traité.

» Article XV. — Les hautes parties contractantes s'étant réservé par l'article IV de la convention du 23 avril dernier, de régler dans le présent traité de paix définitive le sort des arsenaux et des vaisseaux de guerre armés et non armés qui se trouvent dans les places maritimes remises par la France, en exécution de l'article II de ladite convention, il est convenu que lesdits vaisseaux et bâtiments de guerre armés et non armés, comme aussi l'artillerie navale et les munitions navales et tous les matériaux de construction et d'armement, seront partagés entre la France et le pays où les places sont situées, dans la proportion de deux tiers pour la France et d'un tiers pour les puissances auxquelles lesdites places appartiendront.

» Seront considérés comme matériaux et partagés comme tels, dans la proportion ci-dessus énoncée, après avoir été démolis, les vaisseaux et bâtiments en construction qui ne seraient pas en état d'être mis en mer, six semaines après la signature du présent traité.

» Des commissaires seront nommés de part et d'autre pour arrêter le partage et en dresser l'état; et des passeports ou sauf-conduits seront donnés par les puissances alliées pour assurer le retour en France des ouvriers, gens de mer et employés français.

» Ne sont compris dans les stipulations ci-dessus les vaisseaux et arsenaux existant dans les places maritimes qui seraient tombées au pouvoir des alliés antérieurement au 23 avril, ni les vaisseaux et arsenaux qui appartenaient à la Hollande, et nommément la flotte du Texel.

» Le gouvernement de France s'oblige à retirer ou à faire vendre tout ce qui lui appartiendra par les stipulations ci-dessus énoncées, dans le délai de trois mois après le partage effectué.

» Dorénavant le port d'Anvers sera uniquement un port de commerce.

» Article XVI. — Les hautes parties contractantes, voulant mettre et faire mettre dans un entier oubli les divisions qui ont agité l'Europe, déclarent et promettent, que, dans les pays restitués et cédés par le présent traité, aucun individu, de quelque classe et condition qu'il soit, ne pourra être poursuivi, inquiété ou troublé, dans sa personne ou dans sa propriété, sous aucun prétexte, ou à cause de sa conduite ou opinion politique, ou de son attachement, soit à aucune des parties contractantes, soit à des gouvernements qui ont cessé d'exister, ou pour toute autre raison, si ce n'est pour les dettes contractées envers des individus, ou pour des actes postérieurs au présent traité.

» Article XVII. — Dans tous les pays qui doivent ou devront changer de maîtres, tant en vertu du présent traité, que des arrangements qui doivent être faits en conséquence, il sera accordé aux habitants naturels et étrangers, de quelque condition et nation qu'ils soient, un espace de six ans à compter de l'échange des ratifications, pour disposer, s'ils le jugent convenable, de leurs propriétés acquises, soit avant, soit depuis la guerre actuelle, et se retirer dans tel pays qu'il leur plaira de choisir.

» Article XVIII. — Les puissances alliées, voulant donner à Sa Majesté Très Chrétienne, un nouveau témoignage de leur désir de faire disparaître, autant qu'il est en elles, les conséquences de l'époque de malheur si heureusement terminée par la présente paix, renoncent à la totalité des sommes que les gouvernements ont à réclamer de la France, à raison de contrats, de fournitures ou d'avances quelconques faites au gouvernement français dans les différentes guerres qui ont eu lieu depuis 1792.

» De son côté Sa Majesté Très Chrétienne, renonce à toute réclamation qu'elle pourrait former contre les puissances alliées au même titre. En exécution de cet article, les hautes parties contractantes s'engagent à se remettre mutuellement tous les titres, obligations et documents qui ont rapport aux créances auxquelles elles ont réciproquement renoncé.

» Article XIX. — Le gouvernement français s'engage à faire liquider et payer les sommes qu'il se trouverait devoir d'ailleurs dans des pays hors de son territoire, en vertu de contrats ou d'autres engagements formels passés entre des individus ou des établissements particuliers et les autorités françaises, tant pour fournitures qu'à raison d'obligations légales.

» Article XX. — Les hautes parties contractantes nommeront immédiatement après l'échange des ratifications du présent traité, des commissaires pour régler et tenir la main à l'exécution de l'ensemble des dispositions renfermées dans les articles XVIII et XIX. Ces commissaires s'occuperont de l'examen des réclamations dont il est parlé dans l'article précédent, de la liquidation des sommes réclamées, et du mode dont le gouvernement français proposera de s'en acquitter. Ils seront chargés de même de la remise des titres, obligations et documents relatifs aux créances auxquelles les hautes parties contractantes renoncent mutuellement, de manière que la ratification du résultat de leur travail, complétera cette renonciation réciproque.

» Article XXI. — Les dettes spécialement hypothéquées dans leur origine sur les pays qui cessent d'appartenir à la France, ou contractées pour leur administration intérieure, resteront à la charge de ces mêmes pays. Il sera tenu compte, en conséquence, au gouvernement français, à partir du 22 décembre 1813, de celles de ces dettes qui ont été converties en inscriptions au grand livre de la dette publique de France. Les titres de toutes celles qui ont été préparées pour l'inscription et n'ont pas encore été inscrites seront remis aux gouvernements des pays respectifs. Les états de toutes ces dettes seront dressés et arrêtés par une commission mixte.

» Article XXII. — Le gouvernement français restera chargé de son côté du remboursement de toutes les sommes versées par les sujets des pays ci-dessus mentionnés dans les caisses françaises, soit à titre de cautionnements, de dépôts ou de consignations. De même les sujets français, serviteurs desdits pays, qui ont versé des sommes à titre de cautionnements, dépôts ou consignations dans leurs trésors respectifs, seront fidèlement remboursés.

» Article XXIII. — Les titulaires de places assujetties à cautionnement, qui n'ont pas de maniement de deniers, seront remboursés avec les intérêts, jusqu'à parfait payement, à Paris, par cinquième et par année, à partir de la date du présent traité.

» A l'égard de ceux qui sont comptables, ce remboursement

commencera, au plus tard, six mois après la présentation de leurs comptes, le seul cas de malversation excepté. Une copie du dernier compte sera remise au gouvernement de leur pays, pour lui servir de renseignement et de point de départ.

» Article XXIV. — Les dépôts judiciaires et consignations faits dans la caisse d'amortissement, en exécution de la loi du 28 nivôse an XIII (18 janvier 1805), et qui appartiennent à des habitants des pays que la France cesse de posséder, seront remis, dans le terme d'une année, à compter de l'échange des ratifications du présent traité, entre les mains des autorités desdits pays, à l'exception de ceux de ces dépôts et consignations qui intéressent des sujets français ; dans lequel cas ils resteront dans la caisse d'amortissement, pour n'être remis que sur les justifications résultant des décisions des autorités compétentes.

» Article XXV. — Les fonds déposés par les communes et établissements publics dans la caisse de service et dans la caisse d'amortissement, ou dans toute autre caisse du gouvernement, leur seront remboursés par cinquième, d'année en année, à partir de la date du présent traité, sous la déduction des avances qui leur auraient été faites, et sauf des oppositions régulières faites sur ces fonds par des créanciers desdites communes et desdits établissements publics.

» Article XXVI. — A dater du 1er janvier 1814, le gouvernement français cesse d'être chargé du payement de toute pension civile, militaire et ecclésiastique, solde de retraite et traitement de réforme, à tout individu qui se trouve n'être plus sujet français.

» Article XXVII. — Les domaines nationaux acquis à titre onéreux par des sujets français, dans les ci-devant départements de la Belgique, de la rive gauche du Rhin et des Alpes, hors des anciennes limites de la France, sont et demeurent garantis aux acquéreurs.

» Article XXVIII. — L'abolition des droits d'aubaine, de détraction et autres de la même nature, dans les pays qui l'ont réciproquement stipulée avec la France, ou qui lui avaient précédemment été réunis, est expressément maintenue[1].

» Article XXIX. — Le gouvernement français s'engage à faire restituer les obligations et autres titres qui auraient été saisis dans les provinces occupées par les armées ou administrations françaises ; et, dans le cas où la restitution ne pourrait en être effectuée, ces obligations et titres sont et demeurent anéantis.

» Article XXX. — Les sommes qui seront dues pour tous les travaux d'utilité publique, non encore terminés, ou terminés postérieurement au 31 décembre 1812, sur le Rhin et dans les départements détachés de la France par le présent traité, passeront à la charge des futurs possesseurs du territoire, et seront liquidées par la commission chargée de la liquidation des dettes des pays.

» Article XXXI. — Les archives, cartes, plans et documents quelconques appartenant aux pays cédés, ou concernant

---

[1]. Le droit d'aubaine, tel qu'il existait dans notre ancien droit, attribuait au souverain la succession de tous les étrangers morts en France. Mais de nombreux traités conclus avec presque toutes les puissances de l'Europe avaient notamment dans le cours du xviiie siècle aboli purement et simplement ce droit, à charge de réciprocité, ou l'avaient remplacé par un simple droit de détraction, qui ne laissait au roi qu'une partie de la succession (du quart au vingtième). L'Assemblée nationale abolit entièrement ces deux droits (décrets du 6 août 1790, 15 et 28 avril 1791). Une loi du 14 juillet 1819 vint confirmer et compléter cette réforme sur laquelle avaient paru revenir certaines dispositions du code civil (art. 726 et 912).

leur administration, seront fidèlement rendus en même temps que le pays, ou, si cela était impossible, dans un délai qui ne pourra être de plus de six mois après la remise des pays mêmes.

» Cette stipulation est applicable aux archives, cartes et planches qui pourraient avoir été enlevées dans les pays momentanément occupés par les différentes armées.

» Article XXXII. — Dans le délai de deux mois, toutes les puissances qui ont été engagées de part et d'autre dans la présente guerre enverront des plénipotentiaires à Vienne, pour régler dans un congrès général les arrangements qui doivent compléter les dispositions du présent traité.

» Article XXXIII. — Le présent traité sera ratifié, et les ratifications en seront échangées, dans le délai de quinze jours, ou plus tôt si faire se peut.

» En foi de quoi...

» Fait à Paris le 30 mai 1814.

» Le prince DE BÉNÉVENT,
» Le prince DE METTERNICH,
» Le prince DE STADION. »

« Article additionnel. — Les hautes parties contractantes, voulant effacer toutes les traces des événements malheureux qui ont pesé sur leurs peuples, sont convenues d'annuler explicitement les effets des traités de 1805 et 1809, en tant qu'ils ne sont déjà annulés de fait par le présent traité ; en conséquence de cette détermination, Sa Majesté Très Chrétienne promet que les décrets portés contre des sujets français ou réputés français, étant ou ayant été au service de Sa Majesté Impériale et Royale apostolique, demeureront sans effet, ainsi que les jugements qui ont pu être rendus en exécution de ces décrets.

» Le présent article additionnel aura la même force et valeur que s'il était inséré mot à mot au traité patent de ce jour... »

Le même jour, dans le même lieu et au même moment, le même traité de paix définitive a été conclu :

Entre la France et la Russie,

Entre la France et la Grande-Bretagne,

Entre la France et la Prusse,

avec les articles additionnels suivants :

ARTICLE ADDITIONNEL AU TRAITÉ AVEC LA RUSSIE.

« Le duché de Varsovie étant sous l'administration d'un conseil provisoire établi par la Russie, depuis que ce pays a été occupé par ses armes, les deux hautes parties contractantes sont convenues de nommer immédiatement une commission spéciale, composée de part et d'autre d'un nombre égal de commissaires qui seront chargés de l'examen, de la liquidation et de tous les arrangements relatifs aux prétentions réciproques. »

ARTICLES ADDITIONNELS AU TRAITÉ AVEC LA GRANDE-BRETAGNE.

« ARTICLE PREMIER. — Sa Majesté Très Chrétienne, partageant sans réserve tous les sentiments de Sa Majesté britannique, relativement à un genre de commerce que repoussent, et les principes de la justice naturelle et les lumières des temps où nous vivons, s'engage à unir, au futur congrès, tous ses efforts à ceux de Sa Majesté britannique, pour faire prononcer par toutes les puissances de la chrétienté l'abolition de la traite des noirs, de telle sorte que ladite traite cesse universellement, comme elle cessera définitivement et, dans tous les cas, de la part de la France, dans un délai de cinq années; et qu'en outre, pendant la durée de ce délai, aucun trafiquant d'esclaves n'en puisse importer ni vendre ailleurs que dans les colonies de l'État dont il est sujet.

» ARTICLE II. — Le gouvernement britannique et le gouvernement français nommeront incessamment des commissaires pour liquider leurs dépenses respectives pour l'entretien des prisonniers de guerre, afin de s'arranger sur la manière d'acquitter l'excédent qui se trouverait en faveur de l'une ou de l'autre des deux puissances.

» ARTICLE III. — Les prisonniers de guerre respectifs seront tenus d'acquitter, avant leur départ du lieu de leur détention, les dettes particulières qu'ils pourraient y avoir contractées ou de donner au moins caution satisfaisante.

» ARTICLE IV. — Il sera accordé de part et d'autre, aussitôt après la ratification du présent traité de paix, main-levée du séquestre qui aurait été mis depuis l'an 1792 sur les fonds, revenus, créances et autres effets quelconques des hautes parties contractantes ou de leurs sujets.

» Les mêmes commissaires dont il est fait mention à l'article II, s'occuperont de l'examen et de la liquidation des réclamations des sujets de Sa Majesté britannique envers le gouvernement français pour la valeur des biens meubles ou immeubles indûment confisqués par les autorités françaises, ainsi que pour la perte totale ou partielle de leurs créances ou autres propriétés, indûment retenues sous le séquestre depuis l'année 1792.

» La France s'engage à traiter à cet égard les sujets anglais avec la même justice que les sujets français ont éprouvée en Angleterre ; et le gouvernement anglais, désirant concourir pour sa part au nouveau témoignage que les puissances alliées ont voulu donner à Sa Majesté Très Chrétienne, de leur désir de faire disparaître les conséquences de l'époque de malheur si heureusement terminée par la présente paix, s'engage, de son côté, à renoncer, dès que justice complète sera rendue à ses sujets, à la totalité de l'excédent qui se trouverait en sa faveur, relativement à l'entretien des prisonniers de guerre, de manière que la ratification du résultat du travail des commissaires sus-mentionnés, et l'acquit des sommes, ainsi que la restitution des effets qui seront jugés appartenir aux sujets de Sa Majesté britannique, compléteront sa renonciation.

» Article V. — Les deux hautes parties contractantes, désirant établir les relations les plus amicales entre leurs sujets respectifs, se réservent et promettent de s'entendre et de s'arranger le plus tôt que faire se pourra sur leurs intérêts commerciaux, dans l'intention d'encourager et d'augmenter la prospérité de leurs États respectifs.

» Les présent articles additionnels auront la même force et valeur... »

ARTICLE ADDITIONNEL AU TRAITÉ AVEC LA PRUSSE.

« Quoique le traité de paix conclu à Bâle, le 5 avril 1795, celui de Tilsitt, le 9 juillet 1807, la convention de Paris du 20 septembre 1808, ainsi que toutes les conventions et actes quelconques conclus depuis la paix de Bâle, entre la Prusse et la France soient déjà annulés de fait par le présent traité, les hautes parties contractantes ont jugé néanmoins à propos de déclarer expressément que lesdits traités cessent d'être obligatoires pour tous leurs articles, tant patents que secrets, et qu'elles renoncent mutuellement à tout droit et se dégagent de toute obligation qui pourrait en découler.

» Sa Majesté Très Chrétienne promet que les décrets portés contre des sujets français ou réputés français, étant ou ayant été au service de Sa Majesté prussienne, demeureront sans effet, ainsi que les jugements qui ont pu être rendus en exécution de ces décrets.

» Le présent article additionnel aura la même force et valeur... »

L'énumération de tout ce qui se rattache au traité patent du 30 mai 1814 ne serait pas complète, si je n'insérais pas également ici les articles séparés et secrets de ce traité, auxquels j'avais dû consentir, et qui en formaient la partie peut-être la plus fâcheuse pour les négociations que les plénipotentiaires français auraient à suivre au futur congrès. Ces articles me furent seulement communiqués, et je n'y apposai pas ma signature.

ARTICLES SÉPARÉS ET SECRETS DU TRAITÉ DE PARIS DU 30 MAI 1814.

» La disposition à faire des territoires auxquels Sa Majesté Très Chrétienne renonce par l'article III du traité patent de ce jour, et les rapports desquels doit résulter un système d'équilibre réel et durable en Europe, seront réglés au congrès sur les bases arrêtées par les puissances alliées *entre elles,* et d'après les dispositions générales contenues dans les articles suivants :

» ARTICLE PREMIER. — L'établissement d'un juste équilibre en Europe, exigeant que la Hollande soit constituée dans des proportions qui la mettent à même de soutenir son indépendance par ses propres moyens, les pays compris entre la mer, les frontières de la France, telles qu'elles se trouvent réglées par le présent traité, et la Meuse, seront réunis à toute perpétuité à la Hollande.

» ARTICLE II. — Les frontières de la rive droite de la Meuse seront réglées selon les convenances militaires de la Hollande et de ses voisins.

» ARTICLE III. — La liberté de navigation sur l'Escaut sera établie sur le même principe qui a réglé la navigation du Rhin dans l'article V du traité patent de ce jour.

» ARTICLE IV. — Les pays allemands sur la rive gauche du Rhin, qui avaient été réunis à la France depuis 1792, serviront à l'agrandissement de la Hollande et à des compensations pour la Prusse et autres États allemands. »

Quand je pense à la date de ces traités de 1814, aux difficultés de tout genre que j'ai éprouvées, à l'esprit de vengeance que je rencontrai dans quelques-uns des négociateurs avec lesquels je traitais, et que j'étais obligé de combattre, j'attends avec confiance le jugement que la postérité en portera. Je me bornerai à rappeler que six semaines après l'entrée du roi à Paris, la France avait son territoire assuré; les soldats étrangers avaient quitté le sol français; par la rentrée des garnisons des places fortes et des prisonniers, elle possédait une superbe armée, et enfin nous avions conservé tous ces admirables objets d'art conquis par nos armes dans presque tous les musées de l'Europe.

Si de nouveaux désastres sont venus accabler la France en 1815, et lui faire perdre les fruits des traités de 1814, c'est encore Napoléon seul qui fut le coupable, et qui mérita l'exécration de son pays, en attirant sur lui d'irréparables fléaux.

Le traité de Paris, en ôtant à la France les pays immenses que la conquête avait précédemment mis entre ses mains, rendait indispensables des arrangements ultérieurs pour disposer de ces territoires. Plusieurs souverains, tels que le roi de Sardaigne[1], l'électeur de Hanovre[2], celui de Hesse-Cassel, étaient rentrés dans les États qui leur avaient été enlevés par la guerre, aussitôt que ces États s'étaient trouvés délivrés. Mais le sort de beaucoup des pays abandonnés par la France restait à décider. Il y avait aussi à prononcer sur celui

---

1. Victor-Emmanuel Ier, deuxième fils de Victor-Amédée III. Né en 1759, il succéda en 1802 à son frère Charles-Emmanuel qui avait abdiqué. Jusqu'en 1814, il ne régna que sur l'île de Sardaigne. Ayant alors recouvré ses États, il régna jusqu'en 1821, dut alors abdiquer devant une insurrection, céda le trône à son frère Charles-Félix, et mourut en 1824.

2. George III, roi d'Angleterre, recouvra en 1814 son électorat de Hanovre qui fut érigé en royaume et accru de divers territoires.

du roi de Saxe; que les puissances alliées poursuivaient de leur haine, à cause de sa fidélité à la cause de Napoléon; sur le duché de Varsovie, pris, non à la France, mais à son allié le roi de Saxe, et enfin sur le royaume de Naples, que la politique de la France, aussi bien que la volonté de Louis XVIII, inébranlable sur ce point, ne pouvait évidemment pas laisser entre les mains de Murat.

On a vu que, par le traité, il avait été convenu que toutes les dispositions à faire seraient arrêtées dans un congrès qui se réunirait à Vienne. Une des stipulations du traité était que la Hollande, placée sous la souveraineté de la maison d'Orange, recevrait un accroissement de territoire qui ne pouvait être pris qu'en Belgique; c'était le résultat d'une promesse faite par l'Angleterre qui voulait avoir le port d'Anvers dans sa dépendance, et empêcher qu'il ne devînt un port militaire. Le roi de Sardaigne devait aussi recevoir une augmentation de territoire prise sur l'ancien État de Gênes, car les cabinets alliés ne songeaient pas plus que Napoléon à rétablir les anciennes républiques, ébranlées ou détruites déjà par la République française.

Les États d'Allemagne qu avaient survécu à la dissolution de l'empire germanique, et ceux d'Italie (à l'exception des pays qui appartiendraient à l'empereur d'Autriche) devenus indépendants, devaient continuer à l'être. Du reste, le traité ne déterminait rien sur les autres partages et dispositions de territoires. Il se bornait à dire que les arrangements territoriaux et autres devraient être faits de manière à ce qu'il en résultât un *équilibre réel et durable*. Ces mots d'*équilibre réel et durable* étaient bien vagues, et ne pouvaient manquer d'ouvrir un vaste champ à des discussions dont il était à peu près impossible de prévoir l'issue. Car, ni la direction que devaient prendre les négociations du congrès, ni l'esprit qui devait présider à ses travaux, n'étaient déterminés d'avance par des principes fixes. Si quelques points étaient décidés, c'était par des clauses relatives à des cas particuliers.

Dans un tel état de choses, le rôle de la France était singulièrement difficile. Il était bien tentant et bien aisé, pour des cabinets aigris depuis si longtemps, de la tenir à l'écart des grands intérêts de l'Europe. Par le traité de Paris, la France avait échappé à la destruction; mais elle n'avait pas repris dans le système de politique générale le rang qu'elle est appelée à occuper. Des yeux exercés découvraient aisément dans plusieurs des principaux plénipotentiaires le secret désir de la réduire à un rôle secondaire; et les articles secrets du traité prononçaient que le partage des territoires repris à la France se ferait *entre les puissances*, c'est-à-dire à l'exclusion de la France. Si donc la France ne marquait pas elle-même, dès le début du congrès, la place que lui assignaient les souvenirs de sa puissance et la générosité momentanée de quelques-uns des souverains alliés, elle devait se résigner à rester longtemps étrangère aux transactions de l'Europe, et exposée à l'effet des alliances que ses succès, dont elle avait tant abusé, avaient fait contracter, et que la jalousie pouvait faire renouveler. En un mot, elle perdait l'espoir de tracer entre l'empire de Napoléon et la restauration cette profonde ligne de séparation, qui devait interdire aux cabinets de l'Europe de demander compte à la France régénérée, des excès et des violences de la France révolutionnaire.

Il fallait un négociateur bien convaincu de l'importance des circonstances, bien pénétré des moyens qui avaient contribué aux changements opérés en France, et qui fût en position de faire entendre un langage vrai et ferme aux cabinets qu'il était difficile de distraire de l'idée qu'ils avaient triomphé. Il fallait surtout que le plénipotentiaire français comprît et fît comprendre que la France ne voulait que ce qu'elle avait; que c'était franchement qu'elle avait répudié l'héritage de la conquête; qu'elle se trouvait assez forte dans ses anciennes limites; qu'elle n'avait pas la pensée de les étendre; qu'enfin, elle plaçait aujourd'hui sa gloire dans sa modération; mais que si elle voulait que sa voix fût comptée en Europe, c'était pour pouvoir défendre les droits des autres contre toute espèce d'envahissement.

Je ne voyais dans tous ceux qui avaient pris part aux affaires personne qui me parût réunir les conditions nécessaires pour remplir convenablement cette mission. Les hommes revenus avec le roi étaient restés étrangers aux affaires générales; ceux qui tenaient au gouvernement déchu ne pouvaient encore comprendre les intérêts et la situation de la monarchie qui renaissait. Je regardais la position du plénipotentiaire français à Vienne comme très difficile; je n'en connus jamais de plus honorable.

C'était, en effet, le rôle de ce plénipotentiaire de compléter l'œuvre de la Restauration, en assurant la solidité de l'édifice que la Providence avait permis de reconstruire. Je me crus le droit, et je regardai comme un devoir de réclamer ce poste. Le roi ne me laissa pas achever la demande que j'allais lui en faire, et m'interrompit, en me disant : « Présentez-moi un projet pour vos instructions. » Je le remerciai, et je le priai de nommer avec moi le duc de Dalberg que je voulais distinguer, pour qui j'avais de l'amitié, et qui d'ailleurs par sa naissance, par ses relations de famille en Allemagne et par sa capacité, serait pour moi un coopérateur utile.

Au bout de peu de jours, je pus mettre sous les yeux du roi, le projet d'instructions qu'il m'avait demandé. Il l'approuva, et je crois que lorsqu'on connaîtra ces instructions, que je donnerai plus loin, la France s'honorera du souverain qui les a signées.

Pour m'accompagner, je fis choix dans le département des affaires étrangères du fidèle et habile La Besnardière, que je regarde comme l'homme le plus distingué qui ait paru dans le ministère des affaires étrangères depuis un grand nombre d'années. Je mis auprès de lui MM. Challaye, Formond[1] et Perrey, jeunes tous trois, et ayant en eux de quoi profiter des leçons qu'on devait puiser dans d'aussi grandes circonstances.

Je cherchai ensuite dans la société deux personnes que je pourrais en outre attacher à la légation française à Vienne. Dans mon choix, je m'occupai beaucoup plus de Paris, c'est-à-dire des Tuileries, que de Vienne, parce que, à Paris, il y avait à contenir tous les petits faiseurs diplomatiques qui environnaient les princes, et à qui je voulais donner l'assurance d'avoir autour de moi, sans que j'eusse l'air de le savoir, mais aussi, sans qu'il y eût de danger pour les affaires, une correspondance particulière ; car, pour Vienne et pour la France, je

---

1. M. de Formond était employé au bureau du chiffre à la chancellerie. Il devint plus tard consul et séjourna en cette qualité à Bucharest (1815), à Cagliari (1817), à Livourne 1830. Il prit sa retraite en 1840.

comptais sur moi-même. C'est ainsi que le comte Alexis de Noailles[1] et le marquis de la Tour du Pin Gouvernet[2] ont été associés au duc de Dalberg et à moi comme plénipotentiaires au congrès de Vienne.

Il me parut aussi qu'il fallait faire revenir la haute et influente société de Vienne des préventions hostiles que la France impériale lui avait inspirées. Il était nécessaire pour cela de lui rendre l'ambassade française agréable; je demandai donc à ma nièce, madame la comtesse Edmond de Périgord, de vouloir bien m'accompagner et faire les honneurs de ma maison. Par son esprit supérieur et par son tact, elle sut attirer et plaire, et me fut fort utile.

A Vienne, il fallait faire tenir à la France un autre langage que celui qu'on était depuis vingt ans habitué à entendre de sa part. Il n'était pas moins nécessaire que la dignité qu'elle

---

1. Alexis comte de Noailles, fils de Louis-Marie vicomte de Noailles, né en 1783. En 1809, il fut arrêté comme coupable d'avoir répandu la bulle d'excommunication du pape contre l'empereur. Mis peu après en liberté, il s'expatria en 1811, se rendit en Suisse, puis à Stockholm, enfin en Angleterre où il rejoignit Louis XVIII. Il fit la campagne de 1813 comme aide de camp de Bernadotte, et servit également dans les rangs ennemis en 1814. Il devint alors aide de camp du comte d'Artois, et suivit le prince de Talleyrand à Vienne. En 1815, il fut élu député de l'Oise et du Rhône, et nommé ministre d'État et membre du conseil privé. Il fut constamment réélu jusqu'en 1830, époque où il rentra dans la vie privée. Il mourut en 1835.

2. Frédéric marquis de La Tour du Pin Gouvernet, né en 1758, était le fils du comte de La Tour du Pin, qui fut député aux états généraux, ministre de la guerre en 1789, et qui fut guillotiné en 1794. Il était colonel au début de la Révolution, et fut nommé ministre à La Haye. Destitué en 1792, il émigra, rentra en France sous le consulat, et devint préfet d'Amiens et de Bruxelles. Il suivit M. de Talleyrand à Vienne, fut ensuite nommé de nouveau ministre à La Haye, puis près le roi de Sardaigne. Il se retira en 1830, et mourut en 1837.

montrerait fût exprimée avec noblesse, même avec éclat. Le rôle d'abnégation, si nouveau pour elle, et qui lui était imposé par les fautes de l'empereur Napoléon, pouvait, dans mon opinion, n'être point dépourvu de grandeur, et devait même donner du poids aux observations que je serais appelé à faire dans l'intérêt de la justice et du droit. Aussi, ce fut par l'utilité dont elle pouvait être en appuyant les faibles, que je cherchai à la placer immédiatement dans une situation digne et honorable.

On doit pressentir aisément que d'assez grandes difficultés m'attendaient à Vienne, pour que cela me serve de réponse aux reproches qui m'ont été faits d'avoir quitté Paris au moment où le gouvernement, mal conseillé, pouvait suivre une marche imprudente, retarder par là son affermissement et refroidir les sentiments qu'on avait montrés au roi à son arrivée. De plus, il faut avant tout faire ce que l'on sait faire ; et ici, j'entreprenais une tâche dans laquelle j'avais la confiance de réussir. Et je le demande à tous les gens de bonne foi, était-il naturel de croire qu'au lieu de mettre ses soins à ne pas réveiller des souvenirs qu'il fallait faire oublier, et à éloigner toutes les apparences d'une volonté arbitraire, un gouvernement nouveau ne s'appliquerait qu'à faire le contraire? La vérité est, je l'avoue, que je ne m'étais point attendu à un pareil aveuglement. Je n'aurais jamais cru que M. l'abbé de Montesquiou, qui avait la première influence, l'emploierait aussi mal.

L'empereur Alexandre ne fut pas longtemps sans montrer à quel point il était étonné de la marche que l'on suivait dans les affaires intérieures de la France. C'était un embarras de plus. Il recevait ses impressions des libéraux les plus ardents, qu'il voyait habituellement. Je crus devoir après son départ pour l'Angleterre, d'où son projet était de revenir à Paris, lui écrire la lettre suivante. Elle a pu lui faire faire quelques réflexions, s'il l'a retrouvée, en 1823, dans son portefeuille[1].

LE PRINCE DE BÉNÉVENT A L'EMPEREUR ALEXANDRE.

« Paris, le 13 juin 1814.

» S I R E,

» Je n'ai point vu Votre Majesté avant son départ, et j'ose lui en faire un reproche dans la sincérité respectueuse du plus tendre attachement.

» Sire, des relations importantes vous livrèrent, il y a longtemps, mes secrets sentiments. Votre estime en fut la suite ; elle me consola pendant plusieurs années, et m'aida à soutenir de pénibles épreuves ; je démêlai d'avance votre destinée, et je sentis que je pourrais, tout Français que j'étais, m'associer un jour à vos projets, parce qu'ils ne cesseraient point d'être magnanimes. Vous l'avez remplie tout entière, cette belle destinée ; si je vous ai suivi dans votre noble carrière, ne me privez point de ma récompense ; je le demande au héros de mon imagination, et j'ose ajouter, de mon cœur.

» Vous avez sauvé la France ; votre entrée à Paris a signalé

---

[1] Nous avons vérifié que l'original de cette lettre se trouve encore aux archives impériales à Pétersbourg (1857).
(*Note de M. de Bacourt.*)

la fin du despotisme ; quelles que soient vos secrètes observations, si vous y étiez encore appelé, ce que vous avez fait, il faudrait le faire encore ; car vous ne pourriez manquer à votre gloire, quand même vous croiriez avoir entrevu la monarchie disposée à ressaisir un peu plus d'autorité que vous ne le croyez nécessaire, et les Français négliger le soin de leur indépendance. Après tout, que sommes-nous encore, et qui peut se flatter, à la suite d'une pareille tourmente, de comprendre en peu de temps le caractère des Français ? N'en doutez pas, Sire, le roi que vous nous avez reconquis, s'il veut nous donner des institutions utiles, sera obligé, en y mêlant quelques précautions, de chercher dans son heureuse mémoire ce que nous étions autrefois, pour bien juger de ce qui nous convient. Détournés par une sombre oppression de nos habitudes nationales, nous paraîtrons longtemps étrangers au gouvernement qu'on nous donnera.

» Les Français, en général, étaient et seront légers dans leurs impressions ; on les verra toujours prompts à les répandre, parce qu'un secret instinct les avertit qu'elles ne doivent pas être de longue durée. Cette mobilité les conduira à déposer bientôt une confiance assez étendue dans les mains de leur souverain, et le nôtre n'en abusera pas.

» En France, le roi a toujours été beaucoup plus que la patrie ; il semble, pour nous, qu'elle se soit fait homme ; nous n'avons point d'orgueil national, mais une vanité étendue, qui, bien réglée, produit un sentiment très fort de l'honneur individuel. Nos opinions, ou plutôt nos goûts, ont souvent dirigé nos rois (Bonaparte eût répandu plus impunément le sang français, s'il n'eût voulu nous asservir à ses sombres manières). Les formes, les manières de nos souverains nous ont façonnés à notre tour, et de cette réaction mutuelle vous verrez sortir de chez nous un mode de gouverner et d'obéir qui, après tout, pourrait finir par mériter le nom de constitution. Le roi a longtemps étudié notre histoire ; il nous sait; il sait donner un caractère royal à tout ce qui émane de lui ; et quand nous serons rentrés en nous-mêmes, nous reviendrons à cette habitude vraiment française de nous approprier les actions et les qualités de notre roi. D'ailleurs, les principes libéraux marchent avec l'esprit du siècle, il faut qu'on y arrive ; et si Votre Majesté veut se fier à ma parole, je lui promets que nous aurons de la monarchie liée à la liberté ; qu'elle verra les hommes de mérite accueillis et placés en France, et je garantis à votre gloire, le bonheur de notre pays.

» Sire, je conviens que vous avez vu à Paris beaucoup de mécontents ; mais en écartant encore la promptitude de la dernière révolution, et la surprise de tant de passions toutes agitées en même temps, qu'est-ce que Paris, après tout ? Rien qu'une ville d'appointement. La cessation seule des appointements a averti les Parisiens du despotisme de Bonaparte. Si on avait continué de payer les gens en place, c'est en vain que les provinces auraient gémi de la tyrannie. Les provinces, voilà la vraie France ; c'est là qu'on bénit réellement le retour de la maison de Bourbon, et que l'on proclame votre heureuse victoire.

» Votre Majesté me pardonnera les longueurs de cette lettre ; elles étaient indispensables pour répondre à la plus grande partie de ses généreuses inquiétudes ; elles me tiendront lieu d'une explication que j'aurais tant aimé à lui donner. Le général Pozzo[1], que je vois tous les jours, et que je ne puis trop vous remercier, Sire, de nous avoir laissé, nous regardera, nous avertira, car nous avons besoin quelquefois d'être avertis ; je traiterai avec lui les intérêts de nation ; et si, comme je l'espère, Votre Majesté honore la France de quelques moments de retour, il vous dira, et vous verrez vous-même, que je ne vous aurai pas trompé.

» Une autre confidente, une seule, a reçu le secret de mon chagrin ; je veux parler de la duchesse de Courlande que vous honorez de vos bontés et qui entend si bien mes inquiétudes. Quand nous aurons le bonheur de vous revoir, je lui laisserai le soin de vous dire combien j'ai été peiné, et elle vous dira aussi que je ne méritais pas de l'être.

» Mais, Sire, que votre âme généreuse sache avoir un peu de patience ! Vrai bon Français que je suis, permettez-moi de vous demander en vieux langage français, de nous laisser reprendre l'ancienne *accoutumance* de l'amour de nos rois ; ce n'est pas à vous à refuser de comprendre l'influence de ce sentiment sur une grande nation.

---

1. Charles André, comte Pozzo di Borgo, né près d'Ajaccio en 1764. D'abord très lié avec Napoléon dans sa jeunesse, ils se brouillèrent au cours de discordes civiles de la Corse, et ce fut le début d'une inimitié qui se prolongea autant que leur vie. En 1791, Pozzo fut élu député de la Corse à l'Assemblée législative. Revenu en Corse en 1792, il fut l'année suivante appelé aux affaires, avec Paoli, par ses concitoyens. La Corse s'étant un instant donnée à l'Angleterre, Pozzo fut alors président du conseil d'État et secrétaire d'État. Il dut émigrer en 1796, alla à Londres, puis à Vienne, et en 1803, entra au service de la Russie comme diplomate. Il revint en Autriche après Tilsitt, puis passa de là en Angleterre (1809), et négocia un rapprochement entre Londres et Pétersbourg. Il eut une influence considérable sur les événements de 1812 et 1813. En 1814, il accompagna l'empereur Alexandre à Paris, fut nommé ambassadeur de Russie en France, chargé de nombreuses missions diplomatiques, et assista à tous les congrès de la sainte alliance. En 1835 il devint ambassadeur à Londres, se démit en 1839 et mourut en 1843.

» Veuillez agréer, Sire, avec votre bonté accoutumée, l'hommage du profond respect avec lequel je suis, Sire, de Votre Majesté, le très humble et très obéissant serviteur,

» Le prince DE BÉNÉVENT. »

Voici maintenant les instructions qui m'avaient été données par Louis XVIII, au moment de mon départ pour Vienne :

INSTRUCTIONS

POUR LES AMBASSADEURS DU ROI AU CONGRÈS.

« Aucune assemblée investie de pouvoirs ne peut rien faire de légitime, qu'autant qu'elle est légitimement formée et conséquemment qu'aucun de ceux qui ont le droit d'y être n'en est exclu, et qu'aucun de ceux qui n'ont pas ce droit n'y est admis ; qu'elle se renferme scrupuleusement dans les bornes de sa compétence et qu'elle procède, selon les règles prescrites, ou à défaut de ces règles, selon celles qui se peuvent tirer de la fin pour laquelle elle a été formée et de la nature des choses. C'est la nature des choses qui, par les rapports de dépendance qu'elle met entre les objets divers, fixe l'ordre dans lequel il est indispensable de les régler, une question subordonnée ne pouvant pas être traitée et résolue avant celle dont elle dépend. Enfin, les actes les plus légitimes et les plus sages seraient vains et en pure perte, si, faute de moyen d'exécution, ils restaient sans effet.

Il est donc de toute nécessité que le congrès détermine avant tout :

» 1° Quels sont les États qui doivent y avoir leurs plénipotentiaires ;

» 2° Quels objets devront ou pourront y être réglés ;

» 3° Par quelle voie ils devront l'être; s'ils le seront par voie de décision ou d'arbitrage, ou bien par voie de négociations, ou en partie par l'une, et en partie par l'autre de ces deux voies, et les cas pour lesquels on devra se servir de chacune d'elles ;

» 4° Pour les cas où la voie de décision sera employée, de quelle manière seront formés les votes ;

» 5° L'ordre dans lequel les objets seront traités ;

» 6° La forme à donner aux décisions ;

» 7° Le mode et les moyens d'exécution, pour le cas où il se rencontrerait des obstacles quelconques.

» D'après l'article XXXII du traité du 30 mai, le congrès doit être général, et toutes les puissances engagées de part et d'autre dans la guerre que ce traité a terminée doivent y envoyer leurs plénipotentiaires. Bien que la dénomination de *puissances* emporte avec elle une idée indéterminée de grandeur et de force, qui semble la rendre inapplicable à beaucoup d'États dépourvus de l'une et de l'autre, employée comme elle l'est dans l'article XXXII, d'une manière abstraite avec une généralité qui n'est restreinte que par l'expression d'un rapport entièrement indépendant de la force comparative des États et commun entre les plus petits et les plus grands, elle comprend incontestablement l'universalité de ceux entre lesquels ce rapport existe, c'est-à-dire qui ont été d'une part ou de l'autre engagés dans la guerre que le traité du 30 mai a terminée. Or, si l'on excepte la Turquie et la Suisse, car la république de Saint-Marin ne saurait être comptée, tous les États de l'Europe, grands et petits, ont été engagés dans cette guerre. Le droit des plus petits d'envoyer un plénipotentiaire au congrès résulte donc de la disposition du traité du 30 mai. La France n'a pas songé à les exclure et les autres puissances contractantes ne l'ont pas pu, puisque stipulant pour eux et en leur nom, elles n'ont pas pu stipuler contre eux. Les plus petits États, ceux que l'on pourrait le plus vouloir exclure, à raison de leur faiblesse, sont tous ou presque tous en Allemagne. L'Allemagne doit former une confédération dont ils sont membres, et dont, par conséquent, l'organisation les intéresse au plus haut point. On ne la peut faire sans eux, qu'en violant leur indépendance naturelle, et l'article VI du traité du 30 mai, qui la consacre implicitement, en disant que les États de l'Allemagne seront indépendants et unis par un lien fédératif. Cette organisation sera faite au congrès ; il serait donc injuste de les en exclure.

» A ces motifs de justice, se joint une raison d'utilité pour la France. Ce qui est de l'intérêt des petits États est aussi de son intérêt. Tous voudront conserver leur existence, et elle doit vouloir qu'ils la conservent. Quelques-uns peuvent désirer de s'agrandir, et il lui convient qu'ils s'agrandissent, en tant que cela peut diminuer l'accroissement des grands États. Sa politique doit être de les protéger et de les favoriser, mais sans qu'on en puisse prendre ombrage, ce qui lui serait moins facile s'ils n'assistaient point au congrès, et qu'au lieu de n'avoir qu'à appuyer leurs demandes, elle en dût faire pour eux. D'un autre côté, le besoin qu'ils auront de son appui lui donnera sur eux de l'influence. Il n'est donc point indifférent pour elle que leurs voix soient ou non comptées.

» En conséquence, les ambassadeurs du roi s'opposeront, s'il y a lieu, à ce que, sous le prétexte de la petitesse d'un État engagé dans la dernière guerre, les plénipotentiaires que le souverain de cet État enverrait au congrès en soient exclus, et ils insisteront pour qu'ils y soient admis.

» Les nations d'Europe ne vivent point entre elles sous la seule loi morale ou de nature, mais encore sous une loi qu'elles se sont faite et qui donne à la première une sanction qui lui manque ; loi établie par des conventions écrites, ou par des usages constamment, universellement et réciproquement suivis, toujours fondée sur un consentement mutuel, exprès ou tacite, et qui est obligatoire pour toutes. Cette loi, c'est le droit public.

» Or il y a dans ce droit deux principes fondamentaux : l'un, que la souveraineté ne peut être acquise par le simple fait de la conquête, ni passer au conquérant, si le souverain ne la lui cède ; l'autre, qu'aucun titre de souveraineté, et conséquemment le droit qu'il suppose, n'ont de réalité pour les autres États, qu'autant qu'ils l'ont reconnu.

» Toutes les fois qu'un pays conquis a un souverain, la cession est possible, et il suit du premier des principes cités qu'elle ne peut être remplacée ni suppléée par rien.

» Mais un pays conquis peut n'avoir pas de souverain, soit parce que celui qui l'était, a, pour lui et ses héritiers, renoncé simplement à son droit, sans le céder ; soit parce que la famille régnante vient à s'éteindre, sans que personne soit appelé légalement à régner après elle. Dans une république, à l'instant où elle est conquise, le souverain cesse d'exister, parce que sa nature est telle que la liberté est une condition nécessaire de son existence, et qu'il y a une impossibilité absolue à ce que, tant que dure la conquête, il soit libre un seul moment.

» La cession par le souverain est alors impossible.

» S'ensuit-il que, dans ce cas, le droit de conquête puisse se prolonger indéfiniment, ou se convertir de lui-même en droit de souveraineté? Nullement.

» La souveraineté est, dans la société générale de l'Europe, ce qu'est la propriété privée dans une société civile particulière. Un pays ou un État sous la conquête et sans souverain, et une propriété sans maître, sont des biens vacants, mais faisant respectivement, et l'un aussi bien que l'autre, partie d'un territoire qui n'est pas vacant, conséquemment soumis à la loi de ce territoire, et ne pouvant être acquis que conformément à cette loi, savoir : la propriété privée, conformément au droit public de l'État particulier où elle est située, et le pays ou l'État, conformément au droit public européen qui est la loi générale du territoire formant le domaine commun de l'Europe. Or, c'est un des principes de ce droit que la souveraineté ne peut être transférée par le seul fait de la conquête. Donc, lorsque la cession par le souverain est impossible, il est de toute nécessité qu'elle soit suppléée. Donc, elle ne peut l'être que par la sanction de l'Europe.

» Un souverain dont les États sont sous la conquête (s'il est une personne naturelle), ne cessant point d'être souverain, à moins qu'il n'ait cédé son droit, ou qu'il n'y ait renoncé, ne perd par la conquête que la possession de fait, et conserve conséquemment le droit de faire tout ce que ne suppose pas cette possession. L'envoi de plénipotentiaires au congrès la suppose si peu, qu'il peut avoir pour objet de la réclamer.

» Ainsi, le roi de Saxe et le prince primat, comme légitime souverain d'Aschaffenbourg[1] (si toutefois il n'a pas abdiqué), peuvent y envoyer les leurs ; et non seulement ils le peuvent, mais il est nécessaire qu'ils le fassent, car, dans le cas plus que probable où l'on voudra disposer en tout ou en partie de leurs possessions, comme on ne pourrait légitimement en disposer sans une cession ou renonciation de leur part, il faut que quelqu'un, muni de leurs pouvoirs, puisse céder ou renoncer en leur nom ; et comme c'est un troisième principe du droit public de l'Europe, qu'une cession ou renonciation est nulle si elle n'a pas été faite librement, c'est-à-dire par un souverain en liberté, les ambassadeurs du roi feront en sorte que quelque envoyé demande, en invoquant ce principe, que le roi de Saxe puisse se retirer immédiatement en tel lieu qu'il jugera convenable, et ils appuieront cette demande. Au besoin, ils la feraient eux-mêmes.

» Le duc d'Oldenbourg[2], et le duc d'Arenberg[3], les princes

---

[1]. Le prince primat avait été nommé prince souverain d'Aschaffenbourg, Francfort et Wetzlar par l'empereur, au moment de la formation de la confédération du Rhin.

[2]. Le grand-duché d'Oldenbourg avait été annexé par Napoléon le 13 décembre 1810.

[3]. Les États des ducs d'Arenberg avaient été en partie réunis à la France par le traité de Lunéville. Ceux-ci avaient reçu en échange le comté de Meppen et le fort de Rechlinghausen. En 1803, le duc régnant, Louis-Angilbert, abdiqua en faveur de son fils Prosper-Louis, né en 1785. Celui-ci devint en 1806 sénateur de l'empire français, entra dans la confédération du Rhin en 1807, leva en 1808 un régiment de chasseurs avec lequel il fut envoyé en Espagne. Il fut fait prisonnier et conduit en Angleterre. En 1810, Napoléon disposa de ses États qui furent en partie annexés à la France, en partie réunis au grand-duché de Berg. En 1815, les États du duc d'Arenberg furent attribués au Hanovre et à la Prusse, et lui-même devint membre de la chambre haute du Hanovre.

de Salm[1], possédaient en souveraineté des pays qui ont été saisis en pleine paix par celui qui se nommait et devait être leur protecteur, et qui ont été réunis à la France, mais qu'ils n'ont point cédés. Les alliés ne paraissent point avoir jusqu'ici reconnu les droits des maisons d'Arenberg et de Salm ; mais ces droits subsistent aussi bien que ceux du prince d'Isenbourg, qui, absent de chez lui et au service de la France, a été traité comme ennemi, et dont les États sont sous la conquête.

» Les princes et comtes de l'ancien empire germanique, devenus sujets des membres de la confédération du Rhin, en vertu de l'acte qui la forma, ne peuvent point être considérés comme des souverains dépossédés, attendu qu'ils n'étaient point souverains, mais simplement vassaux et sujets de l'empereur et de l'empire dont la souveraineté sur eux a été transférée à leurs nouveaux maîtres. Les tentatives qu'ils feraient pour se faire reconnaître comme souverains dépossédés, et que quelques puissances pourraient vouloir appuyer, doivent être repoussées comme illégitimes et comme dangereuses. La seule hésitation sur ce point suffirait pour agiter, et peut-être, pour mettre en feu tout le midi de l'Allemagne.

» L'ordre de Saint-Jean de Jérusalem pourrait vouloir envoyer au congrès ; mais attendu que l'île de Malte et ses dépendances étaient le seul territoire qu'il possédât ; qu'il les a cédées, et qu'il ne peut y avoir de souverain sans territoire,

---

1. Constantin-Alexandre, prince de Salm-Salm et Frédéric IV prince de Salm-Kyrbourg. La principauté de Salm fut réunie à la France en 1802. En échange, le prince de Salm-Kyrbourg, qui servait dans l'armée française comme officier supérieur de cavalerie, obtint l'évêché de Munster et entra dans la confédération du Rhin. En 1812, Napoléon annexa ce territoire moyennant une rente de 400 000 francs qui fut payée au prince. En 1814, son ancienne principauté fut réunie à la Prusse.

pas plus que de propriétaire sans propriété, il a cessé d'être souverain, et ne peut le redevenir qu'en acquérant un territoire.

» La délivrance d'un pays conquis, de quelque manière qu'elle s'opère, rend immédiatement la possession au souverain qui n'a perdu qu'elle, et à la république, son existence. Ils ne reprennent l'un et l'autre que ce qui était à eux, et n'a appartenu à aucun autre.

» Les électeurs de Hanovre et de Hesse, le prince de Nassau-Orange comme prince d'Allemagne, les ducs de Brunswick[1] et d'Oldenbourg, qui tous, par la dissolution de l'empire germanique, se trouvaient indépendants lorsque leurs pays furent envahis, ou qu'on en disposa, possèdent aujourd'hui au même titre qu'auparavant.

» Les villes de Lübeck, Bremen et Hambourg étaient devenues indépendantes par la dissolution de l'empire germanique; celle de Dantzig, par la paix de Tilsitt[2]. Les républiques du Valais, de Gênes, de Lucques, de Raguse, l'étaient depuis des siècles. Toutes sont tombées sous la conquête, à moins qu'on ne regarde comme valables les actes par lesquels Gênes et Lucques parurent se donner elles-mêmes.

» Celles qu'aucune force étrangère n'occupe, qu'aucune autorité étrangère ne gouverne maintenant, sont redevenues ce

---

1. Frédéric-Guillaume, duc de Brunswick-Œls, né en 1771, avait succédé à son père en 1806. Mais la paix de Tilsitt le déposséda et annexa son duché au royaume de Westphalie. Après de vains efforts pour reconquérir son patrimoine, il se réfugia en Angleterre, reprit les armes en 1813, fut réintégré dans ses États le 22 décembre de la même année, mais fut tué à Waterloo.

2. Napoléon avait alors enlevé Dantzig à la Prusse, et l'avait déclarée ville libre. Mais elle devait être occupée par une garnison française.

qu'elles étaient, et peuvent avoir des ministres au congrès. Les autres ne le peuvent pas.

» Genève a été rendue à son ancienne liberté ; mais elle n'a point été engagée, comme État, dans la guerre que le traité du 30 mai a terminée ; et elle doit faire partie de la confédération helvétique, qui n'y a pas non plus été engagée.

» L'île d'Elbe ne forme un État que depuis que la guerre a cessé[1].

» La conquête, ne pouvant par elle-même donner la souveraineté, ne peut non plus la rendre. Le souverain qui rentre par la conquête dans un pays qu'il a cédé n'en redevient point souverain, pas plus qu'un propriétaire en s'emparant d'une chose qu'il a aliénée n'en redevient propriétaire.

» Ce que la conquête ne peut donner à un seul, elle ne le peut donner à plusieurs. Si donc plusieurs co-conquérants s'attribuent ou se donnent réciproquement la souveraineté sur ce qu'ils ont conquis, ils font un acte que le droit public désavoue et annule.

» Le prince d'Orange[2] avait cédé tous ses droits sur la Hollande,

---

1. Napoléon avait été reconnu prince souverain de l'île d'Elbe.

2. Guillaume prince d'Orange-Nassau, plus tard roi des Pays-Bas, né en 1772, était le fils du stathouder Guillaume V. Il commandait les troupes hollandaises en 1794 et 1795. Devant l'invasion française son père abdiqua et se réfugia en Angleterre, et le prince Guillaume passa au service de l'Autriche. En 1803, il obtint l'abbaye de Fulde qui venait d'être sécularisée moyennant l'abandon de tous ses droits sur la Hollande. Mais, ayant pris en 1806 le parti de la Prusse, il fut dépouillé de cette principauté ainsi que de ses possessions patrimoniales. Il reprit alors du service en Autriche. Il rentra en Hollande en 1813, et prit le titre de prince souverain des Provinces-Unies. Le congrès de Vienne lui reconnut le titre de roi des Pays-Bas, et réunit la Belgique à la Hollande. L'année suivante le roi Guillaume Ier entra de nouveau dans la coalition et fut blessé à Waterloo. Il régna jusqu'en 1830. A cette date, il perdit la Belgique qui proclama son indépendance. Le roi abdiqua en 1840 et mourut à Berlin en 1843.

mais le traité du 30 mai, signé par huit des principales puissances de l'Europe, et contracté au nom de toutes, lui rend ce pays. (*Traité patent*, art. VI.)

» Le même traité, en posant quelques bases des dispositions à faire par le congrès, dit que les anciens États du roi de Sardaigne, dont il n'avait cédé qu'une partie, lui seront rendus (art. II, *secret*) et que l'Autriche aura pour limites, au delà des Alpes, le Pô, le lac Majeur et le Tésin, ce qui lui rendra les pays qui lui avaient appartenu et qu'elle avait cédés sur le golfe Adriatique et en Italie. (Art. VI, *patent*, et II *secret*.)

» Le prince d'Orange a donc un droit légitime actuel, et le roi de Sardaigne et l'Autriche, un droit presque actuel de souveraineté sur des pays qui avaient cessé de leur appartenir, parce qu'ils les avaient cédés.

» Mais le traité n'a rendu à la Prusse aucun des pays qu'elle a cédés en divers temps en deçà de l'Elbe. Elle n'a donc aucun droit réel de souveraineté sur ces pays, si l'on excepte la principauté de Neufchâtel, pour laquelle le dernier et légitime possesseur a fait avec elle un arrangement qui peut être considéré comme une cession. Le traité n'a point rendu la Toscane et Modène aux archiducs Ferdinand[1] et

---

1. Ferdinand, archiduc d'Autriche, fils de l'empereur Léopold et de Marie-Louise infante d'Espagne. Il devint grand-duc de Toscane en 1791. Il conserva ses États jusqu'en 1799, fut alors dépossédé, revint un instant au pouvoir la même année. Mais la victoire de Marengo lui enleva de nouveau ses États qui furent transformés en 1801 en royaume d'Étrurie, et attribués au duc Louis de Parme. Ferdinand se retira à Vienne, reçut en 1803 l'archevêché de Salzbourg avec le titre d'électeur, puis en 1805 l'évêché de Wurtzbourg, et en 1806 entra dans la confédération du Rhin avec le titre de grand-duc. Ferdinand rentra en Toscane en 1814, et régna jusqu'en 1824.

François[1] qui n'en sont conséquemment point et n'en peuvent pas être légitimes souverains.

» Un prince qui s'attribue la souveraineté sur un pays conquis, qui ne lui a point été cédé, l'usurpe. Si ce pays lui a précédemment appartenu, et s'il est vacant, l'usurpation est moins odieuse; mais c'est une usurpation qui ne peut donner aucun droit légitime.

» Le pays de Modène ayant été cédé et étant devenu partie intégrante d'un autre État, avant la guerre que le traité du 30 mai a terminée, n'a point été comme État engagé dans cette guerre. Ainsi, eût-il maintenant un souverain légitime, ce souverain ne pourrait avoir de ministre au congrès.

» Le pays de Parme, également cédé, avait également cessé, avant la guerre, de former un État séparé, et n'en est redevenu un qu'après la guerre terminée[2].

» La Toscane n'est point un pays vacant, quoique la France, à qui elle avait été cédée et réunie, y ait renoncé parce qu'elle avait été cédée sous une condition qui n'a point été remplie, sous la condition de fournir un équivalent déterminé

---

1. François IV, fils de l'archiduc Ferdinand et de Marie-Béatrix d'Este, petit-fils par sa mère d'Hercule III, duc de Modène. En 1797, Hercule fut dépossédé par les Français, et ses États furent incorporés à la république cisalpine, où ils formèrent les départements du Crostolo chef-lieu Reggio, et du Panaro chef-lieu Modène. François fut nommé duc de Modène en 1814. Il régna jusqu'en 1846. De son mariage avec Marie-Béatrix, fille du roi de Sardaigne Victor-Emmanuel I*er*, il eut plusieurs enfants, parmi lesquels la princesse Marie-Thérèse, qui épousa le comte de Chambord.

2. Le duché de Parme avait été réuni à la république cisalpine en 1802. Sous l'empire il, fut annexé à la France et forma le département du Taro chef-lieu Parme.

qui n'a point été fourni, ce qui a fait rentrer la reine d'Étrurie dans son droit de souveraineté sur ce pays [1].

» Le droit le plus légitime peut être contesté. Il devient alors et reste douteux tant que la contestation n'est pas terminée; et l'effet en est suspendu pour tous les cas, et partout où il est nécessaire qu'il soit certain. Un souverain qui n'est tel que pour les États qui le reconnaissent, ne peut, là où les envoyés de tous se réunissent, en avoir lui-même à un titre qu'une partie d'entre eux ne lui reconnaît pas.

» Ferdinand IV ne peut donc avoir d'envoyés au congrès que comme roi de Sicile. C'est assez dire que celui qui règne à Naples n'y en peut pas avoir.

» De tout ce qui précède on peut tirer cette règle générale :

» Que tout prince ayant sur des États engagés dans la dernière guerre un droit de souveraineté qui a été universellement reconnu, qu'il n'a point cédé, et qui n'est reconnu à aucun autre (que ces États soient ou non sous la conquête), peut, de même que tout État que la guerre a trouvé libre, qui y a été engagé, et qui est actuellement libre, avoir un plénipotentiaire au congrès; que tous autres princes ou États n'y en peuvent avoir.

» Les ambassadeurs du roi s'attacheront à cette règle et s'appliqueront à la faire adopter et suivre.

» Le traité du 30 mai ne cite comme étant à régler au congrès que les objets suivants :

» 1° La disposition à faire des territoires auxquels la France a renoncé (art. I, *secret*) ;

---

[1]. On se rappelle que le traité secret de Fontainebleau du 27 octobre 1807 promettait à la reine-régente d'Étrurie, en échange de ses États d'Italie, le royaume de Lusitanie, que l'on formerait d'une partie du Portugal. Cet engagement n'avait pas été tenu.

» 2° Les rapports desquels doit résulter un système d'équilibre réel et durable en Europe (même article);

» 3° L'organisation de la confédération des États de l'Allemagne (art. VI, *patent*);

» 4° La garantie de l'organisation que la Suisse s'est ou se sera donnée depuis le traité (art. II, *secret*);

» 5° Les droits à lever sur la navigation du Rhin par les États riverains (art. V, *patent*);

» 6° L'application (si elle est jugée praticable) aux fleuves qui séparent ou traversent différents États, de la disposition qui rend libre la navigation du Rhin (même article);

» 7° L'abolition universelle de la traite des noirs.(Traité avec l'Angleterre (1er article additionnel.)

» Mais les territoires auxquels la France a renoncé ne sont pas les seuls dont la disposition soit à faire; il y a encore à disposer de ceux qui appartenaient à Napoléon, à un autre titre que celui de chef de la France, ou à des individus de sa famille, et auxquels il a renoncé et pour lui et pour eux.

» Outre ces territoires, il y en a beaucoup d'autres qui sont sous la conquête. Si le congrès n'en devait pas régler le sort, comment pourrait-il établir cet équilibre qui doit être la fin principale et dernière de ses opérations? Des rapports déterminés entre les forces, et conséquemment entre les possessions de tous les États n'en sont-ils pas une condition nécessaire? Et des rapports certains entre les possessions de tous peuvent-ils exister, si le droit de posséder est incertain pour plusieurs? Ce n'est point un équilibre momentané qui doit être établi, mais un équilibre durable. Il ne peut durer qu'autant que dureront les rapports sur lesquels on l'aura fondé, et ces rapports ne pourront durer eux-mêmes qu'autant que le droit de posséder sera transmis dans un ordre qui ne les change pas. L'ordre de succession, dans chaque État, doit donc entrer comme élément nécessaire dans le calcul de l'équilibre, non pas de manière à être changé, s'il est certain, mais de manière à être rendu certain, s'il ne l'est pas. Il y a une raison de plus de le fixer, si l'État où il est douteux est un État que l'on agrandit ; car, en donnant à son possesseur actuel, on donne à son héritier, et il est nécessaire de savoir à qui l'on donne. L'effet ordinaire et presque inévitable d'un droit de succession incertain est de produire des guerres civiles ou étrangères, et souvent les unes et les autres à la fois, ce qui non seulement est un juste motif, mais encore fait une nécessité d'ôter sur ce point toute incertitude.

» Le roi de Sardaigne prenait parmi ses titres celui de prince et de vicaire perpétuel du saint empire romain. La Savoie, le Montferrat[1], quelques districts du Piémont en étaient des fiefs. Le droit d'y succéder était donc réglé par la loi de l'empire, et cette loi excluait à perpétuité les femmes.

» Le roi de Sardaigne possédait ses autres États comme prince indépendant. Le droit d'y succéder ne pouvait donc pas y être réglé par la loi de l'empire, sous laquelle ils n'étaient pas. L'ordre de succession y a-t-il été établi par une loi expresse qui soit applicable à une circonstance pour laquelle

---

1. Le Montferrat était un ancien marquisat situé entre le Piémont et la république de Gênes. La capitale était Casal. Cet État fut concédé au royaume de Sardaigne par l'empereur en 1708, et les rois de Sardaigne prirent le titre de vicaire de l'empereur, titre qui avait été conféré aux marquis de Montferrat par l'empereur Charles IV.

la loi tacite de l'usage ne la saurait suppléer, parce que cette circonstance ne s'est encore jamais présentée ? celle où la maison de Savoie étant divisée en deux lignes, il ne resterait de la ligne régnante que des femmes, circonstance qui, à la vérité, appartient encore à l'avenir, mais à un avenir tellement sûr et tellement prochain que, relativement à l'Europe, et relativement aux objets que le congrès doit régler, elle doit être considérée comme actuelle. La ligne régnante ne compte que trois princes, tous trois d'un âge avancé: l'ancien roi qui est veuf[1], le roi actuel[2] qui n'a que des filles, et le duc de Genevois[3] qui est marié depuis sept années et qui n'a point d'enfants.

» En 1445, le Piémont étant déjà depuis quatre siècles, dans la maison de Savoie, le duc Louis, d'après ce motif que la ruine des maisons souveraines était la suite ordinaire du partage de leurs possessions, déclara inaliénable le domaine de Savoie, c'est-à-dire tout ce que sa maison possédait alors et posséderait par la suite. Toutes les acquisitions faites ou à faire furent ainsi annexées à la couronne ducale de Savoie. Aussi voit-on que dans un cours de plusieurs siècles, l'héritier de la Savoie l'a toujours été de toutes les possessions de sa maison, ce qui certainement n'aurait point eu lieu, s'il y eût eu pour les unes un autre ordre de succession que pour

---

1. Charles-Emmanuel II, qui avait abdiqué en 1802. Il mourut à Rome en 1819, sous l'habit de jésuite. Il était veuf de Marie-Adélaïde-Xavière-Clotilde, fille du dauphin Louis, et par conséquent sœur de Louis XVIII.

2. Victor-Emmanuel Ier, frère du précédent.

3. Charles-Félix, né en 1765, frère des précédents, monta sur le trône en 1821. Il mourut sans enfants en 1824. Le prince de Carignan (Charles-Albert), issu de la ligne collatérale, lui succéda.

l'autre. Dire que celui qui leur était commun ne devait subsister que dans la ligne régnante, et que les femmes de celle-ci, venant à rester seules, doivent être préférées aux mâles de l'autre ligne, pour tout ce qui n'était pas fief de l'empire, ce serait avancer une proposition impossible à admettre sans preuves, et impossible à prouver autrement que par un acte légal, authentique et solennel, qui aurait établi une telle distinction entre les deux lignes. Un acte de cette nature, s'il existait, ne serait point resté ignoré; on le trouverait cité ou transcrit dans plus d'un recueil, et l'on n'en trouve de trace nulle part. On peut donc tenir pour certain qu'il n'existe pas, et qu'ainsi la totalité de l'héritage de la maison de Sardaigne, et non pas seulement la partie de cet héritage qui relevait de l'empire, doit, en vertu de la loi d'hérédité en vigueur, passer immédiatement du dernier prince de la branche régnante à ceux de la seconde branche; en autres termes, que toutes les possessions de la maison de Sardaigne sont héréditaires de mâle en mâle par droit de primogéniture, et à l'exclusion des femmes. Il est même vraisemblable qu'il ne s'élèverait à cet égard aucun doute si l'Autriche, qui aspire à posséder par elle-même ou par des princes de sa maison tout le nord de l'Italie, n'avait point intérêt à en élever, et si le mariage de l'archiduc François avec la princesse fille aînée du roi ne lui offrait point un prétexte qu'il est à craindre qu'elle ne saisisse. Il lui suffirait de donner aux prétentions que de lui-même, ou excité par elle, l'archiduc formerait du chef de sa femme, la qualification de droits, pour s'attribuer à elle-même celui de les soutenir par la force des armes. C'est à ces prétentions et aux funestes suites qu'elles ne manqueraient pas d'entraîner, qu'il est non seulement sage mais encore nécessaire d'obvier, en constatant le droit de la maison de Carignan par une reconnaissance qui prévienne tout litige [1].

» Le même principe de droit public, qui rend tout titre de souveraineté nul pour les États qui ne l'ont point reconnu, s'étend, par une conséquence nécessaire, à tous les moyens d'acquérir la souveraineté, et, conséquemment, aux lois d'hérédité qui la transmettent. On sait ce qui arriva lorsque le dernier prince de chacune des deux branches de la première maison d'Autriche (Charles II par son testament et Charles VI par sa pragmatique) substitua un nouvel ordre de succession à celui qui devait finir dans sa personne. Reconnue par les uns, non reconnue par les autres, la nouvelle loi d'hérédité devint l'objet d'une contestation sanglante, qui ne fut et ne pouvait être terminée que quand tous les États furent d'accord sur le droit que la disposition faite par l'un et l'autre prince tendait à établir. Terminer une contestation n'étant autre chose que de constater le droit, ceux sans la reconnaissance desquels un droit serait censé ne pas exister, peuvent, et sont les seuls qui puissent le constater : et par le même moyen (et parce qu'il n'en est pas de l'Europe comme d'un État particulier où les contestations sur le droit de propriété ne peuvent avoir de suites très graves, et qui ne soient facilement et promptement arrêtées, et où ceux qui les peuvent terminer sont toujours présents), au pouvoir de terminer des contestations actuelles sur le droit de souveraineté, se joint pour le congrès, non seulement le droit,

---

1. La maison de Carignan descend de Charles-Emmanuel Ier, duc de Savoie, mort en 1630. Elle était alors représentée par Charles-Amédée-Albert, prince de Carignan, né en 1798, cousin du roi Victor-Emmanuel. Il fut appelé au trône en 1831, à la mort du roi Charles-Félix.

mais encore le devoir de les prévenir, autant que la nature des choses le permet, en écartant celle de toutes les causes qui peut le plus infailliblement les produire, savoir : l'incertitude sur le droit de succéder.

» La Suisse avait joui pendant plusieurs siècles, au milieu des guerres de l'Europe, et quoique interposée entre deux grandes puissances rivales, d'une neutralité constamment respectée, et non moins profitable aux autres qu'à elle-même. Non seulement, par cette neutralité, le théâtre de la guerre était restreint, mais encore bien des causes de guerre étaient prévenues, et la France se trouvait dispensée de vouer une partie de ses moyens et de ses forces à la défense de la portion de ses frontières la plus vulnérable, et que la Suisse, toujours neutre, couvrait. Si, à l'avenir, la Suisse ne devait plus être libre de rester neutre, ou, ce qui est la même chose, si sa neutralité ne devait pas être respectée, un tel état de choses, par l'influence qu'il aurait nécessairement sur la puissance relative des États voisins, dérangerait et pourrait aller jusqu'à renverser cet équilibre que l'on a en vue d'établir. Le traité du 30 mai ne parle que de garantir l'organisation de la Suisse; mais il est nécessaire que la neutralité future soit aussi garantie.

» La Porte ottomane n'a point été engagée dans la dernière guerre, mais elle est une puissance européenne dont la conservation importe au maintien de l'équilibre européen. Il est donc utile que son existence soit aussi garantie.

» Ainsi le congrès devra régler :

» 1° Le sort des États sous la conquête et non vacants, desquels il y a deux classes, comprenant : la première, les États en litige, c'est-à-dire les États sur lesquels un même droit de souveraineté est reconnu à plusieurs par des puissances différentes.

» Dans cette classe sont le royaume de Naples et la Toscane.

» La seconde, les États ou pays dont le souverain a perdu la possession, sans les avoir cédés, et sans qu'un autre s'en attribue la souveraineté.

» Le royaume de Saxe, le duché de Varsovie, les provinces du Saint-Siège sur l'Adriatique, les principautés d'Arenberg, d'Isemberg et de Salm, auxquelles il faut ajouter celle d'Aschaffenbourg (si le prince primat n'a point abdiqué) composent la seconde classe.

» 2° Les droits de succession incertains.

» 3° La disposition à faire des États ou pays vacants, c'est-à-dire des États auxquels le légitime souverain a renoncé, sans les céder, ou sur lesquels aucun droit actuel de souveraineté n'a été conféré à personne du consentement de l'Europe.

» Ils forment aussi deux classes : la première desquelles comprend ceux qui ont été, non pas actuellement assignés, mais destinés par le traité du 30 mai, savoir :

» Au roi de Sardaigne, la partie de ses anciens États cédée à la France, c'est-à-dire la Savoie et le comté de Nice (ses autres possessions n'ayant point été cédées, il en était resté souverain de droit) et une partie indéterminée de l'État de Gênes ;

» A l'Autriche, les provinces illyriennes et la partie du royaume d'Italie à la gauche du Pô et à l'est du lac Majeur et du Tésin ;

» A la Hollande, la Belgique avec une frontière à déterminer à la gauche de la Meuse ;

» Enfin à la Prusse et autres États allemands qui ne sont

point nommés, pour leur servir de compensation et être partagés entre eux dans une proportion qui n'est point indiquée, les pays entre la Meuse, les frontières de la France et le Rhin.

» A l'autre classe appartient le reste des pays vacants, savoir :

» La partie indéterminée de l'État de Gênes qui n'est point destinée au roi de Sardaigne ; la partie du ci-devant royaume d'Italie, non destinée à l'Autriche ; Lucques ; Piombino ; les îles Ioniennes, le grand-duché de Berg, tel qu'il existait avant le 1er janvier 1811 ; l'Ost-Frise ; toutes les provinces autrefois prussiennes qui faisaient partie du royaume de Westphalie, la principauté d'Erfurt et la ville de Dantzig.

» 4° Le sort futur de l'île d'Elbe, qui, donnée à celui qui la possède pour sa vie seulement, deviendra à sa mort un pays vacant ;

» 5° L'organisation de la confédération de l'Allemagne.

» Toutes choses qui devront être réglées de telle sorte qu'il en résulte un équilibre réel, dans la composition duquel entreront, comme parties nécessaires, l'organisation de la Suisse, sa neutralité future, et l'intégrité des possessions ottomanes d'Europe, reconnues et garanties.

» 6° Les droits de péage sur le Rhin, l'Escaut et les autres fleuves dont la navigation serait rendue libre.

» 7° L'abolition universelle de la traite.

» On ne peut ni créer une obligation, ni ôter un droit certain à un État qui n'y consent pas.

» Dans tous les cas où il s'agit de faire l'un ou l'autre, toutes les puissances ensemble n'ont pas plus de pouvoir qu'une seule. Le consentement de la partie intéressée étant nécessaire, il faut ou l'obtenir, ou renoncer à ce qui, sans lui, ne saurait être juste. La voie de la négociation est alors seule permise.

» La voie de décision est au contraire la seule qu'on puisse prendre lorsque la compétence, une fois établie (et celle du congrès est une conséquence non douteuse des principes exposés ci-dessus), il s'agit, ou de constater un droit de souveraineté en litige, ou de disposer de territoires qui n'appartiennent à personne, ou de régler l'exercice d'un droit commun à plusieurs États qui, par un consentement formel, l'ont subordonné à l'intérêt de tous. Car s'il fallait, dans le premier cas, le consentement de celui dont le droit est déclaré nul, dans le second, le consentement de tous ceux qui prétendent à un territoire disponible, et dans le troisième, celui de tous les intéressés, jamais différend ne pourrait être terminé, jamais territoire vacant ne pourrait cesser de l'être, jamais droit dont l'exercice serait à régler selon l'intérêt de tous, ne pourrait être exercé.

» Le sort des États en litige,

» Les droits de succession douteux,

» La disposition des États vacants,

» Et les droits de péage à établir sur le Rhin,

» Doivent être réglés par voie de décision, avec cette différence qui naît de la différence des objets, que, dans le premier cas, le litige ne peut être terminé qu'autant que le droit de l'un de ceux entre lesquels il existe, est unanimement reconnu; que, dans le second cas, la décision doit être de même unanime; qu'elle doit l'être encore dans le troisième, à part les voix des co-prétendants, qui ne doivent point être comptées; et que, dans le quatrième cas, la majorité suffit.

» Les autres objets ne sauraient être réglés que par voie de négociation.

» Le sort des pays qui ne sont ni vacants ni en litige, parce que, pour en disposer autrement qu'en les rendant à leurs souverains respectifs, le consentement de ceux-ci est nécessaire;

» L'organisation de la confédération germanique, parce que cette organisation sera, pour les États allemands, une loi qui ne leur peut être imposée sans leur consentement ;

» L'abolition de la traite, parce que c'est jusqu'ici une matière étrangère au droit public de l'Europe, sous lequel les Anglais veulent maintenant la placer;

» D'environ cent soixante-dix millions d'habitants que l'Europe chrétienne renferme, plus des deux tiers appartiennent à la France et aux sept États qui ont signé avec elle le traité du 30 mai, et la moitié de l'autre tiers à des pays sous la conquête, qui, n'ayant point été engagés dans la guerre, n'auront point de ministres au congrès. Le surplus forme la population de plus de quarante États dont quelques-uns seraient à peine la centième partie du plus petit de ceux qui ont signé le traité du 30 mai, et qui, réunis tous, ne feraient point une puissance égale aux grandes puissances de l'Europe. Quelle part auront-ils aux délibérations? Quelle part au droit de suffrage? Auront-ils chacun une part égale à celle des plus grands États? Ce serait choquer la nature des choses. N'auront-ils qu'une voix en commun? Ils ne parviendraient jamais à la former. N'en auront-ils aucune? Mieux vaudrait alors ne les point admettre. Mais qui excluera-t-on? Les ministres du pape, de Sicile, de Sardaigne? ou celui de Hollande, ou celui de Saxe? ou seulement ceux qui ne le sont point de têtes couronnées? Mais qui cédera pour ces princes, s'ils doivent céder? Qui donnera pour eux, à une obligation qu'il s'agirait de leur imposer, le consentement qu'ils doivent donner? Disposera-t-on de leurs États sans qu'ils les cèdent? Se passera-t-on de leur consentement quand le droit public le rend nécessaire? Et l'Europe se sera-t-elle réunie pour violer les principes de ce droit qui la régit? Il importe bien plutôt de les remettre en vigueur, après qu'ils ont été si longtemps méconnus et si cruellement violés. Un moyen simple de concilier à la fois le droit et les convenances serait de mesurer la part que les États de troisième et de quatrième ordre prendraient aux arrangements à faire, non sur l'échelle de la puissance, mais sur celle de leur intérêt.

» L'équilibre général de l'Europe ne peut être composé d'éléments simples. Il ne peut l'être que de systèmes d'équilibres partiels. Les petits ou moyens États ne prendraient part qu'à ce qui concerne le système particulier auquel ils appartiennent : les États d'Italie aux arrangements de l'Italie, et les États allemands aux arrangements de l'Allemagne. Les grandes puissances seules, embrassant l'ensemble, ordonneraient chacune des parties par rapport au tout.

» L'ordre dans lequel il paraît le plus naturel et le plus convenable que les objets soient traités est celui dans lequel ils ont été présentés ci-dessus. Il faut premièrement constater ce que chacun a et ce qu'il doit garder, pour savoir s'il faut et ce qu'il faut lui ajouter, et ne disposer qu'en connaissance de cause de ce qui est disponible; répartir ensuite ce qui est à répartir, et fixer ainsi l'état général de possession, premier principe de tout équilibre. L'organisation de l'Allemagne ne peut venir qu'après, car il faudra qu'elle soit relative à la force réciproque des États allemands, et conséquemment, que cette force soit préalablement fixée. Enfin, les garanties doivent suivre et non pas précéder les arrangements sur lesquels elles portent.

» Il devra être tenu un protocole des délibérations, actes et décisions du congrès.

» Ces décisions ne doivent être exprimées que dans le langage ordinaire des traités. Pour rendre le royaume de Naples à Ferdinand IV, il suffirait que le traité reconnût ce prince comme roi de Naples, ou simplement le nommât avec ce titre de la manière suivante : « Sa Majesté Ferdinand IV, roi de » Naples et de Sicile. »

» De même, pour constater le droit de la maison de Carignan, le traité n'aurait qu'à dire : « Telle partie de l'État de Gênes » est réunie à perpétuité aux États de Sa Majesté le roi de Sar- » daigne, pour être, comme eux, possédée en toute propriété » et souveraineté, et héréditaire de mâle en mâle, par ordre » de primogéniture, dans les deux branches de sa maison. »

Pour ce qui concerne le mode et les moyens d'exécution, une garantie commune des droits reconnus suffit à tout, puisqu'elle oblige les garants à soutenir ces droits et qu'elle ôte tout appui extérieur aux prétentions qui leur sont opposées.

» Après avoir montré quels objets le congrès peut et doit régler, et que sa compétence résulte des principes mêmes de droit qui doivent servir à les régler, il reste à les considérer sous le rapport de l'intérêt de la France, et à faire voir que la France est dans l'heureuse situation de n'avoir point à désirer que la justice et l'utilité soient divisées, et à chercher son utilité particulière hors de la justice qui est l'utilité de tous.

» Une égalité absolue de forces entre tous les États, outre qu'elle ne peut jamais exister, n'est point nécessaire à l'équilibre politique, et lui serait peut-être, à certains égards, nuisible. Cet équilibre consiste dans un rapport entre les forces de résistance et les forces d'agression réciproques des divers corps politiques. Si l'Europe était composée d'États qui eussent entre eux un tel rapport que le minimum de la force de résistance du plus petit fût égal au maximum de la force d'agression du plus grand, il y aurait alors un équilibre réel, c'est-à-dire résultant de la nature des choses. Mais la situation de l'Europe n'est point telle et ne peut le devenir. A côté de grands territoires appartenant à une puissance unique, se trouvent des territoires de même ou de moindre grandeur, divisés en un nombre plus ou moins grand d'États, souvent de diverses natures. Unir ces États par un lien fédératif est quelquefois impossible, et il l'est toujours de donner à ceux qui sont unis ainsi la même unité de volonté et la même puissance d'action que s'ils étaient un corps simple. Ils n'entrent donc jamais dans la formation de l'équilibre général que comme des éléments imparfaits; en leur qualité de corps composés, ils ont leur équilibre propre, sujet à mille altérations qui affectent nécessairement celui dont ils font partie.

» Une telle situation n'admet qu'un équilibre tout artificiel et précaire, qui ne peut durer qu'autant que quelques grands États se trouvent animés d'un esprit de modération et de justice qui le conserve.

» Le système de conservation fut celui de la France, dans tout le cours du siècle passé, jusqu'à l'époque des événements qui ont produit les dernières guerres ; et c'est celui que le roi veut constamment suivre. Mais, avant de conserver, il faut établir.

» Si l'Autriche venait à demander la possession de toute l'Italie, il n'y aurait sans doute personne qui ne se récriât à une telle demande, qui ne la trouvât monstrueuse, et ne regardât l'union de l'Italie à l'Autriche comme fatale à l'indépendance et à la sûreté de l'Europe. Cependant, en donnant à l'Autriche toute l'Italie, on ne ferait qu'assurer à celle-ci son indépendance. Une fois réunie en un seul corps, l'Italie, à quelque titre qu'elle appartînt à l'Autriche, lui échapperait, non pas tôt ou tard, mais en très peu d'années, peut-être en peu de mois ; et l'Autriche ne l'aurait acquise que pour la perdre. Au contraire, que l'on divise le territoire italien en sept territoires, dont les deux principaux sont aux extrémités, et les quatre plus petits à côté du plus grand ; que donnant celui-ci à l'Autriche, et trois des plus petits à des princes de sa maison, on lui laisse un prétexte à l'aide duquel elle puisse faire tomber le quatrième en partage à l'un de ces princes ; que le territoire à l'autre extrémité soit occupé par un homme qui, à raison de sa position personnelle vis-à-vis d'une partie des souverains de l'Europe, ne puisse avoir d'espoir que dans l'Autriche, ni d'autre appui qu'elle ; que le septième territoire appartienne à un prince dont toute la force réside dans le respect dû à son caractère, n'est-il pas manifeste qu'en paraissant ne donner qu'une partie de l'Italie à l'Autriche, on la lui aura en effet donné toute, et que son apparente division en divers États ne serait, en réalité, qu'un moyen donné à l'Autriche de posséder ce pays, de la seule manière dont elle puisse le posséder, sans le perdre ? Or, tel serait l'état de l'Italie, où l'Autriche doit avoir pour limites le Pô, le lac Majeur et le Tésin, si Modène, si Parme et Plaisance, si le grand-duché de Toscane, avaient pour souverains des princes de sa maison, si le droit de succession dans la maison de Sardaigne restait douteux, si celui qui règne à Naples continuait d'y régner.

» L'Italie divisée en États non confédérés n'est point susceptible d'une indépendance réelle, mais seulement d'une indépendance relative, laquelle consiste à être soumise, non à une seule et même influence, mais à plusieurs. Le rapport qui fait que ces influences se contrebalancent est ce qui constitue son équilibre.

» Que l'existence de cet équilibre importe à l'Europe, c'est une chose si évidente qu'on ne peut même la mettre en question ; et il n'est pas moins évident que, dans une situation de l'Italie, telle que celle qui vient d'être représentée, toute espèce d'équilibre cesserait.

» Que faut-il, et que peut-on faire pour l'établir ? Rien que la justice n'exige ou n'autorise.

» Il faut rendre Naples à son légitime souverain ;

» La Toscane à la reine d'Étrurie ;

» Au Saint-Siège, non seulement les provinces sur l'Adriatique, qui n'ont pas été cédées, mais aussi les légations de Ravenne et de Bologne devenues vacantes ;

» Piombino au prince de ce nom auquel il appartenait, ainsi que les mines de l'île d'Elbe, sous la suzeraineté de la couronne de Naples, et qui dépouillé de l'une et de l'autre propriété, sans aucune sorte d'indemnité, a été réduit par là, à un état voisin de l'indigence [1] ;

» Mettre hors de doute les droits de la maison de Carignan et agrandir la Sardaigne.

---

1. La principauté de Piombino, enclavée dans la Toscane, avait environ quarante kilomètres carrés et vingt-cinq mille habitants. Elle appartenait autrefois à la famille Buoncompagni, qui l'avait achetée en 1634. Le prince de Piombino fut dépossédé en 1801. Bonaparte s'empara de la principauté et la donna à sa sœur la princesse Élisa Baciocchi. Le traité de Vienne la rendit à la famille Buoncompagni, et celle-ci la céda au grand-duc de Toscane moyennant quatre millions sept cent quatre mille francs.

» Si l'on proposait à l'Europe rassemblée de déclarer :

» Que la souveraineté s'acquiert par le seul fait de la conquête, et que le patrimoine d'un prince qui ne l'a perdu que par une suite de son invariable fidélité à la cause de l'Europe doit, du consentement de l'Europe, appartenir à celui entre les mains duquel les malheurs seuls de l'Europe l'ont fait tomber, il est impossible de supposer qu'une telle proposition ne serait pas repoussée à l'instant par un cri de réprobation unanime. Tous sentiraient qu'elle ne tendrait à rien moins qu'à renverser la seule barrière que l'indépendance naturelle des peuples ait permis à la raison d'élever entre le droit de souveraineté et la force, pour contenir l'une et préserver l'autre, et qu'à saper les fondements de la morale même.

» C'est néanmoins ce que déclarerait implicitement le congrès s'il était possible qu'il reconnût celui qui règne à Naples, comme souverain de ce pays, et c'est encore ce qu'il serait censé avoir déclaré, en ne reconnaissant pas en cette qualité Ferdinand IV. Car les peuples ne comprendraient jamais qu'il eût consacré, par son silence, la violation d'un principe si important pour tous les souverains, et qu'il aurait tenu pour vrai. Ils en conclueraient que ce principe n'existe pas, et que la force seule est le droit.

» L'Autriche pourra objecter qu'elle a donné des garanties à celui qui règne à Naples[1]. Mais l'acte par lequel on garantit à quelqu'un ce qui n'est pas à lui, en admettant que la nécessité

---

1. **Murat** avait signé, les 6 et 11 janvier 1814, deux traités, l'un avec l'Autriche, l'autre avec l'Angleterre, par lesquels ces deux puissances lui garantissaient ses États, et même lui promettaient un accroissement de territoire aux dépens des États de l'Église, moyennant quoi il s'engageait à joindre aux armées alliées trente mille hommes de ses troupes.

l'excuse, est tout au moins un acte nul. Cette garantie d'ailleurs n'a pas été donnée contre un jugement de l'Europe ; elle ne l'a été que contre l'homme contre lequel l'Europe était alors armée.

» Le mieux serait sans doute que celui qui règne à Naples n'obtînt aucune souveraineté. Mais on parle de services rendus par lui à la cause de l'Europe ; s'il en a effectivement rendu, et s'il faut l'en récompenser, ou si cela est nécessaire pour vaincre des difficultés, les ambassadeurs du roi ne s'opposeront point à ce qu'on lui donne, non ce qui est à d'autres, mais quelque chose de vacant, tel qu'une partie des îles Ioniennes.

» Jamais droits ne furent plus légitimes que ceux de la reine d'Étrurie sur la Toscane. Ce pays avait été cédé par son grand-duc, et Charles IV l'avait acquis pour sa fille, en donnant en échange les duchés de Parme, Plaisance et Guastalla et la Louisiane avec un certain nombre de vaisseaux et de millions. Si, néanmoins, la restitution de la Toscane offrait trop de difficultés, et si, en sa place, on offrait les duchés de Parme, Plaisance et Guastalla, les ambassadeurs du roi engageraient ceux d'Espagne à se contenter de cette offre et à l'accepter.

» L'Autriche n'avait pas seulement garanti à celui qui règne à Naples la possession de ce royaume; elle s'était engagée à lui procurer un agrandissement jusqu'à concurrence d'un territoire de quatre à six cent mille âmes. Les provinces du Saint-Siège sur 'Adriatique, desquelles il avait été formé trois départements du royaume d'Italie, ont été destinées pour servir à l'accomplissement de cette promesse, et continuent, pour cette raison, d'être occupées par les troupes napolitaines. Si, comme il faut l'espérer, celui qui règne à Naples cesse d'y régner, il ne sera plus question de cette promesse, et la difficulté que l'Autriche aurait à la tenir peut devenir pour elle un motif d'abandonner celui à qui elle l'a faite. Mais dans tous les cas, les ambassadeurs du roi seconderont de tous leurs efforts l'opposition que l'ambassadeur de Sa Sainteté mettra, sans aucun doute, à ce que ces provinces soient distraites du domaine pontifical. Ils contribueront pareillement, autant qu'il dépendra d'eux, à faire restituer au Saint-Siège les légations de Ravenne et de Bologne. Celle de Ferrare étant comprise dans ce qui est destiné par le traité du 30 mai à l'Autriche, sa restitution peut éprouver de grandes et même d'insurmontables difficultés. Mais si quelque arrangement pouvait la faciliter, pourvu qu'il ne fût point de nature à augmenter l'influence autrichienne en Italie, les ambassadeurs du roi y donneraient les mains.

» Le prince de Piombino, quoique simple feudataire de la couronne de Naples, ayant été dépouillé, comme s'il eût été prince souverain, doit être rétabli dans tous les droits dont la violence l'avait privé.

» Ceux de la maison de Carignan ont été exposés avec assez de détail pour qu'il ne soit pas nécessaire d'en parler de nouveau. Ce n'est que dans la supposition que ces droits soient mis hors de tout doute, que la Sardaigne peut être agrandie; mais alors, il est à désirer qu'elle le soit, autant que le permettra la quotité des pays disponibles, afin d'accroître d'autant plus, et d'assurer son indépendance.

» En Italie, c'est l'Autriche qu'il faut empêcher de dominer, en opposant à son influence des influences contraires; en Allemagne, c'est la Prusse. La constitution physique de sa monarchie lui fait de l'ambition une sorte de nécessité. Tout prétexte lui est bon. Nul scrupule ne l'arrête. La convenance est son droit. C'est ainsi que dans un cours de soixante-trois années, elle a porté sa population de moins de quatre millions de sujets à dix millions, et qu'elle est parvenue à se former, si l'on peut ainsi parler, un cadre de monarchie immense, acquérant, çà et là, des territoires épars, qu'elle tend à réunir en s'incorporant ceux qui les séparent. La chute terrible que lui a attirée son ambition ne l'en a pas corrigée. En ce moment, ses émissaires et ses partisans agitent l'Allemagne, lui peignent la France comme prête à l'envahir encore, la Prusse, comme seule en état de la défendre, et demandent qu'on la lui livre pour la préserver. Elle aurait voulu avoir la Belgique. Elle veut avoir tout ce qui est entre les frontières actuelles de la France, la Meuse et le Rhin. Elle veut Luxembourg. Tout est perdu si Mayence ne lui est pas donné. Elle ne peut avoir de sécurité si elle ne possède pas la Saxe. Les alliés ont, dit-on, pris l'arrangement de la replacer dans le même état de puissance où elle était avant sa chute, c'est-à-dire avec dix millions de sujets. Qu'on la laissât faire, bientôt elle en aurait vingt, et l'Allemagne tout entière lui serait soumise. Il est donc nécessaire de mettre un frein à son ambition, en restreignant d'abord, autant qu'il est possible, son état de possession en Allemagne, et, ensuite, en restreignant son influence par l'organisation fédérale.

» Son état de possession sera restreint par la conservation de tous les petits États et par l'agrandissement des États moyens.

» Tous les petits États doivent être conservés par la raison seule qu'ils existent, à la seule exception de la principauté ecclésiastique d'Aschaffenbourg, dont la conservation paraît

CHUTE DE L'EMPIRE — RESTAURATION.   245

incompatible avec le plan général de distribution des territoires ; mais une existence honorable doit être assurée au possesseur.

» Si tous les petits États doivent être conservés, à plus forte raison le royaume de Saxe. Le roi de Saxe a gouverné pendant quarante ans ses sujets en père, donnant l'exemple des vertus de l'homme et du prince. Assailli pour la première fois par la tempête, à un âge avancé qui devait être celui du repos, et relevé incontinent par la main qui l'avait abattu, et qui en avait écrasé tant d'autres, s'il a eu des torts, ils doivent être imputés à une crainte légitime, ou à un sentiment toujours honorable pour celui qui l'éprouve, quel qu'en soit l'objet. Ceux qui lui en reprochent en ont eu de bien réels et d'incomparablement plus grands, sans avoir les mêmes excuses. Ce qui lui a été donné l'a été sans qu'il l'eût demandé, sans qu'il l'eût désiré, sans même qu'il le sût. Il a supporté la prospérité avec modération, et maintenant il supporte le malheur avec dignité. A ces motifs, qui suffiraient seuls pour porter le roi à ne le point abandonner, se joignent les liens de parenté qui les unissent [1] et la nécessité d'empêcher que la Saxe ne tombe en partage à la Prusse, qui ferait par une telle acquisition, un pas immense et décisif vers la domination absolue en Allemagne.

» Cette nécessité est telle que, si, dans une hypothèse dont il sera parlé ci-après, le roi de Saxe se trouvait appelé à la possession d'un autre royaume, il faudrait que celui de Saxe ne cessât point d'exister, et fût donné à la branche ducale, ce qui devrait convenir particulièrement à l'empereur de

---

1. Louis XVIII était par sa mère, Marie-Josèphe de Saxe, cousin germain du roi Frédéric-Auguste.

Russie, puisque son beau-frère, le prince héréditaire de Weimar, s'en trouverait alors le présomptif héritier.

» Les ambassadeurs du roi défendront, en conséquence, de tous leurs moyens la cause du roi de Saxe, et, dans tous les cas, feront tout ce qui est en eux pour que la Saxe ne devienne point une province prussienne.

» De même qu'il faut que la Prusse ne puisse acquérir la Saxe, de même il faut empêcher qu'elle n'acquière Mayence, ni même aucune portion quelconque du territoire à la gauche de la Moselle ; aider la Hollande à porter, aussi loin qu'il sera possible de la rive droite de la Meuse, la frontière qu'elle doit avoir sur cette rive ; seconder les demandes d'accroissement que feront la Bavière, la Hesse, le Brunswick et particulièrement le Hanovre (bien entendu que ces demandes ne porteront que sur des objets vacants), afin de rendre d'autant plus petite la partie des pays disponibles qui restera pour la Prusse.

» Les alliés ont, dit-on, un plan d'après lequel Luxembourg et Mayence seraient en commun à la confédération, et seraient occupés par des troupes fédérales. Ce plan semble convenir aux intérêts personnels de la France, et, par cette raison, les ambassadeurs du roi devront, en l'appuyant, éviter de le faire de manière à élever des soupçons.

» Toute confédération est une république, et, pour être bien constituée, doit en avoir l'esprit. Voilà pourquoi une confédération de princes ne peut jamais être bien constituée, car l'esprit de la république tend à l'égalité, et celui du monarque, à l'indépendance. Mais la question n'est pas de donner à la confédération allemande une organisation parfaite ; il suffit de lui en donner une qui ait l'effet d'empêcher :

» 1° L'oppression des sujets dans les petits États ;

» 2° L'oppression des petits États par les grands ;

» 3° Et l'influence de ceux-ci, de se changer en domination, de telle sorte que l'un d'eux ou plusieurs puissent disposer, pour leurs fins particulières, de la force de tous.

» Or, ces effets ne peuvent être obtenus qu'en divisant le pouvoir, et dans les petits États, et dans la confédération, si on le concentre dans celle-ci, en le faisant changer de mains, et passer successivement par le plus de mains qu'il est possible.

» Voilà tout ce qui peut être dit ici sur la future organisation fédérale de l'Allemagne. Les ambassadeurs du roi n'auront point à en faire le plan. Il leur suffit de savoir dans quel esprit il devra être fait, et d'après quelle règle devront être jugés ceux sur lesquels ils seront appelés à délibérer.

» Le rétablissement du royaume de Pologne serait un bien et un très grand bien ; mais seulement sous les trois conditions suivantes :

» 1° Qu'il fût indépendant ;

» 2° Qu'il eût une constitution forte ;

» 3° Qu'il ne fallût pas compenser à la Prusse et à l'Autriche la part qui leur en était respectivement échue ;

» Conditions qui sont toutes impossibles, et la seconde plus que les deux autres.

» D'abord, la Russie ne veut pas le rétablissement de la Pologne pour perdre ce qu'elle en a acquis. Elle le veut pour acquérir ce qu'elle n'en possède pas. Or, rétablir la Pologne pour la donner tout entière à la Russie, pour porter la population de celle-ci, en Europe, à quarante-quatre millions de sujets, et ses frontières jusqu'à l'Oder, ce serait créer pour l'Europe un danger, et si grand, si imminent, que, quoiqu'il faille tout faire pour conserver la paix, si l'exécution d'un tel plan ne pouvait être arrêtée que par la force des armes, il ne faudrait pas balancer un seul moment à les prendre. On espérerait vainement que la Pologne, ainsi unie à la Russie, s'en détacherait d'elle-même. Il n'est pas certain qu'elle le voulût; il est moins certain encore qu'elle le pût, et il est certain que si elle le voulait et le pouvait un moment, elle n'échapperait au joug que pour le porter de nouveau. Car la Pologne, rendue à l'indépendance, le serait invinciblement à l'anarchie. La grandeur du pays exclut l'aristocratie proprement dite, et il ne peut exister de monarchie où le peuple soit sans liberté civile, et où les nobles aient la liberté politique, ou soient indépendants et où l'anarchie ne règne pas. La raison seule le dit, et l'histoire de toute l'Europe le prouve. Or, comment, en rétablissant la Pologne, ôter la liberté politique aux nobles, ou donner la liberté civile au peuple? Celle-ci ne saurait être donnée par une déclaration, par une loi. Elle n'est qu'un vain nom, si le peuple, à qui on la donne, n'a pas des moyens d'existence indépendants, des propriétés, de l'industrie, des arts, ce qu'aucune déclaration ni aucune loi ne peut donner, et ce qui ne peut être l'ouvrage que du temps. L'anarchie était un état d'où la Pologne ne pouvait sortir qu'à l'aide du pouvoir absolu; et comme elle n'avait point chez elle les éléments de ce pouvoir, il fallait qu'il lui vînt du dehors tout formé, c'est-à-dire qu'elle tombât sous la conquête. Elle y est tombée dès que ses voisins l'ont voulu, et les progrès qu'ont fait celles de ses parties qui sont échues à des peuples plus avancés dans la civilisation prouvent qu'il a été heureux pour elles d'y tomber. Qu'on la rende à l'indépendance, qu'on lui donne un roi, non plus électif, mais héréditaire ; que l'on y ajoute toutes les institutions qu'on pourra imaginer ; moins elles seront libres, et plus elles seront opposées au génie, aux habitudes, aux souvenirs des nobles qu'il y faudra soumettre par la force, et la force, où la prendra-t-on ? Et d'un autre côté, plus elles seront libres, et plus inévitablement la Pologne sera plongée de nouveau dans l'anarchie, pour finir de nouveau par la conquête. C'est qu'il y a dans ce pays comme deux peuples pour lesquels il faudrait deux institutions qui s'excluent l'une l'autre. Ne pouvant faire que ces deux peuples n'en soient qu'un, ni créer le seul pouvoir qui peut concilier tout ; ne pouvant d'un autre côté, sans un péril évident pour l'Europe, donner toute la Pologne à la Russie (et ce serait la lui donner toute que d'ajouter seulement le duché de Varsovie à ce qu'elle possède déjà), que peut-on faire de mieux que de remettre les choses dans l'état où elles avaient été par le dernier partage ? Cela convient d'autant plus que cela mettrait fin aux prétentions de la Prusse sur le royaume de Saxe ; car ce n'est qu'à titre de compensation, pour ce qu'elle ne recouvrerait pas, dans l'hypothèse du rétablissement de la Pologne, qu'elle ose demander la Saxe.

» L'Autriche demanderait sûrement aussi qu'on lui compensât les cinq millions de sujets que contiennent les deux Gallicies, ou, si elle ne le demandait pas, elle en deviendrait bien plus forte dans toutes les questions d'Italie.

» Si néanmoins, contre toute probabilité, l'empereur de Russie consentait à renoncer à ce qu'il possède de la Pologne (et il est vraisemblable qu'il ne le pourrait pas, sans s'exposer à des dangers personnels du côté des Russes), et si l'on voulait faire un essai, le roi, sans en attendre un résultat heureux, n'y mettrait aucune opposition. Dans ce cas, il serait désirable que le roi de Saxe, déjà souverain du duché de Varsovie, dont le père et les aïeux ont occupé le trône de Pologne, et dont la fille avait été appelée à porter le sceptre polonais en dot à son époux, fût fait roi de Pologne.

» Mais, en exceptant le cas où la Pologne pourrait être rétablie dans une indépendance entière de chacune des trois cours copartageantes, la seule proposition admissible et la seule à laquelle le roi puisse consentir, c'est (sauf quelques rectifications de frontières) de tout rétablir en Pologne sur le pied du dernier partage.

» En restant partagée, la Pologne ne sera point anéantie pour toujours. Les Polonais ne formant plus une société politique formeront toujours une famille. Ils n'auront plus une même patrie, mais ils auront une même langue. Ils resteront donc unis par le plus fort et le plus durable de tous les liens. Ils parviendront, sous des dominations étrangères, à l'âge viril auquel ils n'ont pu arriver en neuf siècles d'indépendance, et le moment où ils l'auront atteint ne sera pas loin de celui où, émancipés, ils se rattacheront tous à un même centre.

» Dantzig doit suivre le sort de la Pologne dont elle n'était qu'un entrepôt; redevenir libre, si la Pologne redevient indépendante; ou rentrer sous la domination de la Prusse, si l'ancien partage est maintenu.

» Un emploi qui pourrait être fait des îles Ioniennes a déjà été indiqué. Il importe que ces îles, et surtout celle de Corfou, n'appartiennent ni à l'Angleterre ni à la Russie qui les convoitent, ni à l'Autriche. Corfou est la clef du golfe Adriatique. Si, à la possession de Gibraltar et de Malte, l'Angleterre ajoutait celle de Corfou, elle serait maîtresse absolue de la Méditerranée. Les îles Ioniennes formeraient pour les Russes un point d'agression contre l'empire ottoman, et un point d'appui pour soulever les Grecs. Entre les mains de l'Autriche, Corfou servirait à établir et à consolider sa domination sur l'Italie.

» L'ordre de Saint-Jean de Jérusalem est sans chef-lieu et pour ainsi dire, sans asile, depuis qu'il a perdu Malte. Les puissances catholiques ont intérêt à ce qu'il soit relevé et sorte de ses ruines. Il est vrai qu'il a cédé Malte, mais il est également vrai qu'il ne l'a cédée qu'à la suite d'une invasion qu'aucun motif de droit ou même d'utilité ne justifiait ni n'excusait. Il serait de l'honneur de l'Angleterre, qui, par événement, profite de l'injustice, de contribuer à la réparer, en s'unissant aux puissances catholiques pour faire obtenir à l'ordre un dédommagement. On pourrait lui donner Corfou, sans compromettre les intérêts d'aucun État de la chrétienté. Il en demandera la possession, et les ambassadeurs du roi appuieront cette demande.

» L'île d'Elbe, comme possession qui, à la mort de celui qui la possède maintenant, deviendra vacante, et pour l'époque où elle le sera, pourrait être rendue à ses anciens maîtres, la Toscane et Naples, ou donnée à la Toscane seule.

» Le sort de tous les pays sous la conquête, de ceux qui ne sont point vacants, de ceux qui le sont, et de ceux qui peuvent le devenir, serait ainsi complètement réglé.

» Dans une partie de ces pays, des Français possédaient, à titre de dotation, des biens que le traité du 30 mai leur a fait perdre. Cette disposition rigoureuse, et qui pourrait être considérée comme injuste, relativement aux dotations situées dans des pays qui avaient été cédés, a été aggravée par l'effet rétroactif qu'on lui a donné, en l'appliquant aux fermages et revenus échus. Les ambassadeurs du roi réclameront contre cette injustice, et feront tout ce qui peut dépendre d'eux pour qu'elle soit réparée. Les souverains alliés ayant donné lieu d'espérer qu'ils feraient, et quelques-uns ayant déjà fait des exceptions a la clause qui prive les donataires de leurs dotations, les ambassadeurs du roi feront encore tout ce qui dépendra d'eux pour que cette faveur soit étendue et accordée à autant de donataires qu'il sera possible.

» Pour ce qui est des droits de navigation sur le Rhin et l'Escaut, comme ils doivent être les mêmes pour tous, la France n'a rien à désirer, sinon qu'ils soient très modérés. Par la libre navigation du Rhin et de l'Escaut, la France aura les avantages que lui eût donnés la possession des pays traversés par ces fleuves, et auxquels elle a renoncé, et n'aura point les charges de la possession. Elle ne pourra donc plus raisonnablement la regretter.

» La question de l'abolition de la traite est décidée relativement à la France, qui, sur ce point, n'a plus de concessions à faire; car si l'on demandait d'ôter, ou même simplement d'abréger le délai convenu, elle ne pourrait y consentir. Mais le roi a promis d'unir tous ses efforts à ceux de l'Angleterre pour obtenir que l'abolition universelle de la traite soit prononcée. Il faut acquitter cette promesse, et parce qu'elle est faite, et parce qu'il importe à la France d'avoir l'Angleterre pour elle dans les questions qui l'intéressent le plus.

» L'Angleterre, qui s'est livrée hors de l'Europe à l'esprit de conquête, porte dans les affaires de l'Europe l'esprit de conservation. Cela tient peut-être uniquement à sa position insulaire qui ne permet pas qu'aucun territoire soit ajouté au sien, et à sa faiblesse relative qui ne lui permettrait pas de garder sur le continent des conquêtes qu'elle y aurait faites. Mais, que ce soit en elle ou nécessité ou vertu, elle s'est montrée animée de l'esprit de conservation, même à l'égard de la France sa rivale, et sous les règnes d'Henri VIII, d'Élisabeth, de la reine Anne, et peut-être aussi à une époque bien plus récente.

» La France ne portant au congrès que des vues toutes conservatrices, a donc lieu d'espérer que l'Angleterre la secondera, pourvu qu'elle satisfasse elle-même l'Angleterre sur les points qu'elle a le plus à cœur, et l'Angleterre n'a rien tant à cœur que l'abolition de la traite. Ce qui n'était peut-être dans le principe qu'une affaire d'intérêt et de calcul, est devenu dans le peuple anglais une passion portée jusqu'au fanatisme, et que le ministère n'est plus libre de contrarier. C'est pourquoi les ambassadeurs du roi donneront toute satisfaction à l'Angleterre sur ce point, en se prononçant franchement et avec force pour l'abolition de la traite. Mais si l'Espagne et le Portugal, qui sont les seules puissances qui n'aient point encore pris d'engagement à cet égard, ne consentaient à cesser la traite qu'à l'expiration d'un délai de plus de cinq années, et que ce délai fût accordé, les ambassadeurs du roi, feraient en sorte que la France fût admise à en jouir.

» Les présentes instructions ne sont point données aux ambassadeurs du roi comme une règle absolue, de laquelle ils ne puissent s'écarter en aucun point. Ils pourront céder ce qui est d'un intérêt moindre, pour obtenir ce qui est d'un intérêt plus grand. Les points qui importent le plus à la France, classés suivant l'ordre de leur importance relative, sont ceux-ci :

» 1° Qu'il ne soit laissé à l'Autriche aucune chance de pouvoir faire tomber entre les mains d'un des princes de sa maison, c'est-à-dire entre les siennes, les États du roi de Sardaigne ;

» 2° Que Naples soit restitué à Ferdinand IV ;

» 3° Que la Pologne entière ne passe point, et ne puisse point passer sous la souveraineté de la Russie ;

» 4° Que la Prusse n'acquière ni le royaume de Saxe, du moins en totalité, ni Mayence.

» En faisant des concessions sur les autres objets, les ambassadeurs du roi ne les feront porter que sur ce qui est de simple utilité, et non sur ce qui est d'obligation ; premièrement, parce que pour la presque totalité des objets à régler par le congrès, le droit résulte d'un seul et même principe, et que, l'abandonner pour un point, ce serait l'abandonner pour tous; en second lieu, parce que les derniers temps ont laissé des impressions qu'il importe d'effacer. La France est un État si puissant, que les autres peuples ne peuvent être rassurés que par l'idée de sa modération, idée qu'ils prendront d'autant plus facilement qu'elle leur en aura donné une plus grande de sa justice.

» Le roi devant avoir au congrès plusieurs organes de sa volonté, qui doit être une, son intention est qu'il ne puisse être fait aucune ouverture, proposition ou concession que d'après l'opinion de son ministre des affaires étrangères, qui lui-même doit se rendre à Vienne, et qu'autant que celui-ci aura décidé que de telles ouvertures, propositions et concessions doivent être faites.

» Paris, le   août 1814.

Approuvé : *Signé* : LOUIS.

» Et plus bas :

» *Signé* : Le prince DE TALLEYRAND. »

INSTRUCTIONS SUPPLÉMENTAIRES

DU ROI POUR SES AMBASSADEURS
ET MINISTRES PLÉNIPOTENTIAIRES AU CONGRÈS DE VIENNE

« Le roi, conformément aux instructions remises à ses ministres plénipotentiaires partant pour le congrès de Vienne, et informé par leur correspondance d'un concert formé entre la Russie et la Prusse, pour rétablir le simulacre d'une Pologne sous la dépendance russe, et pour agrandir la Prusse par la Saxe, a jugé convenable de faire adresser à ses plénipotentiaires les instructions supplémentaires suivantes

» Comme il paraît que les mêmes raisons qui ont fait penser à Sa Majesté que l'agrandissement de la Russie par la Pologne soumise à sa dépendance et la réunion de la Saxe à la monarchie prussienne, seraient également contraires aux principes de justice et de droit public, et à l'établissement d'un système d'équilibre solide et durable en Europe, ont été prises en considération par d'autres puissances, et qu'il serait possible de ramener la Russie et la Prusse peut-être sans troubler la paix, à des vues plus modérées et plus conformes à l'intérêt général de l'Europe, par un concert formé en opposition de celui qui subsiste entre elles; Sa Majesté autorise ses plénipotentiaires à déclarer aux plénipotentiaires autrichiens et bavarois, que leurs cours peuvent compter de sa part sur la coopération militaire la plus active, pour s'opposer aux vues de la Russie et de la Prusse, tant sur la Pologne que sur la Saxe. Les ministres plénipotentiaires du roi pourront confier le contenu de la présente instruction aux plénipotentiaires anglais, s'ils estiment que cela puisse déterminer le cabinet de Saint-James à agir de concert avec la France, l'Autriche et la Bavière, ou du moins, à rester neutre. Il sera surtout bon de faire cette confidence au comte de Munster[1], plénipotentiaire hanovrien.

» Paris, le 25 octobre 1814.

» *Signé* : LOUIS.

» Et plus bas :

» Le ministre d'État, chargé par intérim du portefeuille des affaires étrangères,

» *Signé* : Le comte FRANÇOIS DE JAUCOURT. »

---

1. Ernest-Frédéric, comte de Munster, né à Osnabrück (Hanovre) en 1766, devint conseiller intime de l'électeur de Hanovre, roi d'Angleterre En 1797, il fut nommé ministre à Pétersbourg. Lorsque le Hanovre tomba aux mains de Napoléon, Munster se réfugia à Londres. Le roi George lui confia alors diverses missions diplomatiques importantes. En 1814, il représenta l'électorat de Hanovre au congrès de Vienne, et l'année suivante il fut mis à la tête du gouvernement hanovrien. Il resta en charge jusqu'en 1830, et mourut en 1841.

APPENDICE I[1]

Nous donnons ici sur la mission de M. de Vitrolles, en 1814, un récit fait par M. le duc de Dalberg. Ce document, écrit en entier de la main du duc, a été trouvé dans les papiers du prince de Talleyrand.

La mission de M. de Vitrolles au congrès de Châtillon ne fut conçue que dans un *système d'information* qu'on désirait recevoir à Paris sur le but final des alliés à l'égard de l'empereur.

Il n'existait à Paris ni plan ni conspiration contre l'empereur; mais la conviction était unanime que son pouvoir était miné par ses folies et ses extravagances, et que lui-même serait la victime de sa folle résistance et de son système de continuelle déception.

L'inquiétude sur l'avenir était croissante.

Le baron Louis dit un jour à M. de Dalberg : « L'homme (en désignant l'empereur), est un cadavre, mais il ne pue pas encore; voilà le fait. » Les ennemis étaient alors à trente lieues de Paris.

On avait eu connaissance à Paris de propos tenus par l'empereur Alexandre à la grande-duchesse de Bade, des insinuations faites par lui à Bernadotte et à Eugène de Beauharnais.

On soupçonnait les menées de Fouché avec la famille Murat dans le Midi, approchait le duc d'Angoulême; le duc de Berry intriguait en Bretagne; le comte d'Artois s'était rapproché de la frontière de l'Allemagne et se trouvait à Bâle; des mouvements avaient eu lieu à Vesoul et à Troyes! On était tellement fatigué en France de l'excès du despotisme militaire de l'empereur, et on espérait si peu de concessions de sa part, qu'il importait de

---

1. Voir page 152.

connaître jusqu'où la crise amenée par lui entraînerait la France et l'Europe. Ce n'était plus une guerre ordinaire; les nations étaient en mouvement. Cette situation alarmait tous les esprits : de tous côtés, on cherchait la solution de cet état de choses.

On avait la communication des gazettes anglaises par M. Martin, commissaire de police à Boulogne, qui les envoyait à M. de Pradt. Dans les ministères de la guerre et des affaires étrangères, il avait été défendu de les communiquer, nommément à M. de Talleyrand.

Ce dernier désira connaître ce que les puissances alliées voulaient en dernier résultat. Il en parla à M. de Dalberg ; l'avis de ce dernier était qu'on l'obtiendrait en envoyant quelque agent à M. de Stadion ou à M. de Nesselrode .

On fit choix de M. de Vitrolles, ami de M. Mollien et de M. d'Hauterive, homme à cette époque très prononcé pour les progrès des idées constitutionnelles sur lesquelles il avait écrit une très bonne brochure qu'il publia plus tard.

M. de Vitrolles partit ; ses instructions se bornèrent à ceci : il devait aller à Châtillon, exposer à M. le comte de Stadion ou à M. de Nesselrode le danger qui existait pour tout le monde de ne rien prononcer de définitif, et revenir à Paris porter la réponse sur la question du maintien du pouvoir de l'empereur.

M. de Vitrolles, croyant avoir plus de facilités d'arriver à Châtillon par la route du nord et en tournant les armées, n'arriva à Châtillon que vers le 10 mars 1814.

Il se présenta chez M. de Stadion, et s'accrédita auprès de lui au moyen de deux noms tracés sur son album, de la main de M. de Dalberg (c'étaient les noms de deux dames qui étaient sœurs, et que l'écrivain et le lecteur avaient connues à Vienne).

Il déclara à M. de Stadion que l'état des esprits en France et les dispositions de *plusieurs personnes* désiraient un changement et des garanties législatives contre les violences et le caractère de l'empereur, qu'il était important de former un prompt arrangement pour que la guerre ne prît point une direction qui éloignât pour longtemps la paix.

M. de Stadion l'engagea à se rendre à Troyes où était le cabinet politique des alliés, et où se trouvaient les empereurs et le roi de Prusse.

Il partit avec un billet de M. de Stadion pour M. de Metternich. Celui-ci lui dit :

« Qu'il voulait, sans détour, lui faire connaître toute la pensée des puissances : qu'elles reconnaissaient que Bonaparte était un homme avec lequel il était impossible de continuer à traiter, que le jour où il avait des revers il paraissait accéder à tout, que lorsqu'il obtenait un léger succès, il revenait à des prétentions aussi exagérées qu'inadmissibles; qu'on voulait donc établir en France un autre souverain et régler les choses de manière que l'Autriche, la Russie et la France fussent des pays d'une égale force; que la Prusse devait rester une puissance moitié moins forte que chacune des trois autres; qu'à l'égard du nouveau souverain à établir en France, il n'était pas possible de penser aux Bourbons à cause du personnel de ces princes. »

Il faut dire ici que M. de Vitrolles avait pour système que la France et l'Europe ne seraient tranquilles que par le rétablissement de la maison de Bourbon, avec une charte qui garantirait la jouissance des libertés publiques à la France.

Il était lié avec madame Étienne de Durfort, et par elle il avait reçu, en partant, un mot pour M. le comte d'Artois qui pouvait le faire arriver à sa personne et en être traité avec confiance.

M. de Vitrolles vit M. de Nesselrode après avoir entretenu le prince de Metternich. Il en reçut à peu près les mêmes informations. On lui dit, en même temps, que rien ne pouvait empêcher les alliés d'agir uniformément et d'un commun accord jusqu'à ce que la paix générale fut arrêtée sur ces bases; qu'aucune intrigue ne serait écoutée.

Au bout de quelques jours, M. de Vitrolles sollicita de M. de Nesselrode pour être admis directement auprès de l'empereur de Russie. Le ministre lui dit qu'il y avait déjà pensé lui-même et que ce serait peut-être assez difficile; il obtint néanmoins pour M. de Vitrolles cette audience, en lui indiquant que M. de Vitrolles était en relation avec M. de Talleyrand, M. de Pradt, M. de Dalberg. L'empereur répéta à peu près les mêmes choses que les ministres : il dit qu'il avait pensé d'abord à établir en France Bernadotte, ensuite à y placer Beauharnais; mais que différents motifs s'y opposaient; qu'au reste l'intention était surtout de consulter le vœu des Français eux-mêmes, et que même dans le cas où ceux-ci voudraient se constituer en *république* on ne s'y opposerait peut-être pas.

L'empereur s'étendit plus encore que les plénipotentiaires sur l'impossibilité de penser aux Bourbons et sur le mal que les souverains avaient dit d'eux.

M. de Vitrolles (suivant lui) eut ici une inspiration subite, il invita l'empereur, au lieu de suivre les opérations ordinaires de la guerre, à marcher sur-le-champ à Paris ; qu'il y jugerait de la disposition des esprits.

M. Pozzo di Borgo assure de son côté que c'est lui qui a déterminé l'empereur à cette marche, et des personnes informées m'ont dit que l'empereur avait prononcé qu'on ne déciderait rien avant de s'être concerté avec M. de Talleyrand, et qu'on eût pris ses avis sur l'avenir de la France.

M. de Vitrolles quittant l'empereur, celui-ci lui dit : « Monsieur, notre conversation d'aujourd'hui aura de gros résultats pour l'Europe ; je pars demain en personne pour le quartier général. »

Il partit en effet le lendemain pour conférer avec le prince de Schwarzenberg.

Après la prise de Paris, M. de Nesselrode se rendit, le matin, chez M. de Talleyrand, où M. de Dalberg fut appelé. L'empereur entra à midi dans Paris et se logea chez M. de Talleyrand.

M. de Vitrolles vit également l'empereur d'Autriche, qui lui dit qu'il allait se rendre à Dijon, que l'empereur de Russie et le roi de Prusse prendraient à Paris le parti que les circonstances indiqueraient, et qu'il s'y rendrait après.

M. de Vitrolles, au lieu de retourner à Paris, se rendit auprès de *Monsieur*. Il apprit en chemin que Bonaparte avait eu quelques nouveaux succès, que les négociations à Châtillon en avaient ressenti l'effet, et que M. le comte d'Artois était à Nancy. Il y arriva le 23 mars.

Il ne donna aucune de ses nouvelles à Paris où il n'arriva que plusieurs jours après les alliés, et après avoir écrit à M. de Talleyrand une lettre au nom de *Monsieur*, qui blâmait que l'on eût laissé exprimer au sénat des vœux pour un régime constitutionnel.

APPENDICE II[1]

Le lendemain de la séance du Sénat, M. Talleyrand recevait de Benjamin Constant la lettre suivante. Cette lettre a été trouvée dans les papiers du prince de Talleyrand.

« Vous avez glorieusement expliqué une longue énigme, et quelque bizarre, quelque inconvenante que soit peut-être cette manière de vous en féliciter, je ne puis résister au besoin de vous remercier d'avoir à la fois brisé la tyrannie et jeté des bases de liberté. Sans l'un, je n'aurais pu vous rendre grâce de l'autre. 1789 et 1814 se tiennent noblement dans votre vie. Vous ressemblerez dans l'histoire à Maurice de Saxe, et vous ne mourrez pas au moment du succès. Vous n'accuserez pas cet hommage de s'adresser à la prospérité seule. Le passé doit me préserver de ce soupçon. Il n'y a pas non plus d'intérêt personnel dans ma démarche. Pour fuir un joug que je ne pouvais briser, j'avais quitté la France, et bien que je m'en sois rapproché pour tenter de la servir, des liens que je chéris tendent à me fixer ailleurs. Mais il est doux d'exprimer son admiration, quand on l'éprouve pour un homme qui est en même temps le sauveur et le plus aimable des Français; j'écris ces mots après avoir lu les bases de la constitution décrétée.

» Pardon si je n'ajoute aucun de vos titres; l'Europe et l'histoire vous les donneront avec bonheur. Mais le plus beau sera toujours celui de président du Sénat.

» Hommage et respect.

» BENJAMIN CONSTANT.

» Le 3 avril 1814. »

---

1. Voir page 164.

APPENDICE III[1]

La lettre suivante fut adressée par Fouché à l'empereur, au moment où celui-ci venait d'accepter la souveraineté de l'île d'Elbe, que lui avaient offerte les souverains alliés. Ainsi que l'indique le billet ci-inclus, cette lettre parvint à l'empereur par l'intermédiaire du prince de Talleyrand, dans les papiers duquel elle a été retrouvée.

« J'ai l'honneur d'adresser à Votre Altesse deux lettres au lieu d'une que je lui avais promise.
» J'ai pensé qu'il convenait de faire connaître à *Monsieur* la lettre que j'écris à Bonaparte.
» J'ai ajouté quelques réflexions qui m'ont paru nécessaires dans cette circonstance. Votre Altesse sait que ceux dont je ne partage pas les inquiétudes me soupçonnent d'avoir fait quelques transactions pusillanimes.
» Je me rendrai chez Votre Altesse à cinq heures et demie, et j'aurai l'honneur de dîner avec elle; elle peut compter que je saisirai toutes les occasions de la voir et de profiter de ses entretiens.

» *Signé :* le duc D'OTRANTE.
» Le 23 avril 1814. »

» *P.-S.* — Je prie Votre Altesse de se charger de faire passer la lettre à Bonaparte, quand elle l'aura communiquée à *Monsieur*. »

---

1. Voir page 167.

« Sire,

» Lorsque la France et une partie de l'Europe étaient à vos pieds, j'ai osé pour vous servir, au risque de vous déplaire, vous faire entendre constamment la vérité. Aujourd'hui que vous êtes dans le malheur, je crains bien davantage de vous blesser en vous parlant un langage sincère, mais je vous le dois puisqu'il vous est utile et même nécessaire.

» Vous avez accepté pour retraite l'île d'Elbe et sa souveraineté. Je prête une oreille attentive à tout ce qu'on dit de cette souveraineté et de cette île. Je crois devoir vous assurer que la situation de cette île dans l'Europe ne convient pas à la vôtre, et que le titre de souverain de quelques arpents de terre convient moins encore à celui qui a possédé un immense empire.

» Je vous prie de peser ces deux considérations et vous sentirez combien l'une et l'autre sont fondées.

» L'île d'Elbe est assez voisine de l'Afrique, de la Grèce, de l'Espagne; elle touche presque aux côtes de l'Italie et de la France; de cette île, la mer, les vents et une felouque peuvent transporter rapidement dans tous les pays les plus exposés à des mouvements, à des événements et à des révolutions. Aujourd'hui, il n'y a encore nulle part de stabilité. Dans cette mobilité actuelle des nations, un génie tel que le vôtre donnera toujours des inquiétudes et des soupçons aux puissances.

» Vous serez accusé sans être coupable, mais sans être coupable vous ferez du mal : car des alarmes sont un grand mal pour les gouvernements et pour les peuples.

» Le roi qui va régner sur la France ne voudra régner que par la justice, mais vous savez combien les haines sont habiles à donner à une calomnie les couleurs d'une vérité !

» Les titres que vous conservez, en rappelant à chaque instant ce que vous avez perdu, ne peuvent servir qu'à rendre vos regrets plus amers : ils ne paraîtront pas un reste, mais une représentation bien vaine de tant de grandeurs évanouies; je dis plus : sans vous honorer, ils vous exposeront davantage. On dira que vous ne gardez ces titres que parce que vous gardez toutes vos prétentions. On dira que le rocher d'Elbe est le point d'appui sur lequel vous placerez les leviers avec lesquels vous chercherez à soulever le monde.

» Permettez-moi de vous dire ma pensée tout entière, elle est le résultat de mûres réflexions : il serait plus glorieux et plus consolant pour vous de vivre en simple citoyen ; et aujourd'hui l'asile le plus sûr et le plus convenable, pour un homme tel que vous, ce sont les États-Unis d'Amérique.

» Là, vous recommencerez votre existence au milieu de ces peuples assez neufs encore ; ils sauront admirer votre génie sans le craindre. Vous y serez sous la protection de ces lois égales et inviolables pour tout ce qui respire, dans la patrie des Franklin, des Washington et des Jepherson ; vous prouverez à ces peuples que si vous aviez reçu la naissance au milieu d'eux, vous auriez senti, pensé et voté comme eux, que vous auriez préféré leurs vertus et leurs libertés à toutes les dominations de la terre.

» J'ai l'honneur d'être avec respect, de Votre Majesté, le très humble serviteur.

» *Signé :* le duc D'OTRANTE.

» Paris, le 23 avril 1814. »

« *P.-S.* — Je dois déclarer à Votre Majesté que je n'ai pris conseil de personne en vous écrivant cette lettre, et que je n'ai reçu aucune instruction. »

APPENDICE IV[1]

A cet endroit est placée dans le manuscrit une longue note écrite probablement par M. de Bacourt d'après un chapitre de l'ouvrage de Capefigue : l'*Histoire des traités de 1815*. L'auteur établit que l'empereur Napoléon avait fini par accepter l'ultimatum des alliés au congrès de Châtillon, et que les conditions obtenues, le 30 mai, par M. de Talleyrand après la chute de l'empire étaient beaucoup meilleures.

Le 17 février 1814, le congrès de Châtillon arrêta la formule du traité proposé à l'empereur Napoléon, et M. de Metternich l'envoya à M. de Caulaincourt.
La voici :

« Au nom de la très sainte et indivisible Trinité,
» Leurs Majestés impériales d'Autriche et de Russie, Sa Majesté le roi du royaume uni de la Grande-Bretagne et de l'Irlande, et Sa Majesté le roi de Prusse agissant au nom de tous leurs alliés, d'une part, et Sa Majesté l'empereur des Français, de l'autre; désirant cimenter le repos et le bien futur de l'Europe par une paix solide et durable, sur terre et sur mer; et ayant, pour atteindre à ce but salutaire, leurs plénipotentiaires actuellement réunis à Châtillon-sur-Seine, pour discuter les conditions de cette

---

1. Voir page 174.

paix, lesdits plénipotentiaires sont convenus des articles suivants :

» ARTICLE PREMIER. — Il y aura paix et amnistie entre Leurs Majestés impériales d'Autriche et de Russie, Sa Majesté le roi du royaume uni de la Grande-Bretagne et de l'Irlande, et sa Majesté le roi de Prusse, agissant en même temps au nom de tous leurs alliés, et Sa Majesté l'empereur des Français, leurs héritiers et successeurs à perpétuité.

» Les hautes parties contractantes s'engagent à apporter tous leurs soins à maintenir, pour le bonheur futur de l'Europe, la bonne harmonie, si heureusement rétablie entre elles.

» ARTICLE II. — Sa Majesté l'empereur des Français, renonce pour lui et ses successeurs, à la totalité des acquisitions, réunions ou incorporations faites par la France depuis le commencement de la guerre de 1792.

» Sa Majesté renonce également à toute l'influence constitutionnelle, directe ou indirecte, hors des anciennes limites de la France, telles qu'elles se trouvaient établies avant la guerre de 1792, et aux titres qui en dérivent. et nommément, à ceux de roi d'Italie, roi de Rome, protecteur de la confédération du Rhin, et médiateur de la confédération suisse.

» ARTICLE III. — Les hautes parties contractantes reconnaissent formellement et solennellement le principe de la souveraineté et indépendance de tous les États de l'Europe, tels qu'ils seront constitués à la paix définitive.

» ARTICLE IV. — Sa Majesté l'empereur des Français reconnaît formellement la reconstitution suivante des pays limitrophes de la France :

» 1° L'Allemagne composée d'États indépendants, unis par un lien fédératif;

» 2° L'Italie divisée en États indépendants placés entre les possessions autrichiennes et la France;

» 3° La Hollande, sous la souveraineté de la maison d'Orange, avec un accroissement de territoire;

» 4° La Suisse, État libre, indépendant, replacée dans ses anciennes limites, sous la garantie de toutes les grandes puissances, la France y comprise;

» 5° L'Espagne, sous la domination de Ferdinand VII, dans ses anciennes limites.

» Sa Majesté l'empereur des Français reconnaît, de plus, le droit des puissances alliées de déterminer, d'après les traités existant entre les puissances, les limites et rapports tant des pays cédés par la France que de leurs États entre eux, sans que la France puisse aucunement y intervenir.

» Article V. — Par contre Sa Majesté britannique consent à restituer à la France, à l'exception des îles nommées les Saintes, toutes les conquêtes qui ont été faites par elle sur la France pendant la guerre, et qui se trouvent à présent au pouvoir de Sa Majesté britannique dans les Indes occidentales, en Afrique et en Amérique.

» L'île de Tabago, conformément à l'article II du présent traité, restera à la Grande-Bretagne, et les alliés promettent d'employer leurs bons offices pour engager Leurs Majestés suédoise et portugaise à ne point mettre d'obstacle à la restitution de la Guadeloupe et de Cayenne à la France.

» Tous les établissements et toutes les factoreries conquis sur la France à l'est du cap de Bonne-Espérance, à l'exception des îles de Saint-Maurice (île de France), de Bourbon et de leurs dépendances, lui seront restitués. La France ne rentrera dans ceux des susdits établissements et factoreries qui sont situés dans le continent des Indes et dans les limites des possessions britanniques que sous la condition qu'elle les possédera uniquement à titre d'établissements commerciaux, et elle promet, en conséquence, de n'y point faire construire de fortifications et de n'y point entretenir de garnisons, ni forces militaires quelconques, au delà de ce qui est nécessaire pour maintenir la police dans lesdits établissements.

» Les restitutions ci-dessus mentionnées en Asie, en Afrique et en Amérique, ne s'étendront à aucune possession qui n'était point effectivement au pouvoir de la France avant le commencement de la guerre de 1792.

» Le gouvernement français s'engage à prohiber l'importation des esclaves dans toutes les colonies et possessions restituées par le présent traité, et à défendre à ses sujets, de la manière la plus efficace, le trafic des nègres en général.

» L'île de Malte, avec ses dépendances, restera en pleine souveraineté à Sa Majesté britannique.

» Article VI. — Sa Majesté l'empereur des Français remettra, aussitôt après la ratification du présent traité préliminaire, les forteresses et forts des pays cédés et ceux qui sont encore occupés par ses troupes en Allemagne, sans exception, et notamment la place de Mayence, dans six jours; celles de Hambourg, Anvers, Berg-op-Zoom, dans l'espace de six jours; Mantoue, Palma-Nuova, Venise et Peschiera; les places de l'Oder et de l'Elbe, dans quinze jours; et les autres places et forts, dans le plus court délai possible, qui ne pourra excéder celui de quinze jours. Ces forts et places seront remis dans l'état où ils se trouvent présentement avec toute leur artillerie, munitions de guerre et de bouche, archives...; les garnisons françaises de ces places sortiront avec armes, bagages et avec leurs propriétés particulières.

» Sa Majesté l'empereur des Français fera également remettre dans l'espace de quatre jours aux armées alliées les places de Besançon, Belfort et Huningue, qui resteront en dépôt jusqu'à la ratification de la paix définitive, et qui seront remises dans l'état dans lequel elles auront été cédées, à mesure que les armées alliées évacueront le territoire français.

» Article VII. — Les généraux commandant en chef nommeront, sans délai, des commissaires chargés de déterminer la ligne de démarcation entre les armées réciproques.

» Article VIII. — Aussitôt que le présent traité préliminaire aura été accepté et ratifié de part et d'autre, les hostilités cesseront sur terre et sur mer.

» Article IX. — Le présent traité préliminaire sera suivi, dans le plus court délai possible, par la signature d'un traité de paix définitif.

» Article X. — Les ratifications du traité préliminaire seront échangées dans quatre jours ou plus tôt si faire se peut. »

M. de Caulaincourt, dominé par les ordres de Napoléon, négocia pour obtenir de meilleures conditions que celles renfermées dans ce projet de traité. Ses hésitations, qu'il ne faut attribuer qu'aux péripéties de la lutte que soutenait l'empereur Napoléon, tantôt vainqueur, tantôt battu dans ses rencontres avec les armées coalisées, provoquèrent de la part du prince de Metternich la lettre suivante adressée à M. de Caulaincourt :

« 18 mars 1814.

» Les affaires tournent bien mal, monsieur le duc. Le jour où on sera tout à fait décidé pour la paix, avec les sacrifices indispensables, venez pour la faire, mais non pour être l'interprète de projets inadmissibles. Les questions sont trop fortement placées pour qu'il soit possible de continuer à écrire des romans, sans de grands dangers pour l'empereur Napoléon. Que risquent les alliés ? En dernier résultat, après de grands revers, on peut être forcé de quitter le territoire de la vieille France. Qu'aura gagné l'empereur Napoléon ? Les peuples de la Belgique font d'énormes efforts dans le moment actuel. On va placer toute la rive gauche du Rhin sous les armes. La Savoie ménagée jusqu'à cette heure, pour la laisser à toute disposition, va être soulevée, et il y aura des attaques très personnelles contre l'empereur Napoléon, qu'on n'est plus maître d'arrêter.

» Vous voyez que je vous parle avec franchise, comme à l'homme de la paix. Je serai toujours sur la même ligne. Vous devez connaître nos vues, nos principes, nos vœux. Les premières sont toutes européennes et par conséquent françaises. Les seconds portent à avoir l'Autriche comme intéressée au bien-être de la France; les troisièmes sont en faveur d'une dynastie si intimement liée à la sienne.

» Je vous ai voué, mon cher duc, la confiance la plus entière, pour mettre un terme aux dangers qui menacent la France ; il dépend encore de votre maître de faire la paix; le fait ne dépendra peut-être plus de lui, sous peu. Le trône de Louis XIV, avec les ajoutés de Louis XV, offre d'assez belles chances pour ne pas devoir être mis sur une seule carte. Je ferai tout ce que je pourrai pour retenir lord Castlereagh quelques jours. Ce ministre parti, on ne fera plus la paix.

» Agréez...

» Le prince DE METTERNICH. »

Cette lettre est importante; elle montre la position de l'Autriche, qui ne peut plus rester seule et qui doit marcher avec la coalition ; celle-ci marche sur Paris. Alors seulement Napoléon se décide à accepter les conditions des alliés. On a nié le fait de l'acceptation ; on a dit que l'empereur avait repoussé le traité humiliant proposé par les alliés. C'est inexact ; il l'accepta tard, mais il l'accepta.

Voici la lettre de M. de Caulaincourt, adressée au prince de Metternich, et qui fut expédiée de Doulevent *le 25 mars*, par M. de Gallebois, officier d'ordonnance du maréchal Berthier :

« Doulevant, 25 mars 1814.

« Arrivé cette nuit seulement près de l'empereur, Sa Majesté m'a sur-le-champ donné ses derniers ordres pour la conclusion de la paix. Elle m'a remis en même temps tous les pouvoirs nécessaires pour la négocier et la signer avec les ministres des cours alliées, cette voie pouvant réellement mieux que toute autre en assurer le prompt rétablissement. Je me hâte donc de vous prévenir que je suis prêt à me rendre à votre quartier général, et j'attends aux avant-postes la réponse de Votre Excellence. Notre empressement prouvera aux souverains alliés combien les intentions de l'empereur sont pacifiques, et que, de la part de la France, aucun retard ne s'opposera à la conclusion de l'œuvre salutaire qui doit assurer le repos du monde.

» CAULAINCOURT, duc DE VICENCE. »

Cette lettre est datée du 25 mars, un mois après *l'ultimatum* des alliés. Une seconde lettre, également de M. de Caulaincourt à M. de Metternich, fut expédiée le même jour ; elle acceptait tout :

« Mon prince, je ne fais que d'arriver et je ne perds pas un moment pour exécuter les ordres de l'empereur, et pour joindre confidentiellement à ma lettre tout ce que je dois à la confiance que vous m'avez témoignée.

» L'empereur me met à même de renouer les négociations, et de la manière la plus franche et la plus positive. Je réclame donc les facilités que vous m'avez fait espérer, afin que je puisse arriver, et le plus tôt possible. Ne laissez pas à d'autres, mon prince, le soin de rendre la paix au monde. Il n'y a pas de raison pour qu'elle ne soit pas faite dans quatre jours, si votre bon esprit y préside, si on la veut aussi franchement que nous. Saisissons l'occasion, et bien des fautes et des malheurs seront réparés. Votre tâche, mon prince, est glorieuse, la mienne sera très pénible ; mais puisque le repos et le bonheur de tant de peuples en peuvent résulter, je n'y apporterai pas moins de zèle et de dévouement que vous.

» CAULAINCOURT, duc DE VICENCE. »

Voilà ce qui est positif et constaté par les pièces ; Napoléon acceptait à la fin de mars la frontière de l'ancienne monarchie avec toutes les conditions rigoureuses que lui faisaient les alliés ; il cédait les forteresses, la flotte d'Anvers (ce que l'on reprocha tant depuis à M. de Talleyrand) ; il donnait en dépôt les places de Besançon, de Belfort et d'Huningue, ce que ne firent pas les Bourbons en 1814. Telle est la vérité. Nier que Napoléon ait définitivement accepté *l'ultimatum* des alliés à Châtillon, c'est récuser toute la correspondance de M. de Caulaincourt et ses négociations ultérieures à Paris.

Ceux qui ont écrit avec beaucoup de simplicité que dans les deux restaurations il y eut des déloyautés, des trahisons sans nombre, n'ont pas assez remarqué que la première de toutes les trahisons, c'est le suicide du pouvoir ; quand il s'est frappé lui-même, est-il étonnant qu'on le délaisse ?

Les vérités suivantes sont démontrées jusqu'à la plus claire évidence :

1º A Prague (1813), Napoléon pouvait faire la paix en cédant l'Illyrie, les villes hanséatiques, avec l'indépendance de l'Allemagne et de l'Espagne ;

2º A Francfort, il pouvait aussi faire la paix (décembre 1813) en gardant les frontières naturelles du Rhin, des Alpes, des Pyrénées ;

3º A Châtillon (mars 1814), dans nos malheurs, il avait accepté cette paix aux conditions humbles et soumises des anciennes frontières; la cession de presque toutes nos colonies; l'occupation par l'ennemi de Besançon, de Belfort et d'Huningue, la cession de la flotte d'Anvers et de toutes les munitions de guerre des places fortes;

4º Par les traités des 23 avril et 30 mai 1814, les Bourbons firent gagner à la France une plus grande frontière, et au congrès de Vienne, M. de Talleyrand sut reconquérir la prépondérance de la France sur l'Europe.

FIN DE LA SEPTIÈME PARTIE.

HUITIÈME PARTIE

CONGRÈS DE VIENNE

(1814-1815)

CONGRÈS DE VIENNE

(1814-1815)

J'arrivai à Vienne le 23 septembre 1814.

Je descendis à l'hôtel Kaunitz, loué pour la légation française. Le suisse me remit en entrant quelques lettres dont l'adresse portait : « A monsieur le prince de Talleyrand, *hôtel Kaunitz* ». Le rapprochement de ces deux noms me parut de bon augure.

Dès le lendemain de mon arrivée, je me rendis chez les membres du corps diplomatique. Je les trouvai tous dans une sorte d'étonnement du peu de parti qu'ils avaient tiré de la capitulation de Paris. Ils venaient de traverser des pays qui avaient été ravagés par la guerre pendant bien des années, et où ils n'avaient entendu, disaient-ils, que des paroles de haine et de vengeance contre la France qui les avait accablés de contributions et souvent traités en vainqueur insolent. Mes nouveaux collègues m'assuraient qu'on leur avait partout reproché leur faiblesse en signant le traité de Paris. Aussi les trouvai-je fort blasés sur les jouissances que donne la générosité, et plutôt disposés à s'exciter entre eux sur les prétentions qu'ils avaient à faire valoir. Chacun relisait le traité de Chaumont qui n'avait pas seulement resserré les nœuds d'une alliance pour la continuation de la guerre. Ce traité avait aussi posé les conditions d'une alliance qui devait survivre à la guerre présente et tenir les alliés éventuellement unis pour un avenir même éloigné. Et de plus, comment se résoudre à admettre dans le conseil de l'Europe la puissance contre laquelle l'Europe était armée depuis vingt ans? Le ministre d'un pays si nouvellement réconcilié, disaient-ils. doit se trouver bien heureux qu'on lui laisse donner son adhésion aux résolutions qui seront prises par les ambassadeurs des autres puissances.

Ainsi, à l'ouverture des négociations, tous les cabinets se regardaient, malgré la paix, comme étant dans une position, si ce n'est tout à fait hostile, du moins fort équivoque, avec la France. Ils pensaient tous, plus ou moins, qu'il aurait été de leur intérêt qu'elle fût encore affaiblie. Ne pouvant rien à cet égard, ils se concertaient pour diminuer, au moins. son influence. Sur ces divers points, je les voyais tous d'accord.

Il me restait à espérer qu'il y aurait entre les puissances quelques divergences d'opinion, lorsque l'on en viendrait à distribuer les nombreux territoires que la guerre avait mis à leur disposition, chacune désirant, soit obtenir pour elle-même, soit faire donner aux États dépendant d'elle, une partie considérable des territoires conquis. On aurait bien voulu, en même temps, exclure du partage, ceux qu'on craignait de trouver trop indépendants. Ce genre de lutte, cependant, m'offrait bien peu de chance de pénétrer dans les affaires; car il existait entre les puissances des arrangements faits précédemment, et par lesquels on avait réglé le sort des territoires les plus importants. Pour parvenir à modifier ces arrangements, ou à y faire renoncer tout à fait, selon que la justice en ordonnerait, il y avait bien plus que des préventions à effacer, bien plus que des prétentions à combattre, bien plus que des ambitions à réprimer ; il fallait faire annuler ce que l'on avait fait sans la France. Car si l'on consentait à nous admettre à prendre part aux actes du congrès, ce n'était que pour la forme, et pour nous ôter les moyens de contester un jour leur validité; mais on prétendait bien que la France n'aurait rien à voir dans les résolutions déjà arrêtées, et qu'on voulait tenir pour des faits consommés.

Avant de donner ici ce qui, dans mon opinion, forme le tableau le plus fidèle du congrès de Vienne, c'est-à-dire ma correspondance officielle avec le département des affaires étrangères de France, et ma correspondance particulière avec le roi Louis XVIII, ainsi que les lettres de ce souverain pendant la durée du congrès, je crois devoir jeter un coup d'œil rapide et général sur la marche des délibérations de cette grande assemblée. On en saisira mieux ensuite les détails.

L'ouverture du congrès avait été fixée au 1er octobre; j'étais à Vienne depuis le 23 septembre; mais j'y avais été précédé de quelques jours par les ministres qui, après avoir dirigé la guerre, se repentant de la paix, voulaient reprendre leurs avantages au congrès. Je ne fus pas longtemps sans être informé que déjà ils avaient formé un comité, et tenaient entre eux des conférences dont il était dressé un protocole. Leur projet était de décider seuls ce qui aurait dû être soumis aux délibérations du congrès, et cela sans le concours de la France, de l'Espagne, ni d'aucune puissance de second ordre, à qui ensuite ils auraient communiqué comme proposition en apparence, mais de fait comme résolution, les différents articles qu'ils auraient arrêtés. Je ne me plaignis point. Je continuai à les voir, sans parler d'affaires ; je me bornai à faire connaître tout le mécontentement que j'éprouvais aux ministres des puissances secondaires, qui avaient des intérêts communs avec moi. Retrouvant aussi dans l'ancienne politique de leurs pays de vieux souvenirs de confiance dans la France, ils me regardèrent bientôt comme leur appui, et, une fois bien assuré de leur assentiment pour tout ce que je ferais, je pressai officiellement l'ouverture du congrès. Dans mes premières demandes je me plaçai comme n'ayant aucune connaissance des conférences qui avaient eu lieu. L'ouverture du congrès était fixée pour tel jour; ce jour était passé ; je priai que l'on en indiquât un autre qui fût prochain. Je fis comprendre qu'il était utile que je ne fusse pas trop longtemps éloigné de France. Quelques réponses, d'abord évasives, me firent renouveler mes instances; j'arrivai à me plaindre un peu ; et alors je dus faire usage de l'influence personnelle que j'avais heureusement acquise dans des négociations précédentes sur les principaux personnages du congrès. M. le prince de Metternich, M. le comte de Nesselrode, ne voulaient pas être désobligeants pour moi, et ils me firent inviter à une conférence qui devait avoir lieu à la chancellerie des affaires étrangères. M. de Labrador, ministre d'Espagne, avec qui je m'honore d'avoir fait cause commune dans les délibérations du congrès, reçut la même invitation.

Je me rendis à la chancellerie d'État à l'heure indiquée; j'y trouvai lord Castlereagh[1], le prince de Hardenberg[2], M. de Humboldt, M. de Nesselrode, M. de Labrador, M. de Metternich et M. de Gentz[3], homme d'un esprit distingué, qui

1. Robert Stewart, marquis de Londonderry, vicomte Castlereagh, né en 1769 en Irlande, fut élu à vingt et un ans à la Chambre des communes. En 1797, il devint lord du sceau privé d'Irlande, puis secrétaire du lord-lieutenant Camden et membre du conseil privé d'Irlande. Très attaché à Pitt, il fut nommé ministre de la guerre et des colonies en 1805; la mort de Pitt amena la dissolution du ministère, mais Castlereagh reprit son portefeuille en 1807. Il se retira en 1809. En 1812, il revint au pouvoir comme ministre des affaires étrangères, et fut le véritable ministre dirigeant durant le ministère de lord Liverpool. Il eut une influence considérable sur les événements de 1814 et 1815, et assista aux congrès de Châtillon et de Vienne. Il mourut en 1822 : on sait qu'il se donna la mort.

2. Charles-Auguste, prince de Hardenberg, homme d'État prussien, né en 1750 en Hanovre. Il fut d'abord au service de l'électeur, passa ensuite à celui du duc de Brunswick, et devint quelque temps après ministre du margrave de Bayreuth et d'Anspach. Ces principautés ayant été réunies à la Prusse en 1791, Hardenberg devint ministre du roi de Prusse. En 1795, il signa la paix de Bâle avec la France. En 1804, il remplaça le comte d'Haugwitz aux affaires étrangères, mais se démit après la bataille d'Austerlitz. Il reprit son portefeuille après la bataille d'Iéna, fut de nouveau obligé de se retirer à la paix de Tilsitt. En 1810, il fut nommé chancelier d'État. Après la campagne de Russie, il poussa activement à la guerre contre la France, et fut l'un des signataires du traité de Paris. Il assista au congrès de Vienne. En 1817, il devint président du conseil d'État, et mourut en 1822.

3. Frédéric de Gentz, né en 1764, fut d'abord secrétaire-général du ministère des finances de Prusse, puis conseiller aulique à Vienne. Ardent ennemi de la France, il eut un rôle considérable dans la diplomatie européenne. En 1813, il rédigea le manifeste des puissances contre la France, assista au congrès de Vienne comme secrétaire, rédigea le traité de Paris de 1815, et assista aux différents congrès de la sainte alliance. Il mourut en 1832.

faisait les fonctions de secrétaire. Le procès-verbal des séances précédentes était sur la table. Je parle avec détails de cette première séance, parce que c'est elle qui décida de la position de la France au congrès. M. de Metternich l'ouvrit par quelques phrases sur le devoir qu'avait le congrès de donner de la solidité à la paix qui venait d'être rendue à l'Europe. Le prince de Hardenberg y ajouta que pour que la paix fût solide, il fallait que les engagements que la guerre avait forcé de prendre fussent tenus religieusement ; que c'était là l'intention des *puissances alliées.*

Placé à côté de M. de Hardenberg, je dus naturellement parler après lui ; et après avoir dit quelques mots sur le bonheur qu'avait la France de se trouver dans des rapports de confiance et d'amitié avec tous les cabinets de l'Europe, je fis remarquer que M. le prince de Metternich et M. le prince de Hardenberg avaient laissé échapper une expression qui me paraissait appartenir à d'autres temps ; qu'ils avaient parlé l'un et l'autre des intentions qu'avaient les *puissances alliées.* Je déclarai que des *puissances alliées* et un *congrès* dans lequel se trouvaient des puissances qui n'étaient pas *alliées* étaient, à mes yeux, bien peu propres à faire loyalement des affaires ensemble. Je répétai avec un peu d'étonnement et même de chaleur le mot de puissances *alliées...* « *Alliées...,* dis-je, et contre qui ? Ce n'est plus contre Napoléon : il est à l'île d'Elbe... ; ce n'est plus contre la France : la paix est faite... ; ce n'est sûrement pas contre le roi de France : il est garant de la durée de cette paix. Messieurs, parlons franchement, s'il y a encore des *puissances alliées,* je suis de trop ici ». — Je m'aperçus que je faisais quelque impression et particulièrement sur M. de Gentz. Je continuai :

« Et cependant, si je n'étais pas ici, je vous manquerais essentiellement. Messieurs, je suis peut-être le seul qui ne demande rien. De grands égards, c'est là tout ce que je veux pour la France. Elle est assez puissante par ses ressources, par son étendue, par le nombre et l'esprit de ses habitants, par la contiguité de ses provinces, par l'unité de son administration, par les défenses dont la nature et l'art ont garanti ses frontières. Je ne veux rien, je vous le répète; et je vous apporte immensément. La présence d'un ministre de Louis XVIII consacre ici le principe sur lequel repose tout l'ordre social. Le premier besoin de l'Europe est de bannir à jamais l'opinion qu'on peut acquérir des droits par la seule conquête, et de faire revivre le principe sacré de la légitimité d'où découlent l'ordre et la stabilité. Montrer aujourd'hui que la France gêne vos délibérations ce serait dire que les vrais principes seuls ne vous conduisent plus et que vous ne voulez pas être justes; mais cette idée est bien loin de moi, car nous sentons tous également qu'une marche simple et droite est seule digne de la noble mission que nous avons à remplir. Aux termes du traité de Paris : *Toutes les puissances qui ont été engagées de part et de d'autre, dans la présente guerre, enverront des plénipotentiaires à Vienne pour régler dans un congrès général, les arrangements qui doivent compléter les dispositions du traité de Paris.* Quand s'ouvre le congrès général? Quand commencent les conférences? Ce sont là les questions que font tous ceux que leurs intérêts amènent ici. Si, comme déjà on le répand, quelques puissances privilégiées voulaient exercer sur le congrès un pouvoir dictatorial, je dois dire que, me renfermant dans les termes du traité de Paris, je ne pourrais consentir à reconnaître dans cette réunion, aucun pouvoir suprême dans les questions qui sont de la compétence du congrès, et que je ne m'occuperais d'aucune proposition qui viendrait de sa part. »

Après quelques moments de silence, M. de Labrador fit avec son langage fier et piquant, une déclaration à peu près semblable à la mienne : l'embarras était sur tous les visages. On niait et on expliquait à la fois, ce qui s'était fait avant cette séance. Je profitai de ce moment pour faire quelques concessions aux amours-propres que je voyais en souffrance. Je dis que dans une réunion aussi nombreuse que l'était le congrès, où l'on avait à s'occuper de tant de matières diverses, à statuer sur des questions du premier ordre et à décider d'une foule d'intérêts secondaires, il était bien difficile, il était même impossible d'arriver à un résultat, en traitant tous ces objets dans des assemblées générales, mais que l'on pouvait trouver quelque moyen pour distribuer et classer toutes les affaires, sans blesser ni les intérêts ni la dignité d'aucune des puissances.

Ce langage, quoique vague encore, laissant entrevoir pour les affaires générales, la possibilité d'une direction particulière, permit aux ministres réunis de revenir sur ce qu'ils avaient fait, de le regarder comme non avenu; et M. de Gentz détruisit les protocoles des séances précédentes et dressa celui de ce jour-là. Ce protocole devint le procès-verbal de la première séance, et pour prendre date, je le signai. Depuis ce temps, il n'y eut plus entre les grandes puissances, de conférences sans que la France en fît partie. Nous nous réunîmes les jours suivants pour établir la distribution du travail. Tous les membres du congrès se partagèrent en commissions qui étaient chargées d'examiner les questions qu'on leur soumettait. Dans chacune de ces commissions entrèrent les plénipotentiaires des États qui avaient un intérêt plus direct aux objets qu'elles avaient à examiner. On attribua les matières les plus importantes et les questions d'un intérêt général à la commission formée des représentants des huit principales puissances de l'Europe ; et pour prendre une base, il fut dit que ce serait celles qui avaient signé le traité du 30 mai 1814. Cet arrangement était non seulement utile, parce qu'il abrégeait et facilitait singulièrement le travail, mais il était aussi très juste, puisque tous les membres du congrès y consentirent, et qu'il ne s'éleva aucune réclamation.

Ainsi, à la fin du mois d'octobre 1814, je pus écrire à Paris, que la maison de Bourbon, rentrée depuis cinq mois en France, que la France conquise cinq mois auparavant, se trouvaient déjà replacées à leur rang en Europe, et avaient repris l'influence qui leur appartenait sur les plus importantes délibérations du congrès. Et trois mois plus tard, ces mêmes puissances qui n'avaient rien fait pour sauver l'infortuné Louis XVI, étaient appelées par moi, à rendre un tardif mais solennel hommage à sa mémoire. Cet hommage était encore une manière de relier la chaîne des temps, une nouvelle consécration des légitimes droits de la maison de Bourbon. Je dois dire que l'empereur et l'impératrice d'Autriche me secondèrent puissamment pour la pieuse et noble cérémonie célébrée à Vienne, le 21 janvier 1815, à laquelle assistèrent tous les souverains et tous les personnages alors présents dans la capitale de l'empire d'Autriche.

Le premier objet dont s'occupa la commission des huit puissances fut le sort du roi et du royaume de Saxe et ensuite celui du duché de Varsovie. Depuis longtemps la Prusse convoitait la possession du royaume de Saxe. En l'acquérant, elle aurait non seulement accru ses possessions d'un riche et beau pays; mais encore elle aurait largement fortifié son ancien territoire. Dans le cours de la guerre qu'avait terminée la paix de Paris, les alliés de la Prusse lui avaient promis que, par les arrangements à intervenir, la possession de la Saxe lui serait assurée. La Prusse, en conséquence, comptait, avec une entière certitude, sur cette importante acquisition et se regardait déjà comme souveraine de ce bel État, qu'elle occupait par ses troupes, tandis qu'elle retenait le roi de Saxe comme prisonnier dans une forteresse prussienne. Mais, lorsqu'on fit la proposition de le lui donner dans la commission des huit puissances, je déclarai qu'il m'était impossible d'y souscrire. Je convins que la Prusse dépouillée par Napoléon, de vastes et nombreuses possessions qu'elle ne pouvait toutes recouvrer, avait droit à être indemnisée. Mais, était-ce une raison pour que la Prusse, à son tour, vînt dépouiller le roi de Saxe? N'était-ce pas vouloir substituer à un droit fondé en justice, le droit du plus fort, dont la Prusse avait été si près de devenir la victime? Et, en usant de ce droit, renoncer par le fait à l'intérêt que sa position devait inspirer? Les territoires dont le congrès avait à disposer n'offraient-ils pas d'ailleurs d'autres moyens de lui assigner d'amples indemnités? La France voulait bien se montrer facile dans tous les arrangements qui pouvaient convenir au roi de Prusse, pourvu qu'ils ne fussent pas contre le droit; et je répétai qu'elle ne pouvait ni participer ni consentir à ceux qui constitueraient une usurpation. Et sans parler de l'intérêt qui s'attachait à la personne du roi de

Saxe, respectable par ses malheurs et par les vertus qui avaient honoré son règne, j'invoquai seulement en sa faveur le principe sacré de la légitimité.

La Prusse trouvait que l'on aurait assez satisfait à tout ce qu'exige ce principe, en assignant au roi de Saxe quelques indemnités dans les pays disponibles, et que, soit que ce prince consentît ou ne consentît pas à cet arrangement, la possession de la Saxe serait, pour elle, suffisamment légitimée par la reconnaissance des souverains alliés. Sur quoi je fis observer au prince de Hardenberg qu'une reconnaissance de ce genre, faite par ceux qui n'ont aucun droit à une chose, ne pouvait conférer un droit à celui qui n'en a pas.

Il faut attribuer ce déplorable oubli de tous les principes à l'agitation déréglée que l'Europe éprouvait depuis vingt-cinq ans; tant de souverains avaient été dépouillés, tant de pays avaient changé de maître, que le droit public, atteint par une sorte de corruption, commençait pour ainsi dire à ne plus réprouver l'usurpation. Les souverains de l'Europe avaient été successivement forcés, par l'empire de circonstances irrésistibles, à reconnaître des usurpateurs, à traiter, à s'allier avec eux. Ils avaient été ainsi peu à peu amenés à faire céder leur délicatesse à leur sûreté; et pour satisfaire leur ambition, lorsqu'à leur tour ils en trouvaient l'occasion, ils étaient disposés à devenir usurpateurs eux-mêmes. Le respect pour les droits légitimes était en eux tellement affaibli, qu'après leur première victoire sur Napoléon, ce ne furent pas les souverains qui songèrent aux droits de la maison de Bourbon; ils eurent même plusieurs autres projets sur la France. Et si celle-ci recouvra ses rois, c'est que, dès qu'elle put exprimer son vœu, elle se jeta d'elle-même dans les bras de cette famille auguste, qui lui apportait de sages libertés avec ses glorieux souvenirs historiques. Au premier moment, la restauration avait été pour les puissances, qui, je le répète, y ont assisté, mais de qui elle n'est point l'ouvrage, une chose de fait, bien plus qu'une chose de droit.

Lorsque les ministres de France se constituèrent ouvertement au congrès les défenseurs du principe de la légitimité, on ne se montra d'abord disposé à en admettre les conséquences, qu'autant qu'elles ne contrarieraient en rien les convenances respectives devant lesquelles on prétendait faire fléchir le principe. Aussi, pour le faire triompher, eus-je à surmonter tous les obstacles que peut susciter l'ambition contrariée, lorsqu'elle se voit au moment d'être satisfaite.

Tandis que la Prusse soutenait avec ardeur et ténacité ses prétentions sur la Saxe, la Russie, soit par l'attachement que son souverain portait au roi de Prusse, soit parce que le prix de cette concession devait être pour l'empereur Alexandre, la possession du duché de Varsovie, les favorisait de tout son pouvoir. Ses ministres parlaient dans ce sens, sans le moindre embarras. « Tout est arrangement dans les affaires politiques, me disait l'un d'eux, Naples est votre premier intérêt ; cédez sur la Saxe, et la Russie vous soutiendra pour Naples. — Vous me parlez là d'un marché, lui répondis-je, et je ne peux pas en faire. J'ai le bonheur de ne pas être si à mon aise que vous : c'est votre volonté, votre intérêt qui vous déterminent, et moi, je suis obligé de suivre des principes ; et les principes ne transigent pas. »

Le principal objet de l'Angleterre, en concourant aux vues de la Prusse et de la Russie sur la Saxe, paraissait être de fortifier, par une econde ligne de défense établie sur l'Elbe. celle que la Prusse avait déjà sur l'Oder, afin que cette puissance pût opposer une barrière plus solide aux entreprises que, par la suite, la Russie pourrait former contre l'Allemagne, Mais cette idée, même stratégiquement, était une pure illusion.

L'Autriche n'avait guère d'autre motif déterminant d'appuyer les prétentions de la Prusse, que celui de maintenir des arrangements qui, dans le tumulte des camps, avaient été précédemment projetés avec précipitation et légèreté. Elle n'avait pas même été arrêtée alors par le danger pour elle de laisser la Prusse s'établir sur les flancs des montagnes de la Bohême, danger qu'elle sembla ne voir que lorsque la France l'en eût averti. Je trouvai un moyen direct de faire comprendre à l'empereur François, sans passer par son ministère, qu'il avait un intérêt grave à ce que la Saxe fût conservée. Les raisons que je développai à l'intermédiaire [1] que j'employai firent impression sur son esprit.

L'Angleterre comprit bientôt aussi qu'il serait imprudent de jeter un nouvel élément d'inimitié et de discorde entre les deux puissances qui défendaient contre la Russie les abords de l'Allemagne. D'ailleurs la Saxe aurait été longtemps pour la Prusse une possession peu soumise et précaire, toujours prête à saisir les occasions de lui échapper et de recouvrer son indépendance. Ce serait donc pour la Prusse une acquisition plus propre à l'affaiblir qu'à la fortifier. La question du sort de la Saxe étant ainsi dégagée pour l'Angleterre des considérations particulières qui avaient motivé sa

---

1. Cet intermédiaire était le comte de Sickingen, d'une famille noble d'Allemagne, qui descendait du fameux capitaine Franz de Sickingen (1481-1523).

première détermination, et étant ramenée pour l'Autriche au véritable point de vue sous lequel son intérêt devait la lui faire considérer, la France trouva enfin ces deux puissances disposées à écouter sans prévention les fortes raisons qu'elle avait pour faire prévaloir les principes. Lorsque ces deux puissances virent que leurs propres convenances se trouvaient d'accord avec le principe de la légitimité, elles reconnurent volontiers que ce principe l'emportait sur les convenances des autres. Elles furent conduites à en devenir par là aussi les défenseurs, et les choses arrivèrent bientôt au point qu'une alliance secrète et éventuelle se forma entre la France, l'Autriche et l'Angleterre, contre la Russie et la Prusse[1]. Ainsi la France, par le seul ascendant de la raison, par la puissance des principes, venait de rompre une alliance qui n'était dirigée que contre elle. (Heureuse si la funeste catastrophe du 20 mars n'en fut venu renouer les liens !!)

Les alliés se trouvaient ainsi divisés entre eux, tandis que nous venions d'établir une alliance nouvelle dans laquelle la France était partie principale. La première alliance, celle contre Napoléon, que l'on aurait voulu faire survivre à l'objet pour lequel elle avait été contractée, ne pouvait apporter aux alliés que les moyens de satisfaire des ambitions et des vues particulières, tandis que le but de l'alliance nouvelle ne pouvait être que le maintien des principes d'ordre, de conservation et de paix. Par là, la France, cessant à peine d'être

---

1. 3 janvier 1815. Par ce traité la France, l'Autriche et l'Angleterre promettaient de faire cause commune pour réprimer l'ambition de la Prusse et de la Russie, et s'assuraient mutuellement du concours d'une armée de cent cinquante mille hommes.

l'effroi de l'Europe, en devenait en quelque sorte, l'arbitre et la modératrice.

L'Angleterre et l'Autriche étant une fois décidées, la Prusse devait nécessairement céder; aussi finit-elle par consentir à ce que la Saxe continuât d'exister, et elle se contenta d'en recevoir une partie, à titre de cession volontaire faite par le souverain de ce pays. Ce grand point obtenu, il fallut ensuite amener le roi de Saxe à faire ce sacrifice. On me chargea, ainsi que le duc de Wellington et le prince de Metternich, de nous rendre auprès de lui pour tâcher de l'y décider. La nouvelle de l'arrivée de Napoléon en France venait de se répandre à Vienne. Il y avait dans le congrès une agitation extrême. On ne nous donna que vingt-quatre heures pour remplir notre pénible mission. Je me rendis immédiatement à Presbourg, où l'on avait fini par permettre au roi de Saxe de venir habiter.

Madame la comtesse de Brionne[1] habitait cette ville, où elle s'était retirée à la suite de son émigration... Madame de Brionne!!... Madame de Brionne qui avait eu pour moi pendant tant d'années toute l'affection que l'on porte à l'un de ses enfants et qui me croyait des torts envers elle... Oh! il faut que la politique attende! En arrivant à Presbourg, je courus me jeter à ses pieds. Elle m'y laissa assez de temps pour que j'eusse le bonheur de recevoir ses larmes sur mon visage. « Vous voilà donc enfin! me dit-elle. J'ai toujours cru que je vous reverrais. J'ai pu être mécontente de vous, mais je n'ai pas cessé un moment de vous aimer. Mon

---

1. Louise-Julie-Constance de Rohan, mariée à Charles-Louis de Lorraine, comte de Brionne (voir t. Ier p. 43, 92 et notes).

intérêt vous a suivi partout... » Je ne pouvais dire un mot, je pleurais. Sa bonté cherchait à me remettre un peu en me faisant des questions. « Votre position est belle, me dit-elle. — Oh! oui, je la trouve bien belle. » Les larmes m'étouffaient. L'impression que je ressentis était si vive que je dus la quitter pendant quelques instants ; je me sentais défaillir, j'allai prendre l'air sur les bords du Danube. Revenu un peu à moi, je retournai chez madame de Brionne. Elle reprit ses questions, je pus mieux y répondre. Elle me parla un peu du roi, beaucoup de *Monsieur*. Elle me nomma le roi de Saxe, elle savait que j'avais défendu sa cause, elle s'y intéressait. Quelques jours après cette entrevue, la mort m'enleva cette amie que j'avais été si heureux de retrouver.

Je me rendis dans la soirée au palais, et m'acquittai de la commission dont j'avais été chargé. Le roi de Saxe, qui voulait bien avoir quelque confiance en moi, m'avait fait demander de le voir seul. Dans cette conférence où sans aucun embarras, il me parlait de sa reconnaissance, je lui montrai la nécessité de faire quelques sacrifices, je tâchai de le convaincre que, au point où en étaient les choses, c'était le seul moyen de garantir l'indépendance de son pays. Le roi me garda près de deux heures ; il ne prit encore aucun engagement et me dit seulement qu'il allait se retirer dans son intérieur avec sa famille. Quelques heures après, nous reçûmes, le prince de Metternich, le duc de Wellington et moi, l'invitation de nous rendre au palais. Le prince de Metternich que nous avions choisi pour être notre organe, fit connaître au roi, avec beaucoup de ménagement, le vœu des puissances. Le roi, avec une expression fort noble et fort touchante, nous parla de son affection pour ses peuples, et cependant nous laissa entrevoir qu'il ne mettrait point d'obstacle à ce qui, d'accord avec l'honneur de sa couronne, pourrait contribuer aux arrangements de l'Europe, se réservant d'envoyer au congrès un ministre revêtu de ses pleins pouvoirs pour y traiter de ses intérêts.

Nous repartîmes pour Vienne sans être porteurs de l'adhésion du roi, mais persuadés néanmoins qu'il était décidé, et que c'était par M. d'Einsiedel, son plénipotentiaire, que son consentement parviendrait au congrès.

Après quelques conférences où l'on admit M. d'Einsiedel, les intérêts de la Saxe et de la Prusse se réglèrent, non pas à la satisfaction de l'une et de l'autre, mais d'accord entre elles[1]. Ainsi le principe de la légitimité n'eut point à souffrir dans cette importante circonstance.

Il résulta de ces arrangements que la Russie, qui avait prétendu à la possession entière du duché de Varsovie, dut se désister. La Prusse en recouvra une portion considérable, et l'Autriche, qui n'avait pas cessé de posséder une partie de la Gallicie, reprit quelques-uns des districts qu'elle avait cédés en 1809.

Cette disposition qui, au premier coup d'œil, peut paraître n'avoir eu d'importance que pour ces deux puissances, était d'un intérêt général. La Pologne, presque entière entre les mains de la Russie, devait être un objet d'inquiétude continuelle pour l'Europe. Il importait à la sûreté de celle-ci que deux puissances plutôt qu'une seule, exposées à se voir enlever ce qu'elles possédaient, fussent, par le sentiment du danger commun, disposées à s'unir en toute occasion contre

---

1. La Prusse acquit toute la haute et la basse Lusace, presque toute la Misnie et la Thuringe, avec les places de Torgau et de Wittemberg (traité du 18 mai 1815).

les entreprises ambitieuses de la Prusse. Un même intérêt devenait pour elles le lien le plus fort, et c'est par cette raison que la France soutint ici les prétentions de la Prusse et de l'Autriche.

Le ministre de Russie chercha à me combattre par mes propres arguments. Il prétendit que si le principe de la légitimité exigeait la conservation du royaume de Saxe, il devait exiger aussi le rétablissement du royaume de Pologne ; il ajouta que l'empereur Alexandre voulait avoir la totalité du duché de Varsovie pour l'ériger en royaume, et qu'ainsi je ne pouvais sans inconséquence refuser de souscrire à ce qu'on le remît entre ses mains. Je répondis avec vivacité que l'on pourrait bien à la vérité regarder comme une question de principe le rétablissement en corps de nation, et sous un gouvernement indépendant, d'un peuple nombreux, autrefois puissant, occupant un territoire vaste et contigu, et qui, s'il avait laissé rompre les liens de son unité, était cependant resté homogène par une communauté de mœurs, de langue et d'espérances ; que si on le voulait, la France serait la première, non seulement à donner son adhésion au rétablissement de la Pologne, mais encore à le réclamer avec ardeur, à la condition que la Pologne serait rétablie telle qu'elle était autrefois, telle que l'Europe voudrait qu'elle fût. Mais, ajoutai-je, il n'y a rien de commun entre le principe de la légitimité et la plus ou moins grande extension qui serait donnée à l'État que prétend former la Russie avec une petite portion de la Pologne, et sans même montrer le projet d'y réunir, plus tard, les belles provinces qui, depuis les derniers partages, ont été annexées à ce vaste empire. Les ministres de Russie, après plusieurs conférences, comprirent qu'ils ne réussiraient pas à couvrir du principe de la légitimité, les vues intéressées qu'ils étaient chargés de faire valoir, et ils se bornèrent à négocier pour obtenir une plus ou moins grande partie du territoire qui, pendant quelques années, avait composé le grand-duché de Varsovie.

En rendant hommage au principe de la légitimité, par la décision prise à l'égard du royaume de Saxe, on avait implicitement prononcé sur le sort du royaume de Naples. Le principe une fois adopté, on ne pouvait se refuser à en admettre les conséquences. Aussi la France, après avoir repoussé les prétentions fondées sur le droit de conquête, réclama-t-elle l'assurance que Ferdinand IV serait reconnu roi de Naples. Il fallut surmonter l'embarras réel de quelques cabinets qui s'étaient liés avec Murat, et surtout de l'Autriche qui avait fait un traité avec lui. J'étais bien loin de me refuser à adopter tout ce qui, conduisant au même but, pouvait se concilier avec la dignité des puissances. Murat vint à mon aide. Il était dans une agitation continuelle ; il écrivait lettres sur lettres, faisant des déclarations, ordonnait à ses troupes des marches, des contre-marches, et me fournissait mille occasions de montrer sa mauvaise foi. Un mouvement qu'il fit faire à son armée du côté de la Lombardie fut regardé comme une agression, et cette agression devint le signal de sa ruine [1].

---

1. On était d'accord à Vienne pour renverser Murat, mais on ne trouvait pas de prétexte, lorsque lui-même vint le fournir. Il avait à Vienne un agent, le duc de Campo-Chiaro, qu'on avait refusé d'admettre au congrès. Bien qu'il n'eût ainsi aucune position officielle, Murat lui envoya vers la fin de février 1815 une note, avec ordre de la communiquer aux puissances, dans laquelle le roi demandait des explications aux souverains, sur leurs intentions à son égard, déclarant que, le cas échéant, il était prêt à se battre, et prévenant qu'il serait alors forcé de passer sur le territoire de plusieurs des États italiens nouvellement créés. L'Autriche saisit cette occasion, et, sous le prétexte de protéger les princes autrichiens d'Italie, fit marcher cent cinquante mille hommes contre Murat.

Les Autrichiens marchèrent contre lui, le battirent, le poursuivirent, et en peu de jours, abandonné par son armée, il sortit en fugitif du royaume de Naples, qui retourna aussitôt sous le sceptre de son roi légitime. La restitution du royaume de Naples à Ferdinand IV consacrait de nouveau, par un grand exemple, le principe de la légitimité, et de plus, elle était utile à la France, parce qu'elle lui donnait en Italie, pour allié, le plus puissant État de cette contrée [1].

1. Si je ne devais pas à ma famille de rapporter ici le décret honorable qu'a rendu pour moi le roi Ferdinand IV, en m'accordant le duché de Dino, la reconnaissance seule m'en ferait un devoir. (*Note du prince de Talleyrand*).

Le roi et la reine des Deux-Siciles s'étaient remis à M. de Talleyrand du soin de défendre leurs intérêts au congrès. Voici à ce sujet les lettres qu'ils lui avaient écrites. Nous les transcrivons littéralement d'après les originaux qui existent dans les papiers du prince.

Lettre du roi des Deux-Siciles.

« Monsieur le prince,

» Ma main peu sûre m'oblige à en emprunter une étrangère, mais fidèle, pour vous exprimer mes sentiments : ayant été informé par mon éprouvé et dévoué ministre, le commandeur Ruffo, de vos dispositions favorables à mes intérêts, et de celui que vous prenez à me faire restituer mon royaume de Naples, je ne veux pas différer à vous en témoigner ma reconnaissance et à remettre ma juste cause dans les mains d'un ministre dont les talents sublimes dans le maniement des affaires peuvent seuls me promettre un succès heureux ; et il serait doux pour moi de le devoir à un Périgord. Je charge le commandeur Ruffo de vous confirmer en mon nom toutes les expressions des sentiments que doit m'inspirer la confiance de l'intérêt pour ma cause que vous développerez dans le congrès ; et c'est dans ces sentiments que je désire que vous en receviez, par anticipation, l'expression de la reconnaissance de votre très affectionné,

» FERDINAND.

» Palerme, ce 1er octobre 1814. »

Lettre de la reine des Deux-Siciles.

« Prince de Bénévent,

» Les droits que vous venez d'acquérir à la reconnaissance de tous les

Les arrangements convenus à l'égard de plusieurs autres parties de l'Italie eurent pour objet d'établir dans cette péninsule de forts contre-poids capables d'arrêter la puissance autrichienne, si ses vues ambitieuses se portaient un jour de ce côté. Ainsi le royaume de Sardaigne acquit tout l'État de Gênes. La branche de la maison de Savoie, régnante alors

individus apartenant à la maison de Bourbon m'engagent à profiter du moyen de mon ancienc et constante amie, la baronne de Tailerand, votre parente, pour vous faire parvenir les assurances de la haute estime et considération, que m'ont inspirées les signalés services que vous venez de rendre dans ces derniers et heureux événements à cette famille à laquelle j'appartiens par tous les liens possibles. et à la restauration et grandeur de laquelle vous venez de contribuer avec autant de gloire que de zèle; j'unis les sentiments de ma reconnaissance à ceux qu'éprouvent le roi mon époux et toute ma famille, et je jouis d'en être l'interprète. Les événements étonans et rapides, qui viennent de rendre à la branche aînée des Bourbons et à celle d'Espagne le rang et les trônes de leurs ancêtres, n'ont pas encore eu d'influence sur celle des Deux-Siciles, malgré que les malheurs, et surtout la constance, lui aient acquis des droits sacrés à l'estime, à l'équité de ses alliés; mais l'influence que la France va reprendre à juste titre en Europe nous est un sûr garant que, par son intérêt pour nous, elle soutiendra nos droits légitimes, avec cette noblesse et fermeté qui distinguent la nation, son souverain et le ministre qu'il a eu la sagesse et le talent de distinguer et de choisir. C'est dans eux que je pose aujourd'hui ma confiance et l'espoir du bonheur futur et de la gloire de ma famille; les malheurs de l'entière famille des Bourbons, la cruelle expérience, tout nous a prouvé que nos différentes branches doivent être unies à jamais entre elles pour leur prospérité et leur gloire et celle des peuples qu'elles sont appelées à gouverner, et que c'est au chef de la famille qu'elle doivent se rattacher. Ce sont les sentiments du roi mon époux, ce sont ceux de toute ma famille; et ils seront sans nul doute la base de la conduite à venir de notre gouvernement dans nos liaisons politiques. Acceptez de nouveau, prince, le tribut d'admiration et de reconnaissance que je rends, avec une véritable satisfaction, à vos talents et à vos services, en mon nom et en celui de toute ma famille.

» Votre affectionnée,

» CHARLOTTE.

» Vienne, le 27 juin 1814.»

à Turin, étant près de s'éteindre, et l'Autriche pouvant par suite de ses alliances de famille, élever des prétentions à cette belle succession, l'effet en fut prévenu par la reconnaissance des droits de la maison de Carignan, à qui on assura l'hérédité de cette couronne.

La Suisse, point central en Europe, sur lequel viennent s'appuyer trois grandes contrées, la France, l'Allemagne et l'Italie, fut solennellement et à perpétuité déclarée neutre. Par cette résolution, on augmenta pour chacun de ces trois pays les moyens de défense, et on diminua les moyens d'agression. Cette disposition est surtout favorable à la France qui, entourée de places fortes sur toutes les autres parties de ses frontières, en est dépourvue sur celle qui a la Suisse pour confins. La neutralité de ce pays lui donne donc, sur le seul point où elle soit faible et désarmée, un boulevard inexpugnable.

Pour préserver le corps helvétique des dissensions intérieures qui, en troublant son repos, auraient pu compromettre le maintien de sa neutralité, nous nous attachâmes à concilier les prétentions respectives des cantons, et à arranger les différends qui existaient depuis longtemps entre eux. L'union menacée par le conflit des intérêts anciens et des intérêts nés de l'organisation nouvelle, faite sous la médiation de Napoléon, se trouva affermie par un acte où l'on réunit toutes les dispositions qui paraissaient le mieux pouvoir les accorder.

L'érection du nouveau royaume des Pays-Bas, convenue antérieurement à la paix, était évidemment une mesure hostile contre la France ; et ce projet avait été conçu dans la vue de créer auprès d'elle un État ennemi, que le besoin de protection rendait l'allié naturel de l'Angleterre et de la Prusse. Le résultat de cette combinaison, cependant, me parut moins dangereux pour la France qu'on ne le pensait, car le nouveau royaume aura longtemps assez à faire pour se consolider[1]. En effet, formé de deux pays divisés par d'anciennes inimitiés, opposés de sentiments et d'intérêts, il doit rester faible et sans consistance pendant beaucoup d'années. L'espèce d'intimité protectrice que l'Angleterre croit établir entre elle et ce nouvel État me semble devoir être pour longtemps encore un rêve politique. Un royaume composé d'un pays de commerce et d'un pays de fabriques doit devenir un rival de l'Angleterre ou être annulé par elle, et par conséquent mécontent.

L'organisation de la confédération germanique devait être un des éléments les plus importants de l'équilibre de l'Europe. Je ne puis dire si le congrès eût réussi à fonder cette organisation sur des bases qui l'eussent fait efficacement servir d'appui à cet équilibre. Les funestes événements de 1815, qui vinrent forcer le congrès à précipiter ses délibérations, firent que l'on ne put déposer dans l'acte final qu'un germe informe qui, jusqu'à présent, n'a pu prendre de consistance et que l'on travaille encore à développer.

Je laisse à apprécier le rôle qu'a joué la France dans cette mémorable circonstance. Malgré le désavantage de la position où elle se trouvait à l'ouverture des conférences, elle parvint à prendre dans les délibérations un tel ascendant, que les

---

1. Il n'en eut pas le temps. On sait que la révolution de 1830-1832 sépara la Belgique de la Hollande.

questions les plus importantes se décidèrent en partie selon ses vues, et d'après les principes qu'elle avait établis et soutenus, tout opposés qu'ils fussent aux intentions des puissances à qui le sort des armes avait donné le pouvoir de dicter sans obstacle leurs lois à l'Europe. Et, quoique au milieu des discussions du congrès, l'esprit de révolte et d'usurpation soit venu subjuguer encore la France, le roi, rendu à Gand, exerçait à Vienne la même influence que du château des Tuileries. A ma demande, et je dois le dire pour l'honneur des souverains, sans instances, l'Europe lança une déclaration foudroyante contre *l'usurpateur*[1]. Je l'appelle ainsi parce que c'est là ce que fut Napoléon à son retour de l'île d'Elbe. Jusque-là, il avait été conquérant; ses frères seuls avaient été usurpateurs.

Je retrouvai à cette époque la récompense de ma fidélité aux principes. Au nom du roi, je les avais invoqués pour la conservation des droits des autres, et ils étaient devenus la garantie des siens.

Toutes les puissances, se voyant de nouveau menacées par la révolution renaissante en France, armèrent en toute hâte. On précipita la fin des négociations de Vienne pour se livrer sans

---

1. Le 25 mars 1815, à la nouvelle de l'arrivée de Napoléon à Paris, l'Angleterre, l'Autriche, la Russie et la Prusse renouèrent leur alliance. Tous les autres États de l'Europe accédèrent à ce traité. En même temps les puissances lançaient la déclaration suivante :

En rompant ainsi la convention qui l'avait établi à l'île d'Elbe, Buonaparte détruit le seul titre légal auquel son existence se trouvait attachée. En reparaissant en France avec des projets de trouble et de bouleversements, il s'est privé lui-même de la protection des lois, et a manifesté à la face de l'univers qu'il ne saurait y avoir ni paix ni trêve avec lui... Les puissances déclarent en conséquence que Napoléon Buonaparte s'est placé hors des relations civiles et sociales, et que, comme ennemi et perturbateur du repos du monde, il s'est livré à la vindicte publique.

relâche à des soins devenus plus pressants ; et l'acte final du congrès, quoique encore ébauché seulement dans quelques parties, fut signé par les plénipotentiaires qui se séparèrent ensuite.

Les affaires étant ainsi terminées, le roi, et par conséquent la France, ayant été reçu dans l'alliance contre Napoléon et ses adhérents, je quittai Vienne où rien ne me retenait plus, et je me mis en route pour Gand, fort éloigné d'imaginer qu'en arrivant à Bruxelles, j'apprendrais l'issue de la bataille de Waterloo. C'est M. le prince de Condé qui eut la bonté de m'en donner tous les détails. Il me parla, avec une grâce que je n'oublierai jamais, des succès qu'avait eus la France au congrès de Vienne.

Après cet exposé succinct des délibérations du congrès de Vienne, on pourra lire avec plus d'intérêt, peut-être, les correspondances suivantes.

Toutes ces correspondances sont déposées aux archives du département des affaires étrangères, c'est-à-dire les minutes des lettres du roi Louis XVIII de sa main propre, et les originaux de mes lettres ; les copies que je donne ici sont prises sur les originaux du roi et sur mes minutes[1].

1. La correspondance qui va suivre a déjà été publiée il y a quelques années par M. Pallain (*Correspondance inédite de Louis XVIII et de M. de Talleyrand*, 1 vol. in-8°), à l'exception cependant des lettres des ambassadeurs du roi au ministre des affaires étrangères qui sont insérées ici. — Nous avons relevé, entre le texte officiel trouvé par M. Pallain dans les archives du ministère des affaires étrangères, et le texte que M. de Talleyrand a voulu conserver dans ses *Mémoires*, certaines différences souvent insignifiantes, parfois au contraire assez curieuses, et qu'il nous a en tout cas paru intéressant de signaler. On trouvera en note et en italiques les additions et les variantes. En outre, il y a dans notre texte plusieurs passages qui ne sont pas reproduits dans le texte des archives ; nous les avons également soulignés et indiqués.

N° 1[1]. — LE PRINCE DE TALLEYRAND AU ROI LOUIS XVIII[2].

Vienne, le 25 septembre 1814.

Sire,

J'ai quitté Paris le 16. Je suis arrivé ici le 24 au matin. La princesse de Galles venait de quitter Strasbourg *lorsque j'y suis arrivé*. Elle avait accepté un bal chez madame Franck, veuve du banquier de ce nom, où elle a dansé toute la nuit. Elle avait, la veille de son départ, donné à souper à Talma.

---

1. Il est indispensable de maintenir trois séries de numéros pour les trois correspondances insérées ici afin de faciliter l'intelligence des dépêches qui se réfèrent à ces numéros (*Note de M. de Bacourt*). En conséquence, les lettres de M. de Talleyrand sont numérotées 1, 2, 3, etc.... celles des ambassadeurs au département 1 *bis*, 2 *bis*, 3 *bis*, etc...., celles du roi à M. de Talleyrand, 1 *ter*, 2 *ter*, 3 *ter*, etc.... Enfin, on trouvera également quelques lettres du comte de Blacas : pour celles-ci, nous avons adopté des chiffres romains.

2. Nous donnons ici le texte intégral de cette première lettre, tel qu'il se trouve dans l'ouvrage de M. Pallain. Les variantes sont si nombreuses qu'il aurait été difficile de les signaler autrement.

« Vienne, le 25 septembre 1814.

» Sire,

» J'ai quitté Paris le 16. Je suis arrivé ici *le 23 au soir. Je ne me suis arrêté qu'à Strasbourg et à Munich.*

» La princesse de Galles venait de quitter Strasbourg. Elle avait accepté un bal chez madame Franck, veuve du banquier de ce nom; elle y avait dansé toute la nuit. *Dans l'auberge dans laquelle je suis descendu elle avait donné à souper à Talma. Sa manière d'être à Strasbourg explique parfaitement pourquoi M. le prince régent aime mieux la savoir en Italie qu'en Angleterre.* — A Munich le roi m'a parlé de son attachement pour Votre Majesté, des craintes que lui donnait l'ambition prussienne; il m'a dit *de fort bonne grâce :* « J'ai servi vingt *et un* ans la France, cela ne s'oublie point. » *Deux heures de conversation que j'ai pu avoir avec M. de*

Ce qui m'en a été dit m'explique les motifs qui font préférer au prince régent de la savoir plutôt sur le continent qu'en Angleterre. Elle se disposait à partir pour l'Italie.

Montgelas m'ont bien prouvé qu'il ne fallait que suivre les principes arrêtés par Votre Majesté, comme base du système-politique de la France, pour nous assurer le retour et nous concilier la confiance des puissances d'un *ordre* inférieur.

A Vienne le langage de la raison et de la modération ne se trouve point encore dans la bouche des plénipotentiaires.

» Un des ministres de Russie *nous disait hier* : « On a voulu faire de nous une puissance asiatique; *la Pologne nous fera européens.* »

» La Prusse, de son côté, ne demande pas mieux que d'échanger ses anciennes provinces polonaises contre celles qu'elle convoite en Allemagne et sur les bords du Rhin. On doit regarder ces deux puissances comme intimement *liées* sur ce point.

» Les ministres russes insistent, sans avoir admis jusqu'ici la moindre discussion, sur une extension territoriale qui porterait cette puissance sur les bords de la Vistule, en réunissant même la vieille Prusse à leur empire.

» *J'espère que l'empereur, qui dans différentes circonstances m'a permis* de lui exposer avec franchise *ce que je jugeais* le plus utile à ses *intérêts et à sa gloire, me permettra de combattre devant lui le système de ses ministres. Le philanthrope La Harpe se révolte contre l'ancien partage de la Pologne et plaide son asservissement à la Russie; il est à Vienne depuis dix ou douze jours.*

» On conteste encore au roi de Saxe le droit d'avoir un ministre au congrès. *M. de Schulembourg, que je connais depuis longtemps, m'a dit hier que le roi avait déclaré* qu'il ne ferait aucun acte de cession, d'abdication ni d'échange qui pourrait détruire l'existence de la Saxe *et nuire aux droits de sa maison*; cette honorable résistance pourra faire quelque impression sur ceux qui partagent encore l'idée de la réunion de ce royaume à la Prusse.

» La Bavière a fait offrir au roi de Saxe d'appuyer ses prétentions, s'il le fallait, par *un corps de troupes considérable. M. de Wrède dit qu'il a ordre de donner jusqu'à quarante mille hommes.*

» *La question de Naples n'est pas résolue. L'Autriche veut placer Naples et la Saxe sur la même ligne et la Russie veut en faire des objets de compensation.*

» La reine de Naples est *peu regrettée.* Sa mort paraît avoir mis M. de Metternich *plus* à son aise.

» Rien n'est déterminé à l'égard de la *conduite et de la marche des affaires au congrès. Les Anglais mêmes, que je croyais plus méthodiques que les autres, n'ont fait aucun travail préparatoire sur cet objet.*

A Munich, le roi [1] m'a parlé de son attachement pour Votre Majesté. Il m'a dit : « J'ai servi vingt ans la France. Cela ne s'oublie point. *Si Monsieur ou M. le duc de Berry étaient venus à Strasbourg, lorsque j'étais à Bade, j'aurais été bien empressé d'aller leur faire ma cour* [2]. »

J'ai entrevu qu'il ne fallait que suivre les principes arrêtés par Votre Majesté comme base du système politique de la France, pour nous assurer le retour et nous concilier la confiance des puissances d'un rang inférieur.

» *Je suis porté à croire que l'on se réunira à l'idée d'avoir deux commissions : l'une composée des six grandes puissances, et devant s'occuper des affaires générales de l'Europe ; l'autre devant préparer les affaires d'Allemagne et devant être de même composée des six premières puissances allemandes ; j'aurais désiré qu'il y en eût sept. L'idée d'une commission pour l'Italie déplait prodigieusement à l'Autriche.*

» *La marche que Votre Majesté a tracée à ses ministres est si noble, qu'elle doit nécessairement, si toute raison n'a pas disparu de dessus la terre, finir par leur donner quelque influence.*

» *Je suis avec le plus profond respect, Sire, de Votre Majesté le très humble et très obéissant serviteur et sujet.*

» Le prince DE TALLEYRAND. »

« P.-S. — *L'empereur de Russie et le roi de Prusse viennent d'arriver. Leur entrée a été fort belle. Ils étaient à cheval ; l'empereur d'Autriche au milieu. Un petit désordre occasionné par les chevaux a fait que pendant une partie considérable du chemin, le roi de Prusse était à la droite de l'empereur François. Les choses ne sont rentrées dans l'ordre que peu de temps avant d'arriver au palais.* »

---

1. Maximilien Ier, roi de Bavière. Il avait été colonel au service de la France avant la révolution de 1789. Il était connu alors sous le nom de prince Max de Deux-Ponts.

2. Supprimé dans le texte des archives.

Depuis mon arrivée ici, je n'ai pu recevoir que quelques personnes. M. de Dalberg, qui m'avait précédé d'un jour, avait, de son côté, recueilli quelques notions [1]. »

Je vois, Sire, que le langage de la raison et celui qui caractérise la modération ne seront point dans la bouche de tous les plénipotentiaires.

Un des ministres de Russie a dit il y a peu de jours : « On a voulu faire de nous une puissance asiatique. Nous allons être Européens par la Pologne. »

La Prusse, de son côté, ne demande pas mieux que d'échanger ses anciennes provinces polonaises contre celles qu'elle convoite en Allemagne et sur les bords du Rhin. On doit regarder ces deux puissances comme intimement unies sur ce point.

Les ministres russes insistent, sans avoir admis jusqu'ici la moindre discussion, sur une extension territoriale qui porterait cette puissance sur les bords de la Vistule, en réunissant même la vieille Prusse à son empire. *Ils annoncent, cependant, que cette question restait à traiter avec leur souverain, qui, seul, pouvait changer leurs instructions* [2].

J'espère qu'à l'arrivée de l'empereur de Russie, qui, en différentes circonstances, m'a accordé le droit de lui exposer avec franchise ce que je jugerais le plus utile à ses véritables intérêts et à sa gloire, je pourrai lui faire connaître combien il serait avantageux à son système de philanthropie générale, s'il voulait placer la modération à côté de la puissance. Peut-être même trouverai-je, sous ce rapport, le seul point de con-

---

1. Supprimé dans le texte des archives.

2. Supprimé dans le texte des archives.

tact avec M. de la Harpe[1] qui déjà est ici. L'empereur de Russie et le roi de Prusse sont attendus aujourd'hui.

On conteste encore au roi de Saxe le droit de tenir un ministre au congrès. Il a envoyé ici le comte de Schulenburg[2], agent habile et qui m'est connu. Nous pourrons en tirer parti. Le roi a déclaré qu'il ne ferait aucun acte de cession, ni d'abdication, ni d'échange, qui détruisît l'existence de la Saxe. Cette honorable résistance pourra faire rentrer en eux-mêmes ceux qui protègent encore l'idée de la réunion de ce royaume à la Prusse.

La Bavière a fait offrir au roi de Saxe d'appuyer ses prétentions, s'il le fallait, par cinquante mille hommes.

On ne paraît pas d'accord sur la non admission d'un plénipotentiaire de Naples. Je regarde cette question comme n'étant pas entièrement résolue.

L'Autriche veut placer Naples et la Saxe sur la même ligne, et la Russie, en faire des objets de compensation.

La reine de Naples n'est regrettée par personne, et sa mort paraît avoir mis M. le prince de Metternich à son aise.

Rien au reste n'est encore déterminé à l'égard de la marche et de la conduite des affaires au congrès, et même, dans le raisonnement des ministres anglais, j'ai cru entrevoir qu'eux-mêmes n'ont point mûri ce travail préparatoire.

---

1. M. de La Harpe, homme d'État suisse, ancien précepteur de l'empereur Alexandre, qu'on a déjà vu jouer un rôle important dans les affaires de son pays au temps du directoire.

2. Frédéric-Albert, comte de Schulenburg, né à Dresde en 1772. Il fut nommé ministre de Saxe à Vienne en 1798, puis à Ratisbonne; assista au congrès de Rastadt (1799), et fut peu après envoyé à Copenhague, puis à Pétersbourg (1804). Il revint à Vienne en 1810, et assista comme plénipotentiaire saxon au congrès de 1814. Il se retira en 1830 et se consacra jusqu'à sa mort (1853) exclusivement aux lettres.

On propose deux commissions, dont l'une se composerait des grandes puissances; l'autre, des puissances inférieures. On est disposé à faire traiter les affaires d'Allemagne par une commission particulière. Le rôle que Votre Majesté prescrit à ses ambassadeurs est si noble et si conforme à sa dignité, qu'ils pourront aider à tout ce qui doit ramener l'ordre en Europe et rétablir un équilibre réel et durable.

Je prie Votre Majesté de croire que nous porterons tous nos efforts à répondre à sa confiance et à suivre la ligne que nous ont tracée les instructions que Votre Majesté a données à ses ambassadeurs au congrès[1].

Je suis...

Le prince DE TALLEYRAND[2].

N° 1 bis. — LES AMBASSADEURS DU ROI AU CONGRÈS, AU MINISTRE DES AFFAIRES ÉTRANGÈRES A PARIS[3].

Vienne, le 27 septembre 1814.

Monsieur le comte,

La correspondance des ministres du roi au congrès n'a encore que peu de chose à apprendre au département. Les ministres du roi se tiennent sur la ligne qui leur a été tracée par leurs instructions. Ils reviennent dans toutes leurs conversations à l'article du traité du 30 mai, qui donne

---

1. Supprimé dans le texte des archives.

2. Le prince de Talleyrand entretenait seul la correspondance avec le roi. (*Note de M. de Bacourt.*)

3. Le comte de Jaucourt tenait le portefeuille des affaires étrangères à Paris pendant l'absence du prince de Talleyrand. (*Note de M. de Bacourt.*)

au congrès l'honorable mission d'établir un équilibre réel et durable. Cette forme désintéressée les conduit à entrer dans les principes du droit public, reconnu par toute l'Europe et d'où découle d'une manière presque forcée le rétablissement du roi Ferdinand IV au trône de Naples, ainsi que la succession, dans la branche de Carignan, de la maison de Savoie.

La non abdication et la non cession du roi de Saxe donnent aux ministres du roi le devoir de défendre sa cause.

Vous voyez, monsieur le comte, que nous nous tenons dans des généralités. Cependant, nous devons vous dire que leur application paraît être prévue par les ministres, qu'avant la paix, nous appellions alliés, et que cela place les ministres du roi dans la position qui convient au beau rôle qu'il est appelé à jouer dans cette grande circonstance.

Nos informations nous autorisent à vous dire que le malheur et l'ambition ne laissent pas encore tenir aux ministres prussiens le langage qu'une réunion aussi pacifique que celle de Vienne semblerait devoir leur prescrire.

Nous avons l'honneur...

> Le prince DE TALLEYRAND.
> Le duc DE DALBERG.
> Le marquis DE LA TOUR DU PIN GOUVERNET.
> Le comte ALEXIS DE NOAILLES.

N° 2.— LE PRINCE DE TALLEYRAND AU ROI LOUIS XVIII.

Vienne, le 29 septembre 1814.

SIRE,

Nous avons enfin presque achevé le cours de nos visites à tous les membres de la nombreuse famille impériale. Il a été bien doux pour moi de trouver partout des témoignages de la haute considération dont on est rempli pour la personne de Votre Majesté, de l'intérêt qu'on lui porte, des vœux qu'on fait pour elle, tout cela exprimé avec plus ou moins de bonheur, mais toujours avec une sincérité qu'on ne pouvait pas soupçonner d'être feinte. L'impératrice, qui depuis notre arrivée avait dû s'occuper exclusivement de l'impératrice de Russie, nous avait fait assigner une heure pour aujourd'hui. Elle s'est trouvée indisposée et, quoiqu'elle ait fait recevoir pour elle plusieurs personnes par Madame l'archiduchesse, sa mère, elle a voulu recevoir elle-même l'ambassade de Votre Majesté. Elle m'a questionné, avec un intérêt qui n'était pas de simple politesse, sur votre santé. « Je me souviens, m'a-t-elle dit, d'avoir vu le roi à Milan. J'étais alors bien jeune. Il avait tout plein de bontés pour moi. Je ne l'ai oublié dans aucune circonstance. » Elle a parlé dans des termes analogues de Madame la duchesse d'Angoulême, de ses vertus, de l'amour qu'on lui portait à Vienne et des souvenirs qu'elle y a laissés. Elle a aussi daigné dire des choses obligeantes pour le ministre de Votre Majesté. Deux fois, elle a placé dans la conversation le nom de l'archiduchesse Marie-Louise, la seconde fois avec une sorte d'affectation. Elle l'appelle *ma fille Louise*. Malgré la toux qui la forçait presque continuellement[1] à s'interrompre, et malgré sa maigreur, cette princesse a un don de plaire et des grâces que j'appellerais toutes françaises, si, pour un œil très difficile, il ne s'y mêlait peut-être un tant soi peu d'apprêt.

M. de Metternich est fort poli pour moi. M. de Stadion me

---

1. Variante : *souvent*.

montre plus de confiance. Il est vrai que celui-ci, mécontent de ce que fait l'autre, s'est retranché dans les affaires des finances, dont on lui a donné la direction et auxquelles je doute fort qu'il s'entende, et a laissé les affaires du cabinet, ce qui le rend peut-être plus communicatif.

J'ai toujours à me louer de la franchise de lord Castlereagh. Il eut, il y a quelques jours, avec l'empereur Alexandre une conversation d'une heure et demie, dont il vint aussitôt après me faire part. Il prétend que dans cette conversation, l'empereur Alexandre a déployé toutes les ressources de l'esprit le plus subtil; mais que lui, lord Castlereagh, a parlé dans des termes très positifs et même assez durs pour être inconvenants, s'il n'y eût pas mêlé, pour leur servir de passeport, des protestations de zèle pour la gloire de l'empereur. Malgré tout cela, je crains que lord Castlereagh n'ait pas l'esprit de décision qu'il nous serait si nécessaire qu'il eût, et que l'idée du parlement, qui ne l'abandonne jamais, ne le rende timide. Je ferai tout ce qui sera en moi pour lui inspirer de la fermeté.

Le comte de Nesselrode m'avait dit que l'empereur Alexandre désirait de me voir, et m'avait engagé à lui écrire pour avoir une audience[1]. Je l'ai fait, il y a déjà plusieurs jours, et n'ai pas encore sa réponse. Nos principes, dont nous ne faisons pas mystère, sont-ils connus de l'empereur Alexandre et lui ont-ils donné vis-à-vis de moi une sorte d'embarras? S'il me fait, comme je dois le croire d'après tout ce qui me revient, l'honneur de m'entretenir sur les affaires de Pologne et de Saxe, je serai doux, conciliant, mais positif, ne parlant que principes et ne m'en écartant jamais.

---

1. Variante : audience *particulière*.

Je m'imagine [1] que la Russie et la Prusse ne font tant de bruit et ne parlent avec tant de hauteur que pour savoir ce que l'on pense, et que, si elles se voient seules de leur parti, elles y regarderont à deux fois avant de pousser les choses à l'extrémité [2]. Cet enthousiasme polonais dont l'empereur Alexandre s'était enflammé à Paris, s'est refroidi à Saint-Pétersbourg. Il s'est ranimé à Pulawy [3]; il peut s'éteindre de nouveau, quoique nous ayons ici M. de la Harpe, et qu'on y attende les Czartoryski [4]; j'ai peine à croire qu'une déclaration simple, mais unanime, des grandes puissances, ne suffise pas pour le calmer. Malheureusement, celui qui est en Autriche à la tête des affaires, et qui a la prétention de régler celles de l'Europe, regarde comme la marque la plus certaine de la supériorité du génie une légèreté qu'il porte d'un côté jusqu'au ridicule, et de l'autre, jusqu'à ce point où, dans le ministre d'un grand État, et dans des circonstances telles que celles-ci, elle devient une calamité.

Dans cette situation des choses, où tant de passions fermentent, et où tant de gens s'agitent en tout sens, l'impétuosité et l'indolence sont deux écueils qu'il me paraît également

---

1. Variante : *Je me persuade.*

2. Variante : *à l'extrême.*

3. Château des princes Czartoryski en Pologne. Cette résidence magnifique a été chantée par le poète Delille dans son poème des *Jardins.*
(*Note de M. de Bacourt.*)

4. Les Czartoryski étaient une des plus puissantes familles de Pologne. Elle était alors représentée par le prince Adam-Casimir (1731-1823), staroste général de Podolie et feld-zeugmeister des armées autrichiennes, et par ses deux fils : Adam-Georges, né en 1770, ancien ambassadeur de Russie et plus tard sénateur du royaume de Pologne; et Constantin-Adam, né en 1773, qui était alors colonel d'infanterie dans l'armée russe.

nécessaire d'éviter. Je tâche donc de me renfermer dans une dignité calme qui, seule, me semble convenir aux ministres de Votre Majesté, qui, grâce aux sages instructions qu'elle leur a données, n'ont que des principes à défendre, sans aucun plan d'intérêt personnel à faire prévaloir.

Quelle que doive être l'issue du congrès, il y a deux opinions qu'il faut établir et conserver, celle de la justice de Votre Majesté, et celle de la force de son gouvernement; car ce sont les meilleurs ou plutôt les seuls garants de la considération au dehors et de la stabilité au dedans. Ces deux opinions une fois établies, comme j'espère qu'elles le seront, que le résultat du congrès soit ou non conforme à nos désirs et au bien de l'Europe, nous en sortirons toujours avec honneur.

Je suis...

N° 2 *bis*. — LES AMBASSADEURS DU ROI AU CONGRÈS, AU MINISTRE DES AFFAIRES ÉTRANGÈRES A PARIS.

Vienne, le 29 septembre 1814.

Monsieur le comte,

Nous avons été occupés ces jours-ci à nous faire présenter à la famille impériale d'Autriche. Nous avons cru remarquer que l'empereur et les archiducs ont cherché à être fort obligeants. L'impératrice, particulièrement, a mis beaucoup de grâce dans la manière dont elle nous a reçus. On nous a exprimé de l'attachement pour le roi, et on s'est informé beaucoup de l'état de la santé de Madame la duchesse d'Angoulême. Les fêtes ont commencé.

Les affaires du congrès n'ont fait que peu de progrès depuis la dernière lettre que nous avons eu l'honneur de vous écrire. Nous continuons à nous tenir attachés aux instructions qui nous ont été données.

En énonçant les principes qu'elles renferment, la France et le roi influeront sur les affaires de l'Europe d'une manière aussi noble que convenable.

Il paraît que, jusqu'ici, tout ce qui devait être convenu à l'égard de la marche des affaires n'a point été décidé.

Les ministres du roi n'ont pas encore cru devoir intervenir, et nous attendons, monsieur le comte, qu'on se soit concerté sur ces différents objets, pour vous en faire connaître les résultats.

Nous avons été instruits de la manière la plus positive que la Russie n'abandonne aucune de ses prétentions sur la Pologne. Elle déclare que tout le duché de Varsovie est occupé par ses armées, et qu'il faudra les en chasser. Tels sont les termes dont on se sert.

La Prusse lui a cédé ce qu'elle appelle ses droits sur ce pays, et cherche ses dédommagements dans le royaume de Saxe. Cet état de choses laisse une grande incertitude sur l'issue du congrès.

Les informations prises sur les sentiments de l'Autriche ne donnent pas une entière confiance que cette puissance voudra employer convenablement ses nombreuses armées pour le soutien des principes sans lesquels rien n'est stable.

Les ministres du roi croient avoir observé que le langage ferme et énergique qu'ils ont tenu en diverses circonstances a produit quelque effet; qu'il a même amené quelque hésitation sur des plans déjà presque arrêtés.

Le prince de Talleyrand a demandé à voir l'empereur de

Russie en particulier. Sa lettre depuis trois jours est restée sans réponse. Ce ne sera qu'après cette entrevue que l'on pourra juger du degré de modération que ce souverain apportera dans les affaires générales de l'Europe. Ses ministres ne paraissent point entièrement instruits. Ils nous évitent, parce qu'ils craignent d'entrer en discussion avec nous.

Les ministres autrichiens témoignent une sorte de défiance.

Les Prussiens servent les Russes. Il ne paraît pas que les ministres anglais aient un langage bien décidé.

Les agents des petites cours cherchent à se rapprocher de la France, et nous les y engageons.

Nous ne présentons encore que des aperçus; mais ils peuvent donner une idée de l'état des choses.

N° 1 *ter*. — LE ROI LOUIS XVIII AU PRINCE DE TALLEYRAND.

Paris, le 3 octobre 1814 [1].

Mon cousin,

J'ai reçu votre dépêche du 25 septembre, et par égard pour vos yeux, et pour ma main, j'en emprunte une pour y répondre [2] qui n'est pas la mienne, mais qui est loin d'être étrangère à mes affaires [3].

Les rois de Naples et de Saxe sont mes parents au même

---

1. Cette lettre est datée du 13 octobre dans le texte des archives.

2. Variante : pour *vous* répondre.

3. Les lettres du roi Louis XVIII au prince de Talleyrand étaient copiées par le comte, depuis duc de Blacas d'Aulps, mais signées par le roi. Nous avons déjà dit que les minutes du roi sont au dépôt des affaires étrangères, où on ignore même comment elles y sont parvenues.

(*Note de M. de Bacourt.*)

degré ; la justice réclame également en faveur de tous les deux ; mais je ne saurais y prendre un intérêt pareil[1]. Le royaume de Naples possédé par un descendant de Louis XIV, ajoute à la puissance de la France. Demeurant à un individu de la famille de Corse[2], *flagitio addit damnum*. Je ne suis guère moins révolté de l'idée que ce royaume et la Saxe puissent servir de compensations. Je n'ai pas besoin de vous tracer ici mes réflexions sur un pareil oubli de toute morale publique ; mais ce que je dois me hâter de vous dire, c'est que si je ne puis empêcher cette iniquité, je veux du moins ne pas la sanctionner, et, au contraire, me réserver, ou à mes successeurs, la liberté de la redresser, si l'occasion s'en présente.

Je ne dis au reste ceci que pour pousser l'hypothèse jusqu'à l'extrême, car je suis loin de désespérer du succès de la cause, si l'Angleterre s'attache fortement aux principes que lord Castlereagh nous a manifestés ici, et si l'Autriche est dans les mêmes résolutions que la Bavière.

Ce que M. de Schulenburg vous a dit de la détermination du roi de Saxe est parfaitement vrai : ce malheureux prince me l'a mandé lui-même.

Vous pouvez facilement juger de l'empressement[3] avec lequel j'attends des nouvelles du congrès dont les opérations doivent être actuellement commencées. Sur quoi je prie Dieu, mon cousin, qu'il vous ait en sa sainte et digne garde.

LOUIS.

1. Variante : un intérêt *égal*.

2. Variante : *du* Corse.

3. Variante : *avec quelle impatience*, j'attends.

N° 3 *bis*. — LES AMBASSADEURS DU ROI AU CONGRÈS AU MINISTRE DES AFFAIRES ÉTRANGÈRES.

Vienne, le 4 octobre 1814.

Monsieur le comte,

Depuis notre dernière lettre, nous avons fait un pas de plus. Il ne nous conduit cependant point encore à voir commencer le travail du congrès. Nous vous exposons succinctement les démarches qui ont eu lieu.

M. le prince de Metternich, par un billet en date du 29 septembre, adressé à M. le prince de Talleyrand, l'a invité à une conférence particulière. La copie se trouve jointe sous le numéro 1 [1].

Le mot *assister* et les ministres indiqués faisaient supposer que cette réunion devait porter le caractère d'une sorte de complaisance de la part des alliés envers la France. Le prince de Talleyrand y répondit par le billet ci-joint numéro 2. Vous observerez, monsieur le comte, qu'en plaçant l'Espagne avant la Prusse, on détruisait l'intention de M. le prince de Metternich.

Plus tard on sut que M. le prince de Metternich avait fait une invitation à M. de Labrador, dans laquelle il dit :

« Le prince de Metternich et ses collègues les ministres de Russie, d'Angleterre, et de Prusse invitent... »

M. de Labrador qui s'attache beaucoup à l'ambassade de France et qui paraît applaudir à la régularité de sa marche

---

[1]. Il est souvent fait mention soit dans les lettres de M. de Talleyrand soit dans celles des ambassadeurs, de pièces jointes à la correspondance et envoyées au département. Ces pièces ne se trouvaient point rattachées au manuscrit des *Mémoires* du prince. Elles n'ont pas pu trouver place ici.

et des principes, a répondu comme M. le prince de Talleyrand le lui a indiqué.

La conférence a eu lieu chez le prince de Metternich même. Il avait choisi M. de Gentz, connu pour ses relations anglaises et prussiennes, comme rédacteur du procès-verbal.

On y fit lecture d'un protocole et d'un projet de déclaration.

Le protocole commençait par nommer les *alliés* à chaque alinéa, et la déclaration était faite en leur nom. Elle se trouve jointe sous le numéro 3.

Le prince de Talleyrand, après avoir relevé deux fois le mot *alliés*, en déclarant que c'était une insulte au milieu d'un congrès tel qu'était celui qu'on avait réuni, observa que les conclusions de cette pièce blessaient les égards dus aux autres puissances; et qu'il n'appartenait point à *elles seules* de prendre une initiative qui n'était fondée sur aucun droit; qu'il valait mieux inviter toutes les puissances à se réunir en congrès, à faire nommer des commissions, et procéder ainsi avec la mesure sans laquelle rien n'est légitime; il déclara enfin qu'il ne pouvait reconnaître aucun arrangement particulier qui aurait été fait depuis la signature du traité de Paris.

Le prince de Talleyrand adressa le soir le résultat de ses observations aux cinq ministres qui s'étaient réunis le matin. Sa note est sous le numéro 4.

Cette note semble avoir fait retarder la convocation d'une seconde conférence; et il nous est revenu que les ministres paraissaient en être embarrassés. Il nous a été dit d'un autre côté qu'ils avaient l'air de croire qu'on voulait leur faire la leçon, et qu'ils ne paraissaient pas rendre justice aux soins que l'on prenait de les ramener aux principes, qui, seuls, peuvent rendre à l'Europe une assiette solide.

Le prince de Talleyrand s'est décidé à adresser une note officielle, attendu que ces ministres avaient tenu des conférences préparatoires, qu'ils avaient signé un procès-verbal et avaient arrêté la publication de cette pièce, comme étant conforme à l'arrangement qu'ils avaient pris d'exercer une sorte d'initiative dans les affaires qui restaient à régler. Voyant qu'il existait quelque chose d'officiel d'un côté, il crut qu'il fallait qu'il y eut aussi, de l'autre, quelque chose d'officiel.

Vous jugerez, monsieur le comte, par la lecture de ces différentes pièces, que les affaires générales ne sont point encore traitées avec cette franchise et ce sentiment de justice et d'équité qui peuvent les faire terminer promptement. Vous jugerez également que la position de l'ambassade de France est fort difficile, parce qu'elle a pour direction d'engager les autres puissances à être modérées et raisonnables, et que ces puissances se trouvent encore liées par des engagements antérieurs et dirigées par une ambition intolérable. L'opinion que nous énonçons à cet égard est confirmée par une audience particulière que M. le prince de Talleyrand a eue de Sa Majesté l'empereur de Russie, et dont il est nécessaire, monsieur le comte, de vous parler.

L'empereur questionna avec affectation sur l'état de la France, de ses armées, de ses finances, de l'esprit public; il annonça vouloir conserver ce qu'il tenait, et posa en principe que, dans les arrangements qui allaient avoir lieu, il devait y trouver ses *convenances*. Le prince de Talleyrand observa qu'il fallait plutôt y chercher *le droit*. L'empereur alors prononça ces mots : « *La guerre donc!...* vous voulez donc la guerre...? » Le prince de Talleyrand prit, sans répondre, l'attitude qui indiquait à l'empereur que c'était lui-même qui la déciderait et qui en porterait la responsabilité. L'empereur fit entendre qu'il s'était arrangé avec les grandes puissances, ce que le prince de Tallayrand mit en doute, attendu que la France n'y avait point concouru, et que toutes s'annonçaient comme libres d'engagements particuliers, étrangers à ce qui avait été fait à Paris.

Telle est la situation des affaires. Il nous revient de toute part que déjà les moyennes et les petites puissances se tournent vers la France pour y chercher un appui ; et nous nous flattons toujours que la nation russe et l'armée, ne mettant point d'intérêt au rétablissement de la Pologne et ne voulant pas la guerre pour soutenir des vues d'ambition, l'empereur de Russie rentrera en lui-même et consentira que l'Europe recouvre le repos et la tranquillité, en se plaçant sous l'égide des principes que dicte la raison.

Nous avons l'honneur, monsieur le comte, de vous adresser copie d'une lettre du ministre de Portugal à lord Castlereagh, par laquelle il réclame contre l'exclusion qu'on a faite de lui aux premières conférences, comme ministre portugais. Le prince de Talleyrand a cru devoir appuyer sa demande.

Agréez ....

N° 3. — LE PRINCE DE TALLEYRAND AU ROI LOUIS XVIII.

Vienne, le 4 octobre 1814.

SIRE,

Le 30 septembre, entre neuf et dix heures du matin, je reçus de M. de Metternich une lettre de cinq lignes, datée de la veille, et par laquelle il me proposait, en son nom seul, de venir à deux heures *assister* à une conférence préliminaire pour laquelle je trouverais *réunis* chez lui les seuls ministres[1] de Russie, d'Angleterre et de Prusse. Il ajoutait qu'il faisait la même demande, à M. de Labrador, ministre d'Espagne.

Les mots *assister* et *réunis* étaient visiblement employés avec dessein. Je répondis que je me rendrais avec grand plaisir chez lui, avec les ministres de Russie, d'Angleterre, d'Espagne et de Prusse.

L'invitation adressée à M. de Labrador était conçue dans les mêmes termes que celle que j'avais reçue, avec cette différence qu'elle était en forme de billet à la troisième personne, et faite au nom de M. Metternich et *de ses collègues*.

M. de Labrador étant venu me la communiquer et me consulter sur la réponse à faire, je lui montrai la mienne, et il en fit une toute pareille, dans laquelle la France était nommée avec et avant les autres puissances. Nous mêlions ainsi à dessein, M. de Labrador et moi, ce que les autres paraissaient vouloir séparer, et nous divisions ce qu'ils avaient l'air de vouloir unir par un lien particulier.

J'étais chez M. de Metternich avant deux heures, et déjà les ministres des quatre cours étaient réunis en séance, autour d'une table longue : lord Castlereagh, à une des extrémités et paraissant présider; à l'autre extrémité, un homme que M. de Metternich me présenta comme tenant la plume dans leurs conférences; c'était M. de Gentz. Un siège entre lord Castlereagh et M. de Metternich avait été laissé vacant, je l'occupai. Je demandai pourquoi j'avais été appelé seul de l'ambassade de Votre Majesté, ce qui produisit le dia-

---

1. Variante : *les ministres*.

logue suivant : « On n'a voulu réunir dans les conférences préliminaires que les chefs des cabinets. — M. de Labrador ne l'est pas, et il est cependant appelé. — C'est que le secrétaire d'État d'Espagne n'est point à Vienne. — Mais, outre M. le prince de Hardenberg, je vois ici M. de Humboldt, qui n'est point secrétaire d'État. — C'est une exception nécessitée par l'infirmité que vous connaissez au prince de Hardenberg[1]. — S'il ne s'agit que d'infirmités, chacun peut avoir les siennes, et a le même droit de les faire valoir ». On parut alors disposé à admettre que chaque secrétaire d'État pourrait amener un des plénipotentiaires qui lui étaient adjoints, et pour le moment je crus inutile d'insister.

L'ambassadeur de Portugal, le comte de Palmella[2], informé par lord Castlereagh qu'il devait y avoir des conférences préliminaires, auxquelles M. de Labrador et moi devions nous trouver et où il ne serait point appelé, avait cru devoir réclamer contre une exclusion qu'il regardait et comme injuste, et comme humiliante pour la couronne de Portugal. Il avait en conséquence écrit à lord Castlereagh, une lettre que celui-ci produisit à la conférence. Ses raisons étaient fortes; elles étaient bien déduites. Il demandait que les huit puissances qui ont signé le traité du 30 mai, et non pas seulement six de ces puissances, formassent la commission préparatoire qui devait mettre en activité le congrès dont elles avaient stipulé la réunion. Nous appuyâmes cette demande, M. de La-

---

1. M. de Hardenberg était affligé d'une surdité presque complète.

2. M. de Souza-Holstein, comte, puis duc de Palmella (1786-1850). Il fut plus tard régent du Portugal, en 1830.

brador et moi. On se montra disposé à y accéder, mais la décision fut ajournée à la prochaine séance. La Suède n'a point encore de plénipotentiaire ici, et n'a conséquemment pas encore été dans le cas de réclamer.

« L'objet de la conférence d'aujourd'hui, me dit lord Castlereagh, est de vous donner connaissance de ce que les quatre cours ont fait depuis que nous sommes ici. » Et, s'adressant à M. de Metternich : « C'est vous, lui dit-il, qui avez le protocole. » M. de Metternich me remit alors une pièce signée de lui, du comte de Nesselrode, de lord Castlereagh et du prince de Hardenberg. Dans cette pièce, le mot *d'alliés* se trouvait à chaque paragraphe. Je relevai ce mot. Je dis qu'il me mettait dans la nécessité de demander où nous étions, si c'était encore à Chaumont ou à Laon[1], si la paix n'était pas faite, s'il y avait guerre et contre qui? Tous me répondirent qu'ils n'attachaient[2] point au mot *d'alliés* un sens contraire à l'état de nos rapports actuels, et qu'ils ne l'avaient employé que pour abréger; sur quoi je fis sentir que, quel que fût le prix de la brièveté, il ne la fallait point acheter aux dépens de l'exactitude.

Quant au contenu du protocole, c'était un tissu de raisonnements métaphysiques destinés à faire valoir des prétentions que l'on appuyait encore sur des traités à nous inconnus. Discuter ces raisonnements et ces prétentions, c'eût été se jeter dans un océan de disputes. Je sentis qu'il était néces-

---

1. Le 25 mars 1814, les souverains alliés, après la rupture des négociations de Châtillon, avaient signé à Laon une déclaration qui renouvelait le traité de Chaumont.

2. Variante : *n'attribuaient*.

saire de repousser le tout par un argument péremptoire. Je lus plusieurs paragraphes et je dis : « Je ne comprends pas. » Je les relus de nouveau, posément, de l'air d'un homme qui cherche à pénétrer le sens d'une chose, et je dis : « Je ne comprends pas davantage. » J'ajoutai : « Il y a pour moi deux dates entre lesquelles il n'y a rien : celle du 30 mai, où la formation du congrès a été stipulée, et celle du 1ᵉʳ octobre, où il doit se réunir. Tout ce qui s'est fait dans l'intervalle m'est étranger et n'existe pas pour moi. » La réponse des plénipotentiaires fut qu'ils tenaient peu à cette pièce et qu'ils ne demandaient pas mieux que de la retirer, ce qui leur attira de la part de M. de Labrador l'observation que pourtant ils l'avaient signée. Ils la reprirent; M. de Metternich la mit à part[1] et il n'en fut plus question.

Après avoir abandonné cette pièce, ils en produisirent une autre. C'était un projet de déclaration que M. de Labrador et moi devions signer avec eux, si nous l'adoptions. Après un long préambule sur la nécessité de simplifier et d'abréger les travaux du congrès, et après des protestations de ne vouloir empiéter sur les droits de personne, le projet établissait que les objets à régler par le congrès devaient être divisés en deux séries, pour chacune desquelles il devait être formé un comité auquel les États intéressés pourraient s'adresser; et que les deux comités ayant achevé tout le travail, on assemblerait alors pour la première fois le congrès, à la sanction duquel tout serait soumis.

Ce projet avait évidemment pour but de rendre les quatre puissances qui se disent *alliées* maîtresses absolues de toutes

---

1. Variante : la mit *de côté*.

les opérations du congrès, puisque, dans l'hypothèse où les six puissances principales se constitueraient juges des questions relatives à la composition du congrès, aux objets qu'il devra régler, aux procédés à suivre pour les régler, à l'ordre dans lequel ils devront être réglés, et nommeraient seules et sans contrôle les comités qui devraient tout préparer, la France et l'Espagne, même en les supposant toujours d'accord sur toutes les questions, ne seraient jamais que deux contre quatre.

Je déclarai que sur un projet de cette nature, une première lecture ne suffisait pas pour se former une opinion, qu'il avait besoin d'être médité, qu'il fallait avant tout s'assurer s'il était compatible avec des droits que nous avions tous l'intention de respecter ; que nous étions venus pour consacrer et garantir[1] les droits de chacun, et qu'il serait trop malheureux que nous débutassions par les violer ; que l'idée de tout arranger avant d'assembler le congrès était pour moi une idée nouvelle ; qu'on proposait de finir par où j'avais cru qu'il était nécessaire de commencer ; que peut-être le pouvoir qu'on proposait d'attribuer aux six puissances, ne pouvait leur être donné que par le congrès ; qu'il y avait des mesures que des ministres sans responsabilité pouvaient facilement adopter, mais que lord Castlereagh et moi nous étions dans un cas tout différent. Ici lord Castlereagh a dit que les réflexions que je venais de faire lui étaient toutes venues à l'esprit, qu'il en sentait bien la force ; mais, a-t-il ajouté, « quel autre expédient trouver pour ne pas se jeter dans d'inextricables longueurs ? » ai demandé pourquoi dès à présent on ne

---

1. Variante : que nous étions venus pour garantir.

réunissait pas le congrès? quelles difficultés on y trouvait?
— Chacun alors a présenté la sienne; une conversation s'en est suivie dans laquelle, à l'occasion de celui qui règne à Naples, M. de Labrador s'est exprimé sans ménagement[1]. Pour moi, je m'étais contenté de dire : « De quel roi de Naples parlez-vous? nous ne savons qui c'est[2]. » — Et sur ce que M. de Humboldt avait remarqué que des puissances l'avaient reconnu et lui avaient garanti ses États, j'ai reparti d'un ton ferme[3] : « Ceux qui les lui ont garantis ne l'ont pas dû et, conséquemment, ne l'ont pas pu. » Et pour ne pas trop prolonger l'effet que ce langage a visiblement produit[4], j'ai ajouté : « Mais ce n'est pas de cela qu'il est maintenant question. » Puis, revenant à celle du congrès, j'ai dit que les difficultés que l'on paraissait craindre seraient peut-être moins grandes qu'on ne l'avait cru; qu'il fallait chercher et qu'on trouverait sûrement le moyen d'y obvier. Le prince de Hardenberg a annoncé qu'il ne tenait point à tel expédient plutôt qu'à tel autre, mais qu'il en fallait un, d'après lequel les princes de la Leyen et de Lichtenstein[5] n'eussent point à intervenir dans les arrangements généraux de l'Europe. Là-dessus, on s'est ajourné au surlendemain, après avoir promis de m'envoyer, ainsi qu'à

---

1. Variante : une conversation *générale* s'en est suivie. *Le nom du roi de Naples s'étant présenté à quelqu'un*, M. de Labrador s'est exprimé *sur lui* sans ménagement.

2. Variante : De quel roi de Naples *parle-t-on? Nous ne connaissons point l'homme dont il est question*.

3. Variante : *j'ai dit* d'un ton ferme *et froid*.

4. Variante : *a véritablement* et visiblement produit.

5. Deux des plus petites principautés de l'Allemagne. La principauté de Lichtenstein, notamment, ne comptait que sept mille habitants.

M. de Labrador, des copies du projet de déclaration et de la lettre du comte de Palmella.

(Les différentes pièces dont il est question dans la lettre que j'ai l'honneur d'écrire à Votre Majesté se trouvent jointes à la lettre que j'écris aujourd'hui au département.)

Après les avoir reçues, et y avoir bien réfléchi, j'ai pensé qu'il ne fallait point attendre la prochaine conférence pour faire connaître mon opinion. Je rédigeai une réponse d'abord en forme de note verbale; puis, venant à songer que les ministres des quatre cours ont eu entre eux des conférences où ils tenaient des protocoles qu'ils signaient, il me parut qu'il ne fallait pas qu'il n'y eût entre eux et le ministre de Votre Majesté que des conversations dont il ne restait aucune trace, et qu'une note officielle servirait convenablement à nouer la négociation[1]. J'adressai donc le 1er octobre aux ministres des cinq autres puissances une note signée, portant en substance :

« Que les huit puissances qui avaient signé le traité du 30 mai, me paraissaient par cette circonstance seule[2], pleinement qualifiées pour former une commission qui préparât pour la décision du congrès les questions qu'il devait avant tout décider, et lui proposât la formation des comités qu'il aurait été jugé expédient d'établir, et les noms de ceux que l'on jugerait les plus propres à les former; mais que leur compétence n'allant[3] point au delà, que n'étant point le congrès, mais une partie seulement du congrès, si elles s'attribuaient

---

1. Variante : *servirait à nouer convenablement.*

2. Variante : *et à défaut de médiateur.*

3. Variante : *n'allait.*

d'elles-mêmes un pouvoir qui ne peut appartenir qu'à lui, il y aurait une usurpation, que je serais fort embarrassé, si j'étais dans le cas d'y concourir, de concilier avec ma responsabilité ; que la difficulté que pouvait offrir la réunion du congrès n'était pas de la nature de celles qui diminuent avec le temps, et que, puisqu'elle devait être une fois vaincue, on ne pouvait rien gagner en retardant ; que les petits États ne devaient pas sans doute, se mêler des arrangements généraux de l'Europe, mais qu'ils n'en auraient pas même le désir, et ne seraient conséquemment point un embarras ; que par toutes ces considérations, j'étais naturellement conduit à désirer que les huit puissances s'occupassent sans délai des questions préliminaires à décider par le congrès, pour que l'on pût promptement le réunir et les lui soumettre. »

Après avoir expédié cette note, je suis parti pour l'audience particulière que m'avait fait annoncer l'empereur Alexandre. M. de Nesselrode était venu me dire de sa part qu'il désirait de me voir seul, et lui-même me l'avait rappelé la veille à un bal de la cour, où j'avais eu l'honneur de me trouver avec lui. En m'abordant, il m'a pris la main, mais son air n'était point affectueux comme à l'ordinaire. Sa parole était brève, son maintien grave et peut-être un peu solennel. J'ai vu clairement que c'était un rôle qu'il allait jouer. « Avant tout, m'a-t-il dit, comment est la situation de votre pays ? — Aussi bien que Votre Majesté a pu le désirer, et mieux[1] qu'on n'aurait osé l'espérer. — L'esprit public ? — Il s'améliore chaque jour. — Les idées libérales ? — Il n'y en a nulle part plus qu'en France. — Mais la liberté de la presse ? — Elle est rétablie,

---

1. Variante : *meilleure*.

à quelques restrictions près, commandées par les circonstances [1]. Elles cesseront dans deux ans, et n'empêcheront pas que jusque-là tout ce qui est bon, et tout ce qui est utile ne soit publié. — Et l'armée? — Elle est toute au roi. Cent trente mille hommes sont sous les drapeaux, et au premier appel, trois cent mille pourront les joindre. — Les maréchaux? — Lesquels, Sire? — Oudinot? — Il est dévoué au roi. — Soult? — Il a eu d'abord un peu d'humeur. On lui a donné le gouvernement de la Vendée; il s'y conduit à merveille; il s'y fait aimer[2] et considérer. — Et Ney? — Il regrette un peu ses dotations; Votre Majesté pourrait diminuer ses regrets. — Les deux Chambres? Il me semble qu'il y a de l'opposition? — Comme partout où il y a des assemblées délibérantes. Les opinions peuvent différer, mais les affections sont unanimes, et dans la différence d'opinions, celle du gouvernement a toujours une grande majorité. — Mais il n'y a pas d'accord. — Qui a pu dire de telles choses à Votre Majesté? Quand après vingt-cinq ans de révolution, le roi se trouve en quelques mois aussi bien établi que s'il n'eût jamais quitté la France, quelle preuve plus certaine peut-on avoir que tout marche vers un même but? — Votre position personnelle? — La confiance et les bontés du roi passent mes espérances. — A présent, parlons de nos affaires. Il faut que nous les finissions ici. — Cela dépend de Votre Majesté. Elles finiront promptement et heureusement si Votre Majesté y porte la même noblesse et la même grandeur d'âme que

---

1. La charte avait garanti la liberté de la presse; mais une loi votée en septembre 1814 avait rétabli la censure pour une durée de deux ans.

2. Variante : il s'y *est* fait aimer.

dans celles de la France. — Mais il faut que chacun y trouve ses convenances. — Et chacun ses droits. — Je garderai ce que j'occupe. — Votre Majesté ne voudra garder que ce qui sera légitimement à elle. — Je suis d'accord avec les grandes puissances. — J'ignore si Votre Majesté compte la France au rang de ces puissances. — Oui, sûrement. Mais si vous ne voulez point que chacun trouve ses convenances, que prétendez-vous? — Je mets le droit d'abord, et les convenances après. — Les convenances de l'Europe sont le droit. — Ce langage, Sire, n'est pas le vôtre, il vous est étranger, et votre cœur le désavoue. — Non; je le répète, les convenances de l'Europe sont le droit. » Je me suis alors tourné vers le lambris, près duquel j'étais, j'y ai appuyé ma tête, et frappant la boiserie, je me suis écrié : « Europe, Europe, malheureuse Europe ! » Et me retournant du côté de l'empereur : « Sera-t-il dit, lui ai-je demandé, que vous l'aurez perdue ? » Il m'a répondu : « Plutôt la guerre, que de renoncer à ce que j'occupe. » J'ai laissé tomber mes bras, et, dans l'attitude d'un homme affligé, mais décidé, qui avait l'air de lui dire : « la faute n'en sera pas à nous, » j'ai gardé le silence. L'empereur a été quelques instants sans le rompre, puis il a répété : « Oui, plutôt la guerre. » — J'ai conservé la même attitude. Alors, levant les mains et les agitant comme je ne le lui avais jamais vu faire, et d'une manière qui m'a rappelé le passage qui termine l'éloge de Marc Aurèle, il a crié plutôt qu'il n'a dit : « Voilà l'heure du spectacle. Je dois y aller, je l'ai promis à l'empereur, on m'attend. » Et il s'est éloigné; puis la porte ouverte, revenant à moi, il m'a pris le corps de ses deux mains, et il me l'a serré, en me disant avec une voix qui n'était plus la sienne : « Adieu, adieu, nous nous reverrons. »

Dans toute cette conversation, dont je n'ai pu rendre à Votre Majesté que la partie la plus saillante, la Pologne et la Saxe n'ont pas été nommées une seule fois, mais seulement indiquées par des circonlocutions. C'est ainsi que l'empereur voulait désigner la Saxe en disant : *Ceux qui ont trahi la cause de l'Europe;* à quoi j'ai été dans le cas de répondre : « Sire, c'est là une question de dates », et, après une légère pause, j'ai pu ajouter : « et l'effet des embarras dans lesquels on a pu être jeté par les circonstances ».

L'empereur, une fois, parla des *alliés*. Je relevai cette expression, comme je l'avais fait à la conférence, et il la mit sur le compte de l'habitude.

Hier, qui devait être le jour de la seconde conférence, M. de Mercy me fut député par M. de Metternich, pour me dire qu'elle n'aurait pas lieu.

Un ami de M. de Gentz l'étant allé voir dans l'après-midi, l'avait trouvé très occupé d'un travail qu'il lui dit être très pressé. Je crois que c'était d'une réponse à ma note.

Le soir, chez le prince de Trautmansdorf[1], les plénipotentiaires me reprochèrent de la leur avoir adressée, et surtout de lui avoir donné, en la signant, un caractère officiel. Je leur dis que comme ils écrivaient et signaient entre eux, j'avais cru qu'il fallait aussi écrire et signer. J'en conclus que ma note ne laissait pas que de les embarrasser.

---

1. Conseiller d'État et grand chambellan de l'empereur d'Autriche (1749-1817).

Aujourd'hui, M. de Metternich m'a écrit qu'il y aurait conférence ce soir à huit heures, puis il m'a fait dire qu'il n'y en aurait pas, parce qu'il était mandé chez l'empereur.

Telle est, Sire, la situation présente des choses.

Votre Majesté voit que notre position ici est difficile. Elle peut le devenir chaque jour davantage. L'empereur Alexandre donne à son ambition tout son développement. Elle est excitée par M. de la Harpe et le prince Czartoryski. La Prusse espère de grands accroissements. L'Autriche, pusillanime, n'a qu'une ambition honteuse; mais elle est complaisante pour être aidée. Et ce ne sont pas là les seules difficultés. Il en est d'autres encore qui naissent des engagements que les cours autrefois alliées ont pris, dans un temps[1] où elles n'espéraient point abattre celui qu'elles ont vu renverser et où elles se promettaient de faire avec lui une paix qui leur permît de l'imiter.

Aujourd'hui que Votre Majesté, replacée sur le trône, y a fait remonter avec elle la justice, les puissances au profit desquelles ces engagements ont été pris ne veulent pas y renoncer, et celles qui regrettent peut-être d'être engagées ne savent comment se délier. C'est, je crois, le cas de l'Angleterre[2]. Les ministres de Votre Majesté pourraient donc rencontrer de tels obstacles qu'ils dussent renoncer à toute autre espérance qu'à celle de sauver l'honneur. Mais nous n'en sommes pas là.

Je suis...

---

1. Variante : *un sens.*

2. Variante : .....*dont le ministre est faible.*

N° 4 *bis*. — LES AMBASSADEURS DU ROI AU CONGRÈS, AU MINISTRE DES AFFAIRES ÉTRANGÈRES A PARIS.

Vienne, le 8 octobre 1814.

Monsieur le comte,

Dans notre dépêche du 4, nous avons eu l'honneur de vous dire que la logique serrée que nous opposons aux quatre puissances qui se présentent toujours comme liées entre elles par des arrangements secrets, les embarrasse beaucoup.

Il est en effet naturel que ces puissances, qui tendent à faire sanctionner par la France le renversement de tout principe qui fonde le droit public, et à la fois consentir au dépouillement de la Saxe, soient singulièrement gênées, lorsqu'elles trouvent cette même France ne voulant marcher que d'accord avec la justice.

Quelque difficile que ce rôle soit à jouer avec des personnes qui doutent de notre sincérité et qui ne veulent pas être arrêtées par des principes de raison, tout ce qui nous revient nous confirme qu'il ne faut pas quitter d'une ligne la route que nous tenons. Nous sentons qu'elle est la seule qui puisse former une digue à opposer au débordement de forces qui menace l'Europe, si on n'y porte une sérieuse attention.

Nous avons l'honneur de vous rendre compte de ce qui a été fait depuis notre dernière dépêche.

Lord Castlereagh a dressé un projet de déclaration que le prince de Metternich a remis le 3 au soir au prince de Talleyrand. (N° 1 des pièces jointes.)

Elle n'a été communiquée que sous la forme d'un projet, mais sa lecture confirme l'opinion que nous avions conçue : que

« les quatre grandes puissances alliées veulent, conformément à leurs arrangements, continuer à suivre un système de convenance arrêté pour le cas où Bonaparte serait resté sur le trône de France, et qu'elles ne comptent pour rien le rétablissement de la maison de Bourbon, qui change tout l'état de l'Europe, et au moyen duquel tout doit rentrer dans l'ordre ».

Au premier coup d'œil, on voit qu'un grand danger doit résulter de ce système, qu'un équilibre réel et durable devient impossible, et que, vu la faiblesse du cabinet de Vienne, la France seule ne serait plus maîtresse des événements que présente l'avenir.

Le prince de Talleyrand a répondu par une lettre particulière à lord Castlereagh. Il s'attache à l'idée que le congrès doit être ouvert, et que les puissances ne pouvaient que préparer et proposer, mais non décider, seules, des matières d'un intérêt général.

Quoique cette lettre soit plutôt sous la forme d'un billet, elle est cependant rédigée de manière à pouvoir un jour, si cela devenait nécessaire, servir à éclairer l'Europe sur la marche que la France a suivie dans les affaires du congrès. (Voyez n° 2.)

Depuis, le prince de Metternich a invité à une seconde conférence.

Le prince de Talleyrand et M. de Labrador y ont été appelés, mais on n'y a pas vu le ministre de Suède, ni celui de Portugal.

Cette conférence n'a rien avancé. On a senti cependant qu'il fallait instruire les différentes puissances des motifs qui retardaient l'ouverture du congrès.

Le prince de Talleyrand a combattu le projet de lord Castlereagh comme étant contraire au principe qui constitue le congrès et que l'article XXXII du traité de Paris énonce formellement[1]. On s'est ensuite accordé pour rédiger de nouveaux projets, et le prince de Talleyrand a envoyé le lendemain, à M. de Metternich, celui qui pouvait servir à cet usage. (Voyez n° 3.)

Ce projet, monsieur le comte, comme vous le jugerez à sa première lecture, énonce à la fois :

Le principe qui réunit le congrès, les motifs du retard;

Les égards que l'on a pour les droits des puissances;

Et le principe d'après lequel chaque plénipotentiaire se voit admis.

D'après le principe qu'établit la déclaration, le roi de Saxe se trouverait appelé et Murat exclu. Cependant l'exclusion de ce dernier n'offre pas moins de difficultés que l'admission du premier, et nous supposons qu'il existe entre la Russie, l'Angleterre et la Prusse, un accord sur les points que nos instructions nous prescrivent de ne pas admettre.

Il plaît souvent à M. le prince de Metternich de plaider la cause de Murat et de menacer des obstacles qu'il présenterait à la tête de quatre-vingt mille hommes, si, à la nouvelle de son exclusion, il marchait sur l'intérieur de l'Italie. Nous faisons sentir que cette inquiétude est sans fondement, et qu'il ne faudrait qu'un débarquement de troupes françaises et espagnoles en Sicile, pour finir à jamais cette comédie royale

---

1. Article XXXII.— Dans le délai de deux mois, toutes les puissances qui ont été engagées de part et d'autre dans la présente guerre enverront des plénipotentiaires à Vienne, pour régler, dans un congrès général, les arrangements qui doivent compléter les dispositions du présent traité.

à laquelle personne ne peut vouloir prendre part, et qui serait plus dangereuse à l'Autriche qu'à la France même. Nous voyons à chaque pas que nous faisons que la difficulté principale qui s'oppose à nos succès est celle qui tient au caractère timide des ministres autrichiens et à l'apathie singulière de la nation ; que la Russie et la Prusse, portant cette conviction dans leurs calculs, insisteront sur leurs injustes prétentions, et qu'il ne nous restera, peut-être, qu'à déclarer que, protestant contre de telles violences, la France n'y prend aucune part. Nous répétons souvent qu'il est singulier que ce soit l'ambassade de France au congrès, qui se charge de faire la besogne du ministère autrichien.

Lord Castlereagh manque également de force et de dignité dans cette circonstance, et nous nous demandons quelquefois, comment il justifiera un jour, devant sa nation, l'insouciance qu'il montre pour les grands principes qui constituent les nations.

Les ministres de Bavière, de Danemark, de Sardaigne, commencent à murmurer, et on nous a dit qu'ils se concertaient pour faire envers les grandes puissances une démarche tendant à demander si le congrès était formé, et où il devait s'assembler.

C'est nous qui avons insinué cette idée, et nous espérons que la démarche aura lieu si les puissances tardent trop à s'expliquer.

Aujourd'hui vers le soir, le prince de Metternich a invité le prince de Talleyrand à une nouvelle conférence, en le priant d'arriver chez lui une heure avant la réunion générale, pour pouvoir traiter de quelques objets importants.

Le résultat de cette conversation donne l'espoir que le

prince de Metternich se rapprochera de quelques-unes de nos idées, et qu'il cherchera à concilier les prétentions des puissances avec les principes que nous mettons en avant.

Dans la conférence générale à laquelle ont assisté les ministres de Portugal et de Suède, on n'a pu s'accorder sur notre projet de déclaration. Il a été arrêté de ne rien préjuger par un principe inflexible et trop hautement prononcé, mais d'ajourner l'ouverture du congrès au 1er novembre et d'essayer, pendant cet intervalle, d'avancer les affaires par des communications confidentielles avec les différentes puissances. C'est dans ce sens qu'un projet de déclaration a été présenté par les autres ministres. Après de longs débats, le prince de Talleyrand est parvenu à y faire ajouter cette phrase : « Que les propositions à faire au congrès seraient conformes au *droit public* et à la juste attente de l'Europe. » Les autres ministres ont essayé en vain d'écarter ce terme de *droit public*. Les ministres prussiens s'y sont longtemps refusé, et ce n'est qu'après deux heures de débats que l'insertion a été emportée pour ainsi dire à la pointe de l'épée. On a vu clairement qu'ils voulaient finir les affaires, plutôt par suite de leur accord, que conformément aux principes de raison et de justice qui fondent proprement le droit public en Europe.

Nous avons l'honneur de vous adresser copie de cette déclaration qui, à quelques corrections près, sera publiée telle qu'elle est. (Voyez n° 4.)

Nous n'avons pas, comme vous le voyez, monsieur le comte, obtenu une victoire complète ; mais les choses sont intactes, le principe est maintenu et la déclaration laisse une grande latitude pour ménager tous les intérêts auxquels nous devons veiller.

Le ministre de Bavière a fait, nous dit-on, une protestation formelle, à l'égard de son exclusion du comité appelé à préparer les affaires.

Le prince de Metternich l'a radouci en lui faisant espérer que la Bavière présiderait la commission qui aurait à s'occuper des affaires d'Allemagne, et que, sous ce rapport, elle concourrait à tous les arrangements généraux.

Agréez...

N° 4. — LE PRINCE DE TALLEYRAND AU ROI LOUIS XVIII.

Vienne, le 9 octobre 1814.

Sire,

Les ministres des quatre cours, embarrassés de ma note du 1er octobre, et ne trouvant aucun argument pour la combattre, ont pris le parti de s'en fâcher. « Cette note, a dit M. de Humboldt, est un brandon jeté parmi nous. » — « On veut, a dit M. de Nesselrode, nous désunir; on n'y parviendra pas; » avouant ainsi ouvertement, ce qu'il était facile de soupçonner, qu'ils avaient fait entre eux une ligue pour se rendre maîtres de tout et se constituer les arbitres suprêmes de l'Europe. Lord Castlereagh, avec plus de mesure et d'un ton plus doux, m'a dit que, dans leur intention, la conférence à laquelle ils nous avaient appelés, M. de Labrador et moi, devait être toute confidentielle, et que je lui avais ôté ce caractère en adressant une note, et surtout une note officielle. J'ai répondu que c'était leur faute et non la mienne; qu'ils m'avaient demandé mon opinion, que j'avais dû la donner, et que si je l'avais donnée par écrit et signée, c'est qu'ayant vu que, dans leurs conférences entre eux, ils écrivaient et signaient, j'avais dû croire qu'il fallait que j'écrivisse et que je signasse.

Cependant, le contenu de ma note ayant transpiré, ces messieurs, pour en amortir l'effet, ont eu recours aux moyens habituels du cabinet de Berlin. Ils ont répondu que les principes que je mettais en avant n'étaient qu'un leurre ; que nous demandions la rive gauche du Rhin ; que nous avions des vues sur la Belgique, et que nous voulions la guerre. Cela m'est revenu de toute part. Mais j'ai ordonné à tout ce qui entoure la légation de s'expliquer vis-à-vis de tout le monde avec tant de simplicité et de candeur et d'une manière si positive, que les auteurs de ces bruits absurdes ne recueilleront que la honte de les avoir semés.

Le 3 octobre au soir, M. de Metternich, avec lequel je me trouvais chez la duchesse de Sagan [1], me remit un nouveau projet de déclaration, rédigé par lord Castlereagh ; ce second projet ne différait du premier qu'en ce qu'il tendait à faire considérer ce que les quatre cours proposaient, comme n'étant qu'une conséquence du premier des articles secrets du traité du 30 mai [2]. Mais, ni le principe d'où il partait n'était juste (car lord Castlereagh prêtait évidemment à l'une des dispositions

---

1. Sagan, ville de Silésie, chef-lieu d'une principauté possédée autrefois par le célèbre Wallenstein. Elle passa ensuite dans la famille des Biren, ducs de Courlande. Catherine-Wilhelmine, fille de Pierre duc de Courlande, lui succéda en 1800 comme duchesse de Sagan. C'est elle dont il est ici question. Elle mourut en 1839. Sa sœur Pauline lui succéda. En 1844, le duché revint à Dorothée, troisième fille du duc Pierre de Courlande, qui avait épousé Edmond duc de Dino, et plus tard de Talleyrand-Périgord, neveu du prince de Talleyrand.

2. Voici cet article :

La disposition à faire des territoires auxquels Sa Majesté Très Chrétienne renonce par l'article III du traité patent, et les rapports desquels doit résulter un système d'équilibre réel et durable en Europe, *seront réglés au congrès, sur les bases arrêtées par les puissances alliées entre elles* et d'après les dispositions générales contenues dans les articles suivants, etc.

de l'article un sens qu'elle n'a pas et que nous ne saurions admettre); ni, quand le principe eût été juste, la conséquence que l'on en tirait n'aurait été légitime; la tentative était donc doublement malheureuse.

J'écrivis à lord Castlereagh. Je donnai à ma lettre une forme confidentielle. Je m'attachai à réunir toutes les raisons qui militaient contre le plan proposé. (La copie de ma lettre est jointe à la dépêche que j'écris aujourd'hui au département.) Votre Majesté verra que je me suis particulièrement attaché à faire sentir, avec toute la politesse possible, que le motif pour lequel on avait proposé ce plan ne m'avait pas échappé. J'ai cru devoir déclarer qu'il m'était impossible de concourir à rien de ce qui serait contraire aux principes, parce que, à moins d'y rester invariablement attachés, nous ne pouvions reprendre aux yeux des nations de l'Europe le rang et la considération qui doivent nous appartenir depuis le retour de Votre Majesté, et, parce que, nous en écarter, ce serait faire revivre la Révolution, qui n'en avait été qu'un long oubli.

J'ai su que lord Castlereagh, quand il reçut ma lettre, la fit lire au ministre de Portugal, qui se trouvait chez lui, et qui lui avoua qu'en droit nous avions raison ; mais en ajoutant qu'il fallait encore savoir si ce que nous proposions était praticable, ce qui était demander, en autres termes, si les quatre cours pouvaient se dispenser de s'arroger sur l'Europe un pouvoir que l'Europe ne leur a point donné.

Nous eûmes, ce jour-là, une conférence où nous ne nous trouvâmes d'abord que deux ou trois, les autres ministres n'arrivant qu'à un quart d'heure les uns des autres. Lord Castlereagh avait apporté ma lettre pour la communiquer. On la fit passer de mains en mains. MM. de Metternich et de

Nesselrode y jetèrent à peine un simple coup d'œil[1], en hommes à la pénétration desquels la seule inspection[2] d'une pièce suffit pour en saisir tout le contenu. J'avais été prévenu qu'on me demanderait de retirer ma note. M. de Metternich me fit en effet cette demande. Je répondis que je ne le pouvais pas. M. de Labrador dit qu'il était trop tard, que cela ne servirait à rien, parce qu'il en avait envoyé une copie à sa cour. « Il faudra donc que nous vous répondions, dit M. de Metternich. — Si vous le voulez, lui répondis-je. — Je serais, reprit-il, assez d'avis que nous réglassions nos affaires tout seuls, » entendant par *nous* les quatre cours. Je répondis sans hésiter : « Si vous prenez la question de ce côté, je suis tout à fait votre homme ; je suis tout prêt ; je ne demande pas mieux. — Comment l'entendez-vous ? me dit-il. — D'une manière très simple, lui répondis-je. Je ne prendrai plus part à vos conférences ; je ne serai ici qu'un membre du congrès, et j'attendrai qu'il s'ouvre. » Au lieu de renouveler sa proposition, M. de Metternich revint par degrés et par divers circuits à des propositions générales sur l'inconvénient qu'aurait l'ouverture actuelle du congrès. M. de Nesselrode dit sans trop de réflexion que l'empereur Alexandre voulait partir le 25, à quoi je dus répondre d'un ton assez indifférent : « J'en suis fâché, car il ne verra pas la fin des affaires. — Comment assembler le congrès, dit M. de Metternich, quand rien de ce dont on aura à l'occuper n'est prêt ? — Eh bien ! répondis-je, pour montrer que ce n'est point un esprit de difficultés qui

---

1. Variante : un coup d'œil.

2. Variante : la *simple* inspection

m'anime, et que je suis disposé à tout ce qui peut s'accorder avec les principes que je ne saurais abandonner, puisque rien n'est prêt encore pour l'ouverture du congrès, puisque vous désirez de l'ajourner, qu'il soit retardé de quinze jours, de trois semaines, j'y consens ; mais à deux conditions : l'une, que vous le convoquerez dès à présent pour un jour fixe ; l'autre, que vous établirez dans la note de convocation la règle d'après laquelle on doit y être admis. »

J'écrivis cette règle sur un papier, telle à peu près qu'elle se trouve dans les instructions que Votre Majesté a données[1]. Le papier circula de mains en mains ; on fit quelques questions, quelques objections, mais sans rien résoudre, et les ministres, qui étaient venus les uns après les autres, s'en retournant de même, la conférence s'évapora pour ainsi dire plutôt qu'elle ne finit.

Lord Castlereagh, qui était resté des derniers et avec lequel je descendais l'escalier, essaya de me ramener à leur opinion, en me faisant entendre que de certaines affaires qui devaient le plus intéresser ma cour pourraient s'arranger à ma satisfaction. « Ce n'est point, lui dis-je, de tels ou tels objets particuliers qu'il est maintenant question, mais du droit qui doit servir à les régler tous. Si une fois le fil est rompu, comment le renouerons-nous ? Nous avons à répondre aux vœux[2] de l'Europe. Qu'aurons-nous fait pour elle, si nous n'avons pas remis en honneur les maximes dont l'oubli a causé ses maux ? L'époque présente est une de celles qui se présentent à peine une fois dans

---

1. Variante : *nous a données*.
2. Variante : *au vœu*.

le cours[1] de plusieurs siècles. Une plus belle occasion ne saurait nous être offerte. Pourquoi ne pas nous mettre dans une position qui y réponde ? — Eh ! me dit il avec une sorte d'embarras, c'est qu'il y a des difficultés que vous ne connaissez pas. — Non, je ne les connais pas, » lui répondis-je du ton d'un homme qui n'avait aucune curiosité de les connaître. Nous nous séparâmes.

Je dînai chez le prince Windischgrætz[2]. M. de Gentz y était. Nous causâmes longtemps sur les points discutés dans les conférences auxquelles il avait assisté. Il parut regretter que je ne fusse point arrivé plus tôt à Vienne ; il se plaisait à croire que les choses dont il se portait pour être mécontent eussent pu prendre une tournure différente. Il finit par m'avouer qu'au fond on sentait que j'avais raison, mais que l'amour-propre s'en mêlait, et qu'après s'être avancés, il coûtait aux mieux intentionnés de reculer.

Deux jours se passèrent sans conférence. Une fête un jour, une chasse l'autre, en furent la cause. Dans cet intervalle je fus présenté à madame la duchesse d'Oldenbourg[3]. Je lui exprimai des regrets de ce qu'elle n'était point venue

---

1. Variante : *un cours*.

2. Alfred prince de Windischgrætz, d'une ancienne et illustre famille de Styrie. Il naquit à Bruxelles en 1787, entra dans l'armée et devint général. Toutefois son nom ne devint célèbre qu'en 1848. Il commandait alors à Prague, et eut à réprimer une insurrection terrible. Il en vint à bout, et fut en récompense nommé feld-maréchal. Il s'empara ensuite de Vienne, qui était tombée au pouvoir de l'émeute, et fut envoyé en Hongrie, également soulevée. Mais il échoua dans cette dernière tâche et fut rappelé. Il mourut en 1862.

3. Catherine Paulowna, sœur de l'empereur Alexandre, née en 1795, veuve en 1812 de Pierre-Frédéric-Georges, grand-duc d'Oldenbourg, remariée en 1816 au roi de Wurtemberg.

à Paris avec son frère. Elle me répondit que ce voyage[1] n'était que retardé ; puis elle passa tout à coup à des questions telles que l'empereur m'en avait faites sur Votre Majesté, sur l'esprit public, sur les finances, sur l'armée, questions qui m'auraient fort surpris de la part d'une femme de vingt-deux ans, si elles n'eussent[2] paru contraster davantage avec sa démarche, son regard et le son de sa voix. Je répondis à tout dans un sens conforme aux choses que nous avons à faire ici, et aux intérêts que nous avons à y défendre.

Elle me questionna encore sur le roi d'Espagne, sur son frère, sur son oncle, parlant d'eux en termes assez peu convenables ; et je répondis du ton que je crus le plus propre à donner du poids à mon opinion sur le mérite personnel de ces princes.

M. de Gentz, qui vint chez moi au moment où je rentrais de chez la duchesse d'Oldenbourg, me dit qu'on l'avait chargé de dresser un projet de convocation du congrès. Le jour précédent j'en avais fait un conforme à ce que j'avais proposé dans la conférence de la veille, et je l'avais envoyé à M. de Metternich en le priant de le communiquer aux autres ministres. M. de Gentz m'assura qu'il n'en avait pas connaissance. Il me dit que dans le sien, il n'était point question de la règle d'admission que j'avais proposée, parce que M. de Metternich craignait qu'en la publiant, on ne poussât à quelque extrémité celui qui règne à Naples, son plénipotentiaire se trouvant par là exclu. Nous discutâmes ce point, M. de

---

1. Variante : *qu'elle espérait que* ce voyage.

2. Variante : si elles *m'*eussent.

Gentz et moi, et il se montra persuadé que ce que craignait M. de Metternich n'arriverait pas.

Je m'attendais à une conférence le lendemain. Mais les trois quarts de la journée s'étant écoulés sans que j'eusse entendu parler de rien, je n'y comptais plus, lorsque je reçus un billet de M. de Metternich qui m'annonçait qu'il y en aurait une à huit heures, et que si je voulais venir chez lui un peu auparavant, *il trouverait le moyen de m'entretenir d'objets très importants.* (Ce sont les termes de son billet.) J'étais chez lui à sept heures ; sa porte me fut ouverte sur-le-champ. Il me parla d'abord d'un projet de déclaration qu'il avait fait rédiger, qui différait, me dit-il, un peu du mien, mais qui s'en rapprochait beaucoup, et dont il espérait que je serais content. Je le lui demandai ; il ne l'avait pas. « Probablement, lui dis-je, il est en communication chez les alliés ? — Ne parlez plus d'alliés [1], reprit-il, il n'y en a plus. — Il y a ici des gens, *lui dis je* [2], qui devraient l'être en ce sens que, même sans se concerter, ils devraient penser de la même manière et vouloir les mêmes choses. Comment avez-vous le courage de placer la Russie comme une ceinture tout autour de vos principales et plus importantes possessions, la Hongrie et la Bohême ? Comment pouvez-vous souffrir que le patrimoine d'un ancien et bon voisin, dans la famille duquel une archiduchesse est mariée, soit donné à votre ennemi naturel [3] ? Il est étrange

---

1. Variante : Ne parlez *donc* plus.

2. Supprimé dans le texte des archives.

3. Il s'agit de la Saxe. Le prince Antoine, frère du roi Frédéric-Auguste, avait épousé : 1° Marie-Charlotte-Antoinette, fille de l'empereur Léopold morte en 1782 ; 2° en 1787, Marie-Thérèse-Josèphe, autre fille de l'empereur Léopold, née en 1767.

que ce soit nous qui voulions nous y opposer et que ce soit vous qui ne le vouliez pas !... » Il me dit que je n'avais pas de confiance en lui. Je lui répondis *en riant*[1], qu'il ne m'avait pas donné beaucoup de motifs d'en avoir ; et je lui rappelai quelques circonstances où il ne m'avait pas tenu parole : « Et puis, ajoutai-je, comment prendre confiance en un homme qui pour ceux qui sont le plus disposés à faire leur affaire des siennes est tout mystère ? Pour moi, je n'en fais point et je n'en ai pas besoin : c'est l'avantage de ceux qui ne négocient qu'avec des principes. Voilà, poursuivis-je, du papier et des plumes. Voulez-vous écrire que la France ne demande rien, et même n'accepterait rien ? Je suis prêt à le signer. — Mais vous avez, me dit-il, l'affaire de Naples, qui est proprement la vôtre. » Je répondis : « Pas plus la mienne que celle de tout le monde. Ce n'est pour moi qu'une affaire de principe. Je demande que celui qui a droit d'être à Naples soit à Naples, et rien de plus. Or c'est ce que tout le monde doit vouloir comme moi. Qu'on suive les principes, on me trouvera facile pour tout. Je vais vous dire franchement à quoi je peux consentir et à quoi je ne consentirai jamais. Je sens que le roi de Saxe, dans sa position présente[2], peut être obligé à des sacrifices. Je suppose qu'il sera disposé à les faire, parce qu'il est sage : mais si on veut le dépouiller de tous ses États, et donner le royaume de Saxe à la Prusse, je n'y consentirai jamais. Je ne consentirai jamais à ce que Luxembourg ni Mayence soient non plus donnés à la Prusse. Je ne consentirai pas

---

1. Supprimé dans le texte des archives.
2. Variante : dans *la* position présente.

davantage à ce que la Russie passe la Vistule, ait en Europe quarante-quatre millions de sujets et ses frontières à l'Oder. Mais si Luxembourg est donné à la Hollande, Mayence à la Bavière ; si le roi et le royaume de Saxe sont conservés, et si la Russie ne passe pas la Vistule, je n'aurai point d'objection à faire pour cette partie de l'Europe [1]. » M. de Metternich m'a pris alors la main en me disant : « Nous sommes beaucoup moins éloignés que vous ne pensez. Je vous promets que la Prusse n'aura ni Luxembourg ni Mayence. Nous ne désirons [2] pas plus que vous que la Russie s'agrandisse outre mesure, et, quant à la Saxe, nous ferons ce qui sera en nous pour en conserver du moins une partie. » Ce n'était que pour connaître ses dispositions relativement à ces divers objets que je lui avais parlé comme j'avais fait. — Revenant ensuite à la convocation du congrès, il a insisté sur la nécessité de ne point publier en ce moment la règle d'admission que j'avais proposée, « parce que, disait-il, elle effarouche tout le monde ; et que moi-même, elle me gêne quant à présent ; attendu que Murat, voyant son plénipotentiaire exclu, croira son affaire décidée, qu'on ne sait ce que sa tête peut lui faire faire ; qu'il est en mesure en Italie, et que nous ne le sommes pas ».

On nous prévint que les ministres étaient réunis. Nous nous rendîmes [3] à la conférence. M. de Metternich l'ouvrit en annonçant qu'il allait donner lecture de deux projets, l'un rédigé par moi, l'autre qu'il avait fait rédiger. Les Prussiens se dé-

---

1. Variante : pour cette partie-*là*.

2. Variante : Nous ne *tenons* pas.

3. Variante : nous nous *rendions*.

clarèrent pour celui de M. de Metternich, disant qu'il ne préjugeait rien et que le mien préjugeait beaucoup. M. de Nesselrode fut du même avis. Le ministre de Suède, M. de Löwenhielm [1], qui, pour la première fois, assistait aux conférences, dit qu'il ne fallait rien préjuger. C'était aussi l'opinion de lord Castlereagh, et je savais que c'était celle de M. de Metternich. Ce projet se bornait à ajourner l'ouverture du congrès au 1er novembre et ne disait rien de plus, ce qui a donné lieu à M. de Palmella, ministre de Portugal, d'observer qu'une seconde déclaration pour convoquer le congrès serait nécessaire, et l'on en est convenu. On ne faisait donc qu'ajourner la difficulté, sans la résoudre. Mais, comme les anciennes prétentions étaient abandonnées, comme il n'était plus question de faire régler tout par les huit puissances en ne laissant au congrès que la faculté d'approuver; comme on ne parlait plus que de préparer par des communications libres et confidentielles avec les ministres des autres puissances, les questions sur lesquelles le congrès devrait prononcer, j'ai cru qu'un acte de complaisance qui ne porterait aucune atteinte aux principes pourrait être utile à l'avancement des affaires, et j'ai déclaré que je consentais à l'adoption du projet, mais sous la condition qu'à l'endroit où il était dit que l'ouverture formelle du congrès serait ajournée au 1er novembre, on ajouterait : *et sera faite conformément aux principes du droit public.* A ces mots, il s'est élevé un tumulte dont on ne pourrait que difficilement se faire d'idée. M. de Hardenberg, debout, les poings sur la

---

1. Gustave de Löwenhielm, né en 1771, était officier dans l'armée suédoise. Il fut aide de camp de Gustave III et plus tard de Bernadotte. Il quitta, en 1814, les armes pour la diplomatie, fut envoyé au congrès de Vienne, et ensuite fut nommé ambassadeur à Paris. Il mourut en 1856.

table, presque menaçant, et criant comme il est ordinaire à ceux qui sont affligés de la même infirmité que lui, proférait ces paroles entrecoupées : « Non, monsieur....., le droit public, c'est inutile. Pourquoi dire que nous agirons selon le droit public ? Cela va sans dire. » Je lui répondis que si cela allait bien sans le dire, cela irait encore mieux en le disant. M. de Humboldt criait : « Que fait ici le droit public ? » A quoi je répondais[1] : « Il fait que vous y êtes. » Lord Castlereagh me tirant à l'écart, me demanda si, quand on aurait cédé sur ce point à mes désirs, je serais ensuite plus facile. Je lui demandai à mon tour ce qu'en me montrant facile, je pouvais espérer qu'il ferait dans l'affaire de Naples. Il me promit de me seconder de toute son influence : « J'en parlerai, me dit-il, à Metternich ; j'ai le droit d'avoir un avis sur cette matière. — Vous m'en donnez votre parole d'honneur, lui dis-je. — Je vous la donne, me répondit-il. — Et moi, repartis-je, je vous donne la mienne de n'être difficile que sur les principes que je ne saurais abandonner. » Cependant, M. de Gentz, s'étant approché de M. de Metternich, lui représenta qu'on ne pouvait refuser de parler du droit public dans un acte de la nature de celui dont il s'agissait. M. de Metternich avait auparavant proposé de mettre la chose aux voix, trahissant ainsi l'usage qu'ils auraient fait de la faculté qu'ils avaient voulu se donner, si leur premier plan eût été admis. On finit par consentir à l'addition[2] que je demandais, mais il y eut une discussion non moins vive pour savoir où elle serait placée ; et l'on convint enfin de la placer

---

1. Variante : *répondis*.

2. Variante : *l'admission*.

une phrase plus haut que celle où j'avais proposé qu'on la mît. M. de Gentz ne put s'empêcher de dire dans la conférence même : « Cette soirée, messieurs, appartient à l'histoire du congrès. Ce n'est pas moi qui la raconterai, parce que mon devoir s'y oppose, mais elle s'y trouvera certainement. » Il m'a dit depuis qu'il n'avait jamais rien vu de pareil.

C'est pourquoi je regarde comme heureux d'avoir pu, sans abandonner les principes, faire quelque chose qu'on puisse regarder comme un acheminement vers la réunion du congrès.

M. de Löwenhielm est ministre de Suède en Russie, et tout Russe. C'est vraisemblablement pour cela qu'il a été envoyé ici, le prince royal de Suède[1] voulant tout ce que veulent les Russes.

Les princes qui, autrefois, faisaient partie de la confédération du Rhin, commencent à se réunir pour presser l'ouverture du congrès. Ils font déjà entre eux des projets pour l'organisation de l'Allemagne.

Je suis...

N° 5 *bis*. — LES AMBASSADEURS DU ROI AU CONGRÈS, AU MINISTRE DES AFFAIRES ÉTRANGÈRES A PARIS.

Vienne, le 12 octobre 1814.

Monsieur le comte,

Nous avons l'honneur de vous adresser un exemplaire imprimé de la déclaration faite au nom des puissances qui ont signé le traité de Paris. On prétend que nous avons

1. Bernadotte, alors prince royal, plus tard roi de Suède sous le nom de Charles XIV.

remporté une victoire pour y avoir fait introduire le mot de *droit public*. Cette opinion doit vous donner la mesure de l'esprit qui anime le congrès.

Il se peut que l'ajournement inquiète les esprits ; il est sûr d'un autre côté qu'on ne rend point encore assez de justice aux principes qui guident le roi dans ses relations politiques. Depuis vingt ans, l'Europe a été habituée à n'apprécier que la force et à craindre ses abus. Personne ne se livre encore à l'espoir et à la conviction qu'une grande puissance veuille être modérée.

Il nous a donc paru utile que la publication de cette pièce, la première qui résulte des travaux politiques du congrès, soit accompagnée de quelques observations qui mettent l'action de la France et son influence actuelle dans son vrai jour.

Nous avons l'honneur, monsieur le comte, de vous adresser celles que nous croyons pouvoir servir au *Moniteur*, et dont l'esprit peut donner la direction à quelques autres articles des journaux.

Nous avons l'espoir que l'Autriche appuiera la résistance que nous opposons dans toutes les circonstances à la cupidité que manifestent la Russie et la Prusse, et nous mesurerons la force de notre langage au degré de confiance que nous prendrons dans l'énergie de cette puissance.

Nous croyons être sûrs qu'elle ne s'est pas engagée à sanctionner la destruction de la Saxe, et il sera déjà utile que le cabinet de Vienne concoure avec nous pour protester contre une pareille violence. Nous observons généralement que la Russie inquiète l'Allemagne, et que, sans l'appui de la Prusse, son système fédératif manquerait de bases.

Nous avons eu occasion de parler des dotations et nous cherchons à sauver autant d'intérêts particuliers que cela nous est possible. Mais cette affaire est placée sous l'influence de l'alliance contractée par les alliés à Chaumont. Une puissance paraît avoir donné la parole à l'autre de ne rien accorder, et on répond que le principe ne peut plus être attaqué.

Vous sentez, monsieur le comte, que tant que nous aurons à négocier avec des puissances qui prennent le caractère de coalisés, on ne peut même pas faire valoir le principe que les domaines donnés dans les pays qui étaient cédés par les traités doivent être laissés aux donataires. Cela n'empêche pourtant pas qu'en toute occasion nous ne cherchions à ménager les intérêts particuliers auxquels nous croyons pouvoir donner quelque appui.

L'empereur de Russie a parlé hier à l'ambassadeur d'Angleterre, lord Stewart[1], du rétablissement de la Pologne, en indiquant qu'il voulait faire nommer roi un de ses frères. Bientôt cette question devra être abordée. Nous pensons que l'empereur de Russie n'a point encore d'idées bien fixes à ce sujet, et qu'il tâte les moyens qui peuvent le rendre maître de ce pays.

Agréez...

---

1. Charles William Stewart, comte Vane, et plus tard marquis de Londonderry, après la mort de son frère lord Castlereagh, né en 1778 à Dublin. Il entra à l'armée et était colonel en 1803, lorsqu'il fut nommé sous-secrétaire d'État au ministère de la guerre. Il servit ensuite en Espagne comme brigadier-général. En 1815, il fut nommé ambassadeur à Vienne et plénipotentiaire au congrès. Il se retira en 1819, et n'occupa plus de fonctions publiques jusqu'à sa mort (1854).

N° 5. — LE PRINCE DE TALLEYRAND AU ROI LOUIS XVIII.

Vienne, le 13 octobre 1814.

Sire,

J'ai envoyé, dans la dépêche adressée au département, la déclaration telle qu'elle a été publiée hier matin [1]. Elle ajourne l'ouverture du congrès au 1er novembre. Il y a été fait quelques changements, mais d'expressions seulement, sur lesquels les ministres se sont entendus sans se réunir, et par l'intermédiaire de M. de Gentz. Nous n'avons point eu de conférences depuis le 8, ni, par conséquent, de ces discussions dont je crains bien d'avoir fatigué Votre Majesté dans mes deux dernières lettres.

Le ministre de Prusse à Londres, le vieux Jacobi Kloest [2] a été appelé ici au secours de M. de Humboldt. C'est un des aigles de la diplomatie prussienne. Il m'est venu voir; c'est une ancienne connaissance. La conversation l'a mené promptement à me parler des grandes difficultés qui se présentaient, et dont la plus grande, selon lui, venait de l'empereur Alexandre, qui voulait avoir le duché de Varsovie. Je lui dis que si l'empereur Alexandre voulait avoir le duché, il se présenterait probablement avec une cession du roi de Saxe, et qu'alors on verrait. « Pourquoi du roi de Saxe, reprit-il tout étonné. — C'est, répondis-je, que le duché lui appartient en vertu des cessions que vous et l'Autriche lui avez faites, et de traités que vous, l'Autriche et la Russie avez

---

1. Variante : *ce* matin.

2. Le baron de Jacobi Kloest, diplomate prussien, né en 1745, ambassadeur de Prusse à Vienne en 1790, puis à Londres (1792), où il resta jusqu'en 1816. En 1799, il représenta la Prusse au congrès de Rastadt et prit hautement la défense des plénipotentiaires français assassinés par les hussards autrichiens. Il mourut en 1817.

signés. » Alors, de l'air d'un homme qui vient de faire une découverte et à qui l'on révèle une chose tout à fait inattendue : « C'est parbleu vrai, dit-il, le duché lui appartient. » Du moins, M. de Jacobi n'est pas de ceux qui croient que la souveraineté se perd et s'acquiert par le seul fait de la conquête.

J'ai lieu de croire que nous obtiendrons pour le roi d'Étrurie Parme, Plaisance et Guastalla; mais, dans ce cas, il ne faut plus penser à la Toscane, à laquelle cependant il aurait des droits. L'empereur d'Autriche a déjà fait pressentir à l'archiduchesse Marie-Louise qu'il avait peu d'espoir de lui conserver Parme.

On demande souvent autour de moi, et lord Castlereagh m'en a parlé directement, si le traité du 11 avril[1] reçoit son exécution. Le silence du budget à cet égard a été remarqué par l'empereur de Russie. M. de Metternich dit que l'Autriche ne peut être tenue d'acquitter ce qui est affecté sur le Mont de Milan[2], si la France n'exécute point les clauses du traité qui sont à sa charge. En tout, cette affaire se reproduit sous différentes formes, et presque toujours d'une manière désagréable. Quelque pénible qu'il soit d'arrêter son esprit sur ce genre d'affaires, je ne puis m'empêcher de dire à Votre Majesté qu'il est à désirer que quelque chose soit fait à cet égard. Une lettre de M. de Jaucourt qui, par ordre de Votre

---

1. Le traité du 11 avril 1814, signé entre la Prusse, l'Autriche et la Russie, avec accession de l'Angleterre, d'une part, et Napoléon, de l'autre, avait pour but de déterminer la situation de l'empereur et de sa famille (voir t. II, p. 166). On se rappelle qu'une dotation de deux millions cinq cent mille francs lui était promise.

2. Banque d'État créée à Milan par Napoléon sous le nom de Mont Napoléon. L'empereur et les membres de sa famille y avaient des fonds déposés, et l'Autriche, d'après l'article XIII du traité du 11 avril, s'était engagée à en payer les arrérages.

Majesté, me l'apprendrait, serait certainement d'un bon effet.

On montre ici une intention assez arrêtée d'éloigner Bonaparte de l'île d'Elbe. Personne n'a encore d'idée fixe sur le lieu où on pourrait le mettre. J'ai proposé l'une des Açores. C'est à cinq cents lieues d'aucune terre. Lord Castlereagh ne paraît pas éloigné de croire que les Portugais pourraient être amenés à se prêter à cet arrangement; mais, dans cette discussion, la question d'argent reparaîtra. Le fils de Bonaparte n'est plus traité maintenant comme dans les premiers temps de son arrivée à Vienne. On y met moins d'appareil et plus de simplicité. On lui a ôté le grand cordon de la Légion d'honneur et on y substitue[1] celui de Saint-Étienne.

L'empereur Alexandre ne parle, suivant son usage, que des idées libérales. Je ne sais si ce sont elles qui lui ont persuadé que, pour faire sa cour à ses hôtes, il devait aller à Wagram contempler le théâtre de leur défaite. Ce qu'il y a de certain, c'est qu'il a fait chercher par M. de Czernicheff des officiers qui, ayant assisté à cette bataille, pussent lui faire connaître les positions et les mouvements des deux armées qu'il se plaît à étudier sur le terrain. On a répondu avant-hier à l'archiduc Jean[2], qui demandait où était l'empereur:

---

1. Variante : on y *a substitué*.

2. L'archiduc Jean était le septième fils de l'empereur Léopold. Né en 1782, il commandait en chef l'armée autrichienne à Hohenlinden. En 1801, il devint directeur général des fortifications. Il eut également des commandements importants en 1805 et en 1809. Tombé en disgrâce, il ne joua aucun rôle militaire dans les dernières luttes de 1813 et 1814, et vécut à l'écart jusqu'en 1848. Le parlement réuni à Francfort le nomma alors vicaire de l'empire d'Allemagne. En même temps l'empereur l'avait désigné comme lieutenant général en Autriche. Il gouverna quelque temps en qualité de vicaire de l'empire, mais les événements qui survinrent le forcèrent à se retirer. Il mourut en 1859.

« Monseigneur, il est à Wagram. » Il paraît qu'il doit aller d'ici peu de jours à Pesth, où il a demandé un bal pour le 19[1]. Son projet est d'y paraître en habit hongrois. Avant ou après le bal, il doit aller pleurer sur le tombeau de sa sœur[2]. A cette cérémonie doivent se trouver une foule de Grecs qu'il a fait prévenir d'avance et qui s'empresseront sûrement de venir voir le seul monarque qui soit de leur rite. Je ne sais jusqu'à quel point tout cela plaît à cette cour-ci, mais je doute que cela lui plaise beaucoup.

Lord Stewart, frère de lord Castlereagh et ambassadeur près de la cour de Vienne, est arrivé depuis quelques jours. Il a été présenté à l'empereur Alexandre qui lui a dit, à ce qu'il m'a raconté : « Nous allons faire une belle et grande chose : relever la Pologne[3] en lui donnant pour roi un de mes frères ou le mari de ma sœur[4] » (la duchesse d'Oldenbourg). Lord Stewart lui a dit franchement : « Je ne vois pas là d'indépendance pour la Pologne, et je ne crois pas que l'Angleterre, quoique moins intéressée que les autres puissances, puisse s'accommoder de cet arrangement. »

Ou je me trompe beaucoup, ou l'union entre les quatre cours est plus apparente que réelle, et tient uniquement à cette circonstance que les unes ne veulent pas nous suppo-

---

1. Variante : il *y a* demandé.

2. La grande-duchesse Alexandra Paulowna, née en 1783, mariée en 1799 à l'archiduc Joseph-Antoine, frère de l'empereur François, palatin du royaume de Hongrie, morte en 1801.

3. Variante : *nous allons* relever.

4. Il y a ici une erreur. Le prince Pierre-Frédéric-Georges, duc d'Oldenbourg, marié à la grande-duchesse Catherine, sœur d'Alexandre, était mort en 1812.

ser les moyens d'agir, et que les autres ne croient pas que nous en ayons la volonté. Ceux qui nous savent contraires à leurs prétentions pensent que nous n'avons que des raisonnements à leur opposer. L'empereur Alexandre disait, il y a peu de jours : « Talleyrand fait ici le ministre de Louis XIV. » M. de Humboldt, cherchant à séduire en même temps qu'à intimider M. de Schulenburg, ministre de Saxe, lui disait : « Le ministre de France se présente ici avec des paroles assez nobles ; mais, ou elles cachent une arrière-pensée, ou il n'y a rien derrière pour les soutenir. Malheur donc à ceux qui voudraient y croire. »

Le moyen de faire tomber tous ces propos et de faire cesser toutes les irrésolutions serait que Votre Majesté, dans une déclaration qu'elle adresserait à ses peuples, après avoir fait connaître les principes qu'elle nous a ordonné de suivre et sa ferme résolution de ne s'en écarter jamais, laissât seulement entrevoir que la cause juste ne resterait pas sans appui. Une telle déclaration, comme je la conçois et comme j'en soumettrais[1] le projet à Votre Majesté, ne mènerait pas à la guerre, que personne ne veut ; mais elle porterait ceux qui ont des prétentions, à les modérer, et donnerait aux autres le courage de défendre leurs intérêts et ceux de l'Europe. Mais, comme cette déclaration serait dans ce moment prématurée, je demande à Votre Majesté la permission de lui en reparler plus tard, si les circonstances ultérieures me paraissent l'exiger.

Notre langage commence à faire impression. Je regrette fort qu'un accident qu'a éprouvé M. de Munster l'ait empêché de se trouver près de lord Castlereagh, qui a bien besoin de

---

1. Variante : comme j'en *soumettrai*.

soutien. Il sera, à ce qu'on nous fait espérer, d'ici à deux jours en état de prendre part aux affaires.

Je suis...

N° 2 *ter*. — LE ROI LOUIS XVIII AU PRINCE DE TALLEYRAND.

Paris, ce 14 octobre 1814.

Mon cousin,

J'ai reçu vos dépêches du 29 septembre et du 4 octobre. (Il serait bon à l'avenir de les numéroter comme je fais pour celle-ci ; par conséquent, celles dont j'accuse[1] la réception devront porter les numéros 2 et 3.)

Je commence par vous dire avec une véritable satisfaction que je suis parfaitement content de l'attitude que vous avez prise et du langage que vous avez tenu, tant vis-à-vis des plénipotentiaires, que dans votre pénible conférence avec l'empereur de Russie. Vous savez, sans doute, qu'il a mandé le général Pozzo di Borgo. Dieu veuille que cet esprit sage ramène son souverain à des vues plus sensées ; mais c'est dans l'hypothèse contraire qu'il faut raisonner.

Empêcher le succès des projets ambitieux de la Russie et de la Prusse est le but auquel nous devons tendre. Buonaparte[2] eût peut-être pu y réussir à lui tout seul ; mais il avait des moyens qui ne sont et ne seront jamais les miens ; il me faut donc de l'aide. Les petits-États ne sauraient m'en offrir une suffisante, à eux seuls s'entend ; il me faudrait donc celle au moins d'une grande puissance. Nous aurions l'Autriche et l'Angle-

---

1. Variante : dont j'accuse *ici*.

2. Variante : *Pozzo di Borgo* eût peut-être pu réussir.

terre, si elles entendaient bien leurs intérêts; mais je crains qu'elles ne soient déjà liées; je crains particulièrement un système qui prévaut chez beaucoup d'Anglais, et dont le duc de Wellington semble lui-même imbu, de séparer entièrement les intérêts de la Grande-Bretagne de ceux du Hanovre. Alors, je ne puis pas employer la force pour faire triompher le bon droit, mais je puis toujours refuser d'être garant de l'iniquité; nous verrons si pour cela on osera m'attaquer.

Ce que je dis ici ne regarde que la Pologne et la Saxe; car pour Naples, je m'en tiendrai toujours à la parfaite réponse que vous avez faite à M. de Humboldt[1].

Je mets les choses au pis[2], parce que je trouve que c'est la vraie façon[3] de raisonner; mais j'espère beaucoup mieux de votre adresse et de votre fermeté. Sur quoi, je prie Dieu qu'il vous ait, mon cousin, en sa sainte et digne garde.

LOUIS.

N° 6 *bis*. — LES AMBASSADEURS DU ROI AU CONGRÈS, AU MINISTRE DES AFFAIRES ÉTRANGÈRES A PARIS.

Vienne, le 16 octobre 1814.

Monsieur le comte,

Depuis notre dernière dépêche du 12, aucune conférence n'a eu lieu et tout le mouvement du congrès se réduit à quelques démarches entre les puissances et à des intrigues très subalternes qui servent cependant à faire connaître la situation

---

1. Voir la lettre de M. de Talleyrand du 4 octobre, p. 323.
2. Variante : au *pire*.
3. Variante : que c'est *là* la vraie façon.

des esprits, l'exaltation des uns, la cupidité des autres, l'égarement de tous.

Les grandes difficultés qui s'opposent à la marche des affaires tiennent à l'idée conçue par l'empereur de Russie de vouloir rétablir le simulacre d'une Pologne, sous l'influence russe, et d'agrandir la Prusse par la Saxe. Ce prince, on ose le dire, n'a aucune idée saine à cet égard et confond à la fois des principes de justice et les conceptions les plus violentes.

Lord Castlereagh, chez lequel il s'est rendu pour lui insinuer ses projets à l'égard de la Pologne, les a combattus. Il lui a même remis un mémoire raisonné dans lequel il place la question telle que nous la concevons. Il lui démontre que la situation de l'Europe exige ou le rétablissement de l'ancienne Pologne, ou que cette source de troubles et de prétentions soit à jamais écartée des discussions en Europe.

Lord Castlereagh a fait lire son mémoire à M. le prince de Talleyrand et à M. le prince de Metternich, et il seconde sous ce rapport les véritables intérêts de l'Europe. Mais, tout en combattant les vues exagérées, il ne conclut rien et paraît même éviter de conclure. Sous le rapport du roi de Saxe, dont le sort n'est pas discuté, lord Castlereagh continue à se livrer à l'idée la plus fausse, et, dominé par la pensée que ce qu'il appelle la trahison du roi de Saxe servirait d'exemple à l'Allemagne et à l'Europe, il s'intéresse fort peu à la conservation de cette dynastie et du pays, et il abandonne à cet égard tous les principes. Les conséquences qu'entraînerait cette mesure sont trop graves pour que la France puisse y consentir, et nous espérons que l'Autriche finira par ouvrir les yeux sur ce que lui dictent l'honneur et son propre intérêt. Nous avons à ce sujet quelques données qui nous font croire que nos démarches seront secondées par le cabinet de Vienne ; mais elles ne le seront que lorsque la confiance de ce cabinet dans les dispositions de la France sera entière.

L'Autriche est liée envers la Prusse par l'engagement qu'on a pris avec cette dernière puissance de lui procurer une population de dix millions d'habitants; mais rien n'est stipulé à l'égard de la Saxe, et l'Autriche voudrait la sauver.

Le prince de Metternich, quoique guidé par une politique timide et incertaine, juge cependant assez bien l'opinion de son pays et les intérêts de sa monarchie pour sentir que les États de l'Autriche, cernés par la Prusse, la Russie et une Pologne toute dans les mains de la dernière, seraient constamment menacés, et que la France seule peut l'aider dans cet embarras. La Bavière lui ayant offert des secours, le prince de Metternich a fait sonder le maréchal de Wrède[1] sur l'intention de son gouvernement d'entrer dans un concert militaire avec l'Autriche et la France, pour empêcher l'exécution des projets sur la Pologne et la Saxe. Le maréchal de Wrède a répondu affirmativement.

D'un autre côté, le prince de Metternich conserve de la défiance, non seulement à l'égard de la volonté du roi pour seconder efficacement le système de la conservation de la Saxe, mais encore sur les moyens qui seraient à sa disposition. Cela nous a été confirmé par le propos d'un homme attaché au prince de Metternich, qui, s'expliquant avec le duc

---

1. Charles-Philippe, prince de Wrède, né à Heidelberg en 1767, fut de 1805 à 1813 à la tête des troupes bavaroises auxiliaires de la France, et fut nommé par Napoléon comte de l'empire. Il fit défection en 1813, mais fut écrasé à Hanau. Après la campagne de France, il devint feld-maréchal. Il représentait la Bavière au congrès de Vienne. Il mourut en 1838.

de Dalberg, lui dit : « Vous nous paraissez comme des chiens qui aboient fort habilement, mais qui ne mordent pas, et nous ne voulons pas mordre seuls. » Le même individu lui disait aussi que, si on était sûr de la fermeté de la France, le langage de l'Autriche pourrait devenir plus fort et la Russie ne hasarderait pas la guerre. Mais elle persiste dans ses plans parce qu'elle n'admet pas la possibilité que l'Autriche et la France combinent une résistance armée contre les projets soutenus par la Russie et la Prusse à la fois. Le duc de Dalberg lui répondit que le roi de France ne sanctionnerait jamais un oubli de toute morale publique, tel que le présenterait l'anéantissement de la Saxe, et qu'il n'avait pas été le dernier à ordonner à ses plénipotentiaires de se prononcer en faveur de ce que dictaient l'honneur et les grands principes de l'ordre public.

L'empereur de Russie n'a fait connaître depuis trois jours aucune décision ; il essaye, avant de prononcer son dernier mot, de gagner les ministres anglais et autrichiens.

Il se peut qu'il insiste sur le rétablissement de la Pologne, conçu à sa manière, ou, qu'en y renonçant, il veuille faire valoir ce sacrifice au delà de ce qui peut être admis par les autres puissances. Les rapports deviendraient alors difficiles, et il faudrait être prêt à tous les événements qui pourraient en résulter. Peut-être que l'Autriche aborderait la question d'une ligue formée par les puissances du midi contre le nord, et il faudrait être en mesure d'y répondre.

Nous pensons que la dignité du roi, les intérêts de la France et la force de l'opinion exigeraient que le roi ne se refusât point à concourir à la défense des grands principes qui constituent l'ordre en Europe, et il serait bon et utile qu'il voulût donner les autorisations nécessaires pour arrêter, si cela devenait urgent, un accord militaire en opposition avec les projets de la Russie et de la Prusse.

Nous pensons que lorsque la Russie même serait en état de lever le bouclier, la Prusse ne voudrait pas se compromettre, et la fermeté de la France, secondée par l'Autriche comprenant bien son intérêt, sauverait l'Europe sans troubler la paix.

Il y a une autre considération qui nous détermine à engager le roi à refuser sa sanction et à faire offrir des secours efficaces pour empêcher l'anéantissement de la maison de Saxe et la réunion de ce pays à la Prusse. Cette considération est puisée dans l'esprit révolutionnaire que nous observons en Allemagne et qui porte un caractère tout particulier.

Ici, ce n'est point la lutte du tiers état avec les classes privilégiées, qui fait naître la fermentation. Ce sont les prétentions et l'amour-propre d'une noblesse militaire et autrefois très indépendante, qui, préparant le foyer et les éléments d'une révolution, préférerait obtenir une existence dans un grand État et ne pas appartenir à des pays morcelés et à des souverains qu'elle regarde comme ses égaux.

A la tête de ce parti se trouvent tous les princes et nobles médiatisés; ils cherchent à fondre l'Allemagne en une seule monarchie, pour y entrer dans le rôle d'une grande représentation aristocratique. La Prusse, qui a fort habilement flatté tout ce parti, l'a rattaché à son char, en lui faisant espérer une partie des anciens privilèges dont il jouissait.

On peut donc être persuadé que si la Prusse parvenait à réunir la Saxe et à s'approprier de côté et d'autre des territoires isolés, elle formerait, en peu d'années, une monarchie militaire fort dangereuse pour ses voisins; et rien, dans cette supposition, ne la servirait mieux que ce grand nombre de têtes exaltées qui, sous le prétexte de chercher une patrie, la créeraient par les plus funestes bouleversements.

Il est du plus grand intérêt d'empêcher ces projets et de seconder l'Autriche pour pouvoir s'y opposer avec succès. Cette détermination de la part du roi aidera encore à faire rompre à l'Autriche, à la Bavière, les liens qui les tiennent attachées à la coalition, et cette considération est bien importante dans la situation actuelle de la France.

A l'occasion de la demande que le prince de Metternich a fait faire au maréchal de Wrède: si la Bavière serait disposée à se liguer avec la France et l'Autriche, il a été question de la situation militaire des deux partis, et on est tombé d'accord que la position militaire des puissances du midi avait un grand avantage sur celle du nord, et qu'une opération offensive, faite par les débouchés de la Franconie sur l'Elbe, couperait les armées prussiennes de leur corps sur le Rhin et d'une grande partie de leurs ressources.

L'Autriche a témoigné de l'inquiétude sur les armées napolitaines et l'agitation de l'Italie, où elle craint que Bonaparte ne prépare quelque soulèvement.

Murat avait fait proposer une alliance à la Bavière qui l'a refusée; mais, si les événements devaient conduire à la guerre, il faudrait nécessairement porter un corps d'armée en Sicile pour occuper Murat. L'Espagne devant concourir à cette opération, le corps français n'aurait pas besoin d'être considérable.

L'Autriche a, dans ce moment, près de trois cent mille

hommes sous les armes; et, d'après des données assez certaines, ces forces sont distribuées comme il suit :

Quatre-vingt mille hommes en Bohême;

Quatre-vingt-dix mille hommes en Moravie et en Hongrie;

Trente-six mille hommes en Gallicie;

Vingt mille hommes en Transylvanie;

Trente mille hommes en Autriche;

Cinquante mille hommes en Italie.

La Russie peut avoir autant de monde. En voici la distribution :

Cinquante mille hommes dans le Holstein;

Quatre-vingt mille hommes en Saxe;

Cent cinquante mille hommes en Pologne.

La Prusse, cent cinquante mille hommes, dont cinquante mille sur le bas Rhin, dans le nombre desquels il faut compter quinze mille Saxons. Leur chef, le général Thielmann[1], a pris parti contre ses anciens souverains et leur serait infidèle. On ne doit pas compter sur lui.

Ce qui semblerait prouver que l'empereur de Russie ne croit pas pouvoir terminer les affaires cette année, c'est qu'il a retardé la ratification du traité avec le Danemark et la Suède[2],

---

1. Jean-Adolphe, baron de Thielmann, né à Dresde en 1765, prit, bien que Saxon, du service dans l'armée prussienne, fit contre la France les campagnes de 1792 à 1795, ainsi que celle de 1806. Nommé général en 1809, il rentra au service de la Saxe et commanda la cavalerie saxonne durant la campagne de Russie. En 1813, il passa dans les rangs des alliés et se mit à la tête d'un corps de partisans. En 1815, il reprit du service en Prusse et commandait une division prussienne à Ligny. Il mourut en 1824.

2. Traité de paix entre la Russie et le Danemark, signé à Hanovre le 8 février 1814. L'article VI de ce traité décidait que les troupes russes ne pourraient frapper le Holstein d'aucune contribution.

dont il doit être garant et qu'il n'a point donné d'ordres pour retirer son armée qui occupe et dévore le Holstein. Le roi de Danemark n'a pu rien obtenir à cet égard.

Agréez...

N° 6. — LE PRINCE DE TALLEYRAND AU ROI LOUIS XVIII.

Vienne, le 17 octobre 1814.

SIRE,

J'ai reçu la lettre dont Votre Majesté a daigné m'honorer. Je suis heureux de trouver que la ligne de conduite que j'ai suivie s'accorde avec les intentions que Votre Majesté veut bien m'exprimer. Je mettrai tous mes soins à ne m'en écarter jamais.

J'ai à rendre compte à Votre Majesté de la situation des choses depuis ma dernière lettre.

Lord Castlereagh, voulant faire une nouvelle tentative sur l'esprit de l'empereur Alexandre pour lui faire abandonner ses idées de Pologne qui dérangent tout et mènent à tout bouleverser, lui avait demandé une audience. L'empereur a voulu y mettre une sorte de mystère et lui a fait l'honneur de se rendre chez lui ; et sachant bien de quel sujet lord Castlereagh avait à l'entretenir, il est de lui-même entré en matière, en se plaignant de l'opposition qu'il trouvait à ses vues. Il ne comprenait pas, il ne comprendrait jamais que la France et l'Angleterre pussent être opposées au rétablissement d'un royaume de Pologne[1]. Ce rétablissement, disait-il, serait une réparation faite à la morale publique que le partage

1. Variante : *du* royaume de Pologne.

avait outragée, une sorte d'expiation. A la vérité, il ne s'agissait pas de rétablir la Pologne entière ; mais rien n'empêcherait que cela se fît[1] un jour, si l'Europe le désirait. Pour le moment la chose serait prématurée; le pays lui-même avait besoin d'y être préparé ; il ne pouvait l'être mieux que par le rétablissement en royaume d'une partie seulement de la Pologne, à laquelle on donnerait des institutions propres à y faire germer et fructifier tous les principes de la civilisation, qui se répandraient ensuite dans la masse entière, lorsqu'il aurait été jugé convenable de la réunir. L'exécution de son plan ne devait coûter de sacrifices qu'à lui, puisque le nouveau royaume ne serait formé que de parties de la Pologne sur lesquelles la conquête lui donnait d'incontestables droits, et auxquelles il ajouterait encore celles qu'il avait acquises antérieurement à la dernière guerre et depuis le partage (Byalistock et Tarnopol). Personne n'avait donc à se plaindre de ce qu'il voulait[2] faire ces sacrifices; il les ferait avec plaisir, par principe de conscience, pour consoler une nation malheureuse, pour avancer la civilisation ; il attachait à cela son honneur et sa gloire. Lord Castlereagh, qui avait ses raisonnements préparés, les a déduits dans une conversation qui a été fort longue, mais sans persuader ni convaincre l'empereur Alexandre, lequel s'est retiré en laissant lord Castlereagh fort peu satisfait de ses dispositions; mais comme il ne se tenait point pour battu, il a mis ses raisons par écrit, et, le soir même, il les a présentées à l'empereur sous le titre de *memorandum*.

1. Variante : que cela *ne* se fît.

2. Variante : de ce qu'il *voulût*.

Après m'avoir donné, dans une conversation fort longue, les détails qui précèdent, lord Castlereagh m'a fait lire cette pièce, ce dont, pour le dire en passant, M. de Metternich qui l'a su a témoigné une surprise qu'il n'aurait pas montrée s'il n'était pas en général convenu entre les ministres des quatre cours de ne point communiquer à d'autres ce qu'ils font entre eux.

Le *memorandum* commence par citer les articles des traités conclus en 1813 par les alliés, lesquels portent que : *la Pologne restera partagée entre les trois puissances dans des proportions dont elles conviendront à l'amiable; et sans que la France puisse s'en mêler*. (Lord Castlereagh s'est hâté de me dire qu'il s'agissait de la France de 1813, et non de la France d'aujourd'hui.) Il rapporte ensuite textuellement des discours tenus, des promesses faites, des assurances données par l'empereur Alexandre à diverses époques, en divers lieux, et notamment à Paris, et qui sont en opposition avec le plan qu'il poursuit maintenant.

A cela succède un exposé des services rendus par l'Angleterre à l'empereur Alexandre.

Pour lui assurer la possession tranquille de la Finlande, elle a concouru [1] à faire passer la Norvège sous la domination de la Suède [2], faisant en cela le sacrifice de son propre penchant, et peut-être même de ses intérêts. Par sa médiation

---

1. Variante : elle a *commencé*.

2. La Norvège, avant 1814, appartenait au Danemark. Or, le Danemark avait conclu en 1813 une alliance avec Napoléon, au lieu que la Suède avait pris le parti des alliés, et avait signé avec l'Angleterre un traité de subside (3 mars 1813). La Suède envahit la Norvège. Le traité du 14 août 1814 suspendit les hostilités, et le 4 novembre suivant, la diète norvégienne proclama le roi de Suède, roi de Norvège.

elle lui a fait obtenir de la Porte ottomane des cessions et
d'autres avantages[1]; et de la Perse, la cession d'un territoire
assez considérable[2]. Elle se croit donc en droit de parler à
l'empereur Alexandre avec plus de franchise que les autres
puissances, qui n'ont point été dans le cas de lui rendre les
mêmes services.

De là, passant à l'examen du plan actuel de l'empereur,
lord Castlereagh déclare que le rétablissement de la Pologne
entière en un État complètement indépendant obtiendrait
l'assentiment de tout le monde ; mais que créer un royaume
avec le quart de la Pologne, ce serait créer des regrets pour
les trois autres quarts et de justes inquiétudes pour ceux qui
en possèdent une partie quelconque, et qui, du moment où
il existerait un royaume de Pologne, ne pourraient plus
compter un seul instant sur la fidélité de leurs sujets;
qu'ainsi, au lieu d'un foyer de civilisation, on n'aurait établi
qu'un foyer d'insurrections et de troubles, quand le repos
est le vœu comme il est le besoin de tous. En convenant
que la conquête a donné des droits à l'empereur, il soutient
que ces droits ont pour limites le point qu'il ne saurait dépasser sans nuire à la sécurité de ses voisins. Il le conjure
par tout ce qu'il a de cher, par son humanité, par sa gloire,
de ne point vouloir aller au delà, et il finit par lui dire
qu'il le prie d'autant plus instamment de peser toutes les
réflexions qu'il lui soumet, que, dans le cas où il persisterait

---

1. Paix de Bucharest en 1812, par laquelle la Turquie cédait à la Russie
la Bessarabie et une partie de la Moldavie, et reconnaissait le protectorat
russe sur la Valachie.

2. Traité de paix entre la Russie et la Perse (12 octobre 1813).

dans ses vues, l'Angleterre aurait le regret de n'y pouvoir donner son consentement.

L'empereur Alexandre n'a point encore répondu.

Autant lord Castlereagh est bien dans la question de la Pologne, autant il est mal dans celle de la Saxe. Il ne parle que de trahison, de la nécessité d'un exemple. Les principes ne paraissent[1] pas être son côté fort. Le comte de Munster, dont la santé est meilleure, a essayé de le convaincre que de la conservation de la Saxe dépendait l'équilibre, et même, peut-être, l'existence de l'Allemagne; et il a tout au plus réussi à lui donner des doutes. Cependant il m'a promis, non pas de se prononcer comme nous dans cette question, (il paraît avoir à cet égard avec les Prussiens des engagements qui le lient), mais de faire, dans notre sens, des représentations amicales.

Sa démarche vis-à-vis de l'empereur Alexandre a été, non seulement faite de l'aveu, mais même à la prière de M. de Metternich. Je n'en saurais douter, quoique ni l'un ni l'autre ne me l'aient dit. L'Autriche sent toutes les conséquences des projets russes, mais, n'osant se mettre en avant, elle y fait mettre[2] l'Angleterre.

Si l'empereur Alexandre persiste, l'Autriche, trop intéressée à ne pas céder, ne cédera pas, je le crois; mais sa timidité la portera à traîner les choses en longueur. Cependant, ce parti a des dangers qui chaque jour deviennent plus grands, qui pourraient devenir extrêmes, et sur lesquels je dois d'autant plus appeler l'attention de Votre Majesté, que

---

1. Variante : *n'apparaissent* pas.

2. Variante : elle y *a* fait mettre.

leur cause pourrait se prolonger fort au delà du temps présent, de manière à devoir exciter toute sa sollicitude pendant toute la durée de son règne.

Des ferments révolutionnaires sont partout répandus en Allemagne. Le jacobinisme y domine, non point comme en France, il y a vingt-cinq ans, dans les classes moyennes et inférieures, mais parmi la plus haute et la plus riche noblesse; différence qui fait que la marche d'une révolution qui viendrait à y éclater ne pourrait pas être calculée d'après la marche de la nôtre. Ceux que la dissolution de l'empire germanique et l'acte de confédération du Rhin ont fait descendre du rang de dynastes à la condition de sujets supportant[1] impatiemment d'avoir pour maîtres ceux dont ils étaient ou croyaient être les égaux, aspirent à renverser un ordre de choses dont leur orgueil s'indigne, et à remplacer tous les gouvernements de ce pays par un seul. Avec eux conspirent les hommes des universités, et la jeunesse imbue de leurs théories, et ceux qui attribuent à la division de l'Allemagne en petits États les calamités versées sur elle par tant de guerres dont elle est le continuel théâtre. L'unité de la patrie allemande est leur cri, leur dogme, leur religion exaltée jusqu'au fanatisme, et ce fanatisme a gagné même des princes actuellement régnants. Or, cette unité, dont la France pouvait n'avoir rien à craindre quand elle possédait la rive gauche du Rhin et la Belgique, serait maintenant pour elle d'une très grande conséquence. Qui peut d'ailleurs prévoir les suites de l'ébranlement d'une masse telle que l'Allemagne, lorsque ses éléments divisés viendraient à s'agiter et à se confondre?

1. Variante : *supportent*.

Qui sait où s'arrêterait l'impulsion une fois donnée? La situation de l'Allemagne, dont une grande partie ne sait pas qui elle doit avoir pour maître, les occupations militaires, les vexations qui en sont le cortège ordinaire, de nouveaux sacrifices demandés après tant de sacrifices, le mal-être présent, l'incertitude de l'avenir, tout favorise les projets de bouleversement. Il est trop évident que si le congrès s'ajourne, s'il diffère, s'il ne décide rien, il aggravera cet état de choses, et il est trop à craindre qu'en l'aggravant, il n'amène une explosion. L'intérêt le plus pressant serait donc qu'il accélérât ses travaux, et qu'il finît; mais comment finir? En cédant à ce que veulent les Russes et les Prussiens? Ni la sûreté de l'Europe ni l'honneur ne le permettent. En opposant la force à la force? Il faudrait pour cela que l'Autriche, qui en a, je crois, le désir, en eût la volonté. Elle a sur pied des forces immenses; mais elle craint des soulèvements en Italie, et n'ose se commettre seule avec la Russie et la Prusse. Elle peut compter sur la Bavière, qui s'est prononcée très franchement et lui a offert cinquante mille hommes pour défendre la Saxe : le Wurtemberg lui en fournirait dix mille : d'autres États allemands se joindraient à elle; mais cela ne la rassure point assez. Elle voudrait pouvoir compter sur notre concours, et ne croit pas pouvoir y compter. Les Prussiens ont répandu le bruit que les ministres de Votre Majesté avaient reçu de doubles instructions qui leur prescrivaient, les unes le langage qu'ils devaient tenir, et les autres de ne rien promettre. M. de Metternich a fait dire au maréchal de Wrède qu'il le croyait ainsi. Une personne de sa plus intime confiance disait, il y a peu de jours, à M. de Dalberg : « Votre légation parle très habilement, mais vous ne voulez point agir, et nous, nous ne voulons point agir seuls. »

Votre Majesté croira sans peine que je n'aime pas plus la guerre et que je ne la désire pas plus qu'elle. Mais, dans mon opinion, il suffirait de la montrer, et l'on n'aurait pas besoin de la faire. Dans mon opinion encore, la crainte de la guerre ne doit pas l'emporter sur celle d'un mal plus grand, que la guerre seule peut prévenir.

Je ne puis croire que la Russie et la Prusse voulussent courir les chances d'une guerre contre l'Autriche, la France, la Sardaigne, la Bavière et une bonne partie de l'Allemagne ; ou si elles voulaient courir cette chance, à plus forte raison ne reculeraient-elles point devant l'Autriche seule, en supposant, ce qui n'est pas, qu'elle voulût engager seule la lutte.

Ainsi, l'Autriche privée de notre appui n'aurait d'autre ressource que de prolonger indéfiniment le congrès ou de le dissoudre, ce qui ouvrirait la porte aux révolutions ; ou de céder et de consentir à des choses que Votre Majesté est résolue à ne jamais sanctionner.

Dans ce cas, il ne resterait aux ministres de Votre Majesté qu'à se retirer du congrès en renonçant à rien obtenir de ce qu'elle désire le plus. Cependant l'état des choses qui se trouverait établi en Europe pourrait rendre inévitable, dans très peu d'années, la guerre que l'on aurait voulu éviter, et l'on pourrait alors se trouver dans une situation où l'on aurait moins de moyens de la faire.

Je crois non seulement possible, mais encore probable, que si la réponse de l'empereur Alexandre ôte toute espérance de le voir céder à la persuasion, le prince de Metternich me demandera si et jusqu'à quel point l'Autriche peut compter sur notre coopération.

Les instructions qui nous ont été données par Votre Majesté portent que la domination de la Russie sur toute la Pologne menacerait l'Europe d'un danger si grand que, s'il ne pouvait être écarté que par la force des armes, il ne faudrait point balancer un seul moment à les prendre, ce qui semblerait m'autoriser à promettre en général, pour ce cas, les secours de Votre Majesté.

Mais, pour répondre d'une manière positive à une demande précise, pour promettre des secours déterminés, j'ai besoin d'une autorisation et d'instructions spéciales. J'ose supplier Votre Majesté de vouloir bien me les donner, et d'être persuadée que je n'en ferai usage que dans le cas d'une évidente et extrême nécessité. Mais je persiste à croire que le cas que je prévois ne se présentera pas.

Toutefois, pour être préparé à tout, je désirerais que Votre Majesté daignât m'honorer le plus promptement possible de ses ordres.

Depuis la déclaration que j'ai eu l'honneur d'envoyer à Votre Majesté, les ministres des huit puissances ne se sont point réunis.

Un comité, composé d'un ministre d'Autriche, d'un Prussien et des ministres de Bavière, de Wurtemberg et de Hanovre, travaille à la constitution fédérale de l'Allemagne. Ils ont déjà tenu une conférence. On doute que, vu la diversité des intérêts de ceux qu'ils représentent, et de leurs propres caractères, ils parviennent à s'accorder.

Je suis, etc.

N° 7. — LE PRINCE DE TALLEYRAND AU ROI LOUIS XVIII.

Vienne, le 19 octobre 1814.

Sire,

M. de Labrador, pour avoir été de la même opinion que moi dans les conférences auxquelles nous avons été l'un et l'autre appelés, et peut-être aussi pour être venu assez souvent chez moi, où lord Castlereagh l'a trouvé une fois, a essuyé les plus vifs reproches de la part des ministres des quatre cours. On l'a traité de transfuge, d'homme qui se séparait de ceux auxquels l'Espagne était redevable de sa délivrance, et, ce qui est digne de remarque, M. de Metternich est celui qui a montré sur ce point le plus de chaleur. M. de Labrador n'en a pas pour cela changé d'opinion, mais il s'est cru obligé de rendre les visites qu'il me fait plus rares. On peut juger par là jusqu'à quel point les ministres moins indépendants par leur position ou leur caractère personnel sont ou peuvent se croire libres d'avoir des rapports suivis avec la légation de Votre Majesté.

Les cinq ministres qui ont été réunis pour s'occuper du projet de constitution fédérale ont été requis de donner leur parole d'honneur de ne communiquer à qui que ce soit les propositions qui leur seraient faites. C'est surtout contre la légation de France que cette précaution assez inutile a été prise. N'ayant pu lui faire accepter dans les négociations le rôle qu'on a essayé de lui faire prendre, on veut l'isoler.

Cependant, à travers les ténèbres dont on veut l'environner et que l'on s'efforce, à mesure que le temps avance, de rendre plus épaisses, un rayon de lumière a percé[1]. Peut-être tenons-

---

1. Variante : a *paru*.

nous le fil qui peut nous faire pénétrer dans le labyrinthe d'intrigues où l'on avait espéré d'abord de nous égarer. Voici ce que nous avons appris d'un homme que sa position met éminemment en mesure d'être bien informé.

Les quatre cours n'ont point cessé d'être alliées en ce sens que les sentiments avec lesquels elles ont fait la guerre lui ont survécu, et que l'esprit avec lequel elles ont combattu est le même qu'elles portent dans les arrangements de l'Europe. Leur projet était de faire ces arrangements seules. Puis, elles ont senti que l'unique moyen de les faire considérer comme légitimes était de les faire revêtir d'une apparente sanction. Voilà pourquoi le congrès a été convoqué. Elles auraient désiré d'en exclure la France, mais elles ne le pouvaient pas après l'heureux changement qui s'y était opéré, et sous ce rapport, ce changement les a contrariées. Cependant, elles se sont flattées que la France, longtemps et uniquement occupée de ses embarras intérieurs, n'interviendrait au congrès que pour la forme. Voyant qu'elle s'y présentait avec des principes qu'elles ne pouvaient point [1] combattre, et qu'elles ne voulaient pas suivre, elles ont pris le parti de l'écarter de fait, sans l'exclure, et de concentrer tout entre leurs mains, pour marcher sans obstacle à l'exécution de leur plan. Ce plan n'est au fond que celui de l'Angleterre. C'est elle qui est l'âme de tout. Son peu de zèle pour les principes ne doit pas surprendre ; ses principes sont son intérêt. Son but est simple : elle veut conserver sa prépondérance maritime, et, avec cette prépondérance, le commerce du monde. Pour cela, elle a besoin que la marine française

---

1. Variante : qu'elles ne *pourraient pas*.

ne lui devienne jamais redoutable, ni combinée avec d'autres, ni seule. Déjà elle a pris soin d'isoler la France des autres puissances maritimes par les engagements qu'elle leur a fait prendre. Le rétablissement de la maison de Bourbon lui ayant fait craindre le renouvellement du pacte de famille, elle s'est hâtée de conclure avec l'Espagne le traité du 5 juillet, lequel porte que ce pacte ne sera jamais renouvelé. Il lui reste de placer la France, comme puissance continentale, dans une situation qui ne lui permette[1] de vouer qu'une petite partie de ses forces au service de mer. Dans cette vue, elle veut unir étroitement l'Autriche et la Prusse en rendant celle-ci aussi forte que possible[2], et les opposer toutes deux comme rivales à la France. C'est par suite de ce plan que lord Stewart a été nommé ambassadeur à Vienne. Il est tout Prussien; c'est là ce qui l'a fait choisir. On tâchera de placer de même à Berlin un homme qui soit lié d'inclination à l'Autriche. Rien ne convient mieux aux desseins de rendre la Prusse forte, que de lui donner la Saxe; l'Angleterre veut donc qu'on sacrifie ce pays et qu'on le donne à la Prusse. Lord Castlereagh et M. Cook[3] sont si déterminés dans cette question, qu'ils osent dire que le sacrifice de la Saxe, sans aucune abdication, sans aucune cession du roi, ne blesse

---

1. Variante : qui ne lui *permettra*.

2. Variante : *qu'il est* possible.

3. Édouard Cook ou Cooke, homme d'État anglais, fut d'abord premier greffier de la Chambre des communes d'Irlande, puis secrétaire du département de la guerre dans ce pays, et député. Il contribua par ses écrits à la réunion des parlements d'Angleterre et d'Irlande, fut ensuite nommé par lord Castlereagh sous-secrétaire d'État de l'intérieur et des affaires étrangères, et l'accompagna comme plénipotentiaire au congrès de Vienne. Il se retira en 1817 et mourut en 1820.

aucun principe. Naturellement l'Autriche devrait repousser cette doctrine. La justice, la bienséance, sa sûreté même, tout l'en presse. Qu'a-t-on fait pour vaincre sa résistance? Rien que de très simple : on l'a placée vis-à-vis de deux difficultés en l'aidant à surmonter l'une, à condition qu'elle cédera [1] sur l'autre. L'empereur de Russie est là fort à propos avec le désir d'avoir le duché de Varsovie entier, et de former [2] un simulacre de royaume de Pologne. Lord Castlereagh s'y oppose et dresse un mémoire qu'il montrera à son parlement, pour faire croire qu'il a eu tant de peine à arranger les affaires de Pologne, qu'on ne saurait lui imputer à blâme de n'avoir pas sauvé la Saxe, et, pour prix de ses efforts, il presse l'Autriche de consentir à la disparition de ce royaume. Qui sait si le désir de former un simulacre de Pologne n'a pas été suggéré à l'empereur Alexandre par ceux mêmes qui le combattent, ou si ce désir est sincère? si l'empereur, pour se rendre agréable aux Polonais, ne leur a pas fait des promesses qu'il serait très fâché de tenir? si la résistance qu'on lui oppose n'est pas ce qu'il souhaite le plus, et si on ne le mettrait pas dans le plus grand embarras en consentant à ce qu'il paraît vouloir? Cependant M. de Metternich, qui se pique de donner à tout l'impulsion, la reçoit lui-même, sans s'en douter, et, jouet des intrigues qu'il croit mener, il se laisse tromper comme un enfant.

Sans assurer que toutes ces informations soient parfaitement exactes, je dois dire qu'elles me paraissent extrêmement vraisemblables.

---

1. Variante : qu'elle *céderait*.

2. Variante : et de *servir*.

Il y a peu de jours que M. de Metternich réunit près de lui un certain nombre de personnes qu'il est dans l'habitude de consulter. Toutes furent d'avis que la Saxe ne devait point être abandonnée. Rien ne fut conclu, et, avant-hier soir, j'appris par une voix sûre que M. de Metternich, personnellement abandonnait la Saxe, mais que l'empereur d'Autriche luttait encore.

L'un des commissaires pour le projet de constitution fédérale a dit que les propositions qui leur étaient faites supposaient que la Saxe ne devait plus exister.

La journée d'hier fut consacrée tout entière à deux fêtes : l'une militaire et commémorative de la bataille de Leipsick : la légation de Votre Majesté n'y pouvait pas être ; j'assistai à l'autre, donnée par le prince de Metternich, en l'honneur de la paix. Je désirais pouvoir y trouver l'occasion de dire un mot à l'empereur d'Autriche. Je ne fus point assez heureux (je l'avais été davantage au bal précédent, où j'avais pu placer vis-à-vis de lui quelques mots sur les circonstances et de nature à produire quelque effet sur son esprit ; il parut alors me très bien comprendre.) Lord Castlereagh lui parla près de vingt minutes, et il m'est revenu que la Saxe avait été le sujet de cette conversation.

La disposition qui donnerait ce pays à la Prusse serait regardée en Autriche, même par les hommes du cabinet, comme un malheur pour la monarchie autrichienne, et en Allemagne comme une calamité. On l'y regarderait comme destinant infailliblement l'Allemagne même à être partagée plus tôt ou plus tard, comme l'a été la Pologne.

Le roi de Bavière ordonnait encore hier à son ministre de

faire de nouvelles démarches pour la Saxe et lui disait : « Ce projet est de toute injustice et m'ôte tout repos. »

Si l'Autriche veut conserver la Saxe, il est probable qu'elle voudra à tout événement s'assurer de notre coopération et c'est pour être prêt à répondre à toute demande de cette nature que j'ai supplié Votre Majesté de m'honorer de ses ordres. Toutefois, comme j'ai eu l'honneur de le lui dire, je tiens pour certain que la Russie et la Prusse n'engageraient point la lutte.

Si l'Autriche cédait sans avoir demandé notre concours, c'est qu'elle serait décidée à n'en pas vouloir. Elle ôterait par là, à Votre Majesté, toute espérance de sauver la Saxe, mais elle ne saurait lui ôter la gloire de défendre les principes qui font la sûreté de tous les trônes.

Au surplus, tant que l'Autriche n'aura pas définitivement cédé, je ne désespérerai pas, et je crois même avoir trouvé un moyen, sinon d'empêcher que la Saxe ne soit sacrifiée, du moins d'embarrasser ceux qui la veulent sacrifier : c'est de faire connaître à l'empereur de Russie que nous ne nous opposons point à ce qu'il possède, sous quelque dénomination [1] que ce soit, la partie de la Pologne qui lui sera [2] dévolue, et qui n'étendrait point ses frontières de manière à inquiéter ses voisins, pourvu qu'en même temps la Saxe soit [3] conservée.

Si l'empereur n'a réellement point envie de faire un royaume de Pologne, et qu'il ne cherche qu'une excuse à donner aux Polonais, cette déclaration le gênera. Il ne pourra pas dire

---

1. Variante : sous quelque *domination*.

2. Variante : qui lui *serait* dévolue.

3. Variante : *et pourvu en même temps que la Saxe fût.*

aux Polonais, et ceux-ci ne pourront pas croire que c'est la France qui s'oppose à l'accomplissement de leur vœu le plus cher. De son côté, lord Castlereagh sera embarrassé d'expliquer au parlement comment il s'est opposé à une chose que beaucoup de personnes désirent en Angleterre, quand la France ne s'y opposait pas.

Que si l'empereur Alexandre tient véritablement à l'idée de ce royaume de Pologne, le consentement de la France sera pour lui une raison d'y persister; l'Autriche, rejetée par là dans l'embarras d'où elle aurait cru se tirer par l'abandon de la Saxe, reviendra forcément sur cet abandon et sera ramenée à nous.

Dans aucune hypothèse, cette déclaration ne peut nous nuire. Ce qui nous importe, c'est que la Russie ait le moins de Pologne qu'il est possible et que la Saxe soit sauvée. Il nous importe moins, ou même, il ne nous importe pas que la Russie possède d'une manière ou d'une autre ce qui doit être à elle et qu'elle doit posséder. C'est à l'Autriche que cela importe. Or, quand elle sacrifie sans nécessité ce qu'elle sait nous intéresser et ce qui doit l'intéresser davantage elle-même, pourquoi hésiterions-nous à la replacer dans la situation d'où elle a voulu se tirer, surtout lorsqu'il dépend d'elle de finir à la fois ses embarras et les nôtres, et qu'elle n'a besoin pour cela que de s'unir à nous?

Je suis informé que l'empereur Alexandre a exprimé ces jours derniers, et à plusieurs reprises, l'intention de me faire appeler. S'il le fait, je tenterai le moyen dont je viens d'avoir l'honneur d'entretenir Votre Majesté.

Le général Pozzo, qui est ici depuis quelques jours, parle de la France de la manière la plus convenable.

L'électeur de Hanovre ne pouvant plus conserver ce titre, puisqu'il ne doit plus y avoir d'empire germanique ni d'empereur électif, et ne voulant point être dans un rang inférieur à celui du souverain du Wurtemberg, sur lequel il l'emportait autrefois de beaucoup, a pris le titre de roi. Le comte de Munster (qui est à peu près guéri de sa chute) me l'a notifié. J'attends pour lui répondre et reconnaître le nouveau titre[1] que son maître a pris, l'autorisation que Votre Majesté jugera sans doute convenable de me donner.

Je suis...

N° 7 *bis*. — LES AMBASSADEURS DU ROI AU CONGRÈS, AU MINISTRE DES AFFAIRES ÉTRANGÈRES, A PARIS.

Vienne, le 20 octobre 1814.

Monsieur le comte,

Dans une de nos précédentes dépêches, nous avons eu l'honneur de vous mander que les quatre puissances alliées, conformément à leurs arrangements, continuent à suivre un système de convenance arrêté pour le cas où Bonaparte serait resté sur le trône de France; qu'elles ne comptent pour rien le rétablissement de la maison de Bourbon, qui change l'état de l'Europe et qui aurait dû faire retourner tout dans le système existant en 1792. Mais comme la force de la France les épouvante encore, c'est avec un singulier aveuglement que le prince de Metternich continue à seconder les projets des trois puissances, qu'il facilite à la Russie les moyens de s'emparer du duché de Varsovie, à la Prusse d'occuper la Saxe, et à l'Angleterre d'exercer l'influence la

---

1. Variante : *les nouveaux titres*.

plus absolue sur ce qu'on appelait, et sur ce qu'on peut encore appeler la coalition. Cet état de choses produit un effet très étrange ; tout ce qui tient à la monarchie autrichienne s'approche de nous, tout ce qui tient au ministère s'éloigne.

Il n'y a plus eu de conférence depuis celle dont nous avons eu l'honneur de vous entretenir. Les ministres des quatre puissances se voient, parlent, projettent, changent, et rien ne finit. Cependant le moment d'une décision approche. Nous sommes au courant de tous ces petits mouvements politiques, quoiqu'ils se soient donné leur parole d'honneur de ne nous instruire de rien de ce qu'ils méditent.

Le système des puissances naît de l'effroi dans lequel elles sont encore. Elles veulent exécuter l'engagement pris le 13 juin 1813, de finir les affaires de Pologne, sans que la France puisse y intervenir. Elles tendent enfin à isoler la France, et se repentent de la paix qu'elles ont signée.

Le système anglais se présente ici partout avec évidence. Alarmés encore de l'effet qu'a produit sur l'Angleterre le système continental, les ministres anglais veulent que dans le nord et sur la Baltique, il y ait des puissances assez fortes pour que la France ne puisse, à aucune époque, entraver le commerce de l'Angleterre avec l'intérieur du continent. Ils se prêtent par cette raison à tout ce que la Prusse exige, et soutiennent ses prétentions par tous leurs efforts.

C'est de cette combinaison que résulta l'agrandissement de la Hollande par les Pays-Bas, du Hanovre et de la Prusse. C'est dans ce même esprit que l'Angleterre a exigé que l'Espagne ne renouvelât point les stipulations du pacte de famille. Elle a craint que le roi n'ajoutât par ce système d'alliance une nouvelle force à celle que possède la France. Le voyage empressé de lord Wellington de Paris à Madrid a eu cette négociation pour objet.

Lord Castlereagh prouve au surplus par cette même combinaison qu'il ne sait juger ni la situation du continent ni celle de la France, et qu'il ne voit pas que l'un et l'autre ont été victimes de ce système et le craindraient plus que l'Angleterre même.

Dans cet état de choses, placés entre les passions d'une part, et l'ambition des puissances de l'autre, les ministres du roi ont à soutenir avec la plus grande fermeté les principes conservateurs du droit des gens, à ne condescendre à aucune complaisance qui renverse ces principes, à opposer toute la dignité et le calme possibles à cet égarement, et attendre enfin que la raison et le temps éclairent les différentes puissances sur leurs véritables intérêts.

Au bal qu'a donné hier soir le prince de Metternich, le comte de Schulenburg s'est approché du maréchal de Wrède et lui a demandé ce qu'il pourrait lui dire à l'égard de la Saxe? Celui-ci lui a répondu : « Approchez-vous du maître de la maison, et voyez s'il ose lever les yeux sur vous. »

Le roi de Bavière à ce même bal a demandé à M. de Labrador s'il voyait quelquefois le prince de Talleyrand? L'ambassadeur d'Espagne a dit que oui : « Je le voudrais bien aussi, dit le roi, mais je n'ose pas. Je vous fais au reste ma profession de foi : je suis très dévoué à la maison de Bourbon. »

Nous attendons que ces dispositions nous parviennent officiellement pour nous expliquer, et nous ne manquerons, en attendant, aucune occasion de répéter que cet oubli de toute mesure prolonge la Révolution et doit nécessairement conduire à de nouvelles agitations. Le temps nous éclairera sur les dernières déterminations que nous aurons à prendre.

Le roi doit être bien convaincu que le système qu'il a adopté, qu'il nous a tracé dans ses instructions et dont nous ne nous écartons en rien, lui assure la considération et la reconnaissance de tous ceux qui ne sont pas aveuglés par les passions et le plus funeste délire.

Agréez...

N° 3 *ter*. — LE ROI LOUIS XVIII AU PRINCE DE TALLEYRAND.

Paris, le 21 octobre 1814.

Mon cousin,

J'ai reçu vos numéros 4 et 5.

La preuve la plus certaine que votre note du 1ᵉʳ octobre était bonne, c'est qu'elle a déplu aux plénipotentiaires des cours ci-devant alliées, et qu'en même temps elle les a forcés de revenir *un peu*[1] sur leurs pas; mais ne nous endormons pas sur ce succès. L'existence de la ligue dont vous me parlez dans le numéro 4 est démontrée à mes yeux, et surtout le projet de se venger sur la France, *ut sic*, des humiliations que le directoire et bien davantage Buonaparte[2] ont fait subir à l'Europe. Jamais je ne me laisserai réduire là; aussi j'adopte

---

1. Supprimé dans le texte des archives.
2. Variante : *Bonaparte*.

très fort l'idée de la déclaration et je désire que vous m'en envoyiez [1] le projet plus tôt que plus tard. Mais ce n'est pas tout [2]; il faut prouver *qu'il y a quelque chose derrière*, et, pour cela, il me paraît nécessaire de faire des préparatifs pour porter au besoin l'armée sur un pied plus considérable que celui où elle est maintenant.

Je vous ferai incessamment écrire par M. de Jaucourt la lettre que vous désirez; mais, entre nous, je dépasserais [3] les stipulations du 11 avril [4], si l'excellente idée des Açores [5] était mise à exécution.

Je serai fort satisfait si l'on rend Parme, Plaisance et Guastalla au jeune prince [6]; c'est son patrimoine. La Toscane était un bien peu justement acquis.

L'infortuné Gustave IV [7] m'a annoncé son intention de venir ici sous peu de jours. Si l'on en parle à Vienne, vous pouvez hardiment affirmer que ce voyage ne cache aucune stipulation

---

1. Variante : que vous *m'envoyiez*.

2. Variante : mais ce n'est pas *le* tout.

3. Variante : *je dépasserai*.

4. Traité du 11 avril qui détermine la situation de Napoléon et des membres de sa famille.

5. Variante : *d'une* des Açores.

6. Le jeune roi d'Étrurie, fils de l'ancien duc de Parme, dépossédé de Parme en 1801 et de la Toscane en 1807.

7. Gustave IV, roi de Suède, fils de Gustave III, né en 1778, succéda à son père en 1792 sous la tutelle de son oncle le duc de Sudermanie. Battu par la Russie et par la France, ayant mécontenté la noblesse et le peuple, il suscita contre lui un soulèvement et abdiqua en 1809. La diète l'exila à perpétuité et proclama roi le duc de Sudermanie sous le nom de Charles XIII. Quant au roi Gustave, il vécut désormais à l'étranger sous le nom de colonel Gustavson, et mourut en 1837.

politique, mais que jamais ma porte ne sera fermée à qui m'ouvrit toujours la sienne.

Je ne finirai pas cette lettre sans vous exprimer[1] ma satisfaction de votre conduite. Sur quoi je prie Dieu qu'il vous ait, mon cousin, en sa sainte et digne garde.

LOUIS.

N° I. — LE COMTE DE BLACAS D'AULPS AU PRINCE DE TALLEYRAND.

Paris, le 21 octobre 1814.

M. de Jaucourt vous informe sans doute, prince, de l'arrivée de Mina[2] à Paris, de son arrestation, de la conduite tout à fait inconcevable du chargé d'affaires d'Espagne[3], ou, pour mieux dire, de celui qui en prend le titre et de la mesure qui a été adoptée à cet égard.

Je n'ai du reste rien de nouveau ni de particulier à vous mander aujourd'hui ; mais je n'ai pas voulu fermer cette lettre sans me rappeler à votre souvenir et vous réitérer la plus sincère assurance du plus *sincère* attachement.

BLACAS.

---

1. Variante : sans vous exprimer *de nouveau*.

2. Célèbre chef de bandes pendant la guerre de l'indépendance en Espagne, et qui, après le rétablissement de Ferdinand VII sur son trône, avait dû fuir d'Espagne et se réfugier à Paris. (*Note de M. de Bacourt.*)

3. Le marquis de Casa Florès qui, de sa seule autorité, s'était avisé de faire arrêter Mina, et le tenait enfermé chez lui. Le gouvernement français l'obligea à le mettre en liberté, et donna l'ordre à M. de Casa Florès de quitter immédiatement Paris. (*Note de M. de Bacourt.*)

N° 8 *bis*. — LES AMBASSADEURS DU ROI AU CONGRÈS, AU MINISTRE DES AFFAIRES ÉTRANGÈRES A PARIS.

Vienne, le 24 octobre 1814.

Monsieur le comte,

Les affaires n'ont pas pris une meilleure direction. Tout, depuis notre dernière dépêche, est intrigue, mystère et incohérence dans le système général.

L'empereur de Russie persiste dans l'occupation du grand-duché de Varsovie. Il ne veut en céder que quelques parcelles et prétend y régénérer la Pologne.

La Prusse persiste à s'indemniser de ses pertes par la réunion de la Saxe. L'empereur de Russie annonce y avoir consenti; il déclare qu'il en a pris l'engagement personnel envers le roi de Prusse.

L'Autriche ne s'y oppose que faiblement; elle louvoie, cherche à gagner du temps, à se fortifier de l'impression que cet acte d'injustice produit sur les esprits. Elle ne se rapproche pas de nous et croit la question perdue, tout en voulant la rattacher à la discussion qui doit avoir lieu sur les limites en Pologne.

L'Angleterre n'a de bonne foi que pour faire obtenir à la Prusse tout ce que cette puissance exige. Celle-ci doit devenir le garant des relations anglaises en Allemagne qui tendent à une union intime entre l'Autriche et la Prusse. L'Angleterre y rattache le Hanovre et la Hollande.

Le 1er novembre approche, et on ne se sera entendu sur rien. Aucune conférence n'a eu lieu. On se demande si le congrès sera ouvert, ou si avant d'exister, l'Europe connaîtra les motifs qui l'ont empêché. Plusieurs ministres sont d'avis qu'il est peut-être préférable de le dissoudre pour le moment, et d'en réunir un nouveau d'ici à quelque temps, lorsqu'on voudra s'éclairer mieux sur les véritables besoins de l'Europe.

Le prince de Metternich a répondu aux ministres prussiens sur la note qui demande d'obtenir la Saxe, pour compléter les dix millions de population qui composaient la monarchie prussienne en 1805. Cette réponse ne décide rien, et ne consent à rien. Elle discute plutôt et fait sentir que la question de la Saxe ne peut pas être traitée isolément, et doit se rattacher aux arrangements à prendre sur les nouvelles limites en Pologne.

Dans cet état de choses, l'occupation provisoire de la Saxe par les armées prussiennes va avoir lieu; et cette condescendance de la part de la cour de Vienne est déjà un événement très fâcheux. Il laisse à la Russie la faculté de faire ce qui lui conviendra dans le duché de Varsovie, et fournit à la Prusse tous les moyens de s'affermir en Saxe.

Il arrivera que le calcul que l'on a voulu faire sur le caractère de l'empereur de Russie et sur celui du roi de Prusse, sera en défaut; et nous craignons que de fausses idées de gloire et de *camaraderie*, si on ose s'exprimer ainsi, les rendent sourds à toute représentation, que l'Angleterre n'y applaudisse parce qu'elle trouve son intérêt dans l'exécution de ces projets, et que l'Autriche ne veuille point se livrer aux chances d'une nouvelle guerre. Le prince de Metternich, pour couvrir un peu sa honte, fait valoir l'avantage qu'il trouve à ce que les armées russes sortent de l'Allemagne; et il ne voit pas qu'elles se concentrent à peu de distance de l'Oder, et que soixante mille hommes sont encore dans le Holstein. Lord Castlereagh, de son côté, n'est alarmé que par l'idée de ne pas voir s'exécuter tout comme il l'entend. Il ne veut faire d'efforts que pour modérer dans l'empereur de Russie les prétentions qu'il a sur tout le duché de Varsovie; mais il proteste que la bonne foi qu'il doit mettre dans ses rapports avec la Prusse, ne lui permet pas de s'opposer à ce qu'elle garde la Saxe qui assure son agrandissement.

Nous nous persuadons aussi que la religion que professent le roi de Saxe et sa famille[1] influe sur les dispositions de l'Angleterre, et qu'elle voit volontiers ces pays retomber dans les mains de princes protestants. Cette observation est confirmée par le langage habituel de la légation anglaise.

M. le prince de Talleyrand a eu hier une entrevue avec l'empereur de Russie qui n'a offert aucun résultat satisfaisant, et qui a confirmé les craintes que nous avons que ce prince ne marche aveuglément dans des principes de convenance et d'ambition qui doivent alarmer l'Europe. Avant son départ pour la Hongrie, où il doit s'arrêter quatre jours, il a eu une conversation avec le prince de Metternich, dans laquelle il s'est exprimé de la manière la plus inconvenante.

On se demande maintenant quels sont les moyens de s'opposer au désordre qui menace de nouveau, dès que l'Autriche et l'Angleterre ne veulent pas seconder nos efforts. Lord Castlereagh convient à présent lui-même qu'il s'était

---

1. La branche cadette de la maison de Saxe, c'est-à-dire la branche royale, était catholique.

cru plus fort à l'égard de l'empereur de Russie; qu'il avait à regretter de ne pas lui avoir opposé l'Europe entière réunie dans un congrès comme on le lui avait proposé à Paris, et qu'on pouvait encore essayer de ce moyen. S'il est sans effet, comme nous le pensons, il restera au roi la faculté de ne rien sanctionner; et ce sera la dernière démarche qui sera faite, si aucun autre moyen ne se présente pour modifier cet état de choses.

Les conférences pour les affaires d'Allemagne continuent.

Il y a eu une contestation entre le roi de Wurtemberg et le nouveau roi de Hanovre pour la préséance; et la question de savoir qui sera le chef de la nouvelle ligue germanique ne paraît pas encore décidée.

Il serait possible que la cour de Vienne relevât la couronne impériale si on consent à la rendre héréditaire dans la maison d'Autriche. L'Angleterre paraît seconder cette idée, et le prince de Metternich y cherche peut-être aussi un moyen de relever sa politique et de couvrir la faiblesse de son système. Il suit ici les errements du comte de Cobenzl, qui, à l'époque où son souverain abandonna le titre d'empereur d'Allemagne, le consola, lui et son pays, en stipulant qu'il serait remplacé par le titre d'empereur d'Autriche.

Dans une des conférences, les ministres prussiens ont proposé et soutenu que, pour la sûreté de la ligue germanique, les États confédérés devaient renoncer au droit de légation et à celui de guerre ou de paix. Les ministres bavarois se sont fortement opposés à ce système qui rendrait les États de véritables vassaux.

Agréez...

N° 8. — LE PRINCE DE TALLEYRAND AU ROI LOUIS XVIII.

Vienne, le 25 octobre 1814.

SIRE,

J'ai été bien heureux de recevoir la lettre dont Votre Majesté a daigné m'honorer, en date du 14 octobre. Elle m'a soutenu et consolé. Votre Majesté jugera combien j'avais besoin de l'être, par le récit que j'ai à lui faire d'un entretien que, deux heures avant l'arrivée du courrier, j'avais eu avec l'empereur Alexandre.

Ainsi que j'ai eu l'honneur de l'écrire à Votre Majesté, j'avais été averti qu'il avait à plusieurs reprises témoigné l'intention de me voir. Cet avis m'ayant été donné par trois d'entre ceux qui l'approchent de plus près, j'avais pu le croire donné par ses ordres, et j'avais en même temps compris, par ce qui m'avait été dit, qu'il désirait que je fisse[1] moi-même demander à le voir. Il n'avait point répondu à lord Castlereagh. Au lieu de cela, il avait fait notifier à l'Autriche qu'il allait retirer ses troupes de la Saxe et remettre l'administration de ce pays à la Prusse. Le bruit courait que l'Autriche y avait consenti, quoique à regret. (Le bruit de ce consentement était accrédité par les Prussiens.) Enfin, l'empereur Alexandre était sur le point de partir pour la Hongrie. Toutes ces raisons m'avaient déterminé à lui faire demander une audience, et j'avais été prévenu qu'il me recevrait avant hier à six heures.

Il y a quatre jours que le prince Adam Czartoryski, pour qui le monde entier est dans la Pologne, m'étant venu faire

---

1. Variante : que je *lui* fisse.

une visite, et s'excusant de ne m'avoir pas vu plus tôt, m'avoua [1] que ce qui l'en avait surtout empêché, c'était qu'on lui avait dit que j'étais fort mal dans la question polonaise. « Mieux que tout le monde, lui dis-je : nous la voulons complète et indépendante. — Ce serait bien beau, me répliqua-t-il, mais c'est une chimère ; les puissances n'y consentiraient jamais. — Alors, repris-je, la Pologne n'est plus dans le nord, notre principale affaire. La conservation de la Saxe nous touche davantage. Nous sommes en première ligne sur cette question ; nous ne sommes qu'en seconde sur celle de la Pologne, quand elle devient une question de limites. C'est à l'Autriche et à la Prusse à assurer leurs frontières [2]. Nous désirons qu'elles soient satisfaites sur ce point ; mais, une fois tranquillisés sur votre voisinage, nous ne mettrons aucun obstacle à ce que l'empereur de Russie donne au pays qui lui sera cédé la forme de gouvernement qu'il voudra. Pour cette facilité de notre part, je demande la conservation du royaume de Saxe. » Cette insinuation avait plu assez au prince Adam pour que, de chez moi, il se fût rendu immédiatement chez l'empereur, avec lequel il avait eu une conversation de trois heures. Le résultat fut que le comte de Nesselrode, que je n'avais pas vu chez moi depuis les premiers moments de mon arrivée, y vint le lendemain au soir, pour obtenir des explications que je lui donnai, sans toutefois m'avancer plus que je ne l'avais fait avec le prince Adam, et en m'attachant à le

1. Variante : *avoua.*

2. Variante : nous ne sommes qu'en seconde sur celle de la Pologne. Quand elle devient une question de limites, c'est à l'Autriche et à la Prusse à assurer leurs frontières.

convaincre que la conservation du royaume de Saxe était un point dont il était impossible que Votre Majesté se départit jamais.

L'empereur sachant ainsi d'avance en quoi il pouvait et en quoi il ne pouvait pas espérer que je condescendisse à ses vues, j'en tirais cet avantage, qu'à son abord seul, je pouvais connaître ses dispositions, et juger si son but, dans l'entretien qu'il m'accordait, était de proposer des moyens de conciliation ou de notifier des volontés.

Il vint à moi avec quelque embarras. Je lui exprimai le regret de ne l'avoir encore vu qu'une fois. « Il avait bien voulu, lui dis-je, ne pas m'accoutumer à une privation de cette nature, lorsque j'avais eu le bonheur de me trouver dans les mêmes lieux que lui. » Sa réponse fut qu'il me verrait toujours avec plaisir, que c'était ma faute si je ne l'avais point vu; pourquoi n'étais-je pas venu? Il a ajouté[1] cette singulière phrase : « Je suis homme public : on peut toujours me voir. » Il est à remarquer que ses ministres et ceux de ses serviteurs qu'il affectionne le plus sont quelquefois plusieurs jours sans pouvoir l'approcher. — « Parlons d'affaires », me dit-il ensuite.

Je ne fatiguerai point Votre Majesté des détails oiseux d'une conversation qui a duré une heure et demie. Je dois d'autant moins craindre de me borner à l'essentiel, que, quelque soin que je prenne d'abréger ce que j'ai à dire, comme sorti de la bouche de l'empereur de Russie, Votre Majesté le trouvera peut-être encore au-dessus de toute croyance.

---

1. **Variante : Il** *ajouta.*

« A Paris, me dit-il, vous étiez de l'avis d'un royaume de Pologne. Comment se fait-il que vous ayez changé ? — Mon avis, Sire, est encore le même. A Paris, il s'agissait du rétablissement de toute la Pologne. Je voulais alors, comme je voudrais aujourd'hui, son indépendance. Mais il s'agit maintenant de tout autre chose. La question est subordonnée à une fixation de limites qui mette l'Autriche et la Prusse en sûreté. — Elles ne doivent point être inquiètes. Du reste, j'ai deux cent mille hommes dans le duché de Varsovie ; que l'on m'en chasse ! J'ai donné la Saxe à la Prusse ; l'Autriche y consent. — J'ignore, lui dis-je, si l'Autriche y consent. J'aurais peine à le croire, tant cela est contre son intérêt. Mais le consentement de l'Autriche peut-il rendre la Prusse propriétaire de ce qui appartient au roi de Saxe ? — Si le roi de Saxe n'abdique pas, il sera conduit en Russie ; il y mourra. Un autre roi y est déjà mort[1]. — Votre Majesté me permettra de ne pas l'en[2] croire. Le congrès n'a pas été réuni pour voir un pareil attentat. — Comment, un attentat ! Quoi ! Stanislas n'est-il pas allé en Russie ? Pourquoi le roi de Saxe n'irait-il pas ? Le cas de l'un est celui de l'autre. Il n'y a pour moi aucune différence. » J'avais trop à répondre. J'avoue à Votre Majesté que je ne savais comment contenir mon indignation.

L'empereur parlait vite. Une de ses phrases a été celle-ci :

---

1. Stanislas II Poniatowski, dernier roi de Pologne. Il abdiqua en 1795, se retira à Grodno où il vécut d'une pension que lui firent les puissances copartageantes, et mourut deux ans après à Pétersbourg.

2. Variante : de ne pas *la* croire.

« Je croyais que la France me devait quelque chose. Vous me parlez toujours de principes. Votre droit public n'est rien pour moi ; je ne sais ce que c'est. Quel cas croyez-vous que je fasse de tous vos parchemins et de vos traités[1]? » (Je lui avais rappelé celui par lequel les alliés sont convenus que le duché de Varsovie serait partagé entre les trois cours.) « Il y a pour moi une chose qui est au-dessus de tout, c'est ma parole. Je l'ai donnée et je la tiendrai. J'ai promis la Saxe au roi de Prusse au moment où nous nous sommes rejoints. — Votre Majesté a promis au roi de Prusse de neuf à dix millions d'âmes. Elle peut les lui donner sans détruire la Saxe. » (J'avais un tableau des pays qu'on pouvait donner à la Prusse, et qui, sans renverser la Saxe, lui formeraient le nombre de sujets que ses traités lui assurent. L'empereur l'a pris et gardé.) « Le roi de Saxe est un traître. — Sire, la qualification de traître ne peut jamais être donnée à un roi ; et il importe qu'elle ne puisse jamais lui être donnée. » J'ai peut-être mis un peu d'expression à cette dernière partie de ma phrase. Après un moment de silence : « Le roi de Prusse, me dit-il, sera roi de Prusse et de Saxe, comme je serai empereur de Russie et roi de Pologne. Les complaisances que la France aura pour moi sur ces deux points seront la mesure de celles que j'aurai moi-même pour elle sur tout ce qui peut l'intéresser. »

Dans le cours de cette conversation, l'empereur ne s'est point, comme dans la première que j'avais eue[2] avec lui,

---

1. De *tous* vos traités.

2. Que *j'ai* eue.

livré à de grands mouvements. Il était absolu. et avait tout ce qui montre de l'irritation.

Après m'avoir dit qu'il me reverrait, il s'est rendu au bal particulier de la cour où je l'ai suivi, ayant eu l'honneur d'y être invité. J'y ai trouvé lord Castlereagh, et je commençais de causer[1] avec lui, quand l'empereur Alexandre, qui nous a aperçus dans une embrasure, l'a appelé. Il l'a conduit dans une autre pièce et lui a parlé à peu près vingt minutes. Lord Castlereagh ensuite est revenu à moi. Il m'a dit être fort peu satisfait de ce qui lui avait été dit.

Lord Castlereagh, je n'en puis douter, s'est fait à lui-même ou a reçu de sa cour l'ordre de suivre le plan dont j'ai eu l'honneur d'entretenir Votre Majesté par ma lettre du 19 de ce mois. Ce plan consiste à isoler la France, à la réduire à ses propres forces en la privant de toute alliance, et à l'empêcher d'avoir une marine puissante. Ainsi, quand Votre Majesté ne porte au congrès que des vues de justice et de bienveillance, l'Angleterre n'y apporte qu'un esprit de jalousie et d'intérêt tout personnel. Mais lord Castlereagh trouve à l'exécution de son plan des difficultés qu'il n'avait pas prévues. Comme il voudrait éviter le reproche d'avoir laissé l'Europe en proie à la Russie, il voudrait détacher d'elle les puissances qu'il désire mettre en opposition avec la France. Ce qu'il voudrait par-dessus tout, ce serait que la Prusse devînt, comme la Hollande, une puissance tout anglaise, dont, avec des subsides, l'Angleterre pût disposer à son gré. Comme il convient à cette manière de voir que la Prusse soit forte, il

---

1. Variante : *à causer.*

voudrait l'agrandir, et en avoir seul le mérite[1] vis-à-vis d'elle. Mais l'ardeur que porte l'empereur Alexandre dans les intérêts du roi de Prusse ne le permet pas. Le but auquel tend lord Castlereagh est d'unir, si cela est possible, la Prusse à l'Autriche, et le genre d'agrandissement qu'il veut procurer à la Prusse est précisément un obstacle à cette union. Il voudrait rompre les liens qui existent entre le roi de Prusse et l'empereur Alexandre, et il cherche à en former d'autres que repoussent les habitudes, les souvenirs, une rivalité suspendue, mais non pas éteinte, et qu'une foule d'intérêts viendront infailliblement rallumer. D'ailleurs, avant d'unir la Prusse et l'Autriche, il faut mettre à couvert les intérêts de cette dernière monarchie et pourvoir à sa sûreté, chose pour laquelle[2] lord Castlereagh trouve un obstacle dans les prétentions de la Russie. Ainsi le problème qu'il s'est proposé, et que, j'espère, il ne parviendra pas à résoudre contre la France, au degré du moins où il est probable qu'il le désire, présente des difficultés capables d'arrêter un génie plus puissant que le sien. Pour lui, il n'en voit point d'autres que celles qui viennent de l'empereur Alexandre, car il n'hésite pas à sacrifier la Saxe.

J'ai pu dire à lord Castlereagh que l'embarras qu'il éprouvait tenait à sa conduite et à celle de M. de Metternich ; que c'étaient eux qui avaient fait l'empereur de Russie ce qu'il était; que si, dès le principe, au lieu de repousser ma proposition de convoquer le congrès, ils l'eussent appuyée, rien de ce qui se passe ne serait arrivé; qu'ils avaient voulu se

---

1. Variante : et en avoir *tout* le mérite.
2. Variante : chose *à* laquelle.

placer seuls vis-à-vis de la Russie et de la Prusse et qu'ils s'étaient trouvés trop faibles; mais que, si l'empereur de Russie, dès le premier jour, eût été placé vis-à-vis du congrès, et par conséquent, du vœu de toute l'Europe, il n'aurait jamais osé tenir le langage qu'il tenait aujourd'hui. Lord Castlereagh en est convenu, a regretté que le congrès ne se fût pas réuni plus tôt, a désiré qu'il le fût prochainement, et m'a proposé de concerter avec lui une forme de convocation qui ne donnât lieu à aucune objection, et réservât les difficultés qui pourraient s'élever pour le moment de la vérification des pouvoirs.

M. de Zeugwitz, officier saxon arrivant de Londres, et qui, avant son départ, a vu le prince régent, rapporte que le prince lui a parlé du roi de Saxe dans les termes du plus vif intérêt, et lui a dit qu'il avait donné à ses ministres au congrès l'ordre de défendre les principes conservateurs et de ne point s'en départir. Le prince régent avait tenu le même langage au duc Léopold de Saxe-Cobourg[1], qui me l'a dit à moi-même, il y a deux jours. Je dois donc croire que la marche que tient ici la mission anglaise est fort opposée aux vœux et à l'opinion personnelle[2] du prince régent.

L'Autriche n'a point encore consenti à ce que, comme l'avait dit[3] l'empereur de Russie, la Saxe fût donnée à la Prusse. Elle a dit, au contraire, que la question de la Saxe était essentiellement subordonnée à celle de la Pologne, et qu'elle ne

---

1. Le futur roi des Belges. On sait qu'il allait épouser en 1816 la princesse Charlotte, petite-fille du roi George III.

2. Variante : *à l'opinion et au vœu personnel.*

3. Variante : comme *me* l'avait dit.

pouvait répondre sur la première que lorsque l'autre serait réglée. Mais quoique dans sa note elle ait parlé du projet de sacrifier la Saxe comme d'une chose qui lui était infiniment pénible et qui était odieuse, elle a trop laissé entrevoir la disposition de céder sur ce point si elle obtenait satisfaction sur l'autre. On assure même que l'empereur d'Autriche a dit à son beau-frère, le prince Antoine (de Saxe), que la cause de la Saxe était perdue. Ce qu'il y a de sûr, c'est que l'Autriche consent à ce que la Saxe soit occupée par des troupes prussiennes, et administrée pour le compte du roi de Prusse.

Cependant l'opinion publique se prononce chaque jour davantage en faveur de la cause du roi de Saxe et de ceux qui la défendent. C'est sûrement à cela que je dois attribuer l'accueil flatteur qu'il y a trois jours, à un bal chez le comte Zichy [1], et avant-hier au bal de la cour, les archiducs et l'impératrice d'Autriche elle-même, voulurent bien me faire.

L'empereur d'Autriche est parti hier matin pour Ofen [2], précédant l'empereur de Russie, qui est parti le soir. Il va pleurer sur le tombeau de la grande-duchesse sa sœur, qu'avait épousée l'archiduc palatin; après quoi le bal et les fêtes qu'on lui a préparés l'occuperont tout entier. Il sera de retour à Vienne le 29.

Comme, en partant, il n'a laissé ni pouvoirs ni direction à personne, il ne pourra rien être discuté, et il ne se passera sûrement rien d'important pendant son absence.

J'ai vu ce soir M. de Metternich, qui reprenait un peu de

1. Le comte Zichy de Vasonykio, d'une famille ancienne et considérable de Hongrie. Né en 1753, il fut président de la cour aulique de Hongrie (1788) et devint plus tard ministre de la guerre (1803). Il mourut en 1826.

2. Nom allemand de Bude.

courage. Je lui ai parlé avec toute la force dont je suis capable. Les généraux autrichiens, dont j'ai vu un grand nombre, se déclarent pour la conservation de la Saxe. Ils font à ce sujet des raisonnements militaires qui commencent à faire impression.

Je suis...

N° 4 *ter*. — LE ROI LOUIS XVIII AU PRINCE DE TALLEYRAND.

Vienne, le 27 octobre 1814.

Mon cousin,

J'ai reçu votre numéro 6. J'ai été au plus pressé, en vous envoyant par le courrier de mardi le supplément d'instructions que vous m'avez demandé. J'espère[1] que vos démarches en conséquence suffiront, mais, comme je vous le mandais (n° 3 *ter*) il faut faire voir *qu'il y a quelque chose derrière*, et je vais donner des ordres pour que l'armée soit mise en état d'entrer en campagne. Dieu m'est témoin que loin de vouloir la guerre, mon désir serait d'avoir quelques années de calme pour panser à loisir les plaies de l'État, mais je veux par-dessus tout conserver intact l'honneur de la France, et empêcher de s'établir des principes et un ordre de choses aussi contraires à toute morale que préjudiciables au repos. Je veux aussi (et cela n'est pas moins nécessaire) faire respecter mon caractère personnel et ne pas permettre qu'on puisse, d'après l'aventure du chargé d'affaires d'Espagne, dire que je ne suis fort qu'avec les faibles. Ma vie, ma couronne ne sont rien pour moi, à côté d'intérêts aussi majeurs.

1. Variante : *et j'espère*.

Il me serait pourtant bien pénible d'être forcé de m'allier pour cela avec l'Autriche, et avec l'Autriche seule. Je ne conçois pas que[1] lord Castlereagh, qui a si bien parlé sur la Pologne, peut être d'un avis différent sur la Saxe. Je compterais beaucoup pour le ramener sur les efforts du comte de Munster, si le langage du duc de Wellington à ce même sujet ne me faisait craindre que ce ne fût le système, non du ministre, mais du ministère. Les arguments pour le combattre ne manqueraient assurément pas; mais les exemples font quelquefois plus d'effet, et j'en conçois[2] un bien frappant : c'est celui de Charles XII. Le supplice de Patkul[3] prouve assez combien ce prince était vindicatif et peu scrupuleux à l'égard du droit des gens; et cependant, maître, on peut le dire, de tous les États du roi Auguste, il se contenta de lui enlever la Pologne et ne se crut pas permis de toucher à la Saxe. Il me semble qu'en comparant les deux circonstances, l'analogie est évidente du duché de Varsovie avec le royaume de Pologne, et de la Saxe avec elle-même. Sur quoi, je prie Dieu, qu'il vous ait, mon cousin, en sa sainte et digne garde.

LOUIS.

P.-S. — Je reçois votre numéro 7. Il me confirme dans la

---

1. Variante : Je ne conçois pas *comment*.

2. Variante : et j'en *connais*.

3. Patkul (1660-1707) était un gentilhomme livonien. La Livonie était alors soumise à la Suède. Patkul essaya à plusieurs reprises de réunir sa patrie à la Russie, et suscita divers soulèvements contre les Suédois. Pierre le Grand l'envoya comme ambassadeur auprès du roi de Pologne Auguste III, qui pour se concilier Charles XII, le livra à ce prince. Patkul fut aussitôt traduit devant un conseil de guerre qui le condamna à être roué et écartelé.

résolution de prendre une attitude militaire capable de me faire respecter.

J'approuve la déclaration que vous vous proposez de faire à l'empereur de Russie, et je voudrais que votre conférence avec lui eût déjà eu lieu.

Je vous autorise à reconnaître en mon nom au roi de la Grande-Bretagne le titre de roi de Hanovre.

N° 9 *bis*. — LES AMBASSADEURS DU ROI AU CONGRÈS, AU MINISTRE DES AFFAIRES ÉTRANGÈRES A PARIS.

Vienne, le 31 octobre 1814.

Monsieur le comte,

L'époque fixée pour l'ouverture du congrès approchait, et c'est hier soir seulement que M. le prince de Metternich a jugé à propos d'avoir chez lui une conférence à laquelle ont été appelés les plénipotentiaires des huit puissances signataires du traité de Paris.

M. le prince de Talleyrand y est venu et a présenté comme plénipotentiaires français MM. le duc de Dalberg et le comte de la Tour du Pin.

L'ambassadeur de Portugal y a amené quatre plénipotentiaires, et le prince de Metternich s'était associé M. le baron de Wessemberg[1].

---

1. Jean-Philippe, baron de Wessemberg-Ampfingen, né en 1773, diplomate autrichien. Il représenta l'Autriche à la diète, lors de l'affaire des sécularisations (1802), fut ensuite ambassadeur à Berlin, puis à Munich et à Londres. Il assista M. de Metternich au congrès de Vienne. En 1848, il fut un instant ministre des affaires étrangères. Il mourut en 1858.

Le prince de Talleyrand avait, pour faciliter la besogne, fait rédiger des articles de procès-verbal, dont le contenu présentait les moyens de régulariser la marche du congrès. (Voyez pièces n°s 1 à 5.)

Il s'en était entretenu la veille avec lord Castlereagh, qui, tout en les approuvant, avait insinué qu'il fallait en causer avec le prince de Metternich, et que tout ce qui viendrait de la part de la France inspirerait toujours une sorte de défiance.

Le prince de Talleyrand les a communiqués avant la séance à M. le prince de Metternich et à quelques autres plénipotentiaires.

A l'ouverture de la conférence, M. de Metternich a prononcé un discours fort diffus dont le but était de déclarer que les communications confidentielles qui avaient eu lieu sur les affaires de Pologne n'avaient point encore amené de résultats, mais qu'on était à la veille de décider cette question; que les conférences allemandes avançaient le travail d'un pacte fédéral qui présenterait à l'Europe une nouvelle garantie de repos; que, dans cet état de choses, il n'était pas d'avis d'ajourner le congrès, mais de chercher une forme qui laissât le temps de terminer ces discussions auxquelles les autres puissances étaient étrangères. Il insista sur ce que le congrès actuel ne pouvait pas proprement se nommer ainsi, et que la *forme délibérante* ne pouvait y être admise.

Ici, M. le prince de Talleyrand témoigna combien il paraissait extraordinaire que, d'une conférence à l'autre, on changeât d'intention et que les mots mêmes changeassent de sens. Qu'à Paris on avait voulu un congrès; qu'à présent, ce congrès qu'on avait voulu, ne devait plus avoir lieu, et ne devait pas être un congrès; qu'on a dû ensuite se réunir au 1er novembre, mais cet *appel*, dit-on, n'a pas été fait avec les *formalités* nécessaires; que *l'ouverture* ne devait plus être une *ouverture*...

M. de Metternich a terminé son discours en proposant un nouveau délai de dix à douze jours pour la vérification des pouvoirs que tous les plénipotentiaires seraient invités d'envoyer à un bureau désigné à cet effet. Et, parlant de l'influence qui pourrait être exercée sur le congrès, il dit avec une espèce de malignité qu'il y en avait de deux espèces : celle des difficultés que l'on pouvait faire naître, ou celle des facilités que l'on pouvait donner.

Le prince de Talleyrand a relevé cette phrase, en disant que lorsque tout le monde tend au même but, il n'y a d'autre influence que celle de l'habileté ou de l'inhabileté.

M. de Metternich a communiqué ensuite un projet de déclaration, qui est joint sous le numéro 6. Des discussions fort insipides et très médiocrement engagées ont occupé pendant deux heures. Elles ont signalé la légèreté et le peu de réflexion que l'on a apporté à d'aussi importantes matières.

On est enfin convenu :

1º De ne point ajourner le congrès;

2º De nommer une commission pour vérifier les pouvoirs ;

3º De se réunir le lendemain pour entendre la lecture d'un nouveau projet de convocation ; décider la question de savoir si le travail pouvait se faire par des commissions nommées par le congrès pour être revu dans un comité général, et déterminer la forme de délibération qui serait admise.

On est convenu aussi que les rédactions présentées par les commissaires français serviraient de base à la discussion fixée au lendemain.

La commission pour la vérification des pleins pouvoirs a été tirée au sort. C'est la Russie, l'Angleterre et la Prusse qui sont désignées. Un rapport sera fait par elle, lorsque les pouvoirs auront été présentés.

Ces conclusions donnent l'idée qu'un pas de plus a été fait; mais, en examinant l'état des choses, on doit être convaincu :

1° Que les quatre puissances n'ont pas renoncé à établir le système d'équilibre qu'elles ont imaginé à leur avantage;

2° Qu'elles veulent tenir la France éloignée de toute influence ;

3° Que leur embarras du moment tient aux prétentions exagérées de l'empereur de Russie, auxquelles on ne s'attendait pas;

4° Que, pour sortir de cet embarras, on voudrait sacrifier la Saxe et avoir l'air d'être d'accord sur la Pologne;

5° Que les principes que le roi de France a proclamés ont rappelé l'Europe à sa propre dignité, et que la voix qu'il fait entendre, si elle n'a pas encore rallié tous les esprits sages, finira par être écoutée un jour.

On voit ici la faiblesse du ministère autrichien, l'oubli de tout principe de la part des cabinets de Russie et de Prusse, et les préventions du cabinet de Londres contre la France, tout à découvert. Et on ne peut résister à d'aussi fortes intrigues qu'en marchant ferme dans la voie de la raison, et en s'étayant de tout ce qu'elle prescrit de sage à l'égard de l'existence et des rapports des sociétés publiques entre elles.

Si les puissances directement intéressées à l'arrangement de la Pologne parviennent à s'entendre sur une limite qui ne renverse pas tout équilibre dans cette partie de l'Europe, il nous reste l'espoir que les choses en général s'arrangeront, et nous attendons avec patience qu'on nous en donne communication. Par une stipulation secrète, la Russie, la Prusse et l'Autriche sont convenues de régler le partage du grand-duché de Varsovie sans que la France puisse y intervenir, et nous croyons n'avoir rien à regretter à cet égard.

Si elles s'entendent, l'Europe sera tranquille. Si elles n'y réussissent pas, la coalition est dissoute et la France se trouvera appelée à l'intervention la plus honorable qu'elle ait jamais pu exercer dans les affaires publiques.

On n'est pas encore à portée de pressentir la dernière disposition de l'empereur de Russie qui, seul, par sa présomption et son esprit romanesque est à la veille de rallumer la guerre et de troubler pour longtemps l'Europe.

Il est revenu avant-hier soir de la course qu'il a faite en Hongrie avec l'empereur d'Autriche et le roi de Prusse.

Ce voyage qu'il a provoqué était encore marqué par l'intrigue. Il a voulu cajoler la nation hongroise et s'entourer des chefs du clergé grec, très nombreux en Hongrie. Nous tenons de lord Castlereagh lui-même, que déjà les Grecs fomentent la guerre contre la Turquie; que les Serviens viennent de reprendre les armes; qu'un corps russe se porte sur la frontière. Et pendant que l'empereur de Russie se livre à des projets d'agitation de ce côté, il annonce ici, aux ministres suisses qu'il ne quittera pas Vienne sans avoir fini leurs affaires. Il a nommé, à ce qui nous a été dit, M. le baron de Stein[1] pour conférer avec eux.

Avant son départ pour la Hongrie, il a ordonné qu'on préparât une réponse à lord Castlereagh sur la question de la Pologne, et que l'on rédigeât des mémoires sur le rétablissement et l'organisation de ce pays.

S'il persiste, c'est à ce rapport que les événements de l'Europe vont se rattacher infailliblement, et peut-être cela se fera-t-il au désavantage de la Russie.

On croit que la réponse sera remise à lord Castlereagh dès que l'empereur Alexandre l'aura corrigée et approuvée. On la croit de nature à établir les prétentions de créer une Pologne dans le duché de Varsovie, et de donner la Saxe à la Prusse.

La grande-duchesse d'Oldenbourg disait avant-hier que ces deux questions lui paraissaient décidées *par son frère.*

Nous avons répété souvent que, pour l'empêcher, il n'y avait d'autre moyen que d'opposer l'opinion de l'Europe à l'abus que la Russie voudrait faire de ses forces, et que c'était pour cette raison qu'il fallait convoquer le congrès et lui donner

---

1. Charles, baron de Stein, né en 1757 à Nassau, d'une famille noble et ancienne. Il entra en 1779 au service de la Prusse, fut nommé en 1784 ministre à Aschaffenbourg et entra dans le cabinet en 1804. Il se montra très hostile à la France. Aussi dut-il se retirer après la bataille d'Iéna. Rappelé en 1807, il ne tarda pas à exciter la défiance de Napoléon, qui exigea son renvoi (1808); il se réfugia en Autriche. En 1812 il alla en Russie, où il fut accueilli avec empressement par l'empereur, qui se l'attacha, et dont il fut un des conseillers les plus écoutés. Durant les années 1813 et 1814, il excita par tous les moyens les passions allemandes contre la France, et suivit les souverains alliés à Paris. Il vint ensuite au congrès de Vienne, où il retrouva l'empereur Alexandre qui se servit de lui en plusieurs occasions. Plénipotentiaire au congrès d'Aix-la-Chapelle en 1818, conseiller d'État en 1827, il mourut en 1831.

le plus de dignité possible. Si la Russie devenait tout envahissante, la France devrait être toute protectrice.

Sans la faiblesse de M. de Metternich et les préventions de lord Castlereagh contre une influence quelconque de la France dans les affaires de l'Europe, la chose s'exécuterait. Cependant cette position se prolonge et on peut dire que, pendant que l'on craint encore la France, on s'aveugle sur tous les autres dangers.

Au milieu de tous ces mouvements pour ramener l'empereur de Russie à des idées modérées sur la Pologne, les conférences allemandes présentent quelque intérêt par la conduite qu'y tient la Bavière.

Le plan de la Prusse était de former une ligue très étroite, et d'en partager la direction avec l'Autriche. La Bavière a déjoué cette proposition en demandant que la direction alternât. Elle sentait que la Prusse voulait s'appuyer de cette ligue pour consolider son usurpation sur la Saxe. Et comme elle ne veut pas y consentir, elle fera connaître ses intentions lorsque l'occupation de la Saxe lui sera connue officiellement; et à cette époque, elle doit déclarer qu'elle ne coopérera point à ce résultat. Pour se mettre en mesure de soutenir ce rôle indépendant, la Bavière vient d'ordonner une forte levée de recrues, et porte son armée à soixante-dix mille hommes.

Vous voyez, monsieur le comte, que si, dans nos dernières dépêches, nous avons engagé le roi à prendre l'attitude qui convient à sa dignité et au besoin du moment, nous avons fait en sorte qu'il n'ait pas à craindre d'être compromis avec les forces d'une coalition qui armerait contre la France, et qu'il se trouve, au contraire, à la tête de celles qui se réuniront pour défendre les libertés de l'Europe, si on les menace.

L'article du *Moniteur*[1], qui proclame hautement les principes et le système qui dirigent la politique du roi, a fait ici la plus vive sensation et il a été généralement applaudi. Nous avons observé que tandis qu'on répandait que les armées françaises, chagrines de la perte des conquêtes, entraîneraient le gouvernement dans une nouvelle guerre et qu'il fallait rester sous les armes, ce même gouvernement avait assez de force et dirigeait assez bien l'opinion publique pour déclarer que la France était contente de ses limites, parce qu'elle trouvait en

---

1. Voici cet article :

« La déclaration précédente (*celle des plénipotentiaires qui ajournait l'ouverture du congrès au 1ᵉʳ novembre, voir pages 343 et suivantes*), en exposant les motifs qui font différer l'ouverture du congrès de Vienne, est le premier garant de l'esprit de sagesse qui dirigera les travaux des plénipotentiaires assemblés. C'est en effet par la maturité des conseils, c'est dans le calme des passions, que doit renaître la tutélaire autorité des principes du droit public, invoqués et reconnus dans le dernier traité de Paris.

» Ainsi la juste attente des contemporains sera remplie, et l'on obtiendra, dans les prochaines négociations, un résultat conforme à ce que le droit des gens et la loi universelle de justice prescrivent aux nations entre elles.

» A l'époque où de grandes puissances se sont liguées pour ramener dans les relations mutuelles des États le respect des propriétés et la sûreté des trônes, on ne peut attendre que des transactions politiques revêtues de cet équitable caractère.

» Déjà l'Europe accepte cet heureux augure, et la France, qui n'est jalouse d'aucun des avantages que d'autres États peuvent raisonnablement espérer, n'aspire qu'au rétablissement d'un juste équilibre. Ayant en elle tous les éléments de force et de prospérité, elle ne les cherche point au delà de ses limites; elle ne prête l'oreille à aucune insinuation tendant à établir des systèmes de simple convenance; et reprenant le rôle qui lui assura jadis l'estime et la reconnaissance des peuples, elle n'ambitionne d'autre gloire que celle dont les garanties reposent sur l'alliance de la force avec la modération et la justice; elle veut redevenir l'appui du faible et le défenseur de l'opprimé.

» Dans cette disposition, la France concourra aux arrangements propres à consolider la paix générale; et les souverains qui ont si noblement proclamé les mêmes principes, consacreront avec elle ce pacte durable qui doit assurer le repos du monde. »

(*Moniteur*, 22 oct. 1814.)

elle tous les éléments de force et de prospérité dont elle avait besoin pour être heureuse.

C'est ainsi que l'on désarmera la masse de haines et de défiances qui s'élève encore contre nous, et que l'on ramènera la confiance, but principal auquel il faut tendre, pour donner au roi la force et la dignité qui lui conviennent dans ses relations avec l'Europe.

Agréez...

N° 10 *bis*. — LES AMBASSADEURS DU ROI AU CONGRÈS, AU MINISTRE DES AFFAIRES ÉTRANGÈRES A PARIS.

Vienne, le 31 octobre 1814.

Monsieur le comte,

La conférence indiquée dans notre lettre de ce jour a eu lieu ce soir, avant l'expédition du courrier. Nous avons l'honneur de vous entretenir de son résultat.

Après la lecture du protocole de la conférence du 30, on a voté la déclaration dont copie est ci-jointe. Elle sera imprimée dans la journée de demain.

On a approuvé les projets remis hier par M. le prince de Talleyrand et portés dans la correspondance sous les numéros 2 et 3. M. de Metternich a proposé de délibérer sur ceux numéros 4 et 5; M. de Nesselrode a demandé qu'on voulût bien ajourner à demain cette délibération, n'ayant pas eu le temps de prendre les ordres de l'empereur. Cela a été agréé.

Dans une conversation entre les deux empereurs en Hongrie, où l'on a discuté les questions qui paraissaient devoir les diviser, l'empereur de Russie a dit : « Je n'ai pas encore donné mon dernier mot. »

A la séance d'aujourd'hui, lord Castlereagh avait avec lui lords Stewart, Cathcart[1] et Clancarty[2].

On a annoncé que MM. les comtes de Rasumoffski[3] et de Stackelberg[4] assisteraient de la part de la Russie à la première conférence.

Agréez...

N° 9. — LE PRINCE DE TALLEYRAND AU ROI LOUIS XVIII.

Vienne, le 31 octobre 1814.

SIRE,

L'état des choses est en apparence toujours le même; mais quelques symptômes d'un changement ont commencé de se laisser entrevoir, et peuvent acquérir plus d'intensité par la conduite[5] et le langage de l'empereur Alexandre.

1. Lord William Cathcart, né en 1755, entra dans l'armée, fit la campagne d'Amérique, devint brigadier général en 1793, et servit comme tel en Hollande. Il fut nommé pair d'Écosse en 1807, membre du conseil privé, et vice-amiral. Il dirigea en 1809 l'expédition contre Copenhague. En 1812 il alla à Pétersbourg comme ambassadeur, suivit le quartier général de l'empereur Alexandre durant les campagnes de 1813 et 1814, et signa le traité de Paris du 30 mai. Il fut envoyé à Vienne comme plénipotentiaire au congrès. En 1815, il fut créé pair d'Angleterre. Il mourut en 1843.

2. Richard Power-Trench, comte de Clancarty, conseiller privé, président du comité du conseil privé pour les colonies et le commerce, maître général des postes. En 1814, il fut accrédité à Vienne comme plénipotentiaire.

3. André, comte puis prince Rasumoffski, né en 1752, diplomate russe, fut successivement ambassadeur à Stockholm, à Naples puis à Vienne, où il assista au congrès. Il mourut en 1836.

4. Gustave, comte de Stackelberg, conseiller intime et chambellan de l'empereur Alexandre. Il était alors ambassadeur de Russie à Vienne, et assista comme tel au congrès.

5. Variante : *la manière d'être.*

Le matin du jour où il partit pour la Hongrie, il eut avec M. de Metternich un entretien dans lequel il passe pour constant qu'il traita ce ministre avec une hauteur et une violence de langage qui auraient pu paraître extraordinaires, même à l'égard d'un de ses serviteurs. *On raconte que*[1] M. de Metternich lui ayant dit, au sujet de la Pologne, que, s'il était question d'en faire une, eux aussi le pouvaient, il avait non seulement qualifié cette observation d'inconvenante et d'indécente, mais encore qu'il s'était emporté jusqu'à dire que M. de Metternich était le seul en Autriche qui pût prendre ainsi *un ton de révolte*. On ajoute que les choses avaient été poussées si loin que M. de Metternich lui avait déclaré qu'il allait prier son maître de nommer un autre ministre que lui pour le congrès. M. de Metternich sortit de cet entretien dans un état où les personnes de son intimité disent qu'elles ne l'avaient jamais vu. Lui qui, peu de jours auparavant, avait dit au comte de Schulenburg qu'il se retranchait derrière le temps, et se faisait une arme de la patience, pourrait fort bien la perdre, si elle était mise souvent à pareille épreuve.

S'il ne doit pas être disposé par là à des complaisances pour l'empereur de Russie, l'opinion des militaires autrichiens que je vois et celle des archiducs ne doivent pas le disposer davantage à l'abandon de la Saxe. J'ai lieu de croire que l'empereur d'Autriche est maintenant disposé à faire quelque résistance.

Il y a ici un comte de Sickingen, qui est admis dans l'intimité de ce prince et que je connais. Après le départ pour la Hongrie, il est allé chez le maréchal de Wrède, et il est venu

---

1. Supprimé dans le texte des archives.

chez moi, nous engager[1] de la part de l'empereur à tenir tout en suspens jusqu'à son retour.

On raconte que pendant le voyage à Bude, d'où les souverains revinrent avant-hier à midi, l'empereur Alexandre se plaignant de M. de Metternich, l'empereur François avait répondu qu'il croyait qu'il était mieux que les affaires fussent traitées par les ministres; qu'elles l'étaient avec plus de liberté et plus de suite; qu'il ne faisait point lui-même les siennes, mais que ses ministres ne faisaient rien que par ses ordres; qu'ensuite, et dans le cours de la conversation, il avait dit, entre autres choses que, quand ses[2] peuples, qui ne l'avaient jamais abandonné, qui avaient tout fait pour lui et lui avaient tout donné, étaient inquiets, comme ils l'étaient en ce moment, son devoir était de faire tout ce qui pouvait servir à les tranquilliser; que, sur cela, l'empereur Alexandre ayant demandé si son caractère et sa loyauté ne devaient pas prévenir et ôter toute espèce d'inquiétude, l'empereur François avait répondu que de bonnes frontières étaient les meilleures gardiennes de la paix.

Cette conversation m'est revenue, et à peu près dans les mêmes termes, et par M. de Sickingen et par M. de Metternich. Il paraît que l'empereur, peu accoutumé à montrer de la force, était revenu fort content de lui-même.

Toutes les précautions prises pour nous dérober la connaissance de ce qui se fait à la commission de l'organisation politique de l'Allemagne ont été sans succès.

A la première séance, il fut proposé par la Prusse que

---

1. Variante : *pour* nous engager.

2. Variante : *les* peuples.

tous les princes dont les États se trouvaient en totalité compris dans la confédération renonçassent au droit de guerre et de paix et de légation[1]. Le maréchal de Wrède ayant décliné cette proposition, M. de Humboldt s'écria qu'on voyait bien que la Bavière avait encore au fond du cœur une alliance avec la France, et que c'était pour eux une raison nouvelle d'insister. Mais à la seconde séance, le maréchal qui avait pris les ordres du roi, ayant péremptoirement rejeté la proposition, elle a été retirée, et on y a substitué celle de placer toutes les forces militaires de la confédération, moitié sous la direction de l'Autriche et moitié sous celle de la Prusse. Le maréchal de Wrède a demandé que le nombre des directeurs fût augmenté et que la direction alternât entre eux. On a proposé en outre de former entre tous les États confédérés une ligue très étroite pour défendre l'état de possession de chacun, tel qu'il sera établi par les arrangements qui vont se faire. Le roi de Bavière, qui a bien compris que par cette ligue la Prusse avait surtout en vue de s'assurer la possession de la Saxe contre l'opposition des puissances qui veulent conserver ce royaume, qui sent bien qu'il aurait tout à craindre lui-même si la Saxe était une fois sacrifiée, et qui est prêt à la défendre pour peu qu'il ne soit pas abandonné à ses propres forces, a ordonné de lever chez lui vingt mille hommes[2], qui porteront son armée à soixante-dix mille hommes. Loin de vouloir entrer dans la ligue proposée, son intention, du moins jusqu'à présent, est qu'aussitôt que les Prussiens se seront emparés de la

---

1. Variante : et *à celui de* légation.

2. Variante : *recrues*.

Saxe, son ministre se retire de la commission, en déclarant qu'il ne veut pas être complice et bien moins encore garant d'une telle usurpation.

Les Prussiens ne connaissent pas cette intention du roi, mais ils n'ignorent point ses armements et le soupçonnent très probablement d'être disposé à joindre ses forces à celles des puissances qui voudraient défendre la Saxe. Ils sentent d'ailleurs, que, sans le consentement de la France, la Saxe ne serait point *pour eux*[1] une acquisition solide. On dit aussi que le cabinet, qui ne partage pas l'aveugle dévouement du roi à l'empereur Alexandre, n'est pas sans inquiétude du côté de la Russie, et qu'il renoncerait volontiers[2] à la Saxe pourvu qu'il retrouvât ailleurs de quoi compléter le nombre de sujets que la Prusse, d'après ses traités, doit avoir. Quels que soient ses sentiments et ses vues, les ministres prussiens paraissent vouloir se rapprocher de nous et nous envoient invitations sur invitations.

Lord Castlereagh qui a imaginé de fortifier la Prusse en deçà de l'Elbe, sous le prétexte de la faire servir de barrière contre la Russie, a toujours ce projet fort à cœur. Dans une conversation qu'il eut il y a peu de jours chez moi, il me reprocha de faire de la question de la Saxe une question du premier ordre, tandis que, selon lui, elle n'était rien et que la question de Pologne était tout. Je lui répondis que la question de la Pologne serait pour moi la première de toutes, s'il ne l'avait pas réduite à n'être qu'une simple question de limites. Voulait-il rétablir toute la Pologne dans une entière

---

1. Supprimé dans le texte des archives.

2. Variante : *peut-être*.

indépendance? Je serais avec lui en première ligne. Mais quand il ne s'agissait que de limites, c'était à l'Autriche et à la Prusse qui y étaient le plus intéressées à se mettre en avant. Mon rôle alors devait se borner à les appuyer et je le ferais. Sur son projet d'unir l'Autriche et la Prusse, je lui fis des raisonnements auxquels il ne put répondre, et je lui citai sur la politique de la Prusse depuis soixante ans des faits qu'il ne put nier; mais en passant condamnation sur les anciens torts de ce cabinet, il se retrancha dans l'espérance d'un meilleur avenir.

Cependant, je sais qu'il lui a été fait par diverses personnes des objections qui l'ont frappé. On lui a demandé comment il consentait à mettre l'une des plus grandes villes commerçantes de l'Allemagne (Leipsick), où se tient l'une des plus grandes foires de l'Europe, sous la domination de la Prusse avec laquelle l'Angleterre ne pouvait pas être sûre d'être toujours en paix, au lieu de la laisser entre les mains d'un prince avec lequel l'Angleterre ne pouvait jamais avoir rien à démêler. Il a été frappé d'une sorte d'étonnement et de crainte de ce que son projet pouvait compromettre en quelque chose l'intérêt mercantile de l'Angleterre.

Il m'avait invité à concerter avec lui un projet pour la convocation du congrès. Je lui en avais remis un et il en avait été content.

Je rédigeai aussi quelques projets sur la première réunion des ministres, sur la vérification des pouvoirs et sur les commissions à former à la première séance du congrès. (Ces différentes pièces sont jointes à ma dépêche au département que M. de Jaucourt soumettra à Votre Majesté.) Devant à lord Castlereagh, M. de Dalberg et moi, une visite, nous allâmes ensemble les lui porter avant-hier soir. Il n'y trouva rien à redire, mais il observa que la crainte que les Prussiens avaient de nous, ferait sûrement qu'ils y soupçonneraient quelque arrière-pensée. Les craintes réelles ou simulées des Prussiens amenèrent naturellement la conversation sur l'éternel sujet de la Pologne et de la Saxe. Il avait sur sa table des cartes avec lesquelles je lui fis voir que la Saxe étant dans les mêmes mains que la Silésie, la Bohême pouvait être enlevée en peu de semaines, et que la Bohême enlevée, le cœur de la monarchie autrichienne était à découvert et sans défense. Il parut étonné. Il nous avait parlé comme s'il eût tourné ses espérances du côté de la Prusse par l'impossibilité d'en mettre aucune dans l'Autriche. Il eut l'air surpris quand nous lui dîmes qu'il ne lui manquait que de l'argent pour réunir ses troupes, qu'elle aurait alors les forces les plus imposantes, et que, pour cela, il lui suffirait aujourd'hui d'un million sterling. Cela l'anima, et il parut disposé à soutenir l'affaire de la Pologne jusqu'au bout. Il savait qu'on travaillait dans la chancellerie russe à une réponse à son mémoire, et il ne paraissait point s'attendre à ce qu'elle fût satisfaisante. Il était instruit que les Serviens avaient repris les armes, et il nous apprit qu'un corps russe, commandé par un des meilleurs généraux de Russie, s'approchait des frontières de l'empire ottoman. Rien ne lui paraissait donc plus nécessaire et plus urgent que d'opposer une digue à l'ambition de la Russie. Mais il voudrait que cela se fît sans guerre, et que si la guerre ne pouvait être évitée, elle pût se faire sans le secours de la France. A sa manière d'estimer nos forces, on peut juger que c'est la France qu'il redoute le plus. « Vous avez, nous dit-il, vingt-cinq millions d'hommes; nous les estimons comme quarante millions. » Une fois, il lui échappa de dire : « Ah ! s'il ne vous était resté aucune vue sur la rive gauche du Rhin ! ». Il me fut aisé de lui prouver par la situation de la France, par celle de l'Europe, qui était tout entière en armes, qu'on ne pouvait supposer à la France de vues ambitieuses sans la supposer insensée. « Soit, répondit-il, mais une armée française traversant l'Allemagne pour une cause quelconque ferait trop d'impression et réveillerait trop de souvenirs. » Je lui représentai que la guerre ne serait point nécessaire et qu'il suffirait de placer la Russie vis-à-vis de l'Europe unie dans une même volonté, ce qui nous ramena à l'ouverture du congrès. Mais lui, parlant toujours de difficultés, sans dire en quoi consistaient ces difficultés, me conseilla de voir M. de Metternich, d'où je conclus qu'ils étaient convenus entre eux de quelque chose, dont il ne m'aurait pas fait mystère s'il eût eu lieu de croire que je n'aurais rien à y objecter. Du reste, en nous accusant d'avoir tout retardé, il nous a naïvement avoué que, sans nous, tout serait maintenant réglé, parce que, dans le principe, ils étaient d'accord : aveu qui donne la mesure de l'influence que, dans leur propre opinion, il appartient à Votre Majesté d'avoir sur les affaires de l'Europe.

Au total, les dispositions de lord Castlereagh, sans être bonnes, m'ont paru moins éloignées de le devenir, et peut-être la réponse qu'il attend de l'empereur Alexandre contribuera-t-elle à les améliorer.

Hier matin, j'ai reçu de M. de Metternich un billet qui m'invitait à une conférence pour le soir à huit heures.

Je ne fatiguerai point Votre Majesté des détails de cette

conférence qui a été abondante en paroles et vide de choses. Ces détails se trouvent *d'ailleurs*[1] dans ma lettre au département. Le résultat a été que l'on a formé une commission de vérification composée de trois membres nommés par le sort, que les pouvoirs leur seront envoyés pour être vérifiés, et qu'après la vérification on devra réunir le congrès.

Ce soir, une nouvelle conférence a eu lieu. On y a lu et arrêté le projet de déclaration relatif à la vérification des pouvoirs. Cette déclaration sera publiée demain. J'en envoie ce soir la copie dans ma dépêche[2] au département. J'ai cru que Votre Majesté préférerait que tout ce qui est pièces fût toujours joint à la lettre que j'adresse à M. de Jaucourt, afin que le département en ait et en conserve la suite.

Telle est depuis huit mois la situation de la France, que, dès qu'elle a atteint un but, elle en a devant elle un autre qu'une égale nécessité la presse d'atteindre, le plus souvent sans qu'elle ait à choisir entre plusieurs moyens d'y arriver. A peine eut-on renversé l'oppresseur et mis en liberté d'éclater les vœux qui, dans le secret des cœurs, rappelaient dès longtemps et de toutes parts Votre Majesté dans le sein de ses États, qu'il fallut pourvoir à ce qu'elle pût trouver désarmée, au moment de son arrivée, la France couverte de cinq cent mille étrangers, ce qu'on ne pouvait obtenir qu'en faisant à tout prix cesser les hostilités par un armistice. Ensuite, pour débarrasser immédiatement le royaume des armées qui

---

1 Supprimé dans le texte des archives.

2. Variante : *et j'en* envoie ce soir la copie dans *une* dépêche.

en dévoraient la substance, il fallut tendre uniquement à la prompte conclusion de la paix. Votre Majesté semblait ne plus avoir qu'à jouir de l'amour de ses peuples et du fruit de sa propre sagesse, quand un nouveau but s'est offert à sa constance et à ses efforts : celui de sauver, s'il se peut, l'Europe des périls dont la menacent l'ambition et les passions de quelques puissances et l'aveuglement ou la pusillanimité de quelques autres. Les difficultés de l'entreprise ne m'en ont jamais fait regarder le succès comme entièrement impossible. La lettre, dont Votre Majesté a bien voulu m'honorer en date du 21 octobre, en rehausse en moi l'espérance, en même temps que les témoignages de satisfaction qu'elle daigne accorder à mon zèle, me donnent un nouveau courage.

Je suis...

N° 5 *ter*. — LE ROI LOUIS XVIII AU PRINCE DE TALLEYRAND.

Paris, le 4 novembre 1814.

Mon cousin,

J'ai reçu votre numéro 8. Je l'ai lu avec grand intérêt, mais avec grande indignation. Le ton et les principes qu'avec tant de raison on a reproché à Buonaparte[1] n'étaient pas autres que ceux de l'empereur de Russie. J'aime à me flatter que l'opinion de l'armée et celle de la famille impériale ramèneront le prince de Metternich à des vues plus saines ; que lord Castlereagh entrera plus qu'il ne l'a fait jusqu'ici dans celles du prince régent, et qu'alors vous pour-

1. Variante : *Bonaparte*.

rez employer avec avantage les armes que je vous ai données. Mais quoi qu'il en puisse être, continuez à mériter les justes éloges que je me plais à vous répéter aujourd'hui, en restant ferme dans la ligne que vous suivez, et soyez bien sûr que mon nom[1] ne se trouvera jamais au bas d'un acte qui consacrerait la plus révoltante immoralité.

Sur ce, je prie Dieu qu'il vous ait, mon cousin, en sa sainte et digne garde.

LOUIS.

N° 11 *bis*. — LES AMBASSADEURS DU ROI AU CONGRÈS, AU MINISTRE DES AFFAIRES ÉTRANGÈRES A PARIS.

Vienne, le 6 novembre 1814.

Monsieur le comte,

Nous avons l'honneur de vous adresser les copies des procès-verbaux des deux premières conférences qui ont eu lieu.

Les notes qui y sont mentionnées, et sur lesquelles une délibération a eu lieu, sont celles présentées par l'ambassade de France, et envoyées par la dernière dépêche au département.

Une troisième conférence s'est tenue le 1er novembre. M. le comte de Noailles, arrivé le matin, y a assisté.

Le résultat n'a pas été important ; on a même hésité jusqu'ici à le consigner dans un procès-verbal.

Le prince de Metternich, en sa qualité de président, a établi, dans un discours singulièrement diffus et très décousu,

---

1. Variante : que *jamais mon nom*.

« qu'il fallait, avant de procéder à la formation des comités et des commissions, s'être entendu, et que chaque puissance ait réglé avec les autres ce qui l'intéresse directement ».

Il nous a dit encore :

« Que toutes les affaires avaient deux faces ; que ce congrès n'était pas un congrès ; que son ouverture n'était pas proprement une ouverture ; que les commissions n'étaient pas des commissions ; que, dans la réunion des puissances à Vienne, il ne fallait considérer que l'avantage *d'une Europe sans distances;* qu'on resterait d'accord, ou qu'on ne le serait pas. »

M. de Metternich a donné dans cette séance la mesure de sa médiocrité, de son goût pour les petites intrigues et pour une marche incertaine et tortueuse, et de sa fécondité en mots vagues et vides de sens.

En voici un exemple entre mille : il nomme les commissions *des chances de négociations.* Il eût été inutile de relever l'inconvenance d'un pareil discours.

On était prévenu que les négociations relatives aux grandes et principales questions avaient pris une meilleure tournure ; on voulait en attendre la confirmation et soigneusement éviter d'augmenter les difficultés qui entravent la marche des affaires.

La majorité dans cette conférence est tombée d'accord de gagner du temps, et de conférer une autre fois sur la possibilité et les formes d'une convocation générale du congrès.

La question de la Pologne, et par suite celle de la Saxe, sont, en attendant, fortement engagées.

L'empereur de Russie, nous assure-t-on, a répondu aux ministres anglais. La note rédigée par M. d'Anstedt[1] a été peu satisfaisante et doit être conçue dans un esprit assez peu conciliant.

Lord Castlereagh y a répondu hier. On nous dit qu'il insiste, au nom de l'Angleterre, et pour la sûreté de l'Europe, sur ce que la Russie ne passe pas la Vistule.

Le prince de Metternich a été obligé de soutenir cette question depuis que l'empereur, son maître, a soumis cet objet à la délibération d'un conseil d'État, qui, dans ses conclusions, a décidé : « Que la Russie ne pouvait s'étendre plus loin sans menacer la sûreté des positions militaires de l'Autriche, et qu'il était encore plus important pour l'Allemagne d'empêcher que *les défilés de la Saale*[2] soient dans les mains de la Prusse. »

Les instructions supplémentaires du roi, apportées par M. de Noailles, avaient mis ses plénipotentiaires dans la possibilité de faire des insinuations sur la part active que la France prendrait pour obtenir un équilibre réel et durable, et pour empêcher que la Russie ne s'emparât du grand-duché de Varsovie, et la Prusse, de la Saxe.

On en avait prévenu le ministre de Bavière, et on avait

---

1. Jean, baron d'Anstedt, diplomate russe, né à Strasbourg en 1760. En 1789, il se rendit en Russie et se fit attacher au département des affaires étrangères. Il fut plusieurs fois accrédité à Vienne comme chargé d'affaires. En 1811, il devint directeur de la chancellerie diplomatique du prince Koutousoff. Il représenta la Russie au congrès de Prague (1813), alla ensuite à Vienne (1814) et fut ensuite plénipotentiaire russe près la diète de Francfort. Il mourut en 1835.

2. La Saale prend sa source en Bavière, traverse toute la Saxe et se jette dans l'Elbe. C'est par les défilés de la Saale que passa Napoléon dans la campagne de 1806.

trouvé moyen de le porter à la connaissance directe de l'empereur d'Autriche. Nous croyons que cela fortifiera le prince de Metternich dans la résistance qu'il doit opposer aux prétentions de la Russie et de la Prusse. Déjà le langage ferme et décidé que l'ambassade a tenu dès le premier moment l'a forcé à soutenir avec plus d'énergie ces grands intérêts de l'Europe. On assure généralement que ces deux puissances (la Russie et la Prusse) s'éclairent sur les difficultés qu'elles trouveront à réussir dans leurs différents projets. L'influence que les ministres anglais exercent également sur ces questions, nous fait espérer qu'elles seront modifiées, que le roi aura la gloire d'avoir arrêté l'exécution des plans les plus funestes pour l'Europe et pour sa tranquillité future.

Lord Castlereagh, à la vérité, se montre toujours enclin à procurer la Saxe à la Prusse, mais cette dernière puissance réfléchira qu'elle ne peut la posséder tranquillement sans le concours de la France, et préférera peut-être s'arranger par d'autres combinaisons.

Le prince de Hardenberg est convenu avec un de ses amis qu'il croyait cette réunion de la Saxe très odieuse à l'Allemagne et que la Prusse consentirait peut-être à en laisser *un noyau*.

L'Autriche paraît vouloir que ce noyau soit composé des *trois quarts* de la Saxe, si on arrête la limite de la Russie sur la Vistule. La Saxe conserverait alors quinze à seize cent mille habitants et resterait plus grande que le Wurtemberg et le Hanovre.

Ce résultat serait bien au delà des espérances qu'on aurait pu concevoir à l'époque où les plénipotentiaires de France sont arrivés au congrès, et le roi aura eu par ses propres moyens un succès bien remarquable, si les choses se terminent ainsi.

Les arrangements fédératifs de l'Allemagne continuent à se traiter avec mystère. La Bavière y soutient la lutte contre la Prusse et ne veut sacrifier de ses droits de souveraineté que ce qui sera nécessaire pour la formation de la ligue.

Les échanges de territoires n'ont pas encore pu être traités, parce que tout dépend des limites de la Prusse.

Il reste maintenant deux autres masses d'intérêts politiques à régler, et on paraît vouloir s'en occuper : ce sont les affaires du corps helvétique et celles d'Italie.

M. le prince de Metternich a jugé hier à propos d'inviter M. le prince de Talleyrand à une conférence où se trouvaient lord Castlereagh et M. le comte de Nesselrode. On y a parlé de ces deux objets.

Ces messieurs ont fait part au prince de Talleyrand de ce qu'une commission avait été nommée pour arranger, avec les députés suisses présents à Vienne, les affaires du corps helvétique. M. le prince de Talleyrand a dit qu'il avait nommé M. de Dalberg pour conférer sur le concours que la France avait à exercer dans cette affaire.

Quant à celles d'Italie, l'embarras de M. de Metternich a été visible lorsqu'il a été question de Naples. On doit l'attribuer à la crainte que lui inspirent la situation des esprits et le peu de goût des Italiens pour la domination autrichienne, et à l'influence que Murat exerce sur les jacobins de l'Italie, particulièrement sur ceux de l'ancien royaume d'Italie, dont il a été autrefois gouverneur.

Le prince de Talleyrand a proposé, pour paralyser cette influence, de ne toucher au sort de Murat que lorsque les autres rapports de l'Italie seraient arrangés, qu'on y aurait fait cesser le régime provisoire et qu'on l'aurait organisée dans un ordre géographique, en commençant par les parties septentrionales.

Le prince de Metternich est convenu qu'on ne pouvait, dans les affaires d'Italie, écarter les droits du royaume d'Étrurie, mais qu'il désirait qu'une ou deux légations fussent données à l'archiduchesse Marie-Louise et à son fils. Les autres ministres, croyant que ces légations étaient des biens vacants par suite du traité de Tolentino, ont trouvé juste de compenser la perte de Parme par un équivalent.

Comme dans les affaires d'Italie la France cherche à obtenir trois points, savoir : la succession de la maison de Carignan au trône de Sardaigne, le rétablissement de la maison de Parme et l'expulsion de Murat, il faudra ne pas élever trop de difficultés. Le prince de Talleyrand n'a point relevé cette question. Mais on peut croire que les affaires d'Italie s'arrangeront sur ces bases générales.

Le prince de Talleyrand a désigné pour la commission qui sera formée et devra s'occuper de cet objet plus en détail M. de Noailles, auquel il a fait connaître les intentions du roi.

Quant aux affaires de la Suisse, lord Castlereagh aurait désiré écarter la concurrence de la France ; mais le député de Berne[1] a déclaré que ses instructions l'exigeaient impérativement et que son gouvernement, aussi bien que celui de Soleure et de Fribourg, ne croyaient pas que les intérêts de la Suisse pussent être réglés sans l'intervention de la France.

---

1. Louis Zerdeler (1772-1840), membre du grand conseil dans le canton de Berne après l'acte de médiation, fut ministre à Pétersbourg et plénipotentiaire au congrès de Vienne. Il se démit de ses fonctions en 1815.

Le ministre de Russie, M. Capo d'Istria[1] et M. Canning[2] paraissent avoir opiné dans le même sens. La défiance et la jalousie des autres puissances seront donc vaincues sur ce point, et nous pensons que les arrangements de la Suisse ne souffriront pas beaucoup de difficultés.

Le canton de Berne désire reprendre la partie du canton d'Argovie qui lui avait appartenu; le canton de Zurich, par l'effet d'une ancienne jalousie, ne veut y consentir qu'à condition d'en obtenir lui-même une partie. On voit ici la question des droits légitimes luttant contre un système de convenance, tel qu'on l'observe en Allemagne dans la question de la Saxe. Les puissances paraissent disposées à donner au canton de Berne l'évêché de Bâle. Il se présente à ce sujet une question qui doit être soumise à la décision immédiate du roi.

Le canton de Genève cherche à obtenir dix à douze mille

---

1. Jean, comte Capo d'Istria, né à Corfou en 1776. A vingt-sept ans il fut choisi pour secrétaire d'État par le commissaire impérial de Russie dans les îles Ionniennes. Lorsque la paix de Tilsitt plaça ces îles sous la domination de la France, Capo d'Istria se démit de ses fonctions et se rendit à Pétersbourg où il entra dans les bureaux du ministère des affaires étrangères. En 1813, il fut chargé d'une mission secrète en Suisse, pour faire respecter la neutralité de cet État. Plénipotentiaire au congrès de Vienne il devint l'année suivante secrétaire d'État aux affaires étrangères. Dès ce moment la Grèce commençait à s'agiter; la situation de Capo d'Istria, grec d'origine et ministre du czar, devenait difficile. Il fut, en effet, destitué en 1819, au moment de l'insurrection d'Ypsilanti. Il vivait retiré à Genève depuis huit ans, lorsqu'il fut nommé par ses compatriotes président de la Grèce (1827). Il accepta ces fonctions et les conserva quatre ans. Il fut assassiné en 1831.

2. Sir Stratford Canning, né en 1786, diplomate anglais, parent du célèbre ministre de ce nom. En 1814, il était ministre plénipotentiaire en Suisse, et fut accrédité au congrès de Vienne. En 1824, il devint ambassadeur à Pétersbourg, puis à Constantinople (1827). En 1832, il entra à la Chambre des communes, retourna à Constantinople en 1842 et, avec quelques interruptions, y résida jusqu'en 1858. Il revint alors en Angleterre où il vécut jusqu'à sa mort (1880).

âmes du pays de Gex[1], pour être immédiatement lié au canton de Vaud. On offrirait en échange à la France le double de population pris sur l'évêché de Bâle, et la frontière militaire entre Huningue, Vesoul et Besançon se trouverait améliorée.

La France ne perdrait que le point qui la conduit sur le lac de Genève, et on pourrait stipuler qu'elle y conserverait la liberté de navigation et de commerce.

Cet échange, qui nous paraît avantageux, nécessiterait cependant le retour d'une partie de l'Argovie[2] au canton de Berne, l'évêché de Bâle se trouvant alors fort diminué. Mais, tout avantage qu'on pourra procurer au canton de Berne est, pour ainsi dire, donné à la France, ce canton tenant à elle et à la maison de Bourbon par les sentiments d'attachement et de dévouement les plus forts.

Nous observons également que l'empereur de Russie veut, si cet échange n'a pas lieu, envelopper le canton de Genève par une partie de la Savoie, qui tourne autour du lac de Genève, vers le Valais. Cet échange servirait par conséquent à écarter cette idée.

Vous voudrez bien, monsieur le comte, nous transmettre les ordres du roi le plus tôt possible, et nous les transmettre avec toutes les modifications qu'il plaira à Sa Majesté d'y faire. Si elle consent à cet échange, il signalera le désir de la France de concourir à tout ce qui peut être avantageux au corps helvétique; et, au dire des députés suisses, de celui de Berne même, elle y regagnera une influence prépondérante. Le

---

1. La France possédait alors la partie du pays de Gex baignée par le lac de Genève, avec la ville de Versoix. C'était ce territoire qui était convoité par le canton de Genève.

2. Aarau, Brugg, Lenzbourg et Zofingen avec leur territoire.

prince de Talleyrand croit voir qu'il y aurait de l'avantage à faire cet échange, mais il nous faut une autorisation.

Agréez...

N° 10. — LE PRINCE DE TALLEYRAND AU ROI LOUIS XVIII.

Vienne, le 6 novembre 1814.

SIRE,

M. le comte de Noailles, arrivé ici mercredi matin 2 novembre, m'a apporté le supplément d'instructions que Votre Majesté a bien voulu me faire adresser. Les résolutions de Votre Majesté sont maintenant connues du cabinet autrichien, de l'empereur d'Autriche lui-même et de la Bavière. J'ai cru plus utile de n'en point parler encore à lord Castlereagh, toujours prompt à s'alarmer d'une intervention de la France, et je n'en ai pu parler au comte de Munster, qui, à peine sorti des mains de ses médecins, fait les préparatifs de son mariage avec la comtesse de la Lippe, sœur du prince régnant de Buckeburg.

M. le comte de Noailles a pu, dès le jour de son arrivée, assister à une conférence qui a fini sans résultat. Il s'agissait d'examiner si, la vérification des pouvoirs une fois terminée, on nommerait des commissions pour préparer les travaux, combien on en nommerait, comment et par qui elles seraient nommées. M. de Metternich a fait un long discours pour établir que le nom de *commission* ne pouvait pas convenir, parce qu'il supposait une délégation de pouvoirs, laquelle supposait à son tour une assemblée délibérante, ce que le congrès ne pouvait pas être. Il a proposé diverses expressions à la place de celle dont il ne voulait pas, et, n'étant lui-même satisfait d'aucune, il a conclu qu'il en faudrait chercher une autre dans la prochaine conférence qui n'a point encore eu lieu. Ces scrupules sur le nom de *commission* étaient sans doute étranges et bien tardifs après que l'on n'avait pas fait difficulté de le donner aux trois ministres chargés de vérifier les pouvoirs et aux cinq qui préparent l'organisation politique de l'Allemagne. Mais si j'avais pu croire que M. de Metternich avait une autre intention que de chercher un prétexte pour gagner du temps, j'en aurais été détrompé par lui-même.

Après la conférence, il me proposa d'entrer dans son cabinet et me dit que lord Castlereagh et lui étaient décidés à ne point souffrir que la Russie dépassât la ligne de la Vistule ; qu'ils travaillaient à engager la Prusse à faire cause commune avec eux sur cette question, et qu'ils espéraient y réussir. Il me conjura de leur en laisser le temps et de ne pas les presser. Je voulus savoir à quelles conditions ils se flattaient d'obtenir le concours de la Prusse. Il me répondit que c'était en lui promettant une portion de la Saxe, c'est-à-dire quatre à cinq cent mille âmes de ce pays, et particulièrement la place et le cercle de Wittemberg, qui peuvent être considérés comme nécessaires pour couvrir Berlin, de sorte que le royaume de Saxe conserverait encore de quinze à seize cent mille âmes, Torgau, Kœnigstein et le cours de l'Elbe, depuis le cercle de Wittemberg jusqu'à la Bohême.

J'ai su que, dans un conseil d'État présidé par l'empereur lui-même et composé de M. de Stadion, du prince de Schwarzenberg et du prince de Metternich, ainsi que du comte de Zichy et du général Duka[1], il a été établi en principe que la

---

1. Pierre, comte Duka, né en 1756, feldzeugmeister et conseiller privé de l'empire d'Autriche, mort en 1822.

question de la Saxe était encore d'un plus grand intérêt pour l'Autriche que celle même de la Pologne, et qu'il allait du salut de la monarchie à[1] ne point laisser tomber entre les mains de la Prusse les défilés de la Thuringe et de la Saale. (J'entre dans plus de détails sur cet objet dans ma lettre de ce jour, adressée au département.)

Cette circonstance m'a fait prendre un peu plus de confiance dans ce que m'avait dit à ce sujet M. de Metternich que je ne le fais ordinairement. Si l'on parvient à conserver le royaume de Saxe avec les quatre cinquièmes ou les trois quarts de sa population actuelle et ses principales places et positions militaires, nous aurons beaucoup fait pour la justice, beaucoup pour l'utilité et beaucoup aussi pour la gloire de Votre Majesté.

L'empereur de Russie a répondu au mémoire de lord Castlereagh. Je verrai sa réponse, et j'aurai l'honneur d'en parler à Votre Majesté plus pertinemment que par des *on dit* dans ma première dépêche. Je sais seulement d'une manière sûre que l'empereur se plaint de l'injustice qu'il prétend qu'on lui fait en lui supposant une ambition qui n'est pas dans son cœur. Il se représente, en quelque sorte, comme opprimé, et, sans trop de transition, il arrive à déclarer qu'il ne se désistera d'aucune de ses prétentions.

Lord Castlereagh, qui a pris feu sur cette réponse, a fait une réplique que lord Stewart a dû porter hier. Son frère l'a chargé de cette commission, parce qu'il a eu pendant la guerre, et conservé depuis, ses entrées chez l'empereur Alexandre.

M. de Gentz, qui a traduit cette pièce pour le cabinet au-

---

1. Variante: *de ne* point.

trichien, à qui elle a été communiquée, m'a dit qu'elle était très forte et très bonne.

Les affaires de Suisse vont être mises en mouvement. J'ai fait choix de M. de Dalberg pour prendre part aux conférences où elles seront discutées. Je ne répète pas à Votre Majesté tout ce qui s'est passé à cet égard ; ma dépêche au département lui en rend compte.

Hier, à quatre heures, je me suis rendu chez M. de Metternich, qui m'avait prié de passer chez lui. J'y trouvai M. de Nesselrode et lord Castlereagh. M. de Metternich débuta par de grandes protestations de vouloir être en confiance avec moi, de s'entendre avec la France et de ne rien faire sans nous[1]. Ce qu'ils désiraient, disait-il, c'était que, mettant de côté toute susceptibilité, je voulusse les aider à avancer les affaires et à sortir de l'embarras où il avoua qu'ils se trouvaient. Je répondis que la situation dans laquelle ils étaient vis-à-vis de moi était tout autre que la mienne vis-à-vis d'eux ; que je ne voulais, ne faisais, ne savais rien qu'ils ne connussent et ne sussent comme moi-même ; qu'eux, au contraire, avaient fait et faisaient journellement une foule de choses que j'ignorais, ou que, si je venais à en apprendre quelques-unes, c'était par des bruits de ville ; que c'était ainsi que j'avais appris qu'il existait une réponse de l'empereur Alexandre à lord Castlereagh. (*Ici*[2], je vis que je l'embarrassais, et je compris que, devant M. de Nesselrode, il ne voulait pas paraître avoir fait à cet égard quelque indiscrétion.) Je me hâtai d'ajouter que je ne savais point ce que portait cette

---

1. sans *elle*.

2. Supprimé dans le texte des archives.

réponse, ni même s'il y en avait réellement une. Puis, je remarquai que, quant aux difficultés dont ils se plaignaient, je ne pouvais les attribuer qu'à une seule cause, à ce qu'ils n'avaient point réuni le congrès. « Il faudra bien, leur dis-je, qu'on le réunisse un jour ou l'autre. Plus on tarde et plus on semble s'accuser soi-même d'avoir des vues que l'on n'ose montrer au grand jour. Tant de délais sembleront indiquer une mauvaise conscience; pourquoi feriez-vous difficulté de déclarer que, sans attendre la vérification des pouvoirs, qui peut être longue, tous ceux qui ont remis les leurs à la chancellerie d'État devront se réunir dans un lieu indiqué? Les commissions y seront annoncées; il sera dit que chacun pourra y porter ses demandes, et on se séparera. Les commissions feront alors leur travail, et les affaires marcheront avec une sorte de régularité. » Lord Castlereagh approuva cette marche, qui avait pour lui le mérite d'écarter la difficulté relative aux pouvoirs contestés. Mais il observa que le mot seul de *congrès* épouvantait les Prussiens, et que le prince de Hardenberg surtout en avait une frayeur horrible. M. de Metternich reproduisit la plupart des raisonnements qu'il nous avait faits dans la dernière conférence. Il trouvait préférable de ne réunir le congrès que quand on serait d'accord, du moins sur toutes les grandes questions. Il y en a une, dit-il, sur laquelle on est en présence. Il indiquait la question de Pologne, mais ne voulut point la nommer; et il passa promptement aux affaires de l'Allemagne proprement dites. « Tout est, dit-il, dans le meilleur accord entre les personnes qui s'en occupent. On va aussi s'occuper des affaires de la Suisse, qui ne doivent pas, ajouta-t-il, se régler sans que la France y prenne part. » Je lui dis que j'avais pensé qu'ils ne pouvaient[1] pas avoir une autre intention et que j'avais, en conséquence, choisi M. de Dalberg pour assister aux conférences qui seraient tenues à ce sujet. De là, passant aux affaires d'Italie, le mot de *complication* dont M. de Metternich se sert perpétuellement pour se tenir dans le vague dont sa faible politique a besoin, fut employé depuis les affaires de Gênes et de Turin jusqu'à celles de Naples et de Sicile. Il voulait arriver à prouver que la tranquillité de l'Italie et par suite celle de l'Europe, tenaient à ce que l'affaire de Naples ne fût pas réglée au congrès, mais à ce qu'elle fût remise à une époque plus éloignée. « La force des choses, disait-il, ramènera nécessairement la maison de Bourbon sur le trône de Naples. — La force des choses, lui dis-je, me paraît maintenant dans toute sa puissance. C'est au congrès que cette question doit finir. Dans l'ordre géographique, cette question se présente la dernière de celles de l'Italie, et je consens à ce que l'ordre géographique soit suivi : mais ma condescendance ne peut aller plus loin[2]. » M. de Metternich parla alors des partisans que Murat avait en Italie. « Organisez l'Italie, il n'en aura plus. Faites cesser un provisoire odieux ; fixez l'état de possession dans la haute et moyenne Italie; que des Alpes aux frontières de Naples il n'y ait pas un seul coin de terre sous l'occupation militaire ; qu'il y ait partout des souverains légitimes et une administration régulière ; fixez la succession de Sardaigne, envoyez dans le Milanais un archiduc pour l'administrer ; reconnaissez les droits de la reine d'Étrurie ;

---

1. Variante : *qu'il ne pouvait pas.*

2. Variante : Ma condescendance ne peut *pas* aller plus loin.

rendez au pape ce qui lui appartient et que vous occupez; Murat[1] n'aura plus aucune prise sur l'esprit des peuples, il ne sera pour l'Italie qu'un brigand. » Cette marche géographique pour traiter des affaires d'Italie a paru convenir, et on s'est décidé à appeler M. de Saint-Marsan[2] à la prochaine conférence, pour régler avec lui, conformément à ce plan, les affaires de la Sardaigne. On doit aussi entendre M. de Brignole[3], député de la ville de Gênes, sur ce qui concerne les intérêts commerciaux de cette ville. Lord Castlereagh insiste beaucoup pour que Gênes soit un port franc, et il a, à cette occasion, parlé avec approbation et amertume de la franchise de celui de Marseille.

Nous pourrions croire que notre situation tend à s'améliorer un peu, mais je n'ose me fier à aucune apparence, n'ayant que trop de raisons de ne point compter sur la sincérité de M. de Metternich. De plus, je ne sais quelle idée il faut atta-

---

1. Variante : *et alors* Murat.

2. Antoine Asinari, marquis de Saint-Marsan, homme d'État sarde, né à Turin en 1761 d'une ancienne famille originaire du Languedoc. En 1796, il devint ministre de la guerre et de la marine. Lorsque le Piémont fut réuni à la France, M. de Saint-Marsan fut nommé conseiller d'État par Napoléon, et ministre de France à Berlin. En 1813, il revint à Paris et fut nommé sénateur. En 1814, M. de Saint-Marsan fut placé par les souverains alliés à la tête du gouvernement provisoire de Turin. Le roi Victor Emmanuel, à son retour, le nomma ministre de la guerre et plénipotentiaire au congrès de Vienne. En 1816, il devint ministre des affaires étrangères, puis président du conseil en 1818. Il se retira en 1821 et mourut en 1828.

3. Antoine, marquis de Brignole-Sales, issu d'une ancienne et illustre famille de Gênes. Né en 1786, il fut d'abord auditeur au conseil d'État impérial et, plus tard, préfet de Savone. En 1814, il fut envoyé au congrès comme plénipotentiaire par la ville de Gênes. Il se rallia à la monarchie de Savoie, devint chef de l'université royale (1816), ambassadeur à Rome (1839), puis à Paris, ministre d'État et sénateur. Il mourut en 1863.

cher au départ inattendu du grand-duc Constantin, qui quitte Vienne après-demain pour se rendre directement à Varsovie.

On parle d'un voyage que l'empereur Alexandre doit faire à Grätz, *en Styrie*[1]. On dit qu'il se propose d'aller jusqu'à Trieste. Un des archiducs doit lui faire les honneurs de cette partie de la monarchie autrichienne. Ce voyage est annoncé pour le 20.

La cour de Vienne continue à exercer envers ses nobles hôtes une hospitalité, qui, dans l'état de ses finances, lui doit être fort à charge. On ne voit partout qu'empereurs, rois, impératrices, reines, princes héréditaires, princes régnants. La cour défraye tout le monde. On estime la dépense de chaque jour à deux cent vingt mille florins en papier. La royauté perd certainement à ces réunions quelque chose de la grandeur qui lui est propre. Trouver trois ou quatre rois et davantage de princes à des bals, à des thés chez de simples particuliers[2] me paraît bien inconvenable. Il faudra venir en France pour voir à la royauté cet éclat et cette dignité qui la rendent à la fois auguste et chère aux yeux des peuples.

Je suis...

N° 6 *ter*. — LE ROI LOUIS XVIII AU PRINCE DE TALLEYRAND.

Paris, le 9 novembre 1814.

Mon cousin,

J'ai reçu votre numéro 9.

Je vois avec quelque satisfaction que le congrès tend à s'ouvrir, mais je prévois encore bien des difficultés.

1. Supprimé dans le texte des archives.
2. Variante: *de Vienne*.

Je charge le comte de Blacas de vous informer :

1° D'un entretien qu'il a eu avec le duc de Wellington[1]; vous verrez que celui-ci tient un langage bien plus explicite que lord Castlereagh. Qui des deux parle d'après les véritables intentions de sa cour? Je l'ignore: mais le dire de lord Wellington sera dans tous les cas[2] une bonne arme entre vos mains;

2° D'une pièce que cet ambassadeur assure être authentique; rien ne peut m'étonner de la part du prince de Metternich, mais je serais surpris que, le 31 octobre, vous n'eussiez pas encore *eu*[3] connaissance d'un pareil fait. Quoi qu'il en puisse être, il était également nécessaire que vous en fussiez instruit.

Vous apprendrez avec plaisir que mon frère est arrivé ici dimanche en très bonne santé. Sur quoi, je prie Dieu qu'il vous ait, mon cousin, en sa sainte et digne garde.

LOUIS.

N° II. — LE COMTE DE BLACAS D'AULPS AU PRINCE DE TALLEYRAND.

Paris, le 9 novembre 1814.

J'exécute, mon prince, un ordre du roi, en m'empressant de vous transmettre de la part de Sa Majesté des informations importantes et des instructions qu'elle ne juge pas moins essentielles.

---

1. Le duc de Wellington était alors ambassadeur à Paris. Il fut ensuite accrédité à Vienne comme plénipotentiaire au congrès du 1ᵉʳ février au 26 mars 1815.

2. Variante: mais *le duc de Wellington* sera dans tous les cas.

3. Supprimé dans le texte des archives.

Votre nouvelle entrevue avec l'empereur de Russie et, plus encore, vos craintes sur la condescendance de l'Autriche et de l'Angleterre, ont fait désirer vivement au roi de recueillir tout ce qui pourrait l'éclairer sur les dispositions réelles de cette dernière puissance. Ce qui vous avait été rapporté du langage que tenait M. le prince régent, et ce que Sa Majesté savait elle-même à cet égard, lui faisaient envisager comme bien nécessaire de sonder les intentions du cabinet britannique.

Une conversation que je viens d'avoir avec le duc de Wellington a rempli ce but, ou du moins a fourni au roi l'occasion d'invoquer plus fortement que jamais le concours de l'Angleterre sur les points les plus épineux de la négociation. Lord Wellington, après m'avoir assuré que les instructions données à lord Castlereagh, et *qu'il connaissait,* étaient absolument opposées aux desseins de l'empereur Alexandre sur la Pologne, et par conséquent sur la Saxe, puisque le sort de la Saxe dépend absolument de la détermination qui sera prise à l'égard de la Pologne, m'a dit qu'en s'attachant uniquement à cette grande question et négligeant tous les intérêts secondaires, on parviendrait aisément à s'entendre. Suivant lui, l'Autriche ne donnera point les mains au projet que la France rejette, et la Prusse elle-même, pour qui la Saxe est un *pis aller,* se verrait avec une extrême satisfaction réintégrée dans le duché de Varsovie. Trouvant le duc de Wellington tellement explicite[1] sur ce point, j'ai cru, d'après les intentions du roi, devoir tenter une ouverture qui, bien que dépourvue de tout caractère officiel, pouvait de plus en plus l'engager dans la communication des seules vues que voulût avouer la cour

---

1. Variante : *Le trouvant tellement explicite.*

de Londres. Je lui ai représenté que si les dispositions de son gouvernement étaient telles qu'il me le disait, et que le seul obstacle à une prompte et heureuse issue des négociations fût dans la difficulté de réduire à une résistance uniforme des oppositions d'une nature différente, il me semblait qu'une convention conclue entre la France, l'Angleterre, l'Espagne et la Hollande, et qui n'aurait pour but que la manifestation des vues qu'elles adoptent conjointement sur cette question, obtiendrait bientôt l'assentiment des autres cours. Ce moyen, en présentant un concours imposant de volontés, devait sur-le-champ dissoudre le charme qui entraînait tant d'États dans une direction contraire à leurs intérêts, et le roi, n'ayant d'autre ambition que le rétablissement des principes du droit public et d'un juste équilibre en Europe, pouvait se flatter qu'aucun motif n'écarterait de sa politique ceux qui, animés des mêmes sentiments, seraient invités à s'y rallier.

Cette proposition, dont le duc de Wellington n'a pu entièrement méconnaître l'avantage, a été rejetée par lui comme superflue; mais il ne m'en a protesté qu'avec plus de force des intentions droites de son gouvernement sur la question de Pologne et de Saxe, et même sur celle de Naples, et il m'a répété qu'une attention exclusive portée à ces grands intérêts amènerait bientôt les plénipotentiaires au but dont s'écarte la cour de Pétersbourg.

Vous voyez, prince, que l'Angleterre (quelles que soient les réticences de son négociateur au congrès) reconnaît hautement ici la nature des instructions dont il est porteur, instructions qui, en liant[1], ainsi que l'a fait le duc de

---

1. Variante : *lorsqu'on lie.*

Wellington, la question de la Saxe à celle de la Pologne[1], offrent au roi l'appui le plus important. Dans cet état de choses, Sa Majesté pense que vous pouvez utilement vous prévaloir des informations que j'ai l'honneur de vous adresser. En invoquant les instructions de lord Castlereagh, vous êtes ainsi autorisé à le placer dans la nécessité de vous faire une réponse qu'il lui sera difficile de rendre négative, lorsqu'un jour il sera forcé de prouver que sa conduite a été conforme aux vues de son gouvernement et à l'intérêt de son pays.

L'indépendance de la Pologne, très populaire en Angleterre, si elle était complète, ne le serait[2] nullement comme le projette la Russie. Vous jugerez donc, sans doute, prince, qu'il est très important, dans vos rapports avec le ministre anglais, de distinguer ces deux hypothèses. Le roi est persuadé que plus vous exprimerez de vœux en faveur d'une indépendance réelle et entière de la nation polonaise, en cas que cela fût praticable, et plus vous ôterez à lord Castlereagh les moyens de justifier aux yeux de l'Angleterre[3] l'abandon du grand-duché de Varsovie à l'empereur Alexandre.

Le roi vous a fait connaître les ordres que Sa Majesté a donnés[4] au ministre de la guerre pour porter l'armée au complet du pied de paix[5].

---

1. Variante : *la question de la Pologne à celle de la Saxe.*

2. Variante : *ne le sera.*

3. Variante : *de la nation anglaise.*

4. Variante : *vous a instruit des ordres que Sa Majesté avait donnés.*

5. Variante : *Je me flatte que cette détermination dictée par les considerations dont vous sentez toute la force ne tardera pas à devenir superflue.*

La pièce que je joins ici par ordre du roi, et qui m'a été communiquée comme authentique, prouve combien cette mesure était nécessaire au milieu de tous les écueils qui nous entourent. Rien ne peut surprendre de la part du prince de Metternich, mais il serait cependant bien singulier qu'un pareil fait n'eût pas été connu de vous le 31 octobre. Veuillez bien, je vous prie, ne point dire de qui je tiens la pièce que je vous fais passer.

Je suis très aise que vous soyez content des services du chevalier de Vernègues; il y a bien longtemps que je connais son zèle éclairé pour la cause que nous servons, et son caractère qui mérite la plus grande estime.

J'ai placé M. d'André dans les domaines du roi : il fallait d'abord lui donner de quoi vivre; mais je pense qu'il pourra, par la suite, servir le roi bien plus utilement que dans une administration dont le revenu est de peu d'importance[1].

Recevez, prince, une nouvelle assurance de mon inviolable attachement et de ma haute considération.

BLACAS D'AULPS.

P.-S. — *Cette lettre était en partie écrite avant l'arrivée de votre numéro 9, qui prouve de plus en plus la nécessité d'établir un concert avec l'Angleterre sur les questions qui partagent les négociateurs.*

---

1. Toute la fin de cette lettre ainsi que le post-scriptum ne se trouvent pas dans le texte des archives du ministère.

N° 12 *bis*. — LES AMBASSADEURS DU ROI AU CONGRÈS,
AU MINISTRE DES AFFAIRES ÉTRANGÈRES A PARIS.

Vienne, le 12 novembre 1814.

Monsieur le comte,

Tous les renseignements particuliers qui nous reviennent nous font présumer que les questions de Pologne et de Saxe ne sont point améliorées, et qu'elles restent soumises à une aveugle obstination de la part de l'empereur de Russie et du roi de Prusse, et à un abandon funeste de la part de l'Autriche.

Un courrier du roi de Saxe, parti de Berlin le 5, a apporté une protestation formelle qui nous a été communiquée. Cette déclaration porte que le roi ne consentira à aucun échange et qu'il n'abdiquera jamais. Son intention est que cette déclaration soit rendue publique. Nous pensons qu'elle ne peut produire qu'un très bon effet et probablement nous vous l'adresserons par le prochain courrier pour être insérée dans le *Moniteur*. Le roi de Saxe refuse, depuis l'établissement provisoire d'une administration prussienne, toute espèce de traitement qui lui avait été assigné, et l'a fait savoir au gouvernement prussien.

En attendant, le grand-duc Constantin est parti pour Varsovie. Il porte, à ce qu'on assure, les instructions pour organiser cette nouvelle Pologne, qui, insignifiante par elle-même, sera une source de troubles pour ses voisins. L'Autriche en est alarmée; son cabinet paraît vouloir épuiser tous les moyens pour détourner l'empereur de Russie de ses projets, et détacher de lui le roi de Prusse. Incertaine cependant de réussir, elle a pris le parti de faire marcher à peu près vingt à vingt-cinq mille hommes sur la Gallicie. Ces troupes doivent renforcer le cordon qu'elle avait sur cette frontière ; mais l'Autriche ne paraît pas vouloir s'opposer par le moyen des armes à l'envahissement de la Saxe.

Le prince de Metternich a expédié un courrier à Londres. Il est probable qu'il porte l'ordre à M. le comte de Meerveldt de représenter au cabinet britannique combien il importe de soutenir fortement l'avis qu'a donné lord Castlereagh dans ses notes à l'empereur de Russie. Ce ministre veut que le grand-duché de Varsovie reste indépendant, ou que la Vistule soit la frontière entre la Russie, la Prusse et l'Autriche. C'est sur ces bases que les trois puissances négocient encore. L'empereur Alexandre, cependant, est décidé à faire un pas de plus pour atteindre son but, et il entraîne le roi de Prusse, auquel il a donné le conseil de commencer l'organisation de la Saxe, tandis qu'il commence celle du duché de Varsovie.

Cette conduite laisse en Europe un germe de guerre qu'on ne saurait écarter dans ce moment. Elle fournira les éléments à de longues agitations, et rend fort difficile la conclusion des affaires de l'Allemagne.

On a, par suite de la dernière conférence particulière, repris les affaires qui concernent l'Italie.

Le cabinet autrichien est d'autant plus disposé à les terminer que la fermentation jacobine qui se montre dans cette partie de l'Europe, et qui est protégée par Murat, l'inquiète. Cette fermentation est soutenue par la Russie et par les Anglais. Lord William Bentinck[1] a semé dans ces pays des idées

---

1. On se rappelle que lord Bentinck avait, durant plusieurs années, commandé un corps de troupes anglaises en Sicile.

de révolution qui devaient servir contre Bonaparte et qui gênent dans l'ordre de choses actuel.

La réunion de Gênes au Piémont se fera, à ce que nous croyons, en vertu d'une capitulation. Les Génois avaient présenté le projet d'une constitution qui, par son esprit démocratique, ne pouvait être admis. Mais la capitulation est d'autant plus nécessaire que les Génois répugnent singulièrement à cet acte de soumission et qu'il est bon d'écarter partout autant qu'on le pourra les germes d'aigreur et de discorde qui se multiplient sur tous les points à l'occasion de la réunion des Belges aux Hollandais, des Saxons aux Prussiens, des Italiens aux Autrichiens.

Nous sommes fondés à espérer de faire rendre Parme à la famille d'Espagne, et de faire donner *une des légations* à l'archiduchesse Marie-Louise. Si cet échange peut être obtenu, on en proposera le retour au Saint-Siège dans le cas où le prince son fils mourrait sans enfants. On n'a pas encore parlé du sort de Murat ; mais l'ambassade du roi ne regardera aucun arrangement comme complet, si la retraite de Murat n'y est stipulée.

Les affaires de Suisse n'ont point encore été touchées. On croit que les alliés avaient le projet de lier les rapports de ce pays avec le système militaire de l'Allemagne, pour opposer de plus fortes barrières à la France. La nomination de M. de Stein, de la part de la Russie, comme commissaire délégué pour cet objet, ferait peut-être supposer quelques arrière-pensées. Mais cet arrangement serait tellement contraire aux intérêts des Suisses, qu'on peut s'en rapporter à eux-mêmes pour le voir écarter lorsqu'il en sera question.

Vous jugerez, monsieur le comte, par ce court exposé des occupations du congrès que les résultats n'y sont pas fort avancés; mais que les intrigues particulières ont continué d'être assez actives. De la part des puissances elles découlent de deux sources : l'effroi que leur inspire encore la France révolutionnaire, et le désir secret qu'elles nourrissent de voir la France resserrée dans ses limites sans qu'elle puisse user de ses moyens pour regagner l'influence qu'elle avait à certaines époques de son histoire.

Le système que le roi a adopté rendra à la nation la confiance que les mesures de son dernier gouvernement lui ont fait perdre, et avec elle, l'intervention de la France sera plutôt recherchée que redoutée.

M. le comte de Noailles, qui après son arrivée a été présenté aux souverains, a recueilli les observations et les paroles qui lui ont été dites et qui lui ont paru mériter de l'intérêt. Nous avons l'honneur de vous adresser les notes qui les renferment. Elles ne présentent que des choses satisfaisantes.

Agréez...

N° 11. — LE PRINCE DE TALLEYRAND AU ROI LOUIS XVIII.

Vienne, le 12 novembre 1814.

Sire,

M. de Metternich et lord Castlereagh avaient persuadé au cabinet prussien de faire cause commune avec eux sur la question de la Pologne. Mais l'espoir qu'ils avaient fondé sur le concours de la Prusse n'a pas été de longue durée. L'empereur de Russie, ayant engagé le roi de Prusse à venir dîner chez lui il y a quelques jours, eut avec lui une conversation dont j'ai pu savoir quelques détails par le prince Adam Czartoryski. Il lui rappela l'amitié qui les unissait, le prix qu'il y attachait, tout ce qu'il avait fait pour la rendre éternelle. Leur âge étant à peu près le même, il lui était doux de penser qu'ils seraient longtemps témoins du bonheur que leurs peuples devraient à leur liaison intime. Il avait toujours attaché sa gloire au rétablissement d'un royaume de Pologne. Quand il touchait à l'accomplissement de ses désirs, aurait-il la douleur d'avoir à compter parmi ceux qui s'y opposaient son ami le plus cher et le seul prince sur les sentiments duquel il eût compté? Le roi fit mille protestations et lui jura de le soutenir dans la question polonaise. « Ce n'est pas assez, reprit l'empereur, que vous soyez dans cette disposition, il faut encore que vos ministres s'y conforment. » Et il engagea le roi à faire appeler M. de Hardenberg. Celui-ci étant arrivé, l'empereur répéta devant lui et ce qu'il avait dit, et la parole que le roi lui avait donnée. M. de Hardenberg voulut faire des objections, mais pressé par l'empereur Alexandre qui lui demandait s'il ne voulait pas obéir aux ordres du roi et ces ordres étant absolus, il ne lui resta qu'à promettre de les exécuter ponctuellement. Voilà tout ce que j'ai pu savoir de cette scène ; mais elle doit avoir offert beaucoup de particularités que j'ignore, s'il est vrai, comme M. de Gentz me l'a assuré, que le prince de Hardenberg ait dit qu'il n'en avait jamais vu de semblable.

Ce changement de la Prusse a fort déconcerté M. de Metternich et lord Castlereagh. Ils auraient voulu que M. de Hardenberg eût offert sa démission, et il est certain que cela aurait pu embarrasser[1] l'empereur et le roi, mais il ne paraît pas y avoir même pensé.

---

1. Variante : que *cela aurait embarrassé.*

Pour moi, qui soupçonnais M. de Metternich d'avoir obtenu le concours des Prussiens par plus de concessions qu'il n'en avouait, je penchais plutôt à croire que cette défection de la Prusse était un bien, et Votre Majesté verra que mes pressentiments n'étaient que trop fondés.

Le grand-duc Constantin, qui est parti depuis deux jours, doit organiser l'armée du duché de Varsovie. Il est aussi chargé de donner une organisation civile au pays. Le ton de ses instructions annonce, selon M. d'Anstedt[1] qui les a rédigées, que l'empereur Alexandre ne se départira d'aucune de ses prétentions. L'empereur doit avoir engagé le roi de Prusse à donner pareillement une organisation civile et militaire à la Saxe. On rapporte qu'il lui a dit : « De l'organisation civile à la propriété, il n'y a pas loin. » Dans une lettre que je reçois de M. de Caraman[2], je trouve que le frère du ministre des finances et plusieurs généraux sont partis de Berlin pour aller organiser la Saxe[3]. M. de Caraman ajoute que néanmoins l'occupation de la Saxe n'est plus[4] présentée à Berlin comme définitive, mais seulement comme provisoire.

On raconte encore que l'empereur Alexandre, parlant de l'opposition de l'Autriche à ses vues, et après des plaintes amères contre M. de Metternich avait dit : « L'Autriche se

---

1. Variante : M. *d'Anstetten*.

2. Victor Ricquet, marquis puis duc de Caraman, né en 1762. En 1814 Louis XVIII le nomma ambassadeur à Berlin, puis, l'année suivante, à Vienne. Il assista comme plénipotentiaire aux différents congrès de la sainte alliance, et fut créé duc en 1828. Il mourut en 1839.

3. Variante : *civilement et militairement*.

4. Variante : *n'est pas* présentée.

croit assurée de l'Italie, mais il y a là un Napoléon dont on peut se servir; » propos dont je ne suis pas certain, mais qui circule, et qui, s'il est vrai, peut donner la mesure complète de celui qui l'a tenu.

Lord Castlereagh n'a point encore reçu de réponse à sa dernière note. Quelques personnes croient que l'empereur ne daignera pas même y répondre.

Pendant que les affaires de la Pologne et de la Saxe restent ainsi en suspens, les idées que, dans la conférence dont j'ai eu l'honneur de rendre compte à Votre Majesté, j'avais mises en avant sur l'organisation de l'Italie, ont fructifié. Je fus avant-hier chez lord Castlereagh, et je l'en trouvai rempli. M. de Metternich, qui dînait hier avec nous chez M. de Rasumowski, ne l'était pas moins. Il nous a réunis aujourd'hui, lord Castlereagh, M. de Nesselrode et moi, pour nous en occuper. En arrivant, il m'a prévenu qu'il ne serait question que de cela; qu'après-demain, demain, dans une heure peut-être, il serait en état de me parler de la Pologne et de la Saxe, mais que, pour le moment, il ne le pouvait pas. Je n'ai point insisté. La conférence a roulé uniquement sur le pays de Gênes. Il a été proposé de ne point l'incorporer au Piémont, mais de le donner au roi de Sardaigne par une capitulation qui lui assurât[1] des privilèges et des institutions particulières. Lord Castlereagh avait apporté des mémoires et des projets qui lui avaient été adressés à ce sujet. Il les a lus. Il a fort insisté sur l'établissement d'un port franc, d'un entrepôt et d'un transit avec des droits très modérés, à travers le Piémont[2].

---

1. Variante : *assurera*.

2. Variante : *au travers du*.

On est convenu de se réunir demain et d'appeler à la conférence MM. de Saint-Marsan et de Brignole.

Après la conférence, resté seul avec M. de Metternich, et désirant de savoir où il en était pour la Pologne et pour la Saxe et ce qu'il se proposait de faire par rapport à l'une et à l'autre, au lieu de lui faire à cet égard des questions qu'il aurait éludées, je ne lui ai parlé que de lui-même, et prenant le ton d'une ancienne amitié, je lui ai dit que, tout en s'occupant des affaires, il fallait aussi songer à soi-même; qu'il me paraissait qu'il ne le faisait point assez; qu'il y avait des choses auxquelles on était forcé par la nécessité, mais qu'il fallait que cette nécessité fût rendue sensible à tout le monde; qu'on avait beau agir par les motifs les plus purs; que, si ces motifs étaient inconnus[1] du public, on n'en était pas moins calomnié, parce que le public alors ne pouvait juger que par les résultats; qu'il était en butte à toute sorte de reproches; qu'on l'accusait, par exemple, d'avoir sacrifié la Saxe; que j'espérais bien qu'il ne l'avait pas fait; mais pourquoi laisser un prétexte à de tels bruits? Pourquoi ne pas donner à ses amis les moyens de le défendre ou de le justifier? Un peu d'ouverture de sa part a été la suite de l'espèce d'abandon avec lequel je lui parlais. Il m'a lu sa note aux Prussiens sur la question de la Saxe, et quelques remerciements affectueux[2] de ma part l'ont conduit à me la confier. Je lui ai promis qu'elle resterait secrète. J'en joins une copie à la lettre que j'ai l'honneur d'écrire à Votre Majesté. Je la supplie de

---

1. Variante : *étaient connus.*

2. Variante : *assez* affectueux.

vouloir bien la garder et de me permettre de la lui demander à mon retour.

Votre Majesté verra dans cette pièce que M. de Metternich avait promis aux Prussiens non pas, comme il me l'avait assuré, une portion de la Saxe, mais la Saxe tout entière, promesse qu'il avait heureusement subordonnée à une condition dont l'inaccomplissement la rend nulle[1]. Votre Majesté verra encore par cette note que M. de Metternich abandonne Luxembourg aux Prussiens, après m'avoir assuré à diverses reprises qu'il ne leur serait pas donné. Cette même note révèle encore le projet dès longtemps formé, de placer l'Allemagne sous ce qu'on appelle l'influence, et ce qui serait réellement la domination absolue et exclusive de l'Autriche et de la Prusse.

Maintenant, M. de Metternich proteste qu'il n'abandonnera point la Saxe. Quant à la Pologne, il m'a fait entendre qu'il céderait beaucoup, ce qui signifie qu'il cédera tout, si l'empereur Alexandre ne se désiste de rien.

J'étais encore avec lui quand on lui a apporté l'état de l'armée autrichienne. Il me l'a fait voir. La force actuelle de cette armée consiste en trois cent soixante-quatorze mille hommes, dont cinquante-deux mille de cavalerie et huit cents pièces de canon. C'est avec ces forces qu'il croit que la monarchie autrichienne n'a point de meilleur parti

---

1. M. de Metternich livrait la Saxe à la Prusse à deux conditions ; 1° que la Prusse se séparât de la Russie sur la question polonaise : 2° que du côté du Rhin, le Mein d'une part, la Moselle de l'autre, servissent de limite entre les États du nord et les États du sud, ce qui forçait la Prusse à renoncer à Mayence. Or, on sait que Frédéric-Guillaume et l'empereur Alexandre étaient étroitement unis dans leurs vues sur la Pologne, et que d'un autre côté la Prusse convoitait ardemment Mayence.

à prendre que de tout souffrir et de se résigner à tout. Votre Majesté voudra bien remarquer que le nombre des troupes est l'effectif de l'armée.

Je ne fermerai la lettre que j'ai l'honneur d'écrire à Votre Majesté qu'au retour d'une conférence à laquelle je vais me rendre ce matin.

Je sors de la conférence. Je m'y suis trouvé avec MM. de Nesselrode, de Metternich et lord Castlereagh. On a fait entrer M. de Saint-Marsan, à qui l'on avait donné rendez-vous. Il n'a été question que de la réunion du pays de Gênes au Piémont. Une espèce de pouvoirs donnés[1] par le gouvernement provisoire fabriqué, il y a quelques mois, par lord William Bentinck, a fait naître quelques difficultés. Elles seront levées en établissant que Gênes est un pays vacant. Il a été convenu que les huit puissances se réuniraient demain pour en faire la déclaration et pour donner à M. de Brignole, député de Gênes, copie du protocole dans lequel cette déclaration sera contenue. Il ne restera plus à déterminer que le mode de réunion. J'ai profité de la conférence d'aujourd'hui pour parler de la succession de Sardaigne. M. de Saint-Marsan, que j'avais prévenu, avait reçu de sa cour des instructions conformes aux droits de la maison de Carignan. J'ai proposé un mode de rédaction qui les reconnaît. M. de Saint-Marsan l'a adopté et soutenu, et j'ai tout lieu de croire qu'il sera admis.

Les conférences pour les affaires de Suisse ne tarderont point à commencer.

Je suis...

---

1. Variante : Une espèce de *pouvoir donné*.

N° 7 *ter*. — LE ROI LOUIS XVIII AU PRINCE DE TALLEYRAND.

Paris, le 15 novembre 1814.

Mon cousin,

J'ai reçu votre numéro 10 et j'attends avec impatience les importants détails ultérieurs que vous m'annoncez.

Je saisis avidement l'espoir que vous me donnez pour la Saxe, et je crois pouvoir m'y livrer avec quelque confiance, du moment que le prince de Metternich parle, non d'après lui-même, mais d'après l'avis d'un conseil. J'aimerais sûrement bien mieux que ce royaume restât entier, mais je crois que son malheureux roi devra encore s'estimer heureux si on lui en sauve les deux tiers ou les trois quarts.

Quant à l'échange proposé, je n'aime pas, en général, à céder du mien; je répugne encore plus à dépouiller autrui, et, après tout, les droits du prince évêque de Bâle, moins importants sans doute au repos de l'Europe, ne sont pas moins sacrés que ceux du roi de Saxe. Si cependant la spoliation du premier de ces princes est inévitable, mû par la double considération de conserver au roi de Sardaigne une portion de ses États et de rendre un grand service au canton de Berne, je consentirai à l'échange et je vous envoie une autorisation *ad hoc* [1].

---

1. Variante : ...... *dont vous ferez usage aux cinq conditions suivantes dont la première n'est qu'une règle de conduite pour nous :* 1° *impossibilité de sauver la principauté de Bâle;* 2° *garantie au roi de Sardaigne de ce qui lui reste de la Savoie;* 3° *restitution au canton de Berne de sa partie de l'Argovie;* 4° *libre exercice de la religion catholique dans la portion du pays de Gex cédée au canton de Genève;* 5° *libre navigation pour la France sur le lac de Genève. A ce prix, vous pouvez signer l'échange.*

Sur quoi je prie Dieu qu'il vous ait, mon cousin, en sa sainte et digne garde.

LOUIS.

N° 13 bis. — LES AMBASSADEURS DU ROI AU CONGRÈS, AU MINISTRE DES AFFAIRES ÉTRANGÈRES A PARIS.

Vienne, le 17 novembre 1814.

Monsieur le comte,

Depuis l'expédition de notre dernière dépêche, une conférence a eu lieu. Elle a fixé le sort de Gênes conformément à l'article secret qui réunit ce pays au Piémont.

Une commission a été nommée pour régler les conditions sous lesquelles cette réunion s'effectuera. On a désigné l'Autriche, la France et l'Angleterre pour la former. Elle sera composée de M. de Wessemberg, M. le comte de Noailles et lord Clancarty.

Lord Castlereagh éprouve quelque embarras par la conduite que lord W. Bentinck a tenue à Gênes. Ce dernier avait flatté le peuple génois d'une entière indépendance. Lord Castlereagh a soutenu faiblement que cet amiral avait outrepassé ses pouvoirs, et il a dit qu'il fallait par tous les moyens de conciliation adoucir aux Génois le sacrifice qu'on leur imposait. Il a assuré le député de Gênes qu'il procurerait à son pays tous les avantages dont jouit l'Irlande sa patrie, et nous sommes curieux de voir comment il compensera l'État de Gênes du droit de nommer des députés à la Chambre des communes et à celle des pairs, prérogative dont jouit l'Irlande par son union à la Grande-Bretagne, et qui ne peut être donnée aux Génois puisque le Piémont n'a pas de parlement. Ce fait et beaucoup d'autres nous prouvent tous les jours que ce noble lord a moins étudié les rapports du continent, qu'il n'est frappé du danger auquel un nouveau système de blocus continental exposerait sa patrie.

Dans cette conférence, le plénipotentiaire d'Espagne, M. de Labrador, avait soutenu qu'il fallait laisser aux Génois le droit de se constituer eux-mêmes, et que l'article secret ne donnait aucun droit au roi de Sardaigne. qui n'a pas signé le traité de Paris. Ce ministre voulait sans doute essayer, si le vœu que les Génois avaient énoncé d'être donnés à la reine d'Étrurie pouvait se réaliser.

Le désir de ne pas altérer les dispositions du traité de Paris a porté la majorité à décider que la *réunion* de Gênes au Piémont devait s'effectuer; et que l'acte de soumission de la part de cette république à la France et la cession qui en était faite par le traité de Paris mettaient les principes du droit des gens à couvert. Nous nous sommes rangés à cet avis.

Dès que la copie du procès-verbal de cette conférence nous aura été remise, nous aurons l'honneur, monsieur le comte, de vous la transmettre.

Nous vous adressons en attendant une pièce bien plus curieuse, et qui accuserait sévèrement les principes de la coalition si nous n'étions témoins de l'embarras qu'elle produit, et, du désir qu'ont les ministres des quatre puissances à la déclarer, ou apocryphe, ou publiée par l'effet d'une coupable précipitation de la part du prince Repnin[1], gouverneur de la Saxe.

Cette pièce mérite une attention particulière. Elle prouve que, malgré toutes les peines qu'on s'est données pour nous cacher, dès notre arrivée, les secrètes machinations de la Russie et de la Prusse, la faiblesse du prince de Metternich et la médiocrité de conduite de lord Castlereagh, nous avons pénétré tout d'abord les fausses combinaisons et la marche irrégulière que les ministres de ces quatre puissances ont suivies, et qui, sans l'intervention de la France, faisaient perdre la possibilité même de convenir d'un système d'équilibre politique, système qui, mal calculé peut-être, se placera cependant sous l'égide des principes généraux qui gouvernaient l'Europe avant la Révolution.

La publication de cette circulaire du prince Repnin dans les feuilles allemandes a causé beaucoup de tracasseries à M. de Stein qui, par son système de création en Allemagne, s'est fait l'avocat de la réunion de la Saxe à la Prusse.

Les ministres anglais et autrichiens lui reprochent d'avoir parlé de leur consentement, qu'ils prétendent n'avoir pas donné et qu'effectivement ils avaient soumis à de très faibles

---

1. Il s'agit d'une proclamation du prince Repnin, gouverneur de la Saxe pour le compte des alliés, qui annonçait que ce pays allait être cédé à la Prusse.
Nicolas, prince Repnin-Wolkonski, général et diplomate russe, petit-fils du célèbre feld-maréchal de ce nom. Né en 1778, il était colonel à Austerlitz où il fut fait prisonnier. En 1809, il fut nommé ambassadeur à Cassel près le roi Jérôme-Napoléon. Il devint lieutenant général en 1813, et après la bataille de Leipsick, fut nommé gouverneur général de la Saxe, le roi Frédéric-Auguste ayant été considéré comme prisonnier de guerre. En 1814, il fut accrédité à Vienne comme plénipotentiaire au congrès; après la paix il fut nommé gouverneur de la petite Russie (1816), entra plus tard au conseil de l'empire (1835) et mourut en 1845.

conditions. On verra donc paraître des réfutations dans plusieurs gazettes. Mais il est bon que cette pièce scandaleuse, et qui met à découvert l'intrigue ourdie ici, soit connue.

Le ministre de Saxe n'a point encore jugé à propos de publier la protestation du roi, et on se bornera seulement à l'annoncer.

Nous avons l'honneur de vous adresser copie de la circulaire et vous voudrez bien, monsieur le comte, la faire insérer dans le *Moniteur* telle qu'elle est adressée ci-jointe au ministère. L'occupation de la Saxe par les Prussiens est sans doute une faute très grave de la part du ministère autrichien, et un oubli de tout principe de la part de lord Castlereagh; mais elle ne décide point encore la question, et nous voyons avec satisfaction que l'opinion combat avec force cette mesure.

La Bavière a déclaré qu'elle ne consentirait jamais à la destruction de la maison et du peuple saxons, et qu'une ligue germanique ne pouvait être formée avec de tels éléments. Elle a renouvelé ses offres à l'Autriche, si cette puissance voulait déployer toutes ses forces et adopter un système plus franc et plus positif.

Le Wurtemberg paraît se rapprocher de cette même direction.

L'opinion en Autriche désapprouve sans réserve l'exécution définitive de cette mesure, et M. de Metternich est hautement accusé de négliger les intérêts les plus importants de la monarchie.

Le prince de Talleyrand a eu une troisième conversation avec l'empereur de Russie, dont il rend compte au roi dans sa dépêche particulière. Il ne lui a laissé aucun doute sur le parti que le roi est prêt à prendre dans cette circonstance. L'empereur lui-même était plus doux et moins décidé qu'il ne l'avait paru dans les premières entrevues.

La Prusse, de son côté, ne peut se cacher que cette réunion opérée avec de telles difficultés deviendra une source d'embarras et de dangers pour elle. Les ministres prussiens cherchent donc à négocier ; ils ont l'air de vouloir réserver au roi de Saxe un équivalent, ou une portion de la Saxe renfermant la moitié de la population ; mais rien n'est consenti à cet égard de leur part. Ils ont même annoncé qu'il suffisait de conserver un duc de Saxe.

Le prince de Talleyrand a prouvé à l'empereur de Russie qu'il fallait conserver seize cent mille habitants à la Saxe, parce que la Saxe renferme un peu plus de deux millions d'âmes ; qu'elle doit garder tout ce qu'elle a sur la rive gauche de l'Elbe, et que les territoires, sur la rive droite, ont une population inférieure qui ne s'élève pas à plus de cinq à six cent mille âmes. On pourrait peut-être admettre un peu moins de seize cent mille habitants ; et comme l'Angleterre et l'Autriche n'ont point encore abandonné la demande de limites régulières en Pologne, tout est intact, et on ne peut annoncer le dernier résultat d'une négociation qui, sans la fermeté de l'ambassade du roi, eût été abandonnée entièrement.

En tout état de choses, il sera moins important pour la France de voir sacrifier une partie de la Pologne à la Russie, que de voir détruire la Saxe ; et quelques ministres autrichiens pensent que, s'il fallait céder sur l'un ou l'autre point, l'Autriche devait être également plus facile sur les limites en Pologne, à condition que la Prusse n'obtiendra pas l'avantage de réunir la Saxe à sa monarchie.

C'est par l'action réunie de ces différents rapports et par une marche plus conforme aux vrais principes de la part de l'Angleterre, que nous espérons que cette cause pourra être sauvée.

Les nouvelles d'Italie parlent des intrigues du roi de Naples et de ses armements. Nous observons ici la crainte qu'en éprouve M. le prince de Metternich. On nous assure cependant que la cour de Russie a rappelé l'officier qu'elle tenait près de Murat, et que les lettres de créance expédiées au ministre de Russie, à Palerme, portent qu'il est accrédité près *du roi des Deux-Siciles.*

Il circule ici une brochure rédigée par un nommé Filangieri[1], aide de camp de Murat, et qui porte un caractère révolutionnaire et menaçant. La police l'a fait racheter. M. le prince de Metternich se sert de ces alarmes pour égarer l'opinion à l'égard de la conservation de Murat sur le trône de Naples. Mais il est le seul des ministres de l'empereur d'Autriche même, qui soutienne cette cause dont l'Europe fera justice.

L'empereur de Russie a signé les ratifications du traité fait entre lui et le roi de Danemark, et elles ont été échangées hier. Les troupes russes doivent évacuer le Holstein.

Rien n'a encore été arrêté sur les affaires de la Suisse, et celles de la fédération allemande ne sont pas très avancées.

---

1. Charles Filangieri, prince de Satriano, duc de Taormina, né en 1785, général napolitain, l'un des officiers les plus dévoués à Murat. Il fut grièvement blessé en 1815 au moment de la reprise des hostilités avec les Autrichiens. Il conserva son grade après la restauration des Bourbons. En 1848, le roi Ferdinand le chargea de soumettre la Sicile. Il y réussit après de sanglants combats, fut nommé lieutenant général et gouverneur de cette province, mais se démit peu après, et vécut dès lors dans la retraite.

M. de Metternich et M. de Hardenberg ont communiqué le plan général à M. le comte de Nesselrode pour le soumettre à l'empereur. Dans une réponse en date du 11 novembre, M. de Nesselrode annonce aux cabinets d'Autriche et de Prusse que la Russie applaudit aux bases qui doivent former le pacte fédératif.

Nous avons l'honneur de vous adresser ce projet tel qu'il nous a été communiqué confidentiellement, et tel qu'il sert aux délibérations du comité allemand. Beaucoup de changements y ont eu lieu, nommément la division en cercles, le droit de guerre et de paix... Nous espérons avoir communication de la note de M. de Nesselrode, que nous transmettrons également au ministère.

Agréez...

N° 12. — LE PRINCE DE TALLEYRAND AU ROI LOUIS XVIII.

Vienne, le 17 novembre 1814.

SIRE,

Avant que l'empereur Alexandre eût ramené la Prusse à lui, des[1] personnes de sa confiance lui ayant conseillé de se tourner du côté de la France, de s'entendre avec elle et de me voir, il avait répondu qu'il me verrait volontiers, et que désormais, pour lui faire demander une audience, il fallait que je m'adressasse, non au comte de Nesselrode, mais au prince Wolkonski, son premier aide de camp. Je dis à la

---

1. Variante : les

personne par qui l'avis m'en fut donné, que, si je faisais demander une audience à l'empereur, les Autrichiens et les Anglais ne pourraient pas l'ignorer, qu'ils en prendraient de l'ombrage et bâtiraient là-dessus toute sorte de conjectures, et qu'en la faisant demander par la voie inusitée d'un aide de camp, je donnerais à mes relations avec l'empereur un air d'intrigue qui ne pouvait convenir ni à l'un ni à l'autre. A quelques jours de là, comme il demandait pourquoi il ne m'avait pas vu, on lui fit connaître mes motifs et il les approuva, en ajoutant : « Ce sera donc moi qui l'attaquerai le premier. » Ayant souvent l'occasion de me trouver avec lui dans de grandes réunions, je m'étais fait la règle d'être le moins possible sur son passage ou[1] près de lui, et de l'éviter autant que cela pouvait se faire sans manquer aux bienséances. J'en usai de la sorte samedi, chez le comte Zichy, où il était. J'avais passé presque tout le temps dans la salle du jeu, et, profitant pour me retirer du moment où l'on se mettait à table, j'avais déjà gagné la porte de l'antichambre, lorsque, ayant senti une main qui s'appuyait sur mon épaule et m'étant retourné, je vis que cette main était celle de l'empereur Alexandre. Il me demanda pourquoi je ne l'allais pas voir ? quand il me verrait ? ce que je ferais le lundi ? me dit d'aller chez lui ce jour-là, le matin à onze heures ; d'y aller en frac, de reprendre avec lui mes habitudes de frac, et, en disant cela, il me prenait les bras[2] et me les serrait d'une manière tout amicale.

J'eus soin d'informer M. de Metternich et lord Castlereagh

---

1. Variante : *auprès*.

2. Variante : et *disant* cela, il me prenait *le* bras et me *le* serrait.

de ce qui s'était passé, afin d'éloigner toute idée de mystère et de prévenir tout soupçon de leur part.

Je me rendis chez l'empereur à l'heure indiquée. « Je suis, me dit-il, bien aise de vous voir. Et vous aussi, vous désiriez de me voir, n'est-ce pas? » Je lui répondis que je témoignais toujours du regret de me trouver dans le même lieu que lui, et de ne le pas voir plus souvent, après quoi l'entretien s'engagea.

« Où en sont les affaires, et quelle est maintenant votre position? — Sire, elle est toujours la même : si Votre Majesté veut rétablir la Pologne dans un état complet d'indépendance, nous sommes prêts à la soutenir. — Je désirais à Paris le rétablissement de la Pologne, et vous l'approuviez ; je le désire encore comme homme, comme toujours fidèle aux idées libérales que je n'abandonnerai jamais. Mais dans ma situation, les désirs de l'homme ne peuvent pas être la règle du souverain. Peut-être le jour arrivera-t-il où la Pologne pourra être rétablie. Quant à présent, il n'y faut pas penser. — S'il ne s'agit que du partage du duché de Varsovie, c'est l'affaire de l'Autriche et de la Prusse, beaucoup plus que la nôtre. Ces deux puissances une fois satisfaites sur ce point, nous serons satisfaits nous-mêmes; tant qu'elles ne le seront pas, il nous est prescrit de les soutenir, et notre devoir est de le faire, puisque l'Autriche a laissé arriver des difficultés qu'il lui était si facile de prévenir. — Comment cela? — En demandant, lors de son alliance avec vous, à faire[1] occuper par ses troupes la partie du duché de Varsovie qui lui avait appar-

---

1. En *demandant à faire*, lors de son alliance avec vous, *occuper*.

tenu. Vous ne le lui auriez certainement pas refusé, et, si elle eût occupé ce pays, vous n'auriez pas songé à le lui ôter. — L'Autriche et moi nous sommes d'accord. — Ce n'est pas là ce qu'on croit dans le public. — Nous sommes d'accord sur les points principaux : il n'y a plus de discussion que pour quelques villages. — Dans cette question la France n'est qu'en seconde ligne ; elle est en première dans celle de la Saxe. — En effet, la question de la Saxe est pour la maison de Bourbon une question de famille. — Nullement, Sire. Dans l'affaire de la Saxe, il ne s'agit point de l'intérêt d'un individu, ou d'une famille particulière ; il s'agit de l'intérêt de tous les rois ; il s'agit du premier intérêt de Votre Majesté elle-même : car son premier intérêt est de prendre soin de cette gloire personnelle qu'elle a acquise et dont l'éclat rejaillit sur son empire. Votre Majesté doit en prendre soin, non seulement pour elle-même, mais encore pour son pays, dont cette gloire est devenue le patrimoine. Elle y mettra le sceau en protégeant, en faisant respecter les principes qui sont le fondement de l'ordre public et de la sécurité de tous. Je vous parle, Sire, non comme ministre de France, mais comme un homme qui vous est sincèrement attaché. — Vous parlez de principes, mais c'en est un que l'on doit tenir sa parole, et j'ai donné la mienne. — Il y a des engagements de divers ordres, et celui qu'en passant le Niémen Votre Majesté prit envers l'Europe doit l'emporter sur tout autre. Permettez-moi, Sire, d'ajouter que l'intervention de la Russie, dans les affaires de l'Europe, est généralement vue d'un œil de jalousie et d'inquiétude, et que, si elle a été soufferte, c'est uniquement à cause du caractère personnel de Votre Majesté. Il est donc nécessaire que ce caractère se conserve entier. — Ceci est une affaire qui ne concerne que moi, et dont je suis le seul juge. — Pardonnez-moi, Sire, quand on est homme[1] de l'histoire, on a pour juge le monde entier. — Le roi de Saxe est l'homme le moins digne d'intérêt: il a violé ses engagements. — Il n'en avait pris aucun avec Votre Majesté; il n'en avait pris qu'avec l'Autriche. Elle seule serait donc en droit de lui en vouloir, et, tout au contraire, je sais que les projets formés sur la Saxe font éprouver à l'empereur d'Autriche la peine la plus vive, ce que Votre Majesté ignore très certainement; sans quoi, vivant, elle et sa famille, avec lui et chez lui depuis deux mois, elle n'aurait jamais pu se résoudre à la lui causer. Ces mêmes projets affligent et alarment le peuple de Vienne, j'en ai chaque jour des preuves. — Mais l'Autriche abandonne la Saxe. — M. de Metternich, que je vis hier soir, me montra des dispositions bien opposées à ce que Votre Majesté me fait l'honneur de me dire. — Et vous-même, on dit que vous consentez à en abandonner une partie? — Nous ne le ferons qu'avec un extrême regret. Mais si, pour que la Prusse ait une population égale à celle qu'elle avait en 1806, et qui n'allait qu'à neuf millions deux cent mille âmes, il est nécessaire de donner de trois à quatre cent mille Saxons, c'est un sacrifice que nous ferons pour le bien de la paix. — Et voilà ce que les Saxons redoutent le plus. Ils ne demandent pas mieux que d'appartenir au roi de Prusse; tout ce qu'ils désirent, c'est de n'être pas divisés. — Nous sommes à portée de savoir[2] ce qui se passe en

---

1. Variante : *l'homme.*

2. Variante : *de connaître.*

Saxe, et nous savons que les Saxons sont désespérés de l'idée[1] de devenir Prussiens. — Non, tout ce qu'ils craignent c'est d'être partagés, et c'est en effet, ce qu'il y a de plus malheureux pour un peuple. — Sire, si l'on appliquait ce raisonnement à la Pologne! — Le partage de la Pologne n'est pas de mon fait. Il ne tient pas à moi que ce mal ne soit réparé; je vous l'ai dit, peut-être le sera-t-il un jour. — La cession d'une partie des deux Lusaces ne serait point proprement un démembrement de la Saxe; elles ne lui étaient point incorporées; elles avaient été jusqu'à ces derniers temps un fief relevant de la couronne de Bohême; elles n'avaient de commun avec la Saxe que d'être possédées par le même souverain[2]. — Dites-moi, est-il vrai qu'on fasse des armements en France? (En me faisant cette question, l'empereur s'est approché si près de moi, que son visage touchait presque le mien.) — Oui, Sire. — Combien le roi a-t-il de troupes? — Cent trente mille hommes sous les drapeaux et trois cent mille renvoyés chez eux, mais pouvant être rappelés au premier moment. — Combien en rappelle-t-on maintenant? — Ce qui est nécessaire pour compléter le pied de paix. Nous avons tour à tour senti le besoin

---

1. Variante : *à l'idée.*

2. La Lusace est une province d'Allemagne située entre l'Elbe et l'Oder, au nord de la Bohême et au sud du Brandebourg. Elle était divisée en haute et basse Lusace, formant chacune un margraviat. Les Lusaces faisaient primitivement partie du royaume de Bohême. Elles en furent détachées en 1231 par le roi Ottokar, qui les donna en dot à sa fille lors de son mariage avec le margrave de Brandebourg. Toutefois elles revinrent à la Bohême au siècle suivant. En 1635, l'empereur Ferdinand II détacha de nouveau cette province de la Bohême et la donna définitivement au duc de Saxe, Jean-George.

de n'avoir plus d'armée et le besoin d'en avoir une; de n'en avoir plus, quand l'armée était celle de Bonaparte[1], et d'en avoir une qui fût celle du roi. Il a fallu pour cela dissoudre et recomposer, désarmer d'abord, et ensuite réarmer, et voilà ce qu'en ce moment, on achève de faire. Tel est le motif de nos armements actuels. Ils ne menacent personne; mais quand toute l'Europe est armée, il a paru nécessaire que la France le fût, dans une proportion convenable. — C'est bien. J'espère que ces affaires-ci mèneront à un rapprochement entre la France et la Russie. Quelles sont, à cet égard les dispositions du roi? — Le roi n'oubliera jamais les services que Votre Majesté lui a rendus, et sera toujours prêt à les reconnaître, mais il a ses devoirs comme souverain d'un grand pays, et comme chef de l'une des plus puissantes et des plus anciennes maisons de l'Europe. Il ne saurait abandonner la maison de Saxe. Il veut qu'en cas de nécessité, nous protestions. L'Espagne, la Bavière, d'autres États encore, protesteraient comme nous. — Écoutez, faisons un marché : soyez aimables pour moi dans la question de la Saxe, et je le serai pour vous dans celle de Naples. Je n'ai point d'engagement de ce côté. — Votre Majesté sait bien qu'un tel marché n'est pas faisable. Il n'y a pas de parité entre les deux questions. Il est impossible que Votre Majesté ne veuille pas, par rapport à Naples, ce que nous voulons nous-mêmes. — Eh bien! persuadez donc aux Prussiens de me rendre ma parole. — Je vois fort peu de Prussiens[2], et ne viendrais sûrement pas à bout de les per-

---

1. Variante : *Buonaparte.*

2. Variante : *les* Prussiens.

suader. Mais Votre Majesté a tous les moyens de le faire. Elle a tout pouvoir sur l'esprit du roi; elle peut d'ailleurs les contenter. — Et de quelle manière ? — En leur laissant quelque chose de plus en Pologne. — Singulier expédient que vous me proposez : vous voulez que je prenne sur moi, pour leur donner ! »

L'entretien fut interrompu par l'impératrice de Russie, qui entra chez l'empereur. Elle voulut bien me dire des choses obligeantes. Elle ne resta que quelques moments, et l'empereur reprit : « Résumons-nous. » — Je récapitulai brièvement les points sur lesquels je pouvais, et ceux sur lesquels je ne pouvais point composer, et je finis par dire que je devais insister sur la conservation du royaume de Saxe avec seize cent mille habitants. « Oui, me dit l'empereur, vous insistez beaucoup sur une chose *décidée*. » Mais il ne prononça point ce mot de ce ton qui annonce une détermination qui ne peut changer.

Son but, en m'appelant chez lui, était de savoir :

1° Ce que c'était que les armements qu'il avait ouï dire que l'on faisait en France, et dans quelles vues ils étaient faits. Je crois lui avoir répondu de manière à ce qu'il ne pût pas se croire menacé, et, cependant,[1] à ne pas lui laisser une trop grande sécurité ;

2° Si Votre Majesté serait disposée à faire un jour une alliance avec lui. A moins qu'il ne renonçât à l'esprit de conquête, ce qui n'est nullement présumable, je ne vois pas comment il serait possible que Votre Majesté, tout animée de l'esprit de conservation, s'alliât avec lui, si ce n'est dans

---

1. Variante : *de façon à*.

un cas extraordinaire et pour un but momentané. Mais il ne convenait pas, s'il en avait le désir, de lui en ôter l'espérance, et j'ai dû éviter de le faire;

3° Quelles étaient au juste nos déterminations par rapport à la Saxe. A cet égard, je lui ai laissé si peu de doutes, qu'il a dit au comte de Nesselrode, par qui je l'ai su : « Les Français sont décidés, sur la question de la Saxe. Mais qu'ils s'arrangent avec la Prusse. Ils voudraient prendre sur moi pour lui donner, mais c'est à quoi je ne consens pas. »

Je n'ai rapporté cet entretien avec tant de détail que pour que Votre Majesté pût mieux juger combien, depuis la dernière audience que j'avais eue de l'empereur, son ton était changé. Il n'a point donné, dans tout le cours de notre conversation, une seule marque d'irritation ou d'humeur. Tout a été calme et doux.

Il est sûrement moins touché des intérêts de la Prusse et moins retenu par l'amitié qu'il porte au roi, qu'il n'est embarrassé des promesses qu'il lui a faites, et je croirais volontiers que, malgré le caractère chevaleresque qu'il affecte et tout esclave qu'il veut paraître de sa parole, il serait, dans le fond de l'âme, enchanté d'avoir un prétexte honnête pour se dégager.

J'en juge surtout par une conversation qu'il a eue avec le prince de Schwarzenberg, et qui, je crois, n'a pas peu contribué à lui faire désirer de me voir. Il lui demandait où en étaient leurs affaires[1] et s'ils parviendraient à s'entendre, et le pressait de lui donner son opinion, non comme ministre d'Autriche, mais comme un ami. Après s'être quelque temps défendu de

1. Variante : *les* affaires.

répondre[1], le prince de Schwarzenberg lui dit nettement que sa conduite envers l'Autriche avait été peu franche et même peu loyale, que ses prétentions tendaient à mettre la monarchie autrichienne dans un véritable danger, et les choses dans une situation qui rendrait la guerre inévitable; que si on ne la faisait pas maintenant (soit par respect pour l'alliance récente[2], soit pour ne pas se montrer à l'Europe comme des étourdis qui n'avaient rien su prévoir, et s'étaient mis, par une aveugle confiance, à la merci des événements), elle arriverait infailliblement d'ici à dix-huit mois ou deux ans. Alors, il échappa à l'empereur de dire : « Si je m'étais moins avancé ! Mais, ajouta-t-il, comment puis-je me dégager? Vous sentez bien qu'au point où j'en suis, il est impossible que je recule. »

En même temps que M. de Schwarzenberg présentait la guerre comme inévitable, tôt ou tard, un corps de troupes que l'Autriche a fait marcher en Gallicie semblait indiquer qu'elle pourrait être prochaine. Le cabinet de Vienne a paru vouloir sortir de son engourdissement. M. de Metternich a parlé d'alliance au prince de Wrède, en lui demandant si, dès à présent, la Bavière ne voudrait pas joindre vingt-cinq mille hommes aux forces autrichiennes, à quoi le prince de Wrède a répondu que la Bavière serait prête à fournir jusqu'à soixante-quinze mille hommes, mais sous les conditions suivantes :

1° Que l'alliance serait conclue avec la France ;

2° Que la Bavière fournirait vingt-cinq mille hommes, et

---

1. Variante : de *rompre*.

2. Variante : *naissante*.

non davantage, par chaque cent mille hommes que l'Autriche ferait marcher;

3° Que si l'Angleterre donnait des subsides à l'Autriche, la Bavière en recevrait sa part, dans la proportion de leurs forces respectives.

Je crois bien qu'au fond ce ne sont encore là que de simples démonstrations ; mais c'est déjà beaucoup que l'Angleterre[1] se soit déterminée à les faire, et elles ont dû naturellement donner à l'empereur Alexandre l'envie de savoir ce qu'il avait à craindre ou à se promettre de nous.

Sachant que son habitude, lorsqu'il parle à quelqu'un de ceux qui sont opposés à ses vues, est d'affirmer qu'il est d'accord avec les autres, et ne voulant pas que les résultats de mon entretien avec lui pussent être présentés sous un faux jour, j'ai profité d'une visite que m'a faite M. de Sickingen pour les faire connaître par lui à l'empereur d'Autriche. L'empereur en a instruit M. de Metternich, par le récit duquel j'ai vu que M. de Sickingen avait été un intermédiaire fidèle. Cette confidence a produit le meilleur effet. Le sentiment universel de défiance auquel nous avons été en butte, dans les premiers temps de notre séjour ici, s'affaiblit chaque jour, et le sentiment contraire s'accroît.

A mon retour de chez l'empereur Alexandre, je trouvai chez moi le ministre de Saxe, qui venait me communiquer :

1° Une protestation du roi de Saxe, que ce prince lui avait envoyée avec ordre de la remettre au congrès; mais après

---

1. Variante : que *l'Autriche*.

avoir consulté[1] M. de Metternich, aux avis duquel il lui est prescrit de se conformer ;

2° Une circulaire du prince Repnin, qui était en Saxe gouverneur général pour les Russes. Cette pièce, dont je joins une copie à ma dépêche au département pour qu'elle soit imprimée dans le *Moniteur*, est ce qui a motivé la protestation du roi, qui ne pourra être imprimée qu'après avoir été officiellement remise au congrès. J'en aurai seulement alors une copie[2].

Cette circulaire par laquelle le prince Repnin annonce aux autorités saxonnes, qu'en conséquence d'une convention conclue dès le 27 septembre, l'empereur Alexandre, de l'aveu

---

1. Variante : après *avoir communiqué à.*

2. Voici cette circulaire :

« Une lettre de M. le ministre, baron de Stein, en date du 21 octobre, m'a informé d'une convention conclue le 28 septembre à Vienne, et en vertu de laquelle Sa Majesté l'empereur de Russie, de concert avec l'Autriche et l'Angleterre, mettra dans les mains de Sa Majesté le roi de Prusse l'administration du royaume de Saxe. J'ai l'ordre de remettre le gouvernement de ce pays aux fondés de pouvoir de Sa Majesté le roi de Prusse, qui se présenteront, et de faire relever les troupes impériales russes par des troupes prussiennes, afin d'opérer par là la réunion de la Saxe à la Prusse, laquelle aura lieu prochainement d'une manière plus formelle et plus solennelle, et pour établir la fraternité entre les deux peuples... Après des délibérations préliminaires qui ont pour but le bien-être de l'ensemble et des parties qui le composent, Leurs Majestés ont, savoir : le roi Frédéric-Guillaume, en qualité de futur souverain du pays, déclaré qu'il a l'intention de ne point incorporer comme une province la Saxe à ses États, mais de la réunir à la Prusse sous le titre de royaume de Saxe; de la conserver pour toujours dans son intégrité; de lui laisser la jouissance de ses droits, privilèges et avantages que la constitution de l'Allemagne assurera à ceux des pays de l'Allemagne qui font partie de la monarchie prussienne, et jusque-là de ne rien changer à sa constitution actuelle. Et Sa Majesté l'empereur Alexandre a fait témoigner la satisfaction particulière que lui cause cette déclaration. » (*Moniteur* du 15 novembre 1814. — Voir également, sur la cérémonie de la remise des pouvoirs du prince Repnin aux autorités prussiennes, le *Moniteur* du 24 novembre.)

de l'*Autriche* et de l'*Angleterre*, a ordonné de remettre l'administration de la Saxe aux délégués du roi de Prusse qui doit à l'avenir posséder ce pays, non comme une province de son royaume, mais comme un royaume séparé dont il a promis de maintenir l'intégrité, a jeté dans le dernier embarras M. de Metternich et lord Castlereagh, et excité de leur part les plaintes les plus vives.

Il est bien vrai que l'on a abusé de la manière la plus odieuse de leur consentement, en le dénaturant, en le présentant comme absolu, quand il était purement conditionnel, ce qui justifie leurs plaintes. Mais il n'est pas moins vrai qu'ils ont donné un consentement qu'ils regrettent amèrement d'avoir donné.

Votre Majesté a déjà la note de M. de Metternich.

J'ai aujourd'hui l'honneur de lui envoyer celle de lord Castlereagh. Je l'ai seulement depuis deux jours. On ne me l'a procurée que sur la promesse de la tenir très secrète. C'est pourquoi je l'adresse directement à Votre Majesté elle-même. On m'a dit que lord Castlereagh travaillait à se la faire rendre par les Prussiens.

Cette note confirme tout ce que j'ai eu l'honneur de mander à Votre Majesté depuis six semaines, et révèle même des choses que je n'aurais pas crues, si elle n'en offrait incontestablement la preuve.

Quelque étrange que soit la note de M. de Metternich, sitôt qu'on la compare à celle de lord Castlereagh, on trouve entre elles des différences toutes à l'avantage de la première.

M. de Metternich essaye de persuader à la Prusse qu'elle doit renoncer à ses vues sur la Saxe. Il expose les raisons morales et politiques qui font qu'il répugne à donner son consentement, et, en le donnant, il avoue que c'est une sorte de nécessité qui le lui arrache.

Lord Castlereagh, au contraire, après quelques expressions d'une vive et stérile pitié pour la famille royale de Saxe, déclare qu'il n'a aucune sorte de répugnance *morale* ou *politique* à abandonner la Saxe à la Prusse[1].

M. de Metternich ne consent qu'autant que la Prusse aura fait des pertes qu'il sera impossible de lui compenser d'une autre manière.

Lord Castlereagh ne consent, au contraire, qu'autant que la Prusse conservera ce que M. de Metternich parle de lui compenser. Il veut que la Saxe soit pour elle un accroissement de puissance, et non point un équivalent.

Ainsi, ils subordonnent l'un et l'autre la question de la Saxe à celle de la Pologne, mais dans des sens absolument opposés, ce qui montre à quel point ces alliés si unis et qui criaient si haut que la France voulait les diviser, sont peu d'accord entre eux.

Ils se sont cependant entendus pour faire désavouer la cir-

---

[1]. Voici ce que lord Castlereagh, dans cette note adressée au prince de Hardenberg, dit de la Saxe :

« Quant à la question de la Saxe, je vous déclare que si l'incorporation de la totalité de ce pays dans la monarchie prussienne est nécessaire pour assurer un aussi grand bien à l'Europe, quelque peine que j'éprouve personnellement à l'idée de voir une si ancienne famille si profondément affligée, je ne saurais nourrir aucune répugnance morale ou politique contre la mesure elle-même. Si jamais un souverain s'est placé lui-même dans le cas de devoir être sacrifié à la tranquillité future de l'Europe, je crois que c'est le roi de Saxe, par ses tergiversations perpétuelles et parce qu'il a été non seulement le plus dévoué, mais aussi le plus favorisé des vassaux de Bonaparte, contribuant de tout son pouvoir et avec empressement, en sa double qualité de chef d'État allemand et d'État polonais, à étendre l'asservissement général jusqu'au cœur de la Russie. » *(Note de lord Castlereagh adressée au prince de Hardenberg, 11 octobre 1814).*

culaire du prince Repnin, et je crois qu'elle sera désavouée par les Prussiens eux-mêmes.

Au reste, il me paraît difficile que l'oubli, si ce n'est le mépris des principes et des notions les plus communes de la saine politique, puisse être porté plus loin que dans cette note de lord Castlereagh.

Il vint hier me demander à dîner et me proposa un entretien pour aujourd'hui. Je m'étais attendu à quelque confidence ou à quelque ouverture importante ; il venait seulement me parler de ses embarras. Trompé dans l'espoir qu'il avait fondé sur la Prusse, et voyant par là son système renversé par sa base, il est tombé dans une sorte d'abattement. Il venait me consulter sur le moyen de donner aux affaires une impulsion qui les fît marcher. Je lui ai dit que l'empereur Alexandre prétendait être d'accord avec l'Autriche sur la question de la Pologne, et qu'il ne leur restait plus que quelques détails à régler ; que si cela était, ce que je voyais de mieux à faire, c'était qu'il engageât l'Autriche à terminer promptement cet arrangement ; qu'ils avaient voulu subordonner[1] l'une à l'autre les questions de Pologne et de Saxe, et que cela ne leur avait pas réussi ; qu'il fallait donc les séparer et terminer d'abord celle de Pologne ; que l'Autriche, tranquille de ce côté et n'ayant plus à se partager entre les deux questions, serait tout entière à celle de la Saxe, que tous les militaires autrichiens regardaient comme étant de beaucoup la plus importante des deux ; que la Russie, satisfaite sur celle qui l'intéresse directement, gênerait probablement fort peu sur l'autre, et que la Prusse, se trouvant

---

1. Variante : qu'ils *avaient subordonné*.

seule vis-à-vis de l'Autriche, de l'Angleterre, de la France et de l'Espagne, l'affaire serait facilement et promptement réglée.

La circulaire du prince Repnin a été le signal que la Bavière attendait pour déclarer qu'elle ne souscrirait à aucun arrangement, et n'entrerait dans aucune ligue allemande, que la conservation du royaume de Saxe n'eût été préalablement assurée. C'est ce que le prince de Wrède a déclaré positivement au prince de Hardenberg qui, tout en disant qu'il ne pouvait rien prendre sur lui et qu'il en référerait au roi, a cependant fait entendre que le roi de Saxe pourrait être conservé avec un million de sujets.

Ainsi, tout est encore en suspens. Mais les chances de sauver une grande partie de la Saxe se sont accrues.

J'en étais à cet endroit de ma lettre, quand j'ai reçu celle dont Votre Majesté m'a honoré en date du 9 novembre, et celle qu'elle a bien voulu me faire écrire par M. le comte de Blacas.

Votre Majesté jugera par la note de lord Castlereagh, que j'ai l'honneur de lui envoyer, ou que ce ministre a des instructions que le duc de Wellington ne connaît pas, ou qu'il ne se croit pas lié par celles qui lui ont été données, et que, s'il a fait dépendre la question de la Saxe de celle de la Pologne, c'est dans un sens précisément inverse de celui que le duc de Wellington supposait.

Quant à ce qui concerne Naples, j'ai rendu compte à Votre Majesté de la proposition que M. de Metternich, dans une de ces conférences où nous n'étions que lui, lord Castlereagh, M. de Nesselrode et moi, avait faite, de ne s'entendre sur cette affaire qu'après le congrès, et de ma réponse. (C'est dans le numéro 10 de ma correspondance que se trouve ce détail.) Les menaces contenues dans la lettre dont M. de Blacas m'a envoyé un extrait se retrouvent, dit-on, dans un pamphlet publié par un aide de camp de Murat, nommé Filangieri, qui était encore tout récemment à Vienne. (Ce pamphlet a été enlevé par la police.) Mais j'espère que si l'Italie est une fois organisée depuis les Alpes jusqu'aux frontières de Naples, ainsi que je l'ai proposé, ces menaces ne seront guère à craindre.

J'ai attendu pour fermer ma lettre que je fusse de retour d'une conférence qui nous avait été indiquée pour ce soir à huit heures. On n'y a fait que lire et signer le protocole de la dernière conférence.

L'empereur de Russie est indisposé assez pour avoir dû garder le lit, mais ce n'est qu'une indisposition.

Je suis...

N° 8 *ter*. — LE ROI LOUIS XVIII AU PRINCE DE TALLEYRAND.

Paris, le 22 novembre 1814.

Mon cousin,

J'ai reçu votre numéro 11. Il me fournirait ample matière à réflexions, si je ne me les étais pas interdites, lorsqu'elles ne pourraient servir qu'à ma satisfaction personnelle.

Les discours que le comte Alexis de Noailles a entendus de la bouche des princes avec lesquels il s'est entretenu m'ont fait plaisir; celui du roi de Bavière m'a surtout frappé; mais que serviraient[1] ces dispositions, si elles ne sont soutenues par l'Autriche et l'Angleterre ? Or, je crains bien que malgré la manière infiniment adroite dont vous avez parlé au prince de Metternich, malgré l'accomplissement des conditions por-

---

1. Variante : que *serviront*.

tées dans la note du 22 octobre, et Pologne et Saxe ne soient abandonnées. Dans ce malheur il restera toujours à mon infortuné cousin, sa constance dans l'adversité, et à moi, (car j'y suis plus résolu que jamais) de n'avoir participé par aucun consentement à ces iniques spoliations.

Je crois au propos attribué à l'empereur Alexandre au sujet de l'Italie ; il est dans ce cas, de la plus haute importance que l'Autriche et l'Angleterre se pénètrent bien de l'adage, trivial si l'on veut, mais plein de sens, et surtout éminemment applicable à la circonstance : *Sublata causa, tollitur effectus.*

Je suis plus content de la tournure que prennent les affaires d'Italie ; la réunion de Gênes, la succession masculine de la maison de Savoie[1] sont deux points importants ; mais ce qui l'est par-dessus tout, c'est que malgré les vanteries, peut-être en réalité trop fondées de Murat dans ses gazettes, le royaume de Naples retourne à son légitime souverain.

Sur quoi, je prie Dieu qu'il vous ait, mon cousin, en sa sainte et digne garde.

LOUIS.

N° 14 *bis*. — LES AMBASSADEURS DU ROI AU CONGRÈS, AU MINISTRE DES AFFAIRES ÉTRANGÈRES A PARIS.

Vienne le 23 novembre 1814.

Monsieur le comte,

Nous avons l'honneur de vous adresser la copie du procès-verbal de la dernière séance. On s'est réuni depuis pour l'ajuster et le signer, mais on n'a traité d'aucune affaire.

---

1. Variante : *dans* la maison de Savoie.

M. de Labrador, à cette occasion, a rappelé les droits de la reine d'Étrurie, et a demandé qu'en procédant aux arrangements à prendre en Italie, on voulût s'en occuper. Le prince de Metternich lui a dit qu'il était préparé à discuter cette matière, et qu'il attendait que M. de Labrador lui communiquât son mémoire. M. l'ambassadeur d'Espagne doit le remettre un de ces jours.

Si les paroles de M. de Metternich pouvaient inspirer la moindre confiance, on serait fondé à croire qu'il trouverait l'archiduchesse Marie-Louise suffisamment établie en obtenant l'État de Lucques qui rapporte cinq à six cent mille francs, et que, pour lors, les légations pourraient être rendues au pape, et Parme à la reine d'Étrurie. Mais nous sommes informés que pendant qu'il énonce cette opinion, l'archiduchesse Marie-Louise fait changer, d'après l'invitation de l'empereur son père, les armes de ses voitures et de ses cachets, et fait effacer les armes impériales de Bonaparte pour leur substituer celles de Parme.

M. de Noailles, qui est chargé de suivre les négociations qui concernent l'Italie, a reçu l'ordre de M. le prince de Talleyrand, de n'admettre les arrangements qui seraient arrêtés, que comme des dispositions provisoires qui ne seront sanctionnées par une garantie formelle, que lorsque toutes présenteront un système général et satisfaisant. Cette précaution était d'autant plus nécessaire que nous voyons tous les jours le prince de Metternich soutenir avec plus de chaleur et d'opiniâtreté la cause de Murat. Il le fait sous le prétexte du danger qu'il y aurait de provoquer Murat à une guerre révolutionnaire. M. de Metternich, tout en l'annonçant lui-même comme chef des Jacobins en Italie, exagère d'abord son influence, et ne veut pas convenir que pour paralyser le danger que présente cette fermentation, il suffira d'en écarter le chef principal. Le fait est qu'il veut ménager ses affections pour madame Murat, et qu'il croit qu'en conservant cette famille sur le trône, il en disposera comme il voudra pour tout ce qu'il projette de faire en Italie. Il est donc nécessaire que M. de Noailles use de cette réserve, lorsqu'il s'agira de signer les articles qui renferment la réunion de Gênes au Piémont. La succession de la maison de Carignan, au reste a été stipulée et ne souffre plus de contradiction.

C'est dans cet état de choses, que les grandes questions qui concernent la Pologne et la Saxe, sont celles qui entravent toute la marche des affaires, et nous ne croyons pas que leur solution soit depuis huit jours beaucoup plus avancée. La circulaire du prince Repnin a motivé de la part de lord Castlereagh et du cabinet de Vienne, des notes assez fortes adressées au cabinet prussien et dans lesquelles on déclare que la réunion de la Saxe n'était admise que conditionnellement, comme les notes données précédemment à l'occasion de l'occupation provisoire de la Saxe par les troupes prussiennes, l'avaient exprimé, et que, si la Prusse ne voulait point coopérer à faire régler en Pologne des limites établies dans l'intérêt des trois puissances, la concession faite à l'égard de la Saxe devait être regardée comme non avenue.

Lord Castlereagh et le prince de Metternich ont été conduits plus loin. Ils se sont persuadé que si l'empereur de Russie et le roi de Prusse résistaient à ces ouvertures, il serait nécessaire de se préparer à les forcer à plus de modération.

On nous assure, en effet, que des mesures militaires ont été concertées, et un plan de campagne même discuté entre les chefs autrichiens et bavarois. La coopération de la France y est jugée nécessaire. Mais ni le prince de Metternich ni lord Castlereagh n'ont jugé à propos d'en parler ou d'en faire parler jusqu'ici aux plénipotentiaires du roi au congrès.

On aurait lieu de s'en étonner, si on pouvait se convaincre que ces mesures militaires portent un autre caractère que celui de simples démonstrations, dans le genre des dernières mesures dont le prince de Metternich aide si souvent sa politique. Il y a même des personnes, qu'on peut croire instruites, lesquelles prétendent que lord Castlereagh et le prince de Metternich n'ont point encore arrêté de plan à ce sujet, et qu'ils ont peur d'être forcés de s'occuper de pareilles mesures.

Cependant lord Castlereagh, soit qu'il sente le besoin d'opposer une digue à l'ambition et aux intrigues russes et prussiennes, soit que l'opinion de l'Angleterre et de toute l'Allemagne l'ait fait changer de marche et de système, paraît décidé à provoquer la guerre à la Russie, si elle ne modère ses prétentions, et il en a parlé à quelques personnes, en annonçant que l'Angleterre fournirait des subsides. Ce ministre et le prince de Metternich lui-même, par l'effet des défiances qu'on porte gratuitement à la politique de la France, et les craintes que l'on conserve qu'une coopération de cette puissance puisse compromettre la situation de la Belgique et de la rive gauche du Rhin, ne demanderont les secours de la France qu'à la dernière extrémité. Nous pensons même que, s'il leur paraît possible de l'éviter, ils le feront, et vous pouvez bien croire, monsieur le comte, qu'on ne les provoquera pas à ce sujet.

L'expérience, au reste, a déjà appris à ces puissances qu'elles ne peuvent écarter l'intervention de la France, et qu'elle leur est plus utile que nuisible pour arranger les affaires de l'Europe.

A notre arrivée ici, le désir secret d'éloigner la France de toute délibération, était manifeste. Elle participe maintenant à ce qui se traite pour l'Italie, pour la Suisse; elle interviendra utilement dans les divisions territoriales de l'Allemagne, et nous ne serions pas étonnés que les arrangements relatifs à la Pologne ne se fassent que lorsqu'elle y concourra. Pour l'en empêcher et nous contrarier, les ennemis de la France répandent depuis quelques jours les bruits les plus absurdes sur sa situation intérieure; et, ce qui a lieu de nous étonner, c'est que ces bruits se trouvent répétés dans la correspondance diplomatique des légations anglaise et autrichienne à Paris. Parmi ces assertions soutenues avec adresse, nous citons celle que le roi ne serait pas en état de se servir de son armée. Elle a pu être combattue par la communication d'une lettre de M. le comte Dupont[1] qui parle de l'état de l'armée de la manière la plus satisfaisante et la plus positive, et le fait sans laisser la moindre réplique à opposer. Les autres assertions tomberont dans l'oubli, lorsque le temps en aura dévoilé l'intrigue.

Les affaires d'Allemagne souffrent comme toutes les autres du retard que les décisions de l'empereur de Russie leur fait éprouver, et là, comme ailleurs, il cherche à intervenir pour aider ses vues principales.

Nous avons eu l'honneur de vous mander que le projet de fédération en douze articles que nous vous avons adressé par notre dernière dépêche du 16, avait été modifié dans ses

---

1. Le général Dupont, qui était alors ministre de la guerre.

dispositions principales. Les cabinets prussien et autrichien l'avaient communiqué dès son origine à celui de Russie. Cette communication était restée sans réponse. Mais, pour le flatter d'abord et pour égarer l'opinion en Allemagne, qui se prononce si fortement contre la réunion de la Saxe, le cabinet russe a cru utile de relever la possibilité d'intervenir dans les affaires allemandes, et M. le comte de Nesselrode a fait une réponse dont nous joignons ici la copie. Si la grande alliance est rompue par suite des affaires de Pologne, on sent que cette note sera regardée comme non avenue.

Il ne peut, en général, nous échapper que le véritable embarras des puissances alliées au congrès tient à l'illusion dans laquelle elles s'entretenaient, en croyant pouvoir régler les affaires de l'Europe sur des *bases* qu'elles nous ont annoncées arrêtées, et qui ne le sont pas.

Agréez...

N° 15 *bis*. — LES AMBASSADEURS DU ROI AU CONGRÈS, AU MINISTRE DES AFFAIRES ÉTRANGÈRES A PARIS.

Vienne, le 24 novembre 1814.

Monsieur le comte,

Nous ajoutons à l'expédition de la dépêche en date d'hier la communication d'une lettre qu'un des hommes principaux du bureau des affaires étrangères de ce pays-ci a adressée à M. le duc de Dalberg, en lui signalant un article de la *Gazette de France* qui a fait beaucoup de sensation et qu'on ne peut s'expliquer avoir pu être admis par la censure des journaux à moins que, comme l'observe l'auteur de la lettre, on ait voulu réconcilier l'opinion avec les persécuteurs et les spoliateurs du roi de Saxe [1].

Dans une situation aussi importante qu'est celle où se

1. Voici cet article :

« Après de longues indécisions, le sort de la Saxe paraît enfin irrévocablement fixé. Le roi Frédéric-Auguste descend du trône ; ses États sont partagés entre l'Autriche, la Prusse et le duc de Saxe-Weimar. Beaucoup de voix s'élèveront pour déplorer l'instabilité des choses humaines. Quelques esprits réfléchis méditeront sur les décrets impénétrables de cette providence éternelle qui, selon l'expression empruntée à l'Écriture par un de nos plus grands poètes : « frappe et guérit, perd et ressuscite ». (Racine, *Athalie*, acte III). — Les uns, dans la chute de la maison régnante, ne verront qu'une révolution ; les autres y contempleront un retour à l'ordre. C'est pour les premiers, qu'un coup d'œil sur l'origine et les divisions de cette famille illustre ne sera point sans utilité.

» Le second électeur, Frédéric l'Affable ou le Pacifique, mort en 1464, laissa deux fils, dont l'aîné, Ernest, fut la tige de la branche Ernestine, et le cadet Albert, celle de la branche Albertine. En vertu du droit reconnu de primogéniture, Jean-Frédéric, sixième électeur, régnait sans contestation, quand éclatèrent dans l'empire les troubles excités par la fameuse ligue de Smalcalde. Charles-Quint, à la tête d'une puissante armée commandée par le célèbre duc d'Albe, marcha contre les confédérés. La bataille de Muhlberg, donnée en 1547, fut décisive. Jean-Frédéric, l'âme de la ligue, tomba au pouvoir de l'empereur. Ce prince usa durement de la victoire. Une commission militaire, présidée par l'inflexible général espagnol osa condamner à mort l'électeur de Saxe comme rebelle à l'autorité impériale. C'était introduire une législation toute nouvelle dans l'empire germanique. L'illustre prisonnier, après avoir entendu la lecture de son arrêt, continua tranquillement sa partie d'échecs avec le prince Ernest de Brunswick : « C'est moins ma tête que mon électorat, dit-il, qui leur fait envie. » L'événement fit voir qu'il ne se trompait pas : Charles-Quint lui accorda la vie, mais dans la diète d'Augsbourg, en 1548, il le dépouilla de la dignité électorale, pour en revêtir le duc Maurice de Saxe, chef de la branche cadette ou Albertine. On ne laissa au malheureux Jean-Frédéric que la petite ville de Gotha où il était gardé à vue. Plus à plaindre encore que lui, son fils, accusé d'avoir tenté de rentrer dans le palais de ses pères à Dresde, est arrêté et conduit à Vienne comme un vil criminel.

» Quoique redevable de sa nouvelle existence politique à la protection de Charles-Quint, l'usurpateur Maurice saisit avidement l'occasion de faire éclater en faveur du luthéranisme le zèle qui avait servi de prétexte à la spoliation de l'électeur légitime. Il souleva les protestants, conclut une alliance secrète avec Henri III, roi de France, fondit sur l'empereur et fut

trouve placé le sort de ce souverain, au milieu des débats les plus difficiles sur une pareille question, comment n'a-t-on pas fait connaître à ceux qui dirigent les journaux le sens

sur le point de s'emparer de sa personne dans les gorges du Tyrol. Il lui arracha le traité de Passau, en 1552.

» Depuis cette époque, la branche Albertine a conservé l'électorat, tandis que la branche aînée ou Ernestine, réduite à des possessions très circonscrites, s'est divisée en un grand nombre de rameaux. On en a compté jusqu'à quatorze. Il n'en subsiste plus que six. Le premier est celui de Weimar; le duc de ce nom est donc l'héritier direct et naturel de l'électeur Jean-Frédéric, violemment et injustement dépossédé par Charles-Quint.

» Malgré le laps du temps, les titres de ses descendants n'étaient point mis en oubli. Dans la courte apparition qu'il fit au congrès de Rastadt, Buonaparte dit un jour au ministre de l'électeur de Saxe, avec cette brusquerie qui lui était familière : « Quand donc votre maître compte-t-il restituer l'électorat à la branche Ernestine * ? »

» Ce fut le même homme cependant, qui, par la suite, voulut que ce prince prît le titre de roi.

» De ce jour datèrent toutes les infortunes de Frédéric-Auguste : entouré, enchaîné, il lui fallut oublier qu'il était Allemand pour faire cause commune avec l'oppresseur de l'Allemagne. L'extravagante expédition de Moscou fit entrevoir aux princes et aux peuples l'instant de leur délivrance. Le roi de Saxe se retira en Bohême, et là, sur un territoire neutre, jouissant enfin de sa liberté, il promit solennellement, dit-on, de joindre ses efforts à ceux des libérateurs de l'Europe. Des motifs, que nous ne voulons pas discuter ici, le déterminèrent à changer de résolution.

» Napoléon, fugitif, l'abandonna sans ressources à la vengeance des souverains alliés. Frédéric-Auguste demanda à les voir; si nous en croyons l'unanimité des relations publiques, son vœu fut repoussé.

» L'opinion publique qui est unanime relativement aux vertus privées de ce prince, est au contraire singulièrement partagée en ce qui concerne sa conduite politique. Les uns lui font un crime irrémissible de sa persévérance dans son alliance avec l'ennemi du genre humain ; les autres seraient tentés de révérer en lui l'instrument dont s'est servi la Providence pour prolonger l'aveuglement de Napoléon. En effet, en mettant à sa disposition ses forteresses et ses troupes, le roi de Saxe lui a inspiré le fol espoir de conserver la ligne de l'Elbe. Pendant qu'il se complaisait dans l'absurde possession de Dresde, pendant qu'il sacrifiait des armées, longtemps invincibles, à garder et à couvrir cette inutile cité, tout se pré-

* Quelques personnes prétendent que c'est à l'électeur lui-même, après la bataille d'Iéna, qu'il adressa ce singulier compliment.

et l'esprit dans lesquels le gouvernement croit qu'il faut diriger l'opinion, pour la gloire autant que pour le véritable intérêt du roi et de la France?

Il importe de connaître l'origine et l'auteur de cet article inséré dans le numéro 315 (11 novembre) de la *Gazette de France*. Il importe également que le *Moniteur* publie un article raisonné qui, sans être officiel, discute la même question sous le rapport du droit et de l'utilité. Le mémoire joint à la dépêche du 23 fournira à M. de Reinhard [1] les matériaux pour sa rédaction.

Nous l'avons fait circuler sous main et nous avons observé qu'il avait produit quelque impression. Il s'agit de le changer de manière à ce que l'insertion dans le *Moniteur* ne paraisse pas être ce mémoire; mais on peut faire usage des principes et du raisonnement qu'il renferme.

Nous vous transmettons en même temps un article de la *Gazette universelle*, qui paraît être sorti des bureaux autrichiens et répondre à la fameuse circulaire du prince Repnin.

Il est bon de l'insérer dans le *Moniteur*, en y ajoutant qu'on

paraît pour la perte de ce conquérant insensé. S'il n'eût pas été maître des places de l'Elbe, il eût été contraint d'aller prendre position derrière le Rhin; et là, appuyé sur de nombreuses forteresses, assuré désormais de ses communications avec la France, il lui restait encore les moyens de traiter honorablement avec ses vainqueurs.

» Ainsi la main invisible et toute-puissante abaisse ce qu'elle avait élevé, et relève ce qu'elle avait abaissé : ainsi après trois siècles, la branche Albertine tombe du trône qu'elle avait usurpé, et la branche Ernestine recouvre une partie de l'héritage qui lui avait été ravi. Les Français en plaignant le sort de Frédéric-Auguste respecteront en lui un prince issu du même sang que l'auguste princesse qui donna le jour à nos souverains bien-aimés Louis XVI et Louis XVIII. »

1. M. Reinhard était alors placé à la tête de la chancellerie du département des affaires étrangères.

se plaît à le communiquer au public, comme digne de son attention et renfermant les meilleurs principes. On pense que le petit coup de patte donné à la France pourra être omis.

Nos journaux ont pour l'étranger une influence bien autrement forte que celle que produisent les journaux des autres pays, parce qu'on sait que les nôtres restent sous la surveillance et la mesure du gouvernement.

Nous vous prions, monsieur le comte, de nous faire connaître le résultat des informations que nous vous demandons.

L'importance de la question de la Saxe ne peut vous échapper. Les principes que nous devons y soutenir sont les mêmes dont nous devons nous servir pour mettre une digue à la marche de la Révolution, et pour consacrer de nouveau les principes du droit des gens, sans lesquels tout l'édifice social en Europe restera ébranlé.

Agréez...

N° 13. — LE PRINCE DE TALLEYRAND AU ROI LOUIS XVIII.

Vienne, le 21 novembre 1814[1].

SIRE,

Aussitôt que nous eûmes proféré ici le mot de *principes* et demandé la réunion immédiate du congrès, on se hâta de répandre de tous côtés le bruit que la France ne cessait point de regretter la rive gauche du Rhin et la Belgique, et n'aurait de repos qu'après les avoir recouvrées; que le gouvernement de Votre Majesté pouvait bien partager ce vœu de

1. Variante: *25 novembre 1814.*

la nation et de l'armée, ou que[1], s'il ne le partageait pas, il ne serait pas assez fort pour y résister ; que, dans les deux suppositions, le péril était le même, qu'on ne pouvait donc trop se prémunir contre la France ; qu'il fallait lui opposer des barrières qu'elle ne pût point franchir, coordonner à cette fin les arrangements de l'Europe, et se tenir soigneusement en garde contre ses négociateurs qui ne manqueraient pas de tout faire pour l'empêcher. Nous nous trouvâmes tout à coup en butte à des préventions contre lesquelles il nous a fallu lutter depuis deux mois. Nous avons réussi à triompher de celles qui nous étaient le plus pénibles. On ne dit plus qu'il nous ait été donné de doubles instructions (comme M. de Metternich l'assurait au prince de Wrède) ; qu'il nous ait été prescrit de parler dans un sens et d'agir dans un autre, et que nous ayons été envoyés pour semer la discorde. Le public rend justice à Votre Majesté. Il ne croit plus qu'elle ait d'arrière-pensée. Il applaudit à son désintéressement. Il la loue d'avoir embrassé la défense des principes. Il avoue que le rôle d'aucune autre puissance n'est aussi honorable que le sien. Mais ceux à qui il importe que la France ne cesse point d'être un sujet de défiance et de crainte n'en pouvant exciter sous un prétexte en excitent sous un autre. Ils représentent sa situation intérieure sous un jour alarmant. Malheureusement ils se fondent sur des nouvelles de Paris, données par des hommes dont le nom, la réputation et les fonctions imposent. Le duc de Wellington, qui entretient avec lord Castlereagh une correspondance très active, ne lui parle que de conspirations, de mécontentements secrets et de murmures,

---

1. Variante : *vu que.*

sourds précurseurs d'orages prêts à éclater. L'empereur Alexandre dit que ses lettres de Paris lui annoncent des troubles. De son côté, M. de Vincent[1] mande à sa cour qu'il se prépare un changement dans le ministère et qu'il en est sûr. On affecte de regarder un changement de ministres comme un indice certain d'un changement de système intérieur et extérieur. On en conclut que l'on ne peut pas compter sur la France, et qu'on ne doit entrer dans aucun concert avec elle.

Nous avons beau réfuter ces nouvelles, citer des dates ou des faits qui les détruisent, leur opposer celles que nous recevons nous-mêmes, indiquer la source où j'ai lieu de croire que le duc de Wellington prend les siennes, et montrer combien cette source est suspecte, on veut établir qu'éloignés de Paris, nous ignorons ce qui s'y passe, ou que nous avons intérêt de le cacher, et que le duc de Wellington et M. de Vincent étant sur les lieux, sont mieux instruits ou plus sincères.

Je n'accuserai point lord Castlereagh d'avoir propagé les préventions que nous avons eu à combattre, mais, soit qu'il les eût conçues de lui-même, soit qu'elles lui aient été inspirées, il en était certainement imbu plus que personne. La longue guerre que l'Angleterre a eu à soutenir presque seule et le péril que cette guerre lui a fait courir, ont produit[2] sur lui une impression si vive, qu'elle lui ôte, pour ainsi dire, la liberté de juger à quel point les temps sont changés. De toutes les craintes, la moins raisonnable aujourd'hui, c'est,

---

1. M. de Vincent était alors ambassadeur d'Autriche à Paris.

2. Variante : et le péril *dans lequel cette guerre l'a mise ont fait.*

sans contredit, celle d'un retour du système continental. Cependant, ceux qui ont avec lui des relations plus particulières, assurent qu'il est toujours préoccupé de cette crainte et qu'il ne croit pas pouvoir accumuler trop de précautions contre ce danger imaginaire. Il croit encore être à Châtillon, traitant et voulant traiter de la paix avec Bonaparte. Il est aisé de deviner l'effet que doivent produire sur un esprit ainsi disposé les nouvelles du duc de Wellington, qui devient ainsi lui-même un obstacle à cet accord qu'il paraît regarder comme facile à établir entre lord Castlereagh et nous.

J'ai provoqué cet accord de toutes manières, et avant que lord Castlereagh quittât Londres, et lors de son passage à Paris, et depuis que nous sommes à Vienne. S'il n'a point eu lieu, ce n'est pas seulement à cause des préventions de lord Castlereagh, mais c'est parce qu'il y avait une opposition réelle et absolue entre ses vues et les nôtres. Votre Majesté nous a prescrit de défendre les principes. La note du 11 octobre que j'ai eu l'honneur de lui envoyer [1] montre quel respect lord Castlereagh a pour eux. Nous devons tout mettre en œuvre pour conserver le roi et le royaume de Saxe. Lord Castlereagh veut à toute force traiter l'un comme un criminel condamné, dont lui, Castlereagh, s'est constitué le juge, et sacrifier l'autre. Nous voulons que la Prusse acquière ou conserve beaucoup du duché de Varsovie, et lord Castlereagh le veut comme nous ; mais, par des motifs si différents, qu'il emploie pour perdre la Saxe, le même moyen que nous pour la sauver. Il veut ainsi tourner contre nous l'appui que nous lui

---

1. Voir page 470.

aurons donné dans la question de la Pologne. Des volontés si contraires sont impossibles à concilier.

J'ai parlé souvent, et à l'empereur Alexandre lui-même, du rétablissement de la Pologne comme d'une chose que la France désirait et qu'elle serait prête à soutenir. Mais je n'ai point demandé ce rétablissement sans alternative, parce que lord Castlereagh ne l'a pas lui-même demandé, parce que j'aurais été seul à faire cette demande et que, par là, j'aurais aigri l'empereur Alexandre sans me faire un mérite aux yeux des autres, et même j'aurais blessé l'Autriche qui, jusqu'à présent du moins, ne veut pas de ce rétablissement.

Il n'y a pas deux jours que lord Castlereagh auquel je faisais quelques reproches sur la manière dont il avait conduit les affaires depuis deux mois, me répondit : « J'ai toujours pensé que quand on était dans une ligue, il ne fallait pas s'en séparer. » — Il se croit donc dans une ligue. Cette ligue n'est certainement qu'une suite de leurs traités antérieurs à la paix. Or, comment espérer qu'il s'entende avec ceux contre lesquels il avoue qu'il est ligué ?

Les autres membres de la ligue ou coalition contre la France sont dans un cas semblable au sien. La Russie et la Prusse n'attendent que de l'opposition de notre part. L'Autriche peut désirer notre appui dans les questions de la Pologne et de la Saxe[1] ; mais son ministre le désire bien moins pour ces deux objets qu'il ne redoute notre intervention pour d'autres. Il sait combien nous avons l'affaire de Naples à cœur, et il ne l'a guère moins à cœur lui-même, mais dans un sens bien différent du nôtre. Je l'allai voir dimanche dernier en sortant

---

1. Variante : *dans la question de la Pologne et dans celle de la Saxe.*

de dîner chez le prince Trautmansdorf. J'avais reçu la veille une lettre d'Italie, où l'on me disait que Murat avait soixante-dix mille hommes dont la plus grande partie était armée, grâce aux Autrichiens qui lui avaient vendu vingt-cinq mille fusils. Je voulais m'en expliquer avec M. de Metternich, ou du moins lui montrer que je le savais. Je le mis sur l'affaire de Naples, et, comme nous étions dans son salon avec beaucoup de monde, je lui offris de le suivre dans son cabinet pour lui montrer la lettre que j'avais reçue. Il me dit que rien ne pressait et que cette question reviendrait plus tard. Je lui demandai s'il n'était donc pas décidé. Il me répondit qu'il l'était, mais qu'il ne voulait pas mettre le feu partout à la fois ; et comme il alléguait, à son ordinaire, la crainte que Murat ne soulevât l'Italie : « Pourquoi donc, lui dis-je, lui fournissez-vous des armes, si vous le craignez ? Pourquoi lui avez-vous vendu vingt-cinq mille fusils ? » Il nia le fait, et je m'y étais attendu ; mais je ne lui laissai pas la satisfaction de penser que ses dénégations m'eussent persuadé. Après que je l'eus quitté, il se rendit à la redoute, car c'est au bal et dans les fêtes qu'il consume les trois quarts de sa journée, et il avait la tête tellement remplie de l'affaire de Naples, qu'ayant trouvé une femme de sa connaissance, il lui dit qu'on le tourmentait pour cette affaire de Naples, mais qu'il ne saurait y consentir, qu'il avait égard à la situation d'un homme qui s'était fait aimer dans le pays où il gouverne ; que lui, d'ailleurs, aimait passionnément la reine et était en relations continuelles avec elle. Tout cela, et peut-être un peu davantage sur cet article, se disait sous le masque. Il faut s'attendre à ce qu'il fera jouer tous les ressorts imaginables pour que l'affaire de Naples ne soit pas traitée au congrès, conformément à l'insinuation qu'il fit, il y a quelque temps, dans une conférence, et dont j'ai eu l'honneur de rendre compte à Votre Majesté.

Les quatre cours alliées, ayant chacune quelque raison de craindre l'influence que la France pourrait avoir dans le congrès, se sont naturellement unies, et elles craignent de se rapprocher de nous lorsqu'elles se divisent entre elles, parce que tout rapprochement entraînerait des concessions qu'elles ne veulent pas faire.

L'amour-propre, comme de raison, s'en est aussi mêlé. Lord Castlereagh se croyait en état de faire fléchir l'empereur de Russie, et il n'a fait que l'aigrir.

Enfin, à ces motifs se joint toujours un sentiment de jalousie contre la France. Les alliés croyaient l'avoir plus abattue; ils ne s'attendaient pas à lui voir, et les meilleures finances, et la meilleure armée de l'Europe. A présent ils le croient, ils le disent, et ils en sont venus jusqu'à regretter d'avoir fait la paix de Paris, à se la reprocher les uns aux autres, à ne pas comprendre par quel enchantement ils avaient été amenés à la faire, et à le dire, même dans les conférences et devant nous.

On ne peut donc raisonnablement s'attendre à ce que l'Angleterre et l'Autriche se rapprochent réellement et sincèrement de nous, que dans un cas d'extrême nécessité, tel que serait celui où leurs discussions avec la Russie finiraient par une rupture ouverte.

Toutefois, malgré ces dispositions, les difficultés qu'elles nous font éprouver, et celles que les lettres de Paris nous causent, les puissances sont ici, vis-à-vis de nous, dans une situation d'égards et même de condescendance telle que nous aurions pu difficilement l'espérer il y a six semaines. Je puis dire qu'elles-mêmes en sont étonnées.

Jusqu'ici l'empereur Alexandre n'a point fléchi.

Lord Castlereagh, personnellement piqué, quoiqu'il ait reçu récemment une note de la Russie, douce d'expression, dit, mais non pas à nous, que si l'empereur ne veut point s'arrêter à la Vistule, il faut l'y forcer par la guerre ; que l'Angleterre ne pourra fournir que fort peu de troupes, à cause de la guerre d'Amérique[1] ; mais qu'elle fournira des subsides, et que les troupes hanovriennes et hollandaises pourront être employées sur le bas Rhin.

Le prince de Schwarzenberg opine pour la guerre, disant qu'on la fera maintenant avec plus d'avantages que quelques années plus tard.

On a même déjà fait un plan de campagne à la chancellerie de guerre ; et le prince de Wrède en a fait un de son côté.

L'Autriche, la Bavière et autres États allemands feraient marcher trois cent vingt mille hommes.

Deux cent mille, sous les ordres du prince de Schwarzenberg, se porteraient par la Moravie et la Gallicie sur la Vistule.

Cent vingt mille, commandés par le prince de Wrède, se porteraient de la Bohême sur la Saxe qu'ils feraient soulever ; et, de là, entre l'Oder et l'Elbe. On formerait en même temps le siège de Glatz et de Neiss.

---

[1]. L'Angleterre était en guerre avec les États-Unis depuis plus de deux ans. La déclaration de guerre du gouvernement de Washington (19 juin 1812) avait été provoquée par la prétention de l'Angleterre de faire respecter par les navires américains le blocus fictif des côtes de l'empire français, depuis Hambourg jusqu'à Saint-Sébastien sur l'Océan, et depuis Port-Vendres jusqu'à Cattaro sur la Méditerranée ; et de plus, par le droit que s'attribuaient les Anglais de confisquer les marchandises ennemies sur les navires neutres.

La campagne ne commencerait qu'à la fin de mars.

Mais ce plan nécessite la coopération de cent mille Français, dont moitié se porterait sur la Franconie pour empêcher les Prussiens de tourner l'armée de Bohême, et l'autre moitié les occuperait sur le bas Rhin.

. Il faut donc s'attendre à ce que cette coopération, sur l'absolue nécessité de laquelle les militaires n'ont qu'une voix, nous sera demandée, si la guerre doit avoir lieu.

Mais, jusqu'à présent, ni lord Castlereagh ni M. de Metternich ne nous parlent de guerre, et l'on assure même qu'il n'en a point été question entre eux. Ce n'est qu'avec la Bavière qu'ils sont séparément entrés en ouverture à ce sujet.

Soit qu'ils fondent encore quelque espérance sur la négociation, soit qu'ils veuillent gagner du temps, ils la poursuivent. Lord Castlereagh ayant échoué, ils ont voulu remettre de nouveau en scène le prince de Hardenberg. Mais il ne put voir, ni avant-hier ni hier, l'empereur Alexandre qui, quoique beaucoup mieux, garde encore la chambre, et je ne crois pas qu'il l'ait vu aujourd'hui.

Les arrangements relatifs à Gênes sont convenus dans la commission italienne. On est occupé de la rédaction, dont les commissaires ont prié M. de Noailles de se charger. Les droits de la maison de Carignan sont reconnus. M. de Noailles a eu par moi l'instruction de n'admettre les arrangements faits pour le Piémont, que comme partie intégrantes des arrangements à faire avec le concours de la France pour la totalité de l'Italie. C'est une sorte de réserve que j'ai cru utile de faire à cause de Naples.

Les affaires de la Suisse vont se traiter dans une commission dont M. le duc de Dalberg est membre, ainsi que j'ai eu l'honneur de le mander à Votre Majesté.

Celles de l'Allemagne sont suspendues par le refus de la Bavière et du Wurtemberg de prendre part aux délibérations, jusqu'à ce que le sort de la Saxe ait été fixé.

Mille raisons me font désirer d'être auprès de Votre Majesté. Mais je me sens retenu ici par l'idée que je puis être ici plus utile à son service, et par l'espoir qu'en dépit de tous les obstacles, nous parviendrons à obtenir une bonne partie du moins de ce qu'elle a voulu.

Je suis...

N° 9 *ter*. — LE ROI LOUIS XVIII AU PRINCE DE TALLEYRAND.

Paris, le 26 novembre 1814.

Mon cousin,

J'ai reçu votre numéro 12, et je puis dire avec vérité que c'est le premier qui m'ait satisfait, non que je ne l'aie toujours été de votre marche et de votre façon de me rendre compte de l'état des choses, mais parce que, pour la première fois, je vois surnager des idées de justice. L'empereur de Russie a fait un pas rétrograde; et, en politique comme en toute autre chose, jamais le premier pas ne fut le dernier. Ce prince se tromperait cependant s'il croyait m'engager à une alliance (politique s'entend) avec lui. Vous le savez, mon système est : alliance générale, point de particulières. Celles-ci sont une source de guerres; l'autre est un garant de paix; et, sans craindre la guerre, la paix est l'objet de tous mes vœux. C'est pour l'avoir que j'ai augmenté mon armée, que je vous ai autorisé à promettre mon concours à l'Autriche et à la Bavière. Ces mesures ont commencé à réussir. Je crois pouvoir espérer *otium cum dignitate*, et c'est bien assez pour éprouver de la satisfaction.

Vous avez dit tout ce que j'aurais pu dire sur la note de lord Castlereagh. Je m'explique la différence de son langage avec celui de lord Wellington par leurs positions respectives : l'un suit des instructions, l'autre en donne.

Je voudrais déjà voir les affaires d'Italie réglées, depuis les Alpes jusqu'à Terracine : car je désire bien vivement l'importante conséquence qui doit s'en suivre. Sur quoi, je prie Dieu qu'il vous ait, mon cousin, en sa sainte et digne garde.

LOUIS.

N° 16 *bis*. — LES AMBASSADEURS DU ROI AU CONGRÈS, AU MINISTRE DES AFFAIRES ÉTRANGÈRES A PARIS.

Vienne, le 30 novembre 1814.

Monsieur le comte,

Aucune conférence générale n'a été tenue depuis notre dernière dépêche. M. le prince de Metternich et M. le prince de Hardenberg sont l'un et l'autre alités d'une fièvre de rhume.

L'affaire de Gênes, en attendant, a été ajustée et terminée. Les actes vont être signés et le prochain courrier en portera des copies au département. M. de Corsini a été chargé de répondre au mémoire de M. de Labrador, qui réclamait la Toscane pour le roi d'Étrurie. La discussion sur cette affaire va avoir lieu, et nous craignons que la reine d'Étrurie n'arrive qu'avec beaucoup de peine à rentrer dans cet ancien patrimoine de sa famille. Lord Castlereagh s'en est exprimé ainsi.

Une séance pour arranger les affaires de la Suisse a eu lieu, et le plénipotentiaire français y a été appelé.

On a écouté les réclamations du canton de Berne, mais on n'a encore rien conclu. On paraît en général être bien disposé pour le canton de Berne, mais ne pas vouloir renverser l'existence des dix-neuf cantons, garantie par l'acte fédéral. On portera à la connaissance du roi les résultats des conférences à mesure que la discussion les amènera.

L'autorisation que le roi a donnée pour l'échange d'une partie du pays de Gex servira utilement. Nous observons cependant que, dans cette circonstance, il n'est plus question d'une spoliation du prince évêque de Bâle, qui, déjà en 1803, lors du recès de l'empire d'Allemagne, a perdu ses droits de souveraineté, a obtenu une pension de cent vingt mille francs et exerce toujours ses droits spirituels [1].

Les conférences allemandes ont été suspendues. Le Wurtemberg et la Bavière n'ont pas voulu concourir à river les chaînes qu'on leur préparait. Une réponse faite par les cabinets autrichien et prussien aux plénipotentiaires wurtem-

---

1. L'évêché de Bâle était autrefois un État en partie indépendant. L'évêque, prince du Saint-Empire depuis 1356, possédait, à titre de vassal de l'empire, les places de Porentruy, Delemont et Laufen avec leur territoire, le tout incorporé au cercle du Haut-Rhin. En outre, il était souverain indépendant des villes de Bienne, Neuveville, des seigneuries de Tessemberg, d'Erguel et d'Illfingen. En 1792, la Révolution transforma l'évêché en république de Rauracie qui ne dura que quelques mois. En 1793, les districts de Delemont et de Porentruy furent réunis à la France; en 1797, l'Erguel et le Val-Moutiers subirent le même sort. Le reste de ses États fut sécularisé en 1803 moyennant une pension de dix mille florins. En 1815, l'ancien évêché de Bâle fut adjugé par le congrès de Vienne au canton de Berne, à l'exception de douze communes qui furent données au canton de Bâle, et d'un district qui fut concédé à Neuchâtel.

bourgeois a augmenté la défiance à cet égard. Nous en joignons ici une copie et une traduction française.

Les petits et moyens États de l'Allemagne ont, en attendant, formé une seconde association et le grand-duc de Bade s'y est joint par l'effet d'un avis qui lui a été donné à ce sujet par l'impératrice de Russie, sa sœur.

Quant aux affaires polonaise et saxonne, elles sont dans la même situation, et à aucune époque du congrès, les puissances alliées n'ont donné à la France une plus entière conviction de leur désunion qu'elles ne le font dans ce moment, où l'Angleterre, l'Autriche, la Russie et la Prusse ne paraissent d'accord sur aucune des bases qui devaient servir à l'arrangement général de l'Europe.

L'attitude que la France a prise la place de manière à attendre avec calme le résultat de ces intrigues, et de n'y paraître que pour faire écouter le langage de la raison. C'est dans cet esprit qu'il nous semblerait utile de diriger quelques articles de gazettes, contre la doctrine du *Correspondant de Nuremberg* et du *Mercure du Rhin*, qui, l'un et l'autre, se plaisent à altérer les faits et à nourrir l'animosité qui règne en en Allemagne contre la France.

Agréez...

Nº 14. — LE PRINCE DE TALLEYRAND AU ROI LOUIS XVIII.

Vienne, le 30 novembre 1814.

Sire,

J'ai reçu la lettre dont Votre Majesté a daigné m'honorer le 15 de ce mois, et, par le même courrier, l'autorisation qu'elle a bien voulu me donner pour consentir à l'échange d'une petite portion du pays de Gex, contre une partie du Porentruy.

L'ancien prince évêque de Bâle a déjà repris, comme évêque, l'administration spirituelle du Porentruy, mais il ne saurait, comme prince, en recouvrer la possession qu'il a perdue, non par le simple fait de la conquête, mais par la sécularisation générale des États ecclésiastiques de l'Allemagne en 1803. Il jouit comme prince d'une pension de soixante mille florins, et ne prétend à rien de plus. Il ne peut donc pas être un obstacle à l'échange dont nous avons eu l'honneur d'entretenir Votre Majesté. Mais cet échange pourrait être rendu difficile par l'une des conditions dont Votre Majesté le fait dépendre, savoir : la restitution de l'Argovie bernoise au canton de Berne, car, selon toute apparence, cette restitution éprouvera de très grandes et peut-être même d'insurmontables difficultés. Je suppose toutefois que, si l'on se bornait à restituer à Berne quelques bailliages de l'Argovie, qu'en compensation du surplus on lui donnât les parties de l'évêché de Bâle comprises dans les anciennes limites de la Suisse, et que Berne se contentât de cet arrangement, Votre Majesté en serait contente elle-même.

La commission chargée des affaires de la Suisse n'a fait, jusqu'à présent, autre chose que se convaincre que la multiplicité et la divergence des prétentions, les rendaient fort épineuses. Ceux qui, dans l'origine, les voulaient régler seuls, et nous contestaient le droit de nous en mêler, ont été les premiers à demander notre concours, et, pour ainsi dire notre assistance et nos conseils. Il est vrai que les envoyés suisses qui sont ici, et qui, dès les premiers temps de notre séjour à Vienne, se sont liés avec nous, leur ont déclaré que s'ils croyaient pouvoir établir en Suisse un ordre de choses solide, sans l'intervention et même sans l'assistance[1] de la France, ils se berçaient d'une espérance tout à fait vaine.

Quand les alliés traitaient de la paix et la voulaient faire avec Bonaparte[2], ils s'étaient adressés aux cantons qui avaient le plus souffert des révolutions de la Suisse, réveillant en eux le souvenir et le sentiment de leurs pertes, et leur offrant la perspective de les réparer. Leur but était de détacher la Suisse de la France et ce moyen leur paraissait infaillible. Mais il s'est trouvé que ces cantons étaient précisément ceux qui étaient le plus attachés à la maison de Bourbon. Alors les alliés ne se sont plus souciés d'un moyen qui ne menait plus et qui, même, était contraire à leur but, et ils n'ont recueilli de leurs tentatives que l'embarras de savoir comment ils reviendraient sur leurs pas et parviendraient à tout calmer. Quelques-uns avaient formé le projet d'unir dans une même ligue[3] la Suisse et l'Allemagne. C'est encore une idée abandonnée[4]. On paraît maintenant vouloir d'assez bonne foi terminer, en satisfaisant aux prétentions les plus considérables et les plus justes, et en faisant d'ailleurs le moins de changements qu'il est possible. Il est donc permis d'espérer qu'il y aura pour la Suisse un arrangement, sinon le meilleur en soi, du moins le meilleur que les circonstances permettent; que l'on déclarera l'indépendance de ce pays, et, ce qui n'est pas moins important pour nous, sa neutralité.

1. Variante : *l'assentiment*.
2. Variante : *Buonaparte*.
3. Variante : *de réunir dans la même ligue*.
4. Variante : *C'est une idée abandonnée*.

La commission pour les affaires d'Italie a fait, sur celle de Gênes, un rapport et un projet d'articles qui seront signés demain et adressés aux huit puissances. J'aurai l'honneur d'envoyer à Votre Majesté, par le prochain courrier, une copie de ce projet. Après les affaires de Gênes viendront celles de Parme qui souffriront plus de difficultés, s'il est vrai, comme on le rapporte, que l'empereur d'Autriche et M. de Metternich aient donné récemment des assurances positives à l'archiduchesse Marie-Louise, qu'elle conserverait Parme. Ce qui est certain, c'est que l'archiduchesse, qui, jusqu'à présent, avait eu sur ses voitures, les armes de son mari, a fait peindre sur l'une les armes du duché de Parme. J'espère néanmoins qu'on parviendra à le faire rendre à la reine d'Étrurie.

C'est à Venise qu'ont été pris les vingt-cinq mille fusils vendus à Murat. Il paraît que, malgré la protection de M. de Metternich, il ne se sent pas fort rassuré, car il vient d'écrire à l'archiduchesse Marie-Louise une longue lettre dans laquelle il lui annonce, entre autres choses, que si l'Autriche lui prête son appui pour rester à Naples, il va la faire remonter au rang d'où elle n'aurait jamais dû descendre. (Ces termes sont textuels.) Une telle extravagance, même dans un homme de son pays et de son caractère, ne peut s'expliquer que comme un excès de la peur qui se trahit elle-même.

Les conférences de la commission allemande sont toujours suspendues. Le Wurtemberg a déclaré qu'il ne pouvait point avoir d'opinion quelconque sur des parties d'un tout qu'on ne lui montrait que l'une après l'autre et isolées, et qu'il ne délibérerait sur aucune, avant qu'on lui eût fait connaître l'ensemble, ce qui lui a attiré de la part de l'Autriche et de la Prusse une note où ces deux puissances font assez sentir l'espèce d'empire qu'elles veulent, en se la partageant, exercer sur l'Allemagne.

Persuadés que l'influence ainsi partagée entre deux puissances se convertirait bientôt en domination et en souveraineté, tous les États de l'ancienne confédération rhénane, à l'exception de la Bavière et du Wurtemberg, se sont réunis pour exprimer le vœu du rétablissement de l'ancien empire germanique, dans la personne de celui qui en était le chef.

Ces mêmes États sont sur le point de former une ligue dont l'objet sera d'opposer une résistance de non consentement et d'inertie au système que l'Autriche et la Prusse voudraient faire prévaloir. Le grand-duc de Bade, qui d'abord s'était tenu isolé, s'est joint aux autres, par le conseil de l'impératrice de Russie, sa sœur, qui n'a été que l'organe de l'empereur Alexandre.

Les affaires de Pologne et de Saxe sont toujours dans la même situation ; la démarche que M. de Metternich avait fait faire par M. de Hardenberg, et que lord Castlereagh n'a point approuvée, ayant été sans résultat, aussi bien que la discussion de lord Castlereagh avec l'empereur Alexandre.

J'ai l'honneur d'adresser à Votre Majesté les pièces de cette discussion, au nombre de six. Il me manque encore une lettre que j'aurai et que j'ai lue. C'est la dernière lettre de l'empereur Alexandre, où il dit à lord Castlereagh que c'en est assez, et l'invite à prendre désormais la voie officielle.

Ceux qui ont lu ces pièces ne comprennent pas comment lord Castlereagh, s'étant mis aussi en avant qu'il l'a fait, pourrait reculer ; mais lui-même ne comprend pas comment et dans quelle direction il peut faire un pas de plus.

Au reste, Votre Majesté verra que lord Castlereagh ne s'est occupé que de la Pologne, décidé qu'il était à sacrifier la Saxe, par une suite de cette politique qui ne voit que des masses, sans s'embarrasser des éléments qui servent à les former. C'est une politique d'écoliers et de coalisés.

Je dois faire à Votre Majesté la même prière pour ces pièces que pour celles que j'ai déjà eu l'honneur de lui adresser. Je les ai eues de la même manière que celles-ci, et sous les mêmes conditions.

L'empereur Alexandre témoigne l'intention de se rapprocher de nous. Il se plaint de ceux qui, depuis que nous sommes ici, et dans les premiers temps surtout, se sont comme interposés entre lui et nous, et il désigne MM. de Metternich et de Nesselrode. L'intermédiaire dont il se sert avec moi est le prince Adam Czartoryski, qui a maintenant le plus de part à sa confiance et qu'il a fait entrer dans son conseil, où M. de Nesselrode n'est plus appelé, et qu'il a composé du prince Adam, du comte Capo d'Istria et de M. de Stein.

L'empereur est rétabli et sort. M. de Metternich est malade; il n'est sorti ni hier ni aujourd'hui[1], ce qui fait qu'il ne peut y avoir de réunion des ministres des huit puissances.

Lord Castlereagh est venu me proposer ce matin de profiter de ce temps d'inaction pour nous occuper de l'affaire des noirs. Mais, tout en plaisantant sur sa proposition et sur les motifs[2] qu'il avait de la faire, je lui ai si positivement dit que

---

1. Variante : *et ne s'est point levé* ni hier ni aujourd'hui.

   Variant : les motifs *personnels*.

cette affaire devait être la dernière de toutes, et qu'il fallait que celles de l'Europe fussent faites avant de s'occuper de l'Afrique, que j'espère qu'il ne me donnera pas l'occasion de le lui répéter une seconde fois.

Je suis...

N° 10 ter. — LE ROI LOUIS XVIII AU PRINCE DE TALLEYRAND.

Paris, ce 4 décembre 1814.

Mon cousin,

J'ai reçu votre numéro 13. Toujours également satisfait de votre conduite, je le suis, et vous n'en serez pas surpris, fort peu de l'état des affaires, qui me semble bien éloigné de celui où elles étaient lorsque vous avez expédié le numéro 12. Dieu seul est maître des volontés; les hommes n'y peuvent rien, et quoi[1] qu'il en puisse être, en me tenant fortement attaché aux principes; en méritant peut-être qu'on me fasse l'application du vers : *Justum et tenacem propositi virum*, l'honneur au moins me restera, et c'est ce que j'ambitionne le plus.

Je ne suis pas surpris des bruits qui courent, des nouvelles que l'on mande et de la consistance que leur donne la mauvaise volonté; moi-même, il ne tiendrait qu'à moi de ne pas avoir un moment de repos; et cependant mon sommeil est aussi paisible que dans ma jeunesse. La raison en est simple : je n'ai jamais cru que, passé les premiers instants de la Restauration, le mélange de tant d'éléments hétérogènes ne produisît pas de fermentation. Je sais qu'il en existe, mais je

---

1. Variante : *mais quoi qu'il.*

ne m'en inquiète point. Résolu à ne jamais m'écarter au dehors de ce que me prescrit l'équité, au dedans de la constitution que j'ai donnée à mon peuple, à ne jamais mollir dans l'exercice de mon autorité légitime, je ne crains rien, et, un peu plus tôt ou un peu plus tard, e verrai se dissiper ces nuages, dont j'avais prévu la formation.

On vous parle de changements dans le ministère, et moi je vous en annonce. Je rends toute justice au zèle et aux bonnes qualités du comte Dupont; mais je n'ai pas à me louer également de son administration; en conséquence, je viens de lui retirer son département, que je confie au maréchal Soult. Je donne celui de la marine au comte Beugnot[1], et la direction générale de la police à M. d'André[2]. Mais ces déplacements partiels de confiance, dont j'ai voulu que vous fussiez le premier instruit, ne changent rien au système de politique qui est *le mien;* c'est ce que vous aurez bien soin de dire hautement à quiconque vous parlera de ce qui se passe aujourd'hui.

Je serai très aise de vous revoir, quand il en sera temps; mais les raisons qui m'ont déterminé à me priver de vos services près de moi subsistent avec une force accrue par les difficultés mêmes que vous éprouvez. Il est donc nécessaire

1. Le ministère de la marine était vacant depuis la mort de son titulaire, M. Malouet (7 septembre).

2. Antoine-Balthazar-Joseph d'André, né à Aix en 1759, conseiller au parlement de Provence en 1778, député de la noblesse aux états généraux. président de l'Assemblée constituante (août 1790); il siégea dans les rangs des constitutionnels. En 1792, poursuivi comme accapareur, il se réfugia en Angleterre, et passa de là en Allemagne (1796). Il ne revint en France qu'en 1814, fut nommé directeur général de la police, puis intendant de la maison du roi. Il mourut en 1825.

que vous continuiez aussi bien que vous faites à me représenter au congrès jusqu'à sa dissolution. Sur quoi je prie Dieu qu'il vous ait, mon cousin, en sa sainte et digne garde.

LOUIS.

N° III. — LE COMTE DE BLACAS D'AULPS AU PRINCE DE TALLEYRAND.

Paris, ce 4 décembre 1814.

Prince [1], la lettre que le roi a reçue de vous par le courrier qui n'avait pu m'apporter la réponse à celle que j'ai eu l'honneur de vous écrire, le 9 du mois dernier, m'avait déjà fourni d'importantes lumières sur les principaux objets traités dans la lettre que vous avez bien voulu m'adresser le 23. Sa Majesté avait eu la bonté de me communiquer votre dépêche ainsi que la note de lord Castlereagh, et il est impossible, comme vous l'observez, de ne pas être frappé de la différence qui existe entre le style de cette note et le langage du duc de Wellington.

Je ne puis cependant [2], je l'avoue, fixer encore mes idées sur les causes réelles de cette différence. Le roi répugne à ne l'attribuer qu'à un système d'artifice dont le but serait la déconsidération de la France. Lord Wellington, par des communications officieuses telles que celle dont je vous ai parlé au sujet des relations de Naples avec Paris, et par la conduite qu'il a tenue dernièrement à l'occasion d'une correspondance

---

1. Variante : *La lettre, prince.*

2. Variante : *toutefois.*

saisie sur lord Oxford [1], a montré des dispositions que ne pourrait guère motiver le projet unique [2] de répandre au loin des craintes chimériques. Il serait au reste possible que, s'exagérant à lui-même des périls dont quelques rumeurs trop généralement accueillies ne cessent d'épouvanter les esprits timides, il eût souvent desservi, sans le vouloir, la politique du roi, ou peut-être favorisé par là des intentions moins franches que les siennes. Ce qu'il y a de certain, c'est que plusieurs circonstances, indépendantes des vues de l'Angleterre, n'ont que trop fourni de prétextes aux défiances propres à encourager les opinions fâcheuses dont vous redoutez l'effet. Vous savez, prince, et vous avez souvent déploré avec moi le peu d'assurance que donnait au gouvernement de Sa Majesté le défaut de vigueur et d'ensemble des opérations [3] ministérielles. Ce vice, dont la connaissance était restée quelque temps concentrée dans le cabinet, ne pouvait manquer à la longue d'acquérir une malheureuse publicité. Joignez à cela le mécontentement de l'armée dont les plaintes n'ont cessé de frapper les oreilles des princes, pendant leurs voyages [4] dans les départements; le malaise qu'entretenaient toutes les récla-

---

1. Édouard Harley comte d'Oxford, né en 1773, mort en 1849, issu de la famille de l'homme d'État anglais de ce nom (1661-1724). Ce titre est éteint aujourd'hui. — Lord Oxford résidait alors à Naples sans aucun titre officiel. Il était en relation suivie avec Murat et sa cour, ce qui excita les défiances du gouvernement français. Aussi comme le comte passait par Paris pour retourner en Angleterre se saisit-on d'un prétexte quelconque pour l'arrêter. On trouva dans ses papiers plusieurs lettres du roi de Naples, mais on y chercha en vain des preuves d'une conspiration entre Murat et Napoléon.

2. Variante : motiver *uniquement le projet de répandre.*

3. Variante : *dans les* opérations.

4. Variante : pendant *toute la durée de leurs voyages.*

mations contre l'insuffisance de la police; enfin les délations multipliées contre des hommes que leurs intentions et leurs discours signalent, peut-être sans fondement, mais non sans vraisemblance, comme les instigateurs des complots les plus dangereux; tout, jusqu'aux mesures de sûreté que le dévouement des commmandants militaires a rendues trop ostensibles, a dû produire une impression dont les étrangers peuvent profiter sans y avoir concouru.

Cet état de choses vous expliquera, prince, les motifs impérieux auxquels le roi a pensé devoir céder en faisant un changement partiel dans son ministère. C'est hier que Sa Majesté a fait connaître sa résolution sur cet objet. Tout en rendant justice au zèle et aux bonnes intentions de M. le comte Dupont, elle a reconnu que l'armée, imputant des torts que peut-être, à ce ministre, les embarras du moment rendaient inévitables[1], appelait de tous ses vœux un autre système, et le roi a jeté les yeux sur le maréchal Soult[2] pour lui confier le portefeuille de la guerre. Ce choix dans lequel Sa Majesté a été dirigée par le désir de rétablir dans les troupes la soumission, la confiance et le zèle, si nécessaires au maintien de la puissance nationale, vous paraîtra sans doute conforme aux principes qu'elle a invariablement suivis.

Le ministère de la marine donné au comte Beugnot et la direction[3] de la police à M. d'André sont les autres muta-

---

1. Variante : *imputant peut-être à ce ministre des torts que les embarras du moment rendaient inévitables.*

2. Variante : sur *M. le duc de Dalmatie.*

3. Variante : la direction *générale.*

tions dans lesquelles le roi a voulu chercher les moyens de remplir l'attente publique.

Vous penserez sans doute, prince, que ce changement peu considérable lorsqu'on l'envisage dans son rapport avec la composition du conseil, n'en doit pas moins amener des résultats importants. En effet, l'esprit de l'armée et la sécurité de la police sont devenus tellement les principes conservateurs de l'opinion, que, sous ce point de vue, la détermination du roi acquiert le plus grand intérêt. C'est à vous que Sa Majesté s'en remet pour présenter à Vienne cet événement sous son véritable jour, et pour le faire considérer non comme une révolution ministérielle, mais plutôt comme un accroissement de force et de lumière dans le gouvernement.

Le roi regrette vivement qu'au lieu d'avoir à confier cette tâche à vos soins, il ne puisse vous voir auprès de lui, offrir une preuve de plus à l'appui de l'opinion favorable qu'il veut[1] donner de son ministère. Mais Sa Majesté sent les effets avantageux qu'ont produits vos continuels efforts[2]. Il serait, au reste, possible que les affaires, prenant une marche plus rapide vous retinssent moins de temps que vous ne nous le faites craindre, et je le désire vivement[3].

Les dernières nouvelles d'Espagne ne sont point bonnes.

---

1. Variante : *désire.*

2. Variante : *Sa Majesté sent néanmoins toute la vérité des observations que vous lui faites sur l'effet avantageux qu'ont produit vos continuels efforts.*

3. Variante : *et pour moi je désire fort que votre retour soit plus prochain que vous ne semblez l'espérer.*

Le comte de Jaucourt vous informe certainement des rapports que M. d'Agoult[1] *vient de lui adresser.*

Rien n'est encore décidé ici pour le moment de l'ajournement des Chambres[2].

Recevez, prince, avec amitié une nouvelle assurance de mon bien sincère et invariable attachement.

BLACAS D'AULPS.

N° 17 bis. — LES AMBASSADEURS DU ROI AU CONGRÈS, AU MINISTRE DES AFFAIRES ÉTRANGÈRES A PARIS.

Vienne, le 7 décembre 1814.

Monsieur le comte

Nous avons l'honneur de vous adresser le rapport de la commission sur la formation du royaume de Sardaigne; il a été rédigé par M. le comte de Noailles.

Il est probable que dans une prochaine séance qui réunira les plénipotentiaires des huit puissances signataires du traité de Paris, tout ce qui reste à décider sur cet objet sera définitivement arrêté, savoir :

1° La reconnaissance solennelle de l'hérédité de la maison de Sardaigne dans celle de Savoie-Carignan;

2° Le titre de roi de Sardaigne en prenant possession de l'État de Gênes;

3° La disposition à faire des fiefs impériaux.

Nous avons également l'honneur d'adresser au département deux notes allemandes, dont l'une est celle que la cour de

---

1. Hector d'Agoult, secrétaire d'ambassade à Madrid.

2. La fin de cette lettre ne se trouve pas dans le texte des archives.

Wurtemberg a donnée au comité allemand. Elle a provoqué la réponse que les cabinets de Prusse et d'Autriche ont faite, et dont notre précédente dépêche renfermait une copie.

La seconde note est celle que la cour de Wurtemberg a présentée pour expliquer les motifs qui l'ont guidée dans la rédaction de la première. Les affaires d'Allemagne, au reste, sont toutes en suspens et attendent la décision de celle de la Saxe qui flotte toujours dans l'incertitude. De part et d'autre, on ne paraît pas s'être rapproché.

Les conférences suisses ont commencé. M. de Dalberg défend le mieux qu'il lui est possible les intérêts du canton de Berne, et quoique les puissances aient arrêté l'intégrité des dix-neuf cantons, on pourra procurer quelques avantages à ce canton, au moyen de l'évêché de Bâle. M. de Dalberg en rendra compte dans un rapport général, lorsqu'il y aura quelque chose de définitivement arrêté.

Agréez...

N° 15. — LE PRINCE DE TALLEYRAND AU ROI LOUIS XVIII.

Vienne, le 7 décembre 1814.

SIRE,

Cette lettre que j'ai l'honneur d'écrire à Votre Majesté sera courte. Je ne sais que depuis un moment les faits dont je vais lui rendre compte. Je les substitue à d'autres moins intéressants et plus vagues que j'avais recueillis.

On me dit, et j'ai toute raison de croire, qu'un courrier arrivé cette nuit, a apporté à lord Castlereagh et à M. de Munster l'ordre de soutenir la Saxe. (J'ignore encore jusqu'où, et si c'est dans toute hypothèse, ou seulement, dans une supposition donnée.) On ajoute que dès ce matin lord Castlereagh a adressé à M. de Metternich une note qui le lui annonce, et que le comte de Munster qui a toujours été, mais un peu timidement de notre avis sur la Saxe, va se prononcer sur cette question avec beaucoup de force. Le prince de Wrède doit avoir lu la note de lord Castlereagh chez M. de Metternich.

Avant-hier matin, M. de Metternich eut avec l'empereur Alexandre un entretien dans lequel on mit de part et d'autre le plus qu'on put de subtilités et de ruses, et qui n'aboutit à rien. Mais comme M. de Metternich avait déclaré que son maître ne consentirait jamais à abandonner la Saxe à la Prusse, l'empereur Alexandre voulant s'assurer s'il lui avait dit la vérité, aborda, le soir, après le carrousel, l'empereur François et lui dit : « Dans le temps actuel, nous autres souverains, nous sommes obligés de nous conformer au vœu des peuples et de le suivre. Le vœu du peuple saxon est de ne point être partagé. Il aime mieux appartenir tout entier à la Prusse, que si la Saxe était divisée ou morcelée. » L'empereur François lui répondit : « Je n'entends rien à cette doctrine. Voici quelle est la mienne : un prince peut, s'il le veut, céder une partie de son pays; il ne peut pas céder tout son pays et tout son peuple. S'il abdique, son droit passe à ses héritiers légitimes. Il ne peut pas les en priver et l'Europe entière n'en a pas le droit. — Cela n'est pas conforme aux lumières du siècle, dit l'empereur Alexandre. — C'est mon opinion, répliqua l'empereur d'Autriche, ce doit être celle de tous les souverains et conséquemment la vôtre. Pour moi, je ne m'en départirai jamais. »

Cette conversation, qui m'a été rapportée de la même manière par deux personnes différentes, est un fait sûr. On avait donc eu raison de dire que l'empereur d'Autriche avait sur l'affaire de la Saxe une opinion qui ne laissait plus à M. de Metternich le choix de la défendre ou de l'abandonner, et ce n'était pas sans fondement que le ministre saxon se flattait qu'elle ne serait point abandonnée.

On prétend que l'empereur Alexandre a dit qu'une seule conversation avec l'empereur François valait mieux que dix conversations avec M. de Metternich, parce que le premier s'exprimait nettement et qu'on savait à quoi s'en tenir.

Les princes d'Allemagne, qui se sont réunis pour aviser au moyen de défendre leurs droits contre les projets qu'ils connaissent ou qu'ils supposent à la commission chargée des affaires allemandes, vont, je l'espère, émettre un vœu motivé pour la conservation de la Saxe ; le maréchal de Wrède, auquel la plupart se sont adressés, leur a dit qu'ils devaient se presser, et que le moment était favorable. Il leur a promis que la Bavière y donnerait son adhésion.

Le Wurtemberg, au contraire, se range pour le moment du côté de la Prusse. C'est le prince royal, amoureux de la grande-duchesse Catherine, qui a influé sur cette nouvelle disposition du cabinet. La cour de Stuttgard fait en cela une chose vile, qui ne lui profitera pas, et ne nuira guère qu'à elle. Cette conduite si peu loyale et si peu noble, pour ne rien dire de plus, du roi de Wurtemberg, ne me paraît pas très propre à faire désirer bien vivement de devenir son neveu[1]. Je prierai Votre Majesté de me permettre de lui parler un jour plus longuement de l'objet que je rappelle ici.

L'empereur de Russie avait voulu me voir; puis, il a voulu auparavant éclaircir des idées confuses dont il m'a fait dire par le prince Adam Czartoryski que sa tête était embarrassée. Je n'ai pu me servir auprès de lui du général Pozzo, qui est avec lui médiocrement. Ses serviteurs d'ailleurs ne le voient qu'avec difficulté. Il a fallu que le duc de Richelieu[2] attendît un mois entier une audience. Le prince Adam, quoique partie intéressée dans nos discussions, est mon intermédiaire le plus utile. Je n'ai point encore vu l'empereur. On me dit qu'il est ébranlé, mais toujours indécis. J'ignore quand et à quoi il se fixera.

J'ai l'honneur d'adresser à Votre Majesté les copies des deux pièces par lesquelles il a, pour me servir de ses expres-

---

1. Si le duc de Berry avait épousé la grande-duchesse Anne, il serait devenu le neveu du roi de Wurtemberg. Celui-ci, en effet, était le frère de Sophie-Dorothée, princesse de Wurtemberg, qui avait épousé l'empereur Paul. La grande-duchesse Anne était la dernière fille de Paul Ier. Cette princesse après avoir été sur le point d'épouser l'empereur Napoléon en 1810, puis le duc de Berry en 1814, s'unit en 1815 au prince d'Orange, qui devint plus tard roi des Pays-Bas sous le nom de Guillaume II.

2. Armand du Plessis, duc de Richelieu, petit-fils du maréchal de ce nom. Né en 1766, il était, en 1789, premier gentilhomme de la chambre. Il émigra la même année, se rendit d'abord à Vienne, puis prit du service dans l'armée russe et reçut de l'impératrice Catherine le grade de lieutenant général (1790). Il revint un instant en France, en 1802, mais retourna en Russie en 1803, et fut nommé, par l'empereur Alexandre, gouverneur d'Odessa, puis de toute la nouvelle Russie. Il conserva ces hautes fonctions jusqu'en 1814. De retour à Paris, il reprit sa charge à la cour et devint, en septembre 1815, ministre des affaires étrangères et président du conseil. Il se retira en décembre 1818, mais conserva la dignité de ministre d'État et reçut celle de grand veneur. Il revint au pouvoir en février 1820, mais ne le garda que jusqu'en décembre 1821. Il mourut l'année suivante.

sions, fait la clôture de sa correspondance avec lord Castlereagh. On l'a généralement blâmé de s'être engagé, pour ainsi dire, corps à corps dans une lutte qu'on aurait jugée peu digne de son rang, quand bien même il y aurait eu de l'avantage, et le contraire est arrivé. Ainsi, au lieu du triomphe dont il s'était sans doute flatté, son amour-propre n'en a remporté que des blessures.

Votre Majesté verra par toute cette discussion que lord Castlereagh n'avait envisagé la question de la Pologne que sous un seul point de vue, et qu'il l'avait isolée de toute autre question. Non seulement il n'a pas demandé le rétablissement de la Pologne indépendante, mais il n'en a pas exprimé le vœu; et même il a parlé du peuple polonais dans des termes plus propres à dissuader de ce rétablissement qu'à le provoquer. Il s'est surtout bien gardé de joindre la question polonaise à celle de la Saxe qu'il avait complètement abandonnée et qu'il va désormais soutenir.

J'ai aussi l'honneur d'adresser à Votre Majesté une lettre de son consul à Livourne[1]. J'ai fait usage ici, et avec succès, des renseignements qu'elle contient et que j'ai fait parvenir à l'empereur de Russie. M. de Saint-Marsan en a reçu de semblables, et M. de Metternich a avoué qu'il a reçu de Paris les mêmes avis. La conclusion que j'en tire est qu'il faut se hâter de se débarrasser de l'homme de l'île d'Elbe et de Murat. Mon opinion fructifie. Le comte de Munster la partage avec chaleur. Il en a écrit à sa cour. Il en a parlé à lord Castlereagh, au point qu'il est allé à son tour exciter

---

1. Le chevalier Mariotti, qui avait été chargé de surveiller les menées de Napoléon à l'île d'Elbe.

M. de Metternich qui emploie tout moyen pour faire prévaloir l'opinion contraire.

Son grand art est de nous faire perdre du temps, croyant par là en gagner. Il y a déjà huit jours que la commission pour les affaires d'Italie a réglé celle de Gênes. J'ai déjà eu l'honneur d'annoncer à Votre Majesté qu'elles avaient été réglées selon ses désirs. Je joins aujourd'hui à ma lettre au département le travail de la commission. Votre Majesté y retrouvera les clauses et même les termes prescrits dans nos instructions. Demain la commission des huit puissances prendra connaissance du rapport et prononcera [1]. Je ne doute pas que les conclusions du rapport ne soient adoptées. On s'occupera ensuite de la Toscane et de Parme. Ce travail, qui devrait être déjà terminé, a été retardé par la petite maladie de M. de Metternich qui, pour ne rien finir, appelle son état actuel : convalescence.

Le temps perdu pour les affaires se consume dans des fêtes. L'empereur Alexandre en demande et même en commande, comme s'il était chez lui. On nous invite à ces fêtes, on nous y montre des égards, on nous y traite avec distinction pour marquer les sentiments qu'on porte à Votre Majesté dont nous entendons partout l'éloge; mais tout cela ne me fait pas oublier qu'il y a près de trois mois que je suis éloigné d'elle.

J'ai parlé à lord Castlereagh de l'arrestation de lord Oxford, que M. de Jaucourt m'avait mandée. Loin d'en témoigner du déplaisir, il m'a dit qu'il en était charmé; et m'a dépeint lord Oxford comme un homme qui ne méritait aucune sorte

---

1. Variante : *sur ce travail.*

d'estime. Je voudrais bien que dans ses papiers on en eût trouvé de propres à compromettre Murat vis-à-vis de cette cour-ci.

Les deux courriers que j'ai reçus de Paris m'ont apporté les lettres dont Votre Majesté m'a honoré, en date du 22 et du 26 novembre.

Je suis...

N° 11 ter.—LE ROI LOUIS XVIII AU PRINCE DE TALLEYRAND.

Paris, ce 10 décembre 1814.

Mon cousin,

J'ai reçu votre numéro 14.

Vous avez fort bien interprété mon intention au sujet du canton d'Argovie. J'aimerais assurément beaucoup mieux que la Suisse redevînt ce qu'elle fut jadis; mais je ne veux pas l'impossible, et pourvu que le canton de Berne soit satisfait autant qu'il peut l'être, vu les circonstances, je le serai aussi. Quant au prince évêque de Bâle, je ne m'étais pas rappelé le dernier recès de l'empire; mais je vois qu'il tranche[1] la question à son égard, et je n'ai plus d'objection à faire contre les dispositions à faire du Porentruy.

J'ai lu avec intérêt et je conserverai avec soin les pièces que vous m'avez envoyées. Lord Castlereagh parle très bien relativement à la Pologne; mais sa note du 11 octobre fait grand tort à son langage. Si, cependant, il réussissait à persuader l'empereur de Russie, ce serait d'un grand avantage pour la Saxe; mais je n'y vois guère d'apparence, et il faut continuer à marcher dans notre ligne.

1. Variante : *qu'il a tranché.*

Vous connaissez le prince Czartoryski; je le connais aussi; le choix que l'empereur Alexandre a fait de lui pour intermédiaire me fait croire que Sa Majesté impériale voudrait plutôt me rapprocher d'elle que se rapprocher de moi. Continuez néanmoins ces conférences en continuant également à suivre mes intentions. Il n'en pourra résulter aucun mal et peut-être feront-elles quelque bien.

J'aime à croire que c'est par frayeur que Murat fait le fanfaron; ne perdons cependant jamais de vue que s'il existe une ressource à Buonaparte, c'est en Italie, par le moyen de Murat; et qu'ainsi : *delenda est Carthago*.

Sur quoi je prie Dieu, qu'il vous ait, mon cousin, en sa sainte et digne garde.

LOUIS.

N° 18 *bis*. — LES AMBASSADEURS DU ROI AU CONGRÈS, AU MINISTRE DES AFFAIRES ÉTRANGÈRES A PARIS.

Vienne, le 14 décembre 1814.

Monsieur le comte,

La dépêche du 5 novembre au département avait exposé l'avantage qui pouvait résulter de l'échange d'une partie du pays de Gex contre une partie de l'évêché de Bâle; échange désiré par le corps helvétique, sollicité par les Genevois et proposé par les puissances.

Ce sacrifice aurait pu faire espérer une plus grande influence sur le corps helvétique, si on avait pu procurer au canton de Berne, le retour d'un de ses cantons.

On aurait dû croire aussi que les Genevois reconnaîtraient le prix de cette condescendance et travailleraient de leur côté à engager les Vaudois et les Argoviens à satisfaire aux justes prétentions pécuniaires que présentait le canton de Berne.

Pressé par le plénipotentiaire anglais de faire connaître à quelles conditions la France attachait l'échange d'une partie du pays de Gex, le plénipotentiaire français lui remit la note verbale numéro 1, en le priant de ne la communiquer qu'aux ministres, pour savoir si leurs instructions admettaient qu'on s'écartât en faveur de Berne du principe de l'intégrité des dix-neuf cantons. Le ministre anglais, au lieu de s'en tenir à cette communication confidentielle, en fit part aux députés genevois qui dressèrent un contre-projet (n° 2).

Les conditions qu'il renferme sont toutes en opposition aux ordres du roi qui voulait que l'échange eût lieu sans qu'on prît de territoire sur le roi de Sardaigne, et que Berne recouvrât la partie de l'Argovie que ce canton avait possédée.

Dans cet intervalle, on fut instruit que les puissances, et surtout l'Angleterre, attachaient à cet échange l'espoir qu'il devait augmenter leur influence en Suisse. Elles faisaient sentir à la ligue helvétique combien on leur devait de reconnaissance pour l'avoir fait réussir.

Les Genevois, loin de reconnaître le sacrifice que la France faisait, avaient la prétention de tout obtenir du congrès, et soutenaient que, par la protection des alliés, rien ne pouvait leur être refusé. Pour le prouver ils assuraient que, quoique l'échange fût contraire à l'opinion en France, le roi, cependant, y acquiesçait.

Ces observations dont on eut connaissance excitèrent l'attention; et dans les conférences, le plénipotentiaire français eut occasion de pénétrer que l'Angleterre ne protégeait s ardemment cet échange, que pour mieux se faire valoir ; et pouvoir réaliser des promesses faites aux Genevois à l'époque du traité de Chaumont.

Plusieurs lettres de Paris, adressées à des députés suisses, annoncèrent en même temps que l'opinion désapprouvait cet échange, et qu'on était étonné que le gouvernement français y consentît.

On crut donc plus utile aux intérêts du roi et de la France de l'écarter, et on insista d'autant plus fortement à le faire que la situation intérieure de la Suisse et les obstacles qu'opposait l'empereur de Russie à tout changement des nouveaux cantons rendaient impossible d'obtenir les conditions auxquelles le roi attachait l'exécution de l'échange.

Le plénipotentiaire français remit en conséquence une réponse (n° 3) au projet genevois, et déclara que l'échange ne pouvait plus avoir lieu. Le plénipotentiaire anglais, en exprimant ses regrets de ce changement, annonça que son gouvernement allait faire une nouvelle démarche à Paris pour en obtenir l'exécution, et proposa de réserver la partie de l'évêché de Bâle qui devait servir d'équivalent, en la laissant sous une administration provisoire. Les autres plénipotentiaires s'y refusèrent; mais ils consentirent à ce que cette réserve durât jusqu'à la fin du congrès, et à ce qu'on appuyât les démarches proposées par l'Angleterre.

Quoique le plénipotentiaire d'Autriche et celui de France observassent que cela prolongeait les incertitudes et nuisait aux intérêts réels de la Suisse, la proposition de l'Angleterre fut maintenue.

Nous croyons donc que lord Wellington recevra l'ordre de provoquer une nouvelle décision du roi pour savoir si, malgré la reconnaissance de l'intégrité des dix-neuf cantons, le roi voudrait consentir à cet échange. Nous pensons qu'il est de l'intérêt du roi de le refuser :

1° Parce qu'il ne donne plus les avantages qu'on en attendait ;

2° Que l'influence de la France ne peut s'augmenter en Suisse que par le canton de Berne et ses alliés ;

3° Qu'aussi longtemps que tout ce qui concerne le corps helvétique se fait sous les auspices des puissances alliées, la France doit réserver ses moyens, et n'agir que plus tard, pour fortifier son influence.

En vous instruisant ainsi, monsieur le comte, de ce qui s'est passé à ce sujet, vous serez prévenu de tout lorsque l'ambassadeur anglais se présentera pour relever cette discussion.

Il pourra encore être utile que l'ambassadeur du roi à Londres connaisse cette affaire, et nous vous prions, monsieur le comte, de lui en transmettre les détails, que vous voudrez bien porter à la connaissance du roi.

M. le prince de Talleyrand, pour écarter plus facilement les importunités des ministres anglais, leur a dit que le roi avait demandé au chancelier de France sous quelle forme les cessions ou échanges de territoire pouvaient se faire, et que M. le chancelier avait répondu que cela n'était point assez déterminé et qu'il fallait éviter de s'engager dans des questions semblables. D'après quoi, les plénipotentiaires français ne pouvaient point donner de suite à cette question.

Il sera bon, monsieur le comte, d'en prévenir M. le chancelier pour qu'il évite une explication à ce sujet, dans le cas où l'ambassadeur d'Angleterre lui en parlerait, ou qu'il fasse une réponse analogue à celle que nous avons faite ici.

Agréez...

N° 19 *bis*. — LES AMBASSADEURS DU ROI AU CONGRÈS, AU MINISTRE DES AFFAIRES ÉTRANGÈRES A PARIS.

Vienne, le 14 décembre 1814.

Monsieur le comte,

Nous avons l'honneur de vous adresser le protocole de la dernière conférence. Une plus récente a eu lieu, mais le protocole n'en est point encore expédié. On s'est réservé de décider, à l'égard de la proposition de M. de Labrador sur les fiefs impériaux, à l'époque où le sort du roi d'Étrurie, celui de l'archiduchesse Marie-Louise... seront fixés; le plénipotentiaire français a proposé, suivant le principe d'une exécution fidèle des dispositions du traité de Paris la formation de trois nouvelles commissions:

La première pour régler, conformément à l'article V, la navigation des fleuves; .

La seconde, pour régler le rang et la préséance des couronnes, et tout ce qui en était une conséquence;

La troisième, pour discuter l'abolition de la traite des nègres.

Cette dernière a éprouvé quelques difficultés parce que le plénipotentiaire portugais a observé que la commission ne pouvait être formée que par les puissances intéressées. M. de Labrador a fortement appuyé l'opposition du Portugal. La discussion a été si positive que cette commission a été ajournée, et que cet objet sera replacé dans la voie de simples négociations.

Nous observons encore que le Portugal a établi pour principe qu'il ne renoncerait à la traite des nègres qu'après l'époque de huit années, et si l'Angleterre voulait regarder le traité de commerce qui existe entre elle et le Portugal comme non avenu.

La proposition faite par la France était conforme à l'engagement pris avec l'Angleterre d'interposer ses bons offices pour faire prononcer par toutes les puissances l'abolition de la traite; nous n'aurons donc plus maintenant à nous en occuper.

Les deux autres commissions ont été formées.

M. le prince de Talleyrand a nommé à celle de la navigation M. le duc de Dalberg, et à celle chargée de fixer les préséances et le rang entre les couronnes M. le comte de la Tour du Pin, en qualité de commissaires.

La Russie a demandé de nommer un délégué à la commission d'Italie et a désigné M. le comte de Nesselrode. Il n'y a eu aucune difficulté à ce sujet.

L'affaire de Pologne et de Saxe a été avancée, sans donner encore un résultat positif. Tout, cependant, est amélioré à l'égard de la Saxe. L'Autriche est décidée à la soutenir; l'Angleterre a changé de langage; toutes les intrigues prussiennes et russes ont été dévoilées. Les explications qui ont eu lieu ont toutes conduit à prouver que la Prusse peut obtenir son rétablissement sur la base de population qu'elle avait en 1805, sans enlever à la Saxe plus de trois à quatre cent mille âmes.

Nous sommes parvenus à cet égard à ce que nous voulions, et le roi et sa politique ont obtenu les premiers avantages. Il est possible que la Prusse, secondée par la Russie, veuille ne pas céder; mais, dans ce cas, les forces seraient très inégales, et la Prusse risquerait tout. Nous espérons avec quelque fondement qu'elle jugera sa position et qu'elle cédera.

L'Autriche paraît toujours décidée à ne point laisser éloigner Murat. On a donc voulu s'assurer plus positivement de l'Angleterre, la Russie paraissant assez bien disposée à cet égard. Lord Castlereagh va demander de nouvelles instructions à sa cour. Il a communiqué à M. le prince de Talleyrand toute la correspondance qui avait rapport aux affaires de Naples, et a eu l'air de désirer, plutôt pour appuyer ce qu'il écrit, qu'on recherchât dans nos cartons tout ce qui peut prouver aux coalisés que Murat avait eu une double intrigue avec Bonaparte. Nous ne doutons pas que plusieurs lettres de lui, et des dépêches qui ont été conservées, ne le prouvent. Vous voudrez bien, monsieur le comte, nous les transmettre en original.

Le prince Eugène a dit posséder à cet égard des preuves matérielles, mais il s'est refusé à les donner.

M. le prince de Talleyrand présente dans sa correspondance plus de détails sur la position générale, mais nous pouvons le dire avec confiance : le roi et la France ont obtenu au congrès l'attitude qui leur appartient, et la considération qui leur est donnée laisse les moyens d'exercer le degré d'influence qui est honorable pour le roi, et qui assure une entière garantie à l'Europe.

Agréez...

N° 16. — LE PRINCE DE TALLEYRAND AU ROI LOUIS XVIII.

Vienne, le 15 décembre 1814.

Sire,

La note par laquelle les princes allemands du second et du troisième ordre devaient manifester leur vœu pour la conservation de la Saxe était sur le point d'être signée ; elle ne l'a point été et ne le sera pas.

Le duc de Cobourg[1] était à la tête de ces princes. Sa conduite ne saurait être trop louée.

L'une de ses sœurs[2] est mariée au grand-duc Constantin. Son frère puîné est aide de camp du grand-duc et général-major au service de Russie[3]. Lui-même, il a porté dans la dernière campagne l'uniforme russe. Fort avant dans les bonnes grâces de l'empereur Alexandre, il est lié intimement avec le roi de Prusse. Leur ressentiment pouvait lui paraître à craindre s'il contrariait leurs desseins, et, d'un autre côté, il avait toute raison d'espérer que, si la Saxe venait à être sacrifiée, il pourrait en obtenir quelques lambeaux. Tous ces motifs n'ont pu faire taire en lui la voix de la reconnaissance et celle de la justice, ni lui faire oublier ce qu'il devait à sa maison et à son pays. Lorsqu'en 1807, après la mort du duc son père, ses possessions furent séquestrées, parce qu'il était dans le camp des Russes, et que Bonaparte voulait le proscrire, il fut protégé par l'intercession du roi de Saxe. Depuis, le roi avait été le maître d'étendre sa souveraineté sur tous les duchés de Saxe, et il l'avait refusé. A son tour, le duc s'est montré

---

1. Ernest-Antoine de Saxe-Cobourg-Saafeld, né en 1784. Il servit d'abord dans l'armée russe. Après la paix de Tilsitt, il revint dans ses États qu'il conserva dans leur intégrité. Le congrès de Vienne lui donna la principauté de Lichtenberg, mais il la vendit à la Prusse en 1834. Il promulgua une constitution en 1821, et mourut en 1844.

2. Julie-Henriette-Ulrique, princesse de Saxe-Cobourg, née en 1781. Elle épousa, en 1796, le grand-duc Constantin, frère de l'empereur Alexandre, qui la répudia en 1810.

3. Ferdinand-Charles-Auguste, duc de Saxe-Cobourg, né en 1785, marié à la princesse de Kohary. Il en eut trois fils dont l'un épousa dona Maria II, reine de Portugal, et un autre la princesse Clémentine, fille du roi Louis-Philippe. Sa fille Victoria épousa, en 1840, le duc de Nemours. Le duc Ferdinand mourut en 1851.

zélé défenseur de la cause du roi. Il l'avait fait plaider à Londres par le duc Léopold, son frère, qui avait trouvé le prince régent dans les dispositions les plus favorables. Il l'a plaidée ici auprès des souverains et de leurs ministres. Il est allé jusqu'à remettre, en son nom, à lord Castlereagh, un mémoire où il combattait ses raisonnements et qu'il avait concerté avec nous.

Informé par le duc de Weimar[1] de la note qui se préparait, l'empereur Alexandre a fait appeler le duc de Cobourg et l'a accablé de reproches, tant pour le mémoire qu'il avait remis à lord Castlereagh, que pour ses démarches récentes, l'accusant d'intrigues, lui citant la conduite du duc de Weimar comme un modèle qu'il aurait dû suivre, lui disant que s'il avait des représentations à faire, c'était au prince de Hardenberg qu'il aurait dû les adresser, et lui déclarant qu'il n'obtiendrait rien de ce qui lui avait été promis.

Le duc a été noble et ferme. Il a parlé de ses droits comme prince de la maison de Saxe; de ses devoirs comme prince allemand, et, comme homme d'honneur, il ne se croyait pas libre de ne point les remplir. Si le duc de Weimar en jugeait autrement, il ne pouvait que le plaindre. Du reste, il avait, dit-il, compromis deux fois son existence par attachement

---

1. Charles-Auguste, duc, puis grand-duc de Saxe-Weimar, né en 1757, perdit son père à l'âge de huit mois, et fut proclamé duc sous la régence de sa mère Amélie de Brunswick, âgée alors seulement de dix-huit ans. Il prit du service dans l'armée prussienne et reçut un commandement important dans la campagne de 1806. Après la bataille d'Iéna, il entra dans la confédération du Rhin. En 1814, il se rendit au congrès de Vienne. C'est alors que le titre de grand-duc lui fut conféré. Il mourut en 1828. Son fils aîné, Charles-Frédéric, qui lui succéda, avait épousé la sœur de l'empereur Alexandre, la grande-duchesse Marie Paulowna.

pour Sa Majesté Impériale. S'il fallait aujourd'hui la sacrifier pour l'honneur, il était prêt.

De leur côté[1], les Prussiens, leurs émissaires, et, particulièment, le prince royal de Wurtemberg, ont intimidé une partie des ministres allemands, en déclarant qu'ils tiendraient pour ennemis tous ceux qui signeraient quelque chose en faveur de la Saxe.

Voilà pourquoi la note n'a point été signée. Mais on sait qu'elle a dû l'être, et ce qui a empêché qu'elle ne le fût. Le vœu qu'elle devait exprimer a peut-être acquis plus de force par la violence employée pour l'étouffer.

Si je me suis étendu sur cette circonstance particulière plus qu'il ne l'aurait fallu peut-être, je l'ai fait par le double motif de rendre au duc de Cobourg la justice que je crois lui être due, et de faire mieux connaître à Votre Majesté le genre et la diversité des obstacles contre lesquels nous avons à lutter.

Pendant que ces choses se passaient, les Prussiens recevaient de M. de Metternich une note où il leur déclarait que le royaume de Saxe devait être conservé, en établissant par des calculs statistiques joints à sa note, que leur population sera la même qu'en 1805, si, à celle des pays qu'ils ont conservés et à celle des pays disponibles qui leur sont destinés, on ajoute seulement trois cent trente mille Saxons.

Je me hâte de dire à Votre Majesté que le comte de Munster a déclaré qu'il renonçait aux agrandissements promis pour le Hanovre, si cela était nécessaire pour que la Saxe fut conservée. Votre Majesté l'apprendra sûrement avec plaisir, et à

---

1. Variante : *d'un autre côté*.

cause des affaires que cela facilite, et à cause de l'estime dont elle honore le comte de Munster.

Un passage de la note de M. de Metternich, dans lequel il s'étayait de l'opposition de la France aux vues de la Prusse sur la Saxe, ayant probablement fait craindre à l'empereur Alexandre qu'il n'y eût un concert déjà formé ou prêt à se former entre l'Autriche et nous, il m'envoya sur-le-champ le prince Adam Czartoryski.

A son début, le prince m'a renouvelé la proposition que l'empereur Alexandre m'avait faite lui-même, dans le dernier entretien que j'ai eu l'honneur d'avoir avec lui, de nous prêter à ses désirs dans la question de la Saxe, nous promettant tout son appui dans celle de Naples. Sa proposition lui paraissait d'autant plus acceptable que, maintenant, il ne demandait plus l'abandon de la Saxe entière, et qu'il consentait à ce qu'il restât *un noyau* du royaume de Saxe.

Je répondis que quant à la question de Naples, je m'en tenais à ce que l'empereur m'avait dit, que je me fiais à sa parole, que d'ailleurs ses intérêts dans cette question étaient les mêmes que les nôtres, et qu'il n'y pourrait pas être d'un autre avis que nous; que si la question de Pologne, que l'on devait regarder comme personnelle à l'empereur Alexandre, puisqu'il y attachait sa satisfaction et sa gloire, avait été décidée selon ses désirs (elle ne l'est pas encore complètement, mais peu s'en faut), il le devait à la persuasion où étaient l'Autriche et la Prusse que nous ne serions à cet égard qu'en seconde ligne; que dans la question de la Saxe, réellement étrangère aux intérêts de l'empereur, nous avions pris sur nous d'engager le roi de Saxe à quelques sacrifices, mais que l'esprit de conciliation ne pouvait pas porter à aller aussi loin que l'empereur paraissait le désirer.

Le prince me parla d'alliance et de mariage. Je lui dis que tant d'objets si graves ne pouvaient se traiter à la fois; qu'il y avait d'ailleurs des choses qu'on ne pouvait mêler à d'autres, parce que ce serait leur donner le caractère avilissant d'un marché.

Il me demanda si nous avions des engagements avec l'Autriche : je lui dis que non; si nous en prendrions avec elle, dans le cas où l'on ne s'entendrait pas sur la Saxe, à quoi je répondis : *J'en serais fâché*. Après un moment de silence, nous nous quittâmes poliment, mais froidement.

L'empereur, qui devait aller le soir à une fête que donnait M. de Metternich, n'y vint point. Un mal de tête subit en fut la cause ou le prétexte. Il y envoya l'impératrice et les grandes-duchesses.

Il fit engager[1] M. de Metternich à se rendre chez lui le lendemain matin.

Pendant le bal, M. de Metternich s'approcha de moi, et, après m'avoir remercié d'un petit service que je lui avais rendu, il se plaignit à moi de l'embarras dans lequel les notes de lord Castlereagh sur la Saxe le mettaient. Je pensais qu'il n'y en avait eu qu'une de très compromettante (celle du 11 octobre); mais il me parla d'une autre que j'ai pu me procurer aujourd'hui, et dont j'ai l'honneur d'envoyer une copie à Votre Majesté. Quoiqu'elle porte le titre de Note verbale de lord Castlereagh, je sais qu'elle est l'ouvrage de M. Cook, auquel, et comme doctrine et comme style, elle ne

---

1. Variante : *Le lendemain matin*, il fit engager.

fera pas beaucoup d'honneur. Elle a été remise aux trois puissances qui se sont si longtemps appelées alliées.

M. de Metternich me promit qu'en sortant de chez l'empereur Alexandre, il viendrait chez moi, s'il n'était pas trop tard, pour me dire ce qui se serait passé. Cette fois il tint sa parole.

L'empereur fut froid, sec et sévère. Il prétendit que M. de Metternich lui disait, au nom des Prussiens, des choses qu'ils désavouaient, et que, de leur côté, les Prussiens lui disaient, de la part de M. de Metternich, des choses tout opposées à celles qu'il mettait dans ses notes, de sorte qu'il ne savait ce qu'il devait croire. Il reprocha à M. de Metternich d'avoir inspiré je ne sais quelles idées au prince de Hardenberg. M. de Metternich avait et produisit un billet[1] qui prouvait le contraire. L'empereur prit occasion de ce billet pour reprocher à M. de Metternich d'en écrire de peu convenables. Ce reproche avait quelque fondement. L'empereur avait dans les mains des communications toutes particulières et toutes confidentielles qu'il ne pouvait tenir que d'une indiscrétion fort coupable de la part des Prussiens. L'empereur, ensuite, parut vouloir douter que la note de M. de Metternich contînt l'expression des véritables sentiments de l'empereur d'Autriche, et ajouta qu'il voulait s'en expliquer avec l'empereur lui-même. M. de Metternich fit[2] immédiatement prévenir son maître, qui, si l'empereur Alexandre fait quelques questions sur ce sujet, répondra que la note a été faite par son ordre, et ne contient rien qu'il n'avoue.

1. Variante : *de M. de Hardenberg*.

2. Variante : *alla*.

Dans une conférence entre M. de Metternich et M. de Hardenberg, les difficultés n'ont porté que sur les calculs statistiques qui étaient joints à la note de M. de Metternich. Ils se séparèrent sans être convenus de rien, sur la proposition faite par M. de Metternich de nommer une commission pour les vérifier.

Voilà, Sire, présentement l'état des choses.

L'Autriche ne fait entrer la Saxe dans ses calculs que pour une perte de quatre cent mille âmes. Elle ne veut[1] point abandonner la haute Lusace, à cause des défilés de Gabel, qui ouvrent l'entrée de la Bohême. C'est par là que les Français y pénétrèrent en 1813.

L'empereur de Russie consent à laisser subsister un royaume de Saxe, lequel, selon le prince Adam Czartoryski, ne devrait être que la moitié de ce qu'il est aujourd'hui.

Enfin, la Prusse semble aujourd'hui réduire ses prétentions à des calculs de population, et conséquemment les subordonner aux résultats et à la vérification de ces calculs.

Sans doute, la question n'est pas encore décidée, mais les chances sont maintenant plus favorables qu'elles ne l'ont jamais été.

M. de Metternich m'a proposé de me faire lire sa note. Je l'ai remercié en lui disant que je la connaissais, mais que je désirais qu'il me la communiquât officiellement ; qu'il me semblait qu'il le devait, puisqu'il nous y avait cités, ce que je pourrais lui reprocher d'avoir fait sans nous en avoir prévenus ; qu'il fallait que nous pussions la soutenir, et que nous ne le pouvions convenablement que sur une communication

---

1. Variante : *voudrait*.

régulière. Il m'a donné sa parole de faire ce que je désirais. Mon motif particulier, pour tenir à une participation formelle, est que ce sera là la véritable date de la rupture de la coalition.

Je proposai, il y a quelques jours, la formation d'une commission pour s'occuper de l'affaire de la traite des nègres. Cette proposition allait être faite, et je voulus m'en emparer pour faire une chose agréable à lord Castlereagh, et le disposer par là à se rapprocher de nous dans les questions difficiles d'Italie, que nous commençons à aborder. J'ai obtenu quelque chose, car, de lui-même, il m'a demandé de lui indiquer de quelle manière je proposerais de régler l'affaire de Naples, me promettant d'envoyer un courrier pour demander les ordres dont il pourrait avoir besoin. Je lui ai écrit la lettre ci-jointe. Après l'avoir reçue, il m'a proposé de me montrer sa correspondance avec lord Bentinck. Je l'ai lue, et il est certain que les Anglais sont parfaitement libres dans cette question. Mais on a fait à Murat de certaines promesses que l'on pourrait être, comme homme, embarrassé de ne pas tenir, s'il avait lui-même tenu fidèlement toutes les siennes. « Je crois savoir, m'a dit lord Castlereagh[1], que Murat a entretenu des correspondances avec Bonaparte, dans les mois de décembre 1813, de janvier et de février 1814; mais je serais bien aise d'en avoir la preuve. Cela faciliterait singulièrement ma marche. Si vous aviez dans vos archives de telles preuves, vous me feriez plaisir de me les procurer. » J'écris aujourd'hui dans ma lettre au département de faire faire des recherches pour trouver celles qui pourraient exister aux affaires étran-

---

1. Variante : *m'a-t-il dit.*

gères. Il serait possible qu'il y eût quelques traces d'intelligence entre Murat et Bonaparte à la secrétairerie d'État [1].

M. le comte de Jaucourt mettra sûrement, sous les yeux de Votre Majesté, les deux lettres que j'adresse aujourd'hui au département. Je supplie Votre Majesté de vouloir bien se refuser aux propositions qui lui seraient [2] faites à Paris relativement au pays de Gex. On ne tient aucune des conditions auxquelles Votre Majesté avait subordonné l'échange proposé. Nous avons d'ailleurs beaucoup de raisons d'être mécontents des Genevois qui se trouvent ici. L'autorité de M. le chancelier est plus que suffisante pour motiver l'abandon de cette question qui a été conduite avec un peu de précipitation.

Je suis...

N° 12 *ter*. — LE ROI LOUIS XVIII AU PRINCE DE TALLEYRAND.

Paris, ce 18 décembre 1814.

Mon cousin,

J'ai reçu votre numéro 15 qui m'a causé une vive satisfaction. Si l'Angleterre se déclare franchement en faveur de la Saxe, sa réunion avec l'Autriche et la plus grande partie de l'Allemagne doit triompher *des lumières du siècle*. J'aime la fermeté de l'empereur François, et la défection du roi de Wurtemberg me touche peu. J'attends l'explication que vous me dites au sujet de ce prince, mais, d'après ce que je connais de lui, je ne serais tenté de conseiller à personne de s'y allier de bien près.

---

1. Variante : *Du reste, lord Castlereagh n'a fait aucune objection à la forme que je lui ai proposé de suivre.*

2. Variante : *seront*.

Les lettres trouvées dans le portefeuille de lord Oxford n'ont produit aucune lumière sur les menées de Murat, mais les faits contenus dans la lettre de Livourne, et de la vérité desquels on ne peut douter, puisque le prince de Metternich avoue en avoir connaissance, parlent d'eux-mêmes, et il est temps[1] que toutes les puissances s'entendent pour arracher la dernière racine du mal. A ce sujet, M. de Jaucourt vous a sûrement instruit du reproche injuste, et j'ose dire ingrat, qui a été fait au comte Hector d'Agoult. Il serait bon que vous en parlassiez à M. de Labrador, afin que son témoignage servît à éclairer M. de Cevallos [2], s'il est dans l'erreur, ou du moins à le confondre, si, comme je le soupçonne très violemment, il se ment à lui-même.

Je regarde comme d'un bon augure le désir que l'empereur de Russie témoigne de vous revoir. Je n'ai rien à ajouter à ce que je vous ai dit sur les grandes affaires; mais il en est une que, d'une manière ou d'autre, je voudrais voir terminer, c'est celle du mariage. J'ai donné mon *ultimatum*. Je ne regarderai point à ce qui pourra se passer en pays étrangers, mais la duchesse de Berry, quelle qu'elle puisse être, ne franchira les frontières de la France que faisant profession ouverte de la religion catholique, apostolique, romaine. A ce prix, je suis non seulement prêt, mais empressé de conclure. Si, au contraire, ces conditions ne conviennent pas à l'empereur de Russie, qu'il veuille bien le dire : nous n'en resterons pas moins bons amis, et je traiterai un autre mariage.

---

1. Variante : et *il est plus que temps*.
2. Ministre des affaires étrangères d'Espagne.

Je ne m'aperçois pas moins que vous de votre absence, mais dans des affaires aussi importantes, il faut s'appliquer à ce que Lucain dit de César [1]. Sur quoi je prie Dieu qu'il vous ait, mon cousin, en sa sainte et digne garde.

LOUIS.

N° 20 bis. — LES AMBASSADEURS DU ROI AU CONGRÈS, AU MINISTRE DES AFFAIRES ÉTRANGÈRES A PARIS.

Vienne, le 20 décembre 1814.

Monsieur le comte,

Les questions sur la Pologne et la Saxe ne sont point encore résolues. M. le prince de Talleyrand rend compte au roi de la communication que le prince de Metternich lui a faite de la note que ce dernier a adressée aux Prussiens et par laquelle il déclare : « Que le cabinet de Vienne réprouve l'incorporation de la Saxe à la Prusse. »

M. le prince de Talleyrand a répondu par une note qui expose avec force les principes qui doivent être suivis dans l'arrangement des affaires de l'Europe. On attend que les Prussiens fassent connaître leur décision. On assurait qu'ils avaient rédigé une note très forte dans laquelle ils posent en principe que l'incorporation de la Saxe à leur monarchie n'admettait plus de contradiction. On nous a dit que l'empereur de Russie lui-même n'avait pas voulu que cette note fût remise.

Lord Castlereagh ne peut cacher son embarras, mais ne s'explique encore sur rien. L'embarras de sa position tient à

---

[1]. Variante : il faut s'appliquer *ce que Lucain*.

ce qu'il a, dans plusieurs circonstances, abandonné la Saxe, même par écrit; et de plus, lorsqu'il a défendu dans les mêmes notes la Pologne, il n'a point parlé de la Pologne *grande et indépendante,* mais seulement de la Pologne.

Les affaires d'Italie, celle de Naples exceptée, sur laquelle rien n'a été dit, avancent et se traitent dans un bon sens. Rien cependant n'est encore terminé.

Les conférences sur les affaires de la Suisse ont fait des progrès et on rédige le rapport qui doit être soumis au comité des huit puissances. Nous aurons l'honneur de le transmettre au département dès qu'il aura été présenté.

Agréez...

N° 17. — LE PRINCE DE TALLEYRAND AU ROI LOUIS XVIII.

Vienne, le 20 décembre 1814.

Sire,

J'ai reçu la lettre dont Votre Majesté a daigné m'honorer, en date du 10 décembre et sous le numéro 11.

J'ai l'honneur de lui envoyer les copies de la note de M. de Metternich à M. de Hardenberg, au sujet de la Saxe, des tableaux qui y étaient joints[1] et de la lettre officielle que M. de Metternich m'a écrite en me communiquant ces pièces. Il avait accompagné le tout d'un billet de sa main, où il me répétait, mais moins explicitement, ce qu'il m'avait déjà dit de vive voix, que cette note serait la dernière pièce de la coalition, en ajoutant qu'il se félicitait de se trouver sur la même ligne que le cabinet de Votre Majesté pour la défense d'une aussi belle cause.

1. Variante : *annexés.*

Je désirais ardemment cette communication pour la raison que j'ai eu l'honneur de dire à Votre Majesté dans ma précédente lettre. Je la désirais encore comme devant m'offrir une occasion toute naturelle de faire une profession de foi qui fît connaître les principes, les vues et les déterminations de Votre Majesté. Je cherchais depuis longtemps cette occasion : j'avais essayé de diverses manières de la faire naître, et dès qu'elle s'est offerte, je me suis hâté d'en profiter, en adressant à M. de Metternich la réponse dont j'ai l'honneur de joindre ici une copie.

J'ai montré ce que la question de Pologne eût été pour nous, si on l'eût voulu; pourquoi elle a perdu de son intérêt, et j'ai ajouté que la faute n'en était pas à nous.

En traitant la question de la Saxe, j'ai réfuté les arguments révolutionnaires des Prussiens et de M. Cook dans son *Saxon-point* et je crois avoir prouvé ce que jusqu'ici lord Castlereagh n'a pas pu ou voulu comprendre, que, sous le rapport de l'équilibre, la question de la Saxe était plus importante que celle de la Pologne, dans les termes où celle-ci s'est trouvée réduite. Il est évident que l'Allemagne, après avoir perdu son équilibre propre, ne pourrait plus servir à l'équilibre général, et que son équilibre serait détruit si la Saxe était sacrifiée.

En cherchant à convaincre, je me suis attaché à ne pas blesser. J'ai rejeté les opinions que j'ai combattues sur une sorte de fatalité, et j'ai loué les monarques qui les soutiennent pour les porter à les abandonner.

Quant à Votre Majesté, je ne lui ai pas donné d'éloges. J'ai exposé les ordres qu'elle nous a donnés; qu'aurais-je pu dire de plus? les faits parlent.

On assure que, de leur côté, les Prussiens avaient préparé

une note, en réponse à celle de M. de Metternich, et qu'elle était violente ; mais que l'empereur de Russie, à qui elle a été montrée, n'a pas voulu qu'elle fût envoyée.

Lord Castlereagh est comme un voyageur qui a perdu sa route et ne peut la retrouver. Honteux d'avoir rapetissé la question polonaise et d'avoir épuisé vainement tous ses efforts sur cette question, d'avoir été dupe de la Prusse, quoique nous l'eussions averti, et de lui avoir abandonné la Saxe, il ne sait plus quel parti prendre. Inquiet d'ailleurs de l'état de l'opinion en Angleterre, il se propose, dit-on, d'y retourner pour la rentrée du parlement et de laisser ici lord Clancarty, pour continuer les négociations.

Les affaires d'Italie marchent dans un assez bon sens. Je suis fondé à espérer que la reine d'Étrurie aura, pour Parme, l'avantage sur l'archiduchesse Marie-Louise, et je tâche de disposer les choses de manière à ce que ces arrangements se fassent sans toucher aux légations.

La commission des préséances, pour laquelle j'ai nommé M. de la Tour du Pin, à qui j'ai donné des instructions conformes à celles qu'avait arrêtées Votre Majesté à ce sujet, sera probablement en état de faire son rapport, d'ici à dix ou douze jours.

Votre Majesté trouvera peut-être un peu longue la lettre que j'ai adressée à M. de Metternich, mais je n'ai pas pu la faire plus courte. Elle est calculée comme pouvant être un jour publiée et lue en Angleterre comme en France. Tous les mots que j'emploie ont un but particulier, que Votre Majesté retrouvera dans ma volumineuse correspondance.

Je suis...

N° 13 *ter*. — LE ROI LOUIS XVIII AU PRINCE DE TALLEYRAND.

Paris, ce 23 décembre 1814.

Mon cousin,

J'ai reçu votre numéro 16. J'y ai vu avec grande satisfaction la conduite noble et ferme du duc de Saxe-Cobourg et du comte de Munster. Vous savez le cas que je fais de ce dernier, et le duc, outre les liens de parenté entre nous, est frère d'une princesse que j'aime beaucoup, la duchesse Alexandre de Wurtemberg[1]. Mais cette satisfaction ne m'empêche pas de regretter que la note ne soit pas signée : *Verba volant, scripta autem manent.* Je suis content de votre entretien avec le prince Adam Czartoryski ; vous aurez vu dans mon dernier numéro que je désire une réponse définitive sur l'affaire du mariage ; mais que je suis loin de vouloir lui imprimer le caractère d'un marché.

L'affaire de la traite me paraît en bonne position. Quant à celle de Naples qui me touche de bien plus près, il courait dans Vienne, au départ du duc de Richelieu, un bruit infiniment fâcheux, bruit confirmé par des lettres particulières, mais auquel votre silence à cet égard m'empêche d'ajouter foi : celui que l'Autriche s'était hautement déclarée en faveur de Murat, et cherchait à entraîner l'Angleterre dans le même parti. Le succès de votre lettre à lord Castlereagh, celui des démarches que j'ai ordonnées en conséquence, ne tarderont

---

1. Antoinette-Ernestine-Amélie de Saxe-Cobourg-Saafeld, née en 1779 épousa, en 1798, Charles-Alexandre-Frédéric, duc de Wurtemberg (1771-1833), général au service de la Russie, gouverneur de Livonie et de Courlande. Elle eut plusieurs enfants, parmi lesquels un fils, Frédéric-Guillaume-Alexandre, né en 1804, qui épousa la princesse Marie d'Orléans, fille du roi Louis-Philippe.

pas à m'éclairer sur ce que je dois espérer ou craindre. Rien n'est mieux que ce que vous proposez dans cette lettre, mais je ne suis pas sans inquiétude sur certaines promesses faites à Murat. Dussions-nous, ce dont je ne suis pas sûr, car Bonaparte a, dans ses derniers moments, fait anéantir bien des choses, dussions-nous trouver les preuves les plus évidentes, il n'est que trop connu qu'une politique astucieuse sait tirer de tout les inductions qu'elle juge à propos. Quoi qu'il en soit, poursuivons notre marche; jamais on ne m'y verra faire un seul pas en arrière.

C'était pour l'avantage du canton de Berne que j'avais consenti à l'échange d'une partie[1] du pays de Gex; mais, puisqu'on ne veut pas des conditions que j'y avais mises, je refuserai toute espèce de consentement, et je ne l'accorderai pas davantage à un arrangement qui enlèverait quelque chose de plus au roi, mon beau-frère[2]. Sur quoi je prie Dieu qu'il vous ait, mon cousin, en sa sainte et digne garde.

LOUIS.

N° 24 bis. — LES AMBASSADEURS DU ROI AU CONGRÈS, AU MINISTRE DES AFFAIRES ÉTRANGÈRES A PARIS.

Vienne, le 27 décembre 1814.

Monsieur le comte,

Nous croyons pouvoir confirmer que l'Autriche est ramenée au système que les ministres du roi au congrès ont eu l'ordre

1. Variante : portion.

2. Le roi de Sardaigne, Victor-Emmanuel Ier. On sait que Louis XVIII avait épousé sa sœur, la princesse Marie-Joséphine-Louise de Savoie. De même, le comte d'Artois avait épousé une autre fille du roi Victor-Amédée, la princesse Marie-Thérèse.

de soutenir avec fermeté. L'ambassade du roi, en suivant la ligne des principes tracée par ses instructions, a contribué essentiellement à relever le cabinet de Vienne, et à lui imprimer une énergie qu'il n'avait pas.

Les Prussiens, dans une note assez forte, ont plaidé la cause de l'incorporation de la Saxe; le prince de Metternich y a répondu, et, pour la première fois, il a osé quitter le caractère de coalisé et nous communiquer sa note.

M. le prince de Talleyrand a cru devoir profiter de cette circonstance pour exposer les véritables principes de la politique du cabinet de France; et pour faire connaître ceux qui le guident et le guideront toujours. Communication de cette dernière note a été donnée à lord Castlereagh et au prince de Wrède.

M. le prince de Talleyrand joint dans sa lettre au roi des copies de ces différentes pièces.

Vous observerez, monsieur le comte, que la lettre à lord Castlereagh renferme une logique simple et précise, qui doit faire sentir à ce ministre que la vérité et la justice ne sont qu'une et ne peuvent triompher par les moyens et les raisonnements dont il s'est servi jusqu'ici.

Il nous est revenu que l'empereur François a été attaqué de nouveau par l'empereur Alexandre, qui lui a demandé s'il avait lu la note du cabinet prussien, et que l'empereur François avait répondu : *qu'il l'avait lue attentivement ; qu'avant cette lecture, il avait déjà pris son parti, mais qu'il était plus déterminé que jamais à ne pas consentir à l'incorporation de la Saxe à la Prusse.*

Depuis, l'empereur Alexandre et le roi de Prusse ont nommé des plénipotentiaires pour traiter la question des limites en

Pologne et l'affaire de la Saxe. Nous remarquons que l'empereur de Russie a désigné M. le comte de Rasumowski, comme pouvant être agréable à la cour de Vienne. M. de Metternich traitera pour l'Autriche et M. de Hardenberg pour la Prusse. M. de Wessenberg y tiendra le protocole.

Cette affaire va donc être, enfin, discutée officiellement ; elle pourra souffrir quelque contradiction, mais probablement, elle se terminera au très grand avantage de la Russie.

Pour concilier et rapprocher les différents états statistiques que les Prussiens et les autres cabinets présentaient pour l'exécution des engagements pris dans les différents traités, lord Castlereagh avait proposé de former une commission chargée de ce travail. Les Prussiens y consentirent, à condition que les commissaires français en seraient écartés. Lord Stewart fut chargé d'annoncer cette insolente disposition à M. le prince de Talleyrand. Celui-ci, ressentant vivement l'indécence de ce procédé, déclara qu'un commissaire français serait admis ou que l'ambassade de France quitterait Vienne le lendemain. Il ajouta qu'il voulait une réponse dans la soirée même. La réponse fut donnée affirmativement et dans les formes les plus déférentes.

M. le prince de Metternich, en sa qualité de président, a proposé pour cette commission les instructions jointes sous le numéro 1. M. de Talleyrand y a répondu par le numéro 2 et a remis au commissaire français des instructions analogues à sa note.

La commission se compose de :

1° Lord Clancarty ;

2° M. le comte de Munster ;

3° M. le baron de Wessenberg ;

4° M. de Jordan, conseiller d'État prussien :

5° M. de Hoffmann[1],

6° M. le duc de Dalberg ;

7° M. le baron de Martin, comme secrétaire.

Les commissaires prussiens se légitimèrent en même temps comme commissaires russes ; mais, à la seconde séance, on fit connaître que M. le baron d'Anstett leur serait adjoint pour la Russie.

Nous transmettons au ministère les protocoles des séances.

Cette situation générale des affaires entretient l'espoir que la Russie va terminer ce qui concerne la question des limites en Pologne, et qu'après avoir obtenu ce qu'elle désire, elle ralentira ses efforts en faveur de la Prusse.

Le roi de Wurtemberg s'est fatigué de tous ces retards, et a quitté hier cette capitale pour retourner dans la sienne.

On a répandu qu'il avait signé une convention particulière, par laquelle il consentait à l'incorporation de la Saxe à la Prusse. M. le comte de Winzingerode, son ministre, a assuré M. le duc de Dalberg que le fait n'était point vrai, et que les discours du prince royal de Wurtemberg, qui est à la veille d'épouser la grande-duchesse d'Oldenbourg, pouvaient seuls avoir donné lieu à ce bruit.

Les Allemands, au reste, voient à regret ce mariage, parce qu'ils commencent à trouver à la Russie des intentions qui les alarment.

Le prince royal de Wurtemberg s'est, en effet, lié avec

---

1. Jean-Godefroy Hoffmann, économiste et homme d'État allemand. Né à Breslau en 1765 il fut d'abord professeur d'économie politique à Kœnigsberg. Il fut nommé conseiller d'État en 1808, assista au traité de Paris et au congrès de Vienne, et suivit le prince de Hardenberg dans plusieurs missions diplomatiques. Il mourut en 1847.

M. le baron de Stein, dont il est devenu le héros. Ils composent ensemble des constitutions dans lesquelles chacun prend son rôle ; et il est probable que cette intrigue, ouvrant les yeux aux autres États de l'Allemagne, les déterminera à préférer une espèce de ligue militaire à une constitution dont tous pourraient être dupes.

Dans les affaires d'Italie et dans la question de la navigation, rien n'a pu être encore avancé ; mais la commission sur le rang et les préséances s'est assemblée deux fois. Après avoir assez longuement débattu l'objet de son travail, elle est parvenue à se mettre d'accord sur le plus grand nombre d'articles. Celui relatif au salut de mer a fait naître des objections de la part du commissaire anglais ; mais, comme il n'a parlé que de l'Amérique, on pourra, en offrant de laisser à part ce qui la regarde, juger si l'Angleterre n'avait effectivement qu'elle en vue dans cette question. Les principes posés dans les instructions données par Sa Majesté ont servi de base à ce travail, et on peut le regarder comme en étant l'application.

Il nous reste à appeler l'attention du ministère sur des articles de gazettes prussiennes qui méritent d'être relevés.

Le *Correspondant de Nuremberg* (*n° 355*), en publie deux tirés de la *Gazette d'Aix-la-Chapelle*, qui sont des plus déplacés.

Il serait bon d'éclairer le public allemand sur la conduite que la Prusse a tenue depuis soixante ans, et ne citer que des faits pour expliquer les motifs qui doivent éloigner la France du système de cette puissance.

Il faut faire remarquer que tout prétexte lui est bon, que nul scrupule ne l'arrête, que la convenance est son droit ; que depuis soixante-cinq ans, elle a porté sa population de moins de quatre millions de sujets à dix millions, et qu'elle est parvenue à se former, si l'on peut ainsi parler, un cadre de monarchie immense, en acquérant çà et là des territoires qu'elle tend à réunir en incorporant ceux qui les séparent; que la chute terrible que lui a value son ambition ne l'en a pas corrigée, que si, dans ce moment, l'Allemagne est encore agitée, c'est à elle et à ses insinuations qu'on le doit; qu'elle a été la première à suivre le système des incorporations en Franconie, la première à se détacher à Bâle du système de résistance contre la Révolution, la seule à pousser à la perte de la rive gauche du Rhin...

Il faut relever fortement les menaces faites à l'égard des résultats d'une guerre nouvelle pour la tranquillité de la France. (Vous observerez, monsieur le comte, que ces articles ne doivent paraître que dans les petits journaux.)

Agréez...

N° 18. — LE PRINCE DE TALLEYRAND AU ROI LOUIS XVIII.

Vienne, le 28 décembre 1814.

SIRE,

Pendant que j'écrivais à M. de Metternich la lettre dont j'ai eu l'honneur d'envoyer une copie à Votre Majesté, les Prussiens répondaient à sa note du 10 décembre, rappelaient celle qu'il leur avait adressée le 22 octobre, et le mettaient en opposition avec lui-même; ils cherchaient à justifier leurs prétentions sur la Saxe par des autorités et des exemples, et contestaient surtout l'exactitude des calculs sur lesquels M. de Metternich s'était appuyé.

Lord Castlereagh vint chez moi avec cette réponse des Prussiens, qu'il avait eu la permission de me communiquer. (Elle me sera donnée, et j'aurai l'honneur de l'envoyer à Votre Majesté par le prochain courrier.) Il me l'a lue. Je traitai leurs raisonnements de sophismes. Je montrai que leurs autorités étaient sans poids et leurs exemples sans force, les cas ni les temps n'étant les mêmes. A mon tour, je fis lire à lord Castlereagh ma lettre[1] à M. de Metternich. Il la lut très posément ; il la lut en entier et me la rendit sans proférer un mot, soit pour approuver, soit pour contredire.

L'objet de sa visite était de me parler d'une commission qu'il voulait proposer d'établir pour vérifier les calculs respectivement produits par la Prusse et par l'Autriche. Je lui dis que je n'avais contre cela aucune objection à faire, mais que, si nous procédions pour cet objet comme on avait fait jusqu'à présent pour tant d'autres, allant au hasard, sans principes et sans règles, nous n'arriverions à aucun résultat; qu'il fallait donc commencer par poser des principes ; qu'avant de vérifier des calculs, il fallait reconnaître les droits du roi de Saxe, que nous pouvions faire à ce sujet, lui, M. de Metternich et moi, une petite convention. « Une convention, reprit-il, c'est donc une alliance que vous proposez? — Cette convention, lui dis-je, peut très bien se faire sans alliance, mais ce sera une alliance si vous le voulez. Pour moi je n'y ai aucune répugnance. — Mais une alliance suppose la guerre ou peut y mener, et nous devons tout faire pour éviter la guerre. — Je pense comme vous, il faut tout faire, excepté de sacrifier l'honneur, la justice et

1. Variante : *note*.

l'avenir de l'Europe. — La guerre, répliqua-t-il, serait vue chez nous de mauvais œil. — La guerre serait populaire chez vous, si vous lui donniez un grand but, un but véritablement européen. — Quel serait ce but? — Le rétablissement de la Pologne. » Il ne repoussa point cette idée et se contenta de répondre : « Pas encore. » Du reste, je n'avais fait prendre ce tour à la conversation que pour le sonder, et savoir à quoi, dans une supposition donnée, il serait disposé. « Que ce soit, lui dis-je, par une convention ou par des notes, ou par un protocole signé de vous, de M. de Metternich et de moi, que nous reconnaissions les droits du roi de Saxe, la forme m'est indifférente, c'est la chose seule qui importe. — L'Autriche, répondit-il, a reconnu *officiellement* les droits du roi de Saxe; vous les avez aussi reconnus *officiellement;* moi, je les reconnais *hautement;* la différence entre nous est-elle donc si grande qu'elle exige un acte tel que vous le demandez? » Nous nous séparâmes après être convenus qu'il proposerait de former une commission pour laquelle chacun de nous nommerait un plénipotentiaire.

Le lendemain matin, il m'envoya lord Stewart pour me dire que tout le monde consentait à l'établissement de la commission et que l'on n'y faisait d'autre objection, sinon que l'on s'opposait à ce qu'il y eût un plénipotentiaire français. « Qui s'y oppose? demandai-je vivement à lord Stewart. » Il me dit : « Ce n'est pas mon frère. — Et qui donc? reprisje. » Il me répondit en hésitant : « Mais... ce sont... » et finit par bégayer le mot d'*alliés.* A ce mot, toute patience m'échappa, et sans sortir dans mes expressions de la mesure que je devais garder, je mis dans mon accent plus que de la chaleur, plus que de la véhémence. Je traçai la conduite que, dans des circonstances telles que celles-ci, l'Europe avait dû s'attendre à voir tenir par les ambassadeurs d'une nation telle que la nation anglaise, et parlant ensuite de ce que lord Castlereagh n'avait cessé de faire depuis que nous étions[1] à Vienne, je dis que sa conduite ne resterait point ignorée, qu'elle serait jugée en Angleterre, comment elle le serait, et j'en laissai entrevoir les conséquences pour lui. Je ne traitai pas moins sévèrement lord Stewart lui-même pour son dévouement aux Prussiens, et je finis par déclarer que s'ils voulaient toujours être les hommes de Chaumont et faire toujours de la coalition, la France devait au soin de sa propre dignité de se retirer du congrès, et que, si la commission projetée se formait sans qu'un plénipotentiaire français y fût appelé, l'ambassade de Votre Majesté ne resterait pas un seul jour à Vienne. Lord Stewart, interdit, et avec l'air alarmé courut chez son frère ; je l'y suivis quelques moments après. Mais lord Castlereagh n'y était pas.

Le soir, je reçus de lui un billet tout de sa main, par lequel il m'annonçait qu'ayant appris de son frère ce que je désirais, il s'était empressé d'en faire part à *nos* collègues et que tous accédaient avec grand plaisir à ce qu'ils apprenaient m'être agréable.

Le même soir, M. de Metternich que j'avais vu dans le jour, fit aux puissances qui devaient concourir à la formation de la commission, une proposition que je lui avais suggérée, savoir : de convenir que les évaluations faites par la commission auraient l'autorité et la force d'une chose jugée. Il y en joi-

---

1. Variante : *depuis qu'il était.*

gnit deux autres auxquelles je m'empressai de souscrire : l'une que l'évaluation comprît tous les territoires conquis sur la France et ses alliés, l'autre qu'elle portât uniquement sur la population. Mais je demandai qu'on ajoutât que la population serait estimée, non d'après sa quotité seulement, mais aussi d'après son espèce. Car un paysan polonais sans capitaux, sans terre, sans industrie, ne doit pas être mis sur la même ligne qu'un habitant de la rive gauche du Rhin ou des contrées les plus fertiles ou les plus riches de l'Allemagne.

La commission, pour laquelle j'ai choisi[1] M. de Dalberg, s'assembla dès le lendemain. Elle travaille sans relâche, et lord Clancarty y déploie le même zèle, la même droiture et la même fermeté qu'il a montrés dans la commission pour les affaires d'Italie, dont il est aussi membre.

Je dois à la justice de dire que lord Castlereagh a mis dans cette affaire moins de mauvaise volonté que de faiblesse; mais une faiblesse d'autant plus inexcusable que l'opposition dont il s'était fait l'organe ne venait que des Prussiens.

Ma note à M. de Metternich a plu au cabinet autrichien par deux endroits: par la déclaration que la France ne prétend et ne demande rien pour elle-même et par celle qui la termine. Après avoir lu cette note, l'empereur d'Autriche a dit à M. de Sickingen : « Tout ce qui est écrit là-dedans, je le pense. »

L'empereur de Russie lui ayant demandé s'il avait lu la réponse des Prussiens à la note de M. de Metternich du 10 décembre, il lui a répondu : « Avant de la lire, j'avais pris mon parti, et j'y tiens plus fortement après l'avoir

---

1. Variante : *nommé.*

lue. » Il a, dit-on, ajouté : « Arrangeons[1], s'il est possible, les affaires, mais je prie Votre Majesté de ne plus me parler de tous ces factums-là ».

Il disait au roi de Bavière : « Je suis né Autrichien, mais j'ai la tête bohême (ce qui revient à ce qu'on appelle en France une tête bretonne). Mon parti est pris sur l'affaire de Saxe; je ne reculerai pas ».

Le prince Czartoryski, auquel j'ai communiqué ma note à M. de Metternich, en a fait faire une copie qu'il a mise sous les yeux de l'empereur Alexandre. L'empereur a été content de la partie qui a rapport à lui et à ses intérêts. Il avoue que la France est la seule puissance dont le langage n'ait pas varié et qui ne l'ait point trompé. Cependant, il a cru entrevoir qu'on lui reprochait indirectement de ne point rester fidèle à ses principes, et il a envoyé le prince Czartoryski me dire que son principe était le bonheur des peuples; à quoi j'ai répondu que c'était aussi celui de tous les chefs de la Révolution française et à toutes les époques. Il est venu aussi à l'empereur un scrupule né de la crainte que le roi de Saxe, conservé comme nous voulons qu'il le soit, ne soit très malheureux. Il le plaint, non dans sa situation actuelle, où il est dépouillé et captif; mais dans l'avenir, lorsqu'il sera remonté sur son trône et rentré dans le palais de ses pères. Mais ce scrupule n'annonce plus une résolution[2] aussi ferme de lui épargner un tel malheur.

De leur côté, les Prussiens, en consentant à la formation de la commission statistique et en y envoyant leurs plénipo-

---

1. Variante : *Arrangez.*

2. Variante : *une réflexion.*

tentiaires, ont évidemment subordonné leurs prétentions et leurs espérances sur la Saxe au résultat des travaux de la commission, et ce résultat sera très probablement favorable à la Saxe.

Ainsi l'affaire de la Saxe est dans une meilleure situation qu'elle n'ait encore été.

Celle de Pologne n'est point encore terminée, mais on parle de la terminer. Les comtes de Rasumowski et Capo d'Istria traiteront pour la Russie. M. de Metternich sera le plénipotentiaire de l'Autriche. Il est décidé à donner à ces conférences le caractère le plus officiel. M. de Wessenberg doit tenir le protocole. C'est M. de Hardenberg qui sera le plénipotentiaire prussien ; il sera seul. Comme il ne s'agira dans cette négociation que de limites, on doit voir clair dans cette affaire, d'ici à peu de jours.

Quoique j'eusse fait lire à lord Castlereagh ma lettre à M. de Metternich, j'ai voulu lui en envoyer une copie pour qu'elle pût se trouver parmi les pièces dont la communication pourra lui être un jour demandée par le parlement, et je l'ai accompagnée, non d'une lettre d'envoi pure et simple, mais de celle dont j'ai l'honneur de joindre ici une copie. Le grand problème dont le congrès doit donner la solution, y est présenté sous une nouvelle forme, et réduit à ses termes les plus simples. Les prémisses sont tellement incontestables et les conséquences en découlent si nécessairement, qu'il ne semble pas qu'il y ait rien à répondre. Je n'ai donc pas été surpris lorsque M. de Metternich m'a dit que lord Castlereagh, qui lui a[1] montré ma lettre, lui en avait paru assez embarrassé.

---

1. Variante : *lui avait.*

Il existe en Italie, comme en Allemagne, une secte d'unitaires, c'est-à-dire de gens qui aspirent à faire de l'Italie un seul et même État. L'Autriche, avertie, a fait faire dans une même nuit un grand nombre d'arrestations, dans lesquelles trois généraux de division se trouvent compromis[1], et les papiers de la secte ont été saisis chez un professeur nommé Rosari[2]. On ne sait par qui l'Autriche a été informée. Quelques-uns croient que c'est par Murat, et qu'il a livré des hommes avec lesquels il était d'intelligence, pour s'en faire un mérite auprès de cette cour-ci.

Votre Majesté a vu par les pièces que je lui ai envoyées que je ne perds pas de vue l'affaire de Naples. Je n'oublie pas non plus la *delenda Carthago*, mais ce n'est pas par là qu'il est possible de commencer.

Je pense aussi au mariage. Les circonstances ont tellement changé que si, il y a un an, Votre Majesté pouvait désirer cette alliance, c'est aujourd'hui à l'empereur de Russie de la désirer. Mais cela demande des développements que je prie Votre Majesté de me permettre de réserver pour une lettre particulière que j'aurai l'honneur de lui écrire.

Quand cette lettre parviendra à Votre Majesté, nous serons dans une nouvelle année. Je n'aurai point eu le bonheur de me trouver près de vous, Sire, le jour où elle aura commencé, et de présenter à Votre Majesté, mes respectueuses félicitations

---

1. Variante : *compris*.

2. Giovanni Rosari, né en 1766, à Parme, était un médecin distingué. En 1796, il fut un des premiers à acclamer le nouvel état de choses créé en Italie par les Français. Il devint recteur de l'université de Pavie et secrétaire général du ministère de l'intérieur. Compromis en 1814 dans un complot contre l'Autriche, il fut arrêté et emprisonné. Il mourut en 1837.

et mes vœux. Je la supplie de me permettre de les lui offrir, et de vouloir bien en agréer l'hommage.

Je suis...

N° 14 ter. — LE ROI LOUIS XVIII AU PRINCE DE TALLEYRAND.

Paris, ce 27 décembre 1814.

Mon cousin,

Je viens de recevoir la nouvelle qu'un traité de paix et d'amitié a été signé le 24 entre l'Angleterre et les États-Unis. Vous en serez sûrement instruit avant que cette dépêche vous parvienne, et je ne doute pas des démarches que vous aurez[1] faites en conséquence. Néanmoins, je me hâte de vous charger, en félicitant de ma part lord Castlereagh sur cet heureux événement, de lui faire observer tout le parti que la Grande-Bretagne peut en tirer. Libre désormais de disposer de tous ses moyens, quel plus noble emploi en peut-elle faire, que d'assurer le repos de l'Europe sur les bases de l'équité, les seules qui soient vraiment solides ? Et peut-elle y mieux parvenir qu'en s'unissant étroitement avec moi ? Le prince régent et moi, nous sommes les seuls désintéressés[2] dans cette affaire. La Saxe ne fut jamais l'alliée de la France; jamais Naples ne fut même à portée de l'assister dans aucune guerre, et il en est de même relativement à l'Angleterre. Je suis, il est vrai, le plus proche parent des deux rois ; mais je suis avant tout roi de France et père de mon peuple. C'est pour l'honneur de ma couronne, c'est pour le bonheur de mes sujets, que je ne puis consentir à laisser établir en Allemagne un germe de

---

1. Variante : *avez*.

2. Variante : *les plus* désintéressés dans cette affaire, *car la Saxe*.

guerre pour toute l'Europe ; que je ne puis souffrir en Italie un usurpateur, dont l'existence honteuse pour tous les souverains menace la tranquillité intérieure de tous les États. Les mêmes sentiments animent le prince régent, et c'est avec la plus vive satisfaction que je le vois plus en mesure de s'y livrer.

Je viens de vous parler en roi, je ne puis maintenant me refuser de vous parler en homme. Il est un cas que je ne devrais pas prévoir, où je ne songerais qu'aux liens du sang. Si les deux rois, mes cousins, étaient, comme je le fus longtemps privés de leur sceptre, errants sur la face de la terre, alors je m'empresserais de les recueillir, de subvenir à leurs besoins, d'opposer mes soins à leur infortune, en un mot, d'imiter à leur égard ce que plusieurs souverains, et surtout le prince régent, ont fait au mien, et comme eux, je satisferais à la fois mon cœur et ma dignité. Mais ce cas n'arrivera jamais, j'en ai pour garants certains la générosité de quelques-uns : le véritable intérêt[1] de tous. Sur quoi, je prie Dieu qu'il vous ait, mon cousin, en sa sainte et digne garde.

LOUIS.

N° 15 *ter*. — LE ROI LOUIS XVIII AU PRINCE DE TALLEYRAND.

Paris, ce 28 décembre 1814[2].

Mon cousin,

J'ai reçu votre numéro 17. La note de M. de Metternich m'a fait plaisir, parce qu'enfin voilà l'Autriche positivement engagée, mais votre réponse m'en a fait encore davantage. Je ne sais si l'on pourrait l'abréger, mais je sais bien que je

---

1. Variante : *l'intérêt*.

2. Variante : *30 décembre 1814*.

ne le désirerais pas, d'abord parce qu'elle dit tout et rien que tout ce qu'il fallait dire; ensuite parce que je trouve plus de cette aménité si utile, et souvent si nécessaire en affaires, à développer un peu ses idées qu'à les exprimer[1] trop laconiquement.

Ce que vous me dites de l'embarras où se trouve lord Castlereagh, me prouve que j'ai eu raison de vous envoyer ma dernière dépêche. Il est possible qu'il n'aperçoive pas la belle porte que la paix avec l'Amérique lui présente pour revenir sans honte sur ses pas.

Je suis bien aise que les affaires de la reine d'Étrurie prennent une meilleure tournure, mais je ne considère ce point que comme un acheminement vers un autre bien plus capital et auquel j'attache mille fois plus de prix.

M. de Jaucourt vous instruit sans doute de ce que M. de Butiakin[2] lui a dit; vous êtes plus à portée que moi de savoir la vérité de ce qu'il rapporte au sujet de Vienne, mais, s'il est vrai comme cela est vraisemblable, que la nation russe, qui, malgré l'autocratie[3], compte bien pour quelque chose, met de l'amour-propre au sujet du mariage, qu'elle se souvienne que, *qui veut la fin veut les moyens*. Quan à moi, j'ai donné mon *ultimatum* et je n'y changerai rien.

Sur quoi, je prie Dieu, qu'il vous ait, mon cousin, en sa sainte et digne garde.

LOUIS.

1. Variante : *exposer*.

2. Attaché à l'ambassade de Russie à Paris.

3. Variante : *aristocratie*.

N° 22 *bis*. — LES AMBASSADEURS DU ROI AU CONGRÈS, AU MINISTRE DES AFFAIRES ÉTRANGÈRES A PARIS.

Vienne, le 3 janvier 1815.

Monsieur le comte,

La situation des affaires s'est améliorée, et l'Autriche et l'Angleterre se sont rapprochées du système que l'ambassade du roi a défendu et soutenu jusqu'ici.

Le cabinet russe a présenté, à la seconde conférence réunie pour régler le partage du grand-duché de Varsovie, des articles qui renfermaient toutes ses prétentions pour lui et pour la Prusse.

Il part du principe que le grand-duché de Varsovie est à la Russie, et qu'elle en détache et cède quelques parcelles à la Prusse et à l'Autriche. L'incorporation de la Saxe à la Prusse est formellement établie, et un équivalent de sept cent mille âmes, stipulé en faveur du roi de Saxe, sur la rive gauche du Rhin. Nous pouvons espérer qu'au moyen d'un *commun accord* ces propositions seront repoussées. Les négociateurs prussiens ont demandé un contre-projet auquel on va travailler.

Les affaires d'Italie vont être reprises. Après trois semaines d'attente, la commission a reçu le mémoire de l'Autriche sur les questions de la Toscane, de Parme...

Le rapport sur les affaires de Suisse va être discuté demain dans la commission réunie à cet effet. On écartera la proposition de l'échange du pays de Gex.

L'empereur de Russie est embarrassé de la position qu'il a prise. Lui-même avait dit à M. le prince de Talleyrand qu'il désirait que la France participât aux discussions qui auraient lieu dans la commission réunie pour les affaires de Pologne et de Saxe. Le lendemain, son ministre, le comte de Rasumowski déclina que M. le prince de Talleyrand dût assister aux conférences. Telle est la marche incohérente de ce souverain.

On doit cependant encore se flatter qu'il reviendra sur une partie de ses prétentions. On s'attend que le roi de Saxe devra se soumettre à la perte de la moitié de ses États ; mais que le principe de sa conservation sera sauvé ; et que ce qui pourra encore être obtenu sur la partie du grand-duché de Varsovie que la Russie veut incorporer sera en diminution nécessaire aux arrangements arrêtés en faveur de la Prusse, par les différents traités faits entre les puissances alliées.

Agréez ...

N° 19. — LE PRINCE DE TALLEYRAND AU ROI LOUIS XVIII.

Vienne, le 4 janvier 1815.

SIRE,

J'ai reçu la lettre dont Votre Majesté a daigné m'honorer le 23 du mois dernier.

Le 21 du présent mois, anniversaire d'un jour d'horreur et de deuil éternel, il sera célébré dans l'une des principales églises de Vienne un service solennel et expiatoire. J'en fais faire les préparatifs. En les ordonnant, je n'ai pas suivi seulement l'impulsion de mon cœur, j'ai encore pensé qu'il fallait[1] que les ambassadeurs de Votre Majesté, se rendant les interprètes de la douleur de la France, la fissent éclater en

---

1. Variante : *qu'il convenait.*

terre étrangère, et sous les yeux de l'Europe rassemblée. Tout, dans cette triste cérémonie, doit répondre à la grandeur de son objet, à celle de la couronne de France et à la qualité de ceux qu'elle doit avoir pour témoins. Tous les membres du congrès y seront invités, et je me suis assuré qu'ils y viendraient. L'empereur d'Autriche m'a fait dire qu'il y assisterait. Son exemple sera sans doute imité par les autres souverains. Tout ce que Vienne offre de plus distingué dans les deux sexes se fera un devoir de s'y rendre. J'ignore encore ce que cela coûtera ; mais c'est une dépense nécessaire.

La nouvelle de la signature de la paix entre l'Angleterre et les États-Unis d'Amérique me fut annoncée le premier jour de l'an par un billet de lord Castlereagh. Je m'empressai de lui en adresser mes félicitations ; et je m'en félicitai moi-même, sentant bien quelle influence cet événement pouvait avoir et sur les dispositions de ce ministre et sur les déterminations de ceux dont nous avions eu, jusque-là, les prétentions à combattre. Lord Castlereagh m'a fait voir le raité. Il ne blesse l'honneur d'aucune des deux parties, et les satisfera conséquemment toutes deux.

Cette heureuse nouvelle n'était que le précurseur d'un événement bien plus heureux encore.

L'esprit de la coalition et la coalition même avaient survécu à la paix de Paris. Ma correspondance, jusqu'à ce jour, en a offert à Votre Majesté des preuves multipliées. Si les projets que je trouvai formés en arrivant ici eussent été exécutés, la France aurait pu se trouver pendant un demi-siècle isolée en Europe, sans y avoir un seul bon rapport. Tous mes efforts tendaient à prévenir un tel malheur ; mais mes meilleures espérances n'allaient point jusqu'à me flatter d'y réussir complètement.

Maintenant, Sire, la coalition est dissoute, et elle l'est pour toujours. Non seulement la France n'est plus isolée en Europe ; mais Votre Majesté a déjà un système fédératif tel que cinquante ans de négociations ne semblaient[1] pas pouvoir parvenir à le lui donner. Elle marche de concert avec deux des plus grandes puissances, trois États du second ordre, et bientôt tous les États qui suivent d'autres principes et d'autres maximes que les principes et les maximes révolutionnaires. Elle sera véritablement le chef et l'âme de cette union, formée pour la défense des principes qu'elle a été la première à proclamer.

Un changement si grand et si heureux ne saurait être attribué qu'à cette protection de la Providence, si visiblement marquée dans le retour[2] de Votre Majesté.

Après Dieu, les causes efficientes de ce changement ont été :

Mes lettres à M. de Metternich et à lord Castlereagh, et l'impression qu'elles ont produite ;

Les insinuations que, dans la conversation dont ma dernière lettre a rendu compte à Votre Majesté, j'ai faites à lord Castlereagh, relativement à un accord avec la France ;

Les soins que j'ai pris de calmer ses défiances, en montrant, au nom de la France, le désintéressement le plus parfait ;

La paix avec l'Amérique, qui, le tirant d'embarras de ce côté, l'a rendu plus libre d'agir et lui a donné plus de courage ;

---

1. Variante : ne *sembleraient*.

2. Variante : *par* le retour.

Enfin, les prétentions de la Russie et de la Prusse, consignées dans le projet russe dont j'ai l'honneur de joindre ici une copie et surtout, le ton avec lequel ces prétentions ont été mises en avant et soutenues, dans une conférence entre leurs plénipotentiaires et ceux de l'Autriche. Le ton arrogant pris dans cette pièce indécente et amphigourique avait tellement blessé lord Castlereagh, que, sortant de son calme habituel, il avait déclaré que les Russes prétendaient donc imposer la loi, et que l'Angleterre n'était pas faite pour la recevoir de personne.

Tout cela l'avait disposé, et je profitai de cette disposition pour insister sur l'accord dont je lui parlais depuis longtemps. Il s'anima assez pour me proposer d'écrire ses idées à cet égard. Le lendemain de cette conversation, il vint chez moi, et je fus agréablement surpris lorsque je vis qu'il avait donné à ses idées la forme d'articles.

Je l'avais, jusqu'à présent, fort peu accoutumé aux éloges, ce qui le rendit plus sensible à tout ce que je lui dis de flatteur sur son projet. Il demanda que nous le lussions avec attention, M. de Metternich et moi. Dans la soirée[1], et après avoir fait quelques changements de rédaction, nous l'avons adopté sous la forme de convention. Dans quelques articles, la rédaction aurait pu être plus soignée; mais avec des gens d'un caractère faible, il fallait se presser de finir, et nous l'avons signée cette nuit. Je m'empresse de l'adresser à Votre Majesté.

Elle m'avait autorisé en général, par ses lettres et spécialement par ses instructions particulières du 25 octobre, à

---

1. Variante : *Je pris heure dans la soirée*, et après.

promettre à l'Autriche et à la Bavière *sa coopération la plus active*, et conséquemment à stipuler en faveur de ces deux puissances les secours dont les forces qui leur seraient opposées en cas de guerre rendraient la nécessité probable. Elle m'y avait autorisé, même dans la supposition que l'Angleterre restât neutre. Or l'Angleterre, aujourd'hui, devient partie active, et, avec elle, les Provinces Unies et le Hanovre, ce qui rend la position de la France superbe.

Le général Dupont m'ayant écrit le 9 novembre que Votre Majesté aurait au 1er janvier, cent quatre-vingt mille hommes disponibles, et cent mille de plus au mois de mars, sans faire aucune nouvelle levée, j'ai pensé qu'un secours de cent cinquante mille hommes pouvait être stipulé sans inconvénient. L'Angleterre s'engageant à fournir le même nombre de troupes, la France ne pouvait pas rester, à cet égard, au-dessous d'elle.

L'accord n'étant fait que pour un cas de défense, les secours ne devront être fournis que si l'on est attaqué ; et il est grandement à croire que la Russie et la Prusse ne voudront pas courir cette chance.

Toutefois, ce cas pouvant arriver et rendre nécessaire une convention militaire, je prie Votre Majesté de vouloir bien ordonner que M. le général Ricard[1] me soit envoyé pour m'assister. Il a la confiance de M. le maréchal duc de Dalmatie ; ayant été longtemps en Pologne et particulièrement à Varsovie, il a des connaissances locales qui peuvent être

---

1. Étienne Ricard, né en 1771 à Castres, engagé volontaire en 1792. Il devint l'aide de camp de Soult, et fut promu général de brigade en 1806. Il se rallia aux Bourbons en 1814, fut nommé pair de France. Il prit sa retraite en 1821, et mourut en 1843.

fort utiles pour des arrangements de cette nature et l'opinion qui m'a été donnée de son mérite et de son habileté me le font préférer à tout autre. Mais il est nécessaire qu'il vienne incognito, et que le ministre de la guerre, après lui avoir donné les documents nécessaires, lui recommande le plus profond secret. D'après ce qu'on m'en a dit, c'est un homme bien élevé, à qui Votre Majesté pourrait même, si elle le jugeait convenable, donner directement des ordres.

Je supplie Votre Majesté de vouloir bien ordonner que les ratifications de la convention soient expédiées et me soient envoyées le plus promptement qu'il sera possible[1]. Votre Majesté croira sûrement devoir recommander à M. de Jaucourt de n'employer pour ce travail que des hommes de la discrétion la plus éprouvée.

L'Autriche ne voulant point aujourd'hui envoyer[2] de courriers à Paris, pour ne point éveiller de soupçons, et voulant que son ministre ait connaissance de la convention, désire que M. de Jaucourt la fasse lire à M. de Vincent, en lui disant[3] qu'elle doit être très secrète.

J'espère que Votre Majesté voudra bien ensuite grossir de ces deux pièces le recueil de toutes celles que j'ai eu l'honneur de lui envoyer jusqu'à ce jour.

Le but de l'accord que nous venons de faire est de compléter les dispositions du traité de Paris, de la manière la plus conforme à son véritable esprit, et au plus grand intérêt de l'Europe.

1. Variante : *le plus promptement possible.*

2. Variante : envoyer *aujourd'hui.*

3. Variante : *également.*

Mais, si la guerre venait à éclater, on pourrait lui donner un but qui en rendrait le succès presque infaillible, et procurerait à l'Europe des avantages incalculables.

La France, dans une guerre noblement faite[1], achèverait de reconquérir l'estime et la confiance de tous les peuples, et une telle conquête vaut mieux que celle d'une ou de plusieurs provinces, dont la possession n'est heureusement nécessaire, ni à sa force réelle, ni à sa prospérité[2].

Je suis...

---

1. Variante : *aussi* noblement faite.
2. Voir l'Appendice qui suit. On y trouvera le texte du traité du 3 janvier, et une longue note de M. de Bacourt.

APPENDICE

Nous donnons ici le texte de la convention du 3 janvier 1815, quoique nous n'en ayons trouvé aucune copie dans les papiers de M. Talleyrand, pas plus que des autres pièces dont il fait mention dans ses dépêches. Mais cette convention a été publiée dans les *State-papers* anglais, d'où nous la tirons, et nous la ferons suivre de quelques détails, en partie ignorés, en partie oubliés par M. de Talleyrand, sur la publicité qu'elle reçut dans le temps.

TRAITÉ SECRET D'ALLIANCE DÉFENSIVE CONCLU A VIENNE LE 3 JANVIER 1815 ENTRE L'AUTRICHE, LA FRANCE ET LA GRANDE-BRETAGNE.

Au nom de la très sainte et indivisible Trinité.

Sa Majesté le roi du royaume-uni de la Grande-Bretagne et d'Irlande, Sa Majesté le roi de France et de Navarre, et Sa Majesté l'empereur d'Autriche, roi de Hongrie et de Bohême, étant convaincus que les puissances, qui ont à compléter les dispositions du traité de Paris, doivent être maintenues dans un état de sécurité et d'indépendance parfaites, pour pouvoir fidèlement et dignement s'acquitter d'un si important devoir, regardant en conséquence comme nécessaire, à cause de prétentions récemment manifestées, de pourvoir aux moyens de repousser toute agression à laquelle leurs propres possessions ou celles de l'un d'eux pourraient se trouver exposées, en haine des propositions qu'ils auraient cru de leur devoir de faire et de soutenir d'un commun accord, par principe de justice et d'équité ; et n'ayant pas moins à cœur de compléter les dispositions du traité de Paris de la manière la plus conforme qu'il sera possible à ses véritables but et esprit, ont à ces fins résolu de faire entre eux une convention solennelle et de conclure une alliance défensive.

En conséquence, Sa Majesté le roi du royaume-uni de la Grande-Bretagne et d'Irlande a, à cet effet, nommé pour son plénipotentiaire, le très honorable Robert Stewart, vicomte Castlereagh...

Sa Majesté le roi de France et de Navarre, M. Charles-Maurice de Talleyrand-Périgord, prince de Talleyrand...

Et Sa Majesté l'empereur d'Autriche, roi de Hongrie et de Bohême, M. Clément-Wenceslas-Lothaire, prince de Metternich-Winneburg-Ochsenhausen...

Lesquels, après avoir échangé leurs pleins pouvoirs, trouvés en bonne et due forme, sont convenus des articles suivants :

Article premier. — Les hautes parties contractantes s'engagent réciproquement, et chacune d'elles envers les autres, à agir de concert, avec le plus parfait désintéressement et la plus complète bonne foi, pour faire qu'en exécution du traité de Paris, les arrangements qui doivent en compléter les dispositions soient effectués de la manière la plus conforme qu'il sera possible au véritable esprit de ce traité.

Si, par suite, et en haine des propositions qu'elles auront faites et soutenues d'un commun accord, les possessions d'aucune d'elles étaient attaquées, alors, et dans ce cas, elles s'engagent et s'obligent à se tenir pour attaquées toutes trois, à faire cause commune entre elles, et à s'assister mutuellement pour repousser une telle agression avec toutes les forces ci-après spécifiées.

Article II. — Si par le motif exprimé ci-dessus, et pouvant seul amener le cas de la présente alliance, l'une des hautes parties contractantes se trouvait menacée par une ou plusieurs puissances, les deux autres parties devront, par une intervention amicale, s'efforcer, autant qu'il sera en elles, de prévenir l'agression.

Article III. — Dans le cas où leurs efforts pour y parvenir seraient inefficaces, les hautes parties contractantes promettent de venir immédiatement au secours de la puissance attaquée, chacune d'elles avec un corps de cent cinquante mille hommes.

Article IV. — Chaque corps auxiliaire sera respectivement composé de cent vingt mille hommes d'infanterie et de trente mille hommes de cavalerie, avec un train d'artillerie et de munitions proportionné au nombre des troupes.

Le corps auxiliaire, pour contribuer de la manière la plus efficace à la défense de la puissance attaquée ou menacée, devra être prêt à entrer en campagne dans le délai de six semaines au plus tard, après que la réquisition en aura été faite.

Article V. — La situation des pays qui pourraient devenir le théâtre de la guerre, ou d'autres circonstances pouvant faire que l'Angleterre éprouve des difficultés à fournir, dans le terme fixé, le secours stipulé en troupes anglaises et à le maintenir sur le pied de guerre, Sa Majesté britannique se réserve le droit de fournir son contingent à la puissance requérante en troupes étrangères, à la solde de l'Angleterre, ou de payer annuellement à ladite puissance une somme d'argent, calculée à raison de vingt livres sterling par chaque soldat d'infanterie, et de trente livres sterling par cavalier, jusqu'à ce que le secours stipulé soit complété.

Le mode d'après lequel la Grande-Bretagne fournira son secours sera déterminé à l'amiable, pour chaque cas particulier, entre Sa Majesté britannique et la puissance menacée, aussitôt que la réquisition aura eu lieu.

Article VI. — Les hautes parties contractantes s'engagent, pour le cas où la guerre surviendrait, à convenir à l'amiable du système de coopération le mieux approprié à la nature ainsi qu'à l'objet de la guerre, et à régler de la sorte les plans de campagne, ce qui concerne le commandement par rapport auquel toutes facilités seront données, les lignes d'opération des corps qui seront respectivement employés, les marches de ces corps et leurs approvisionnements en vivres et en fourrages.

Article VII. — S'il est reconnu que les secours stipulés ne sont pas proportionnés à ce que les circonstances exigent, les hautes parties contractantes se réservent de convenir entre elles, dans le plus bref délai, d'un nouvel arrangement qui fixe le secours additionnel qu'il sera jugé nécessaire de fournir.

Article VIII. — Les hautes parties contractantes se promettent l'une à l'autre que, si celles qui auront fourni les secours stipulés ci-dessus se trouvent, à raison de ce, engagées dans une guerre directe avec la puissance contre laquelle ils auront été fournis, la partie requérante et les parties requises, étant entrées dans la guerre comme auxiliaires, ne feront la paix que d'un commun consentement.

Article IX. — Les engagements contractés par le présent traité ne préjudicieront en rien à ceux que les hautes parties contractantes, ou aucune d'elles, peuvent avoir et ne pourront empêcher ceux qu'il leur plairait de former avec d'autres puissances, en tant, toutefois, qu'ils ne sont et ne seront point contraires à la fin de la présente alliance.

Article X. — Les hautes parties contractantes, n'ayant aucune vue d'agrandissement et n'étant animées que du seul désir de se protéger mutuellement dans l'exercice de leurs droits et dans l'accomplissement de leurs devoirs comme États indépendants, s'engagent, pour les cas où, ce qu'à Dieu ne plaise, la guerre viendrait à éclater, à considérer le traité de Paris comme ayant force pour régler, à la paix, la nature, l'étendue et les frontières de leurs possessions respectives.

Article XI. — Elles conviennent, en outre, de régler tous les autres objets d'un commun accord, adhérant, autant que les circonstances pourront le permettre, aux principes et aux dispositions du traité de Paris, susmentionné.

Article XII. Les hautes parties contractantes se réservent, par la présente convention, le droit d'inviter toute autre puissance à accéder à ce traité dans tel temps et sous telles conditions qui seront convenus entre elles.

Article XIII. — Sa Majesté le roi du royaume-uni de la Grande-Bretagne et d'Irlande, n'ayant sur le continent de l'Europe aucune possession qui puisse être attaquée dans le cas de guerre auquel le présent traité se rapporte, les hautes parties contractantes conviennent que ledit cas de guerre survenant, si les territoires de Sa Majesté le roi de Hanovre ou les territoires de Son

Altesse le prince souverain des Provinces-Unies, y comprise ceux qui se trouvent actuellement soumis à son administration, étaient attaqués, elles seront obligées d'agir pour repousser cette agression, comme si elle avait lieu contre leur propre territoire.

ARTICLE XIV. — La présente convention sera ratifiée, et les ratifications en seront échangées à Vienne, dans le délai de six semaines, ou plus tôt si faire se peut.

En foi de quoi les plénipotentiaires respectifs l'ont signée et y ont apposé le cachet de leurs armes.

Fait à Vienne, le trois janvier, l'an de grâce mil huit cent quinze.

                      CASTLEREAGH.
                      Le prince DE METTERNICH.
                      Le prince DE TALLEYRAND.

ARTICLE SÉPARÉ ET SECRET.

Les hautes parties contractantes conviennent spécialement, par le présent article, d'inviter le roi de Bavière, le roi de Hanovre et le prince souverain des Provinces-Unies, à accéder au traité de ce jour, sous des conditions raisonnables pour ce qui sera relatif à la quotité des secours à fournir pour chacun d'eux; les hautes parties contractantes s'engageant, de leur côté, à ce que les clauses respectives des traités en faveur de la Bavière, du Hanovre et de la Hollande reçoivent leur plein et entier effet.

Il est entendu cependant que, dans le cas où l'une des puissances ci-dessus désignées refuserait son accession, après avoir été invitée à la donner, comme il est dit ci-dessus, cette puissance sera considérée comme ayant perdu tout droit aux avantages auxquels elle aurait pu prétendre, en vertu des stipulations de la convention de ce jour.

Le présent article séparé et secret aura la même force et valeur que s'il était inséré mot à mot à la convention de ce jour; il sera ratifié et les ratifications en seront échangées en même temps.

En foi de quoi les plénipotentiaires respectifs l'ont signé et y ont apposé le cachet de leurs armes.

Fait à Vienne, le trois janvier mil huit cent quinze.

                      (*Suivent les signatures.*)

Le roi Louis XVIII, ainsi qu'on l'a vu par la dépêche de M. de Talleyrand, reçut une copie de la convention du 3 janvier, et l'original de cette convention restée secrète avait été déposé au ministère des affaires étrangères à Paris. Lorsque l'empereur Napoléon revint de l'île d'Elbe, on assure qu'un employé supérieur de ce ministère, voulant se faire valoir près de lui, porta à l'empereur la convention en question. Une autre version voudrait que c'eût été dans le secrétaire même de Louis XVIII que Napoléon trouva la convention. Quoi qu'il en soit sur le plus ou moins de vraisemblance de ces deux versions, il reste certain que Napoléon eut connaissance de la convention, et ne perdit pas un instant pour essayer d'en tirer parti.

Tout le corps diplomatique étranger accrédité près de Louis XVIII avait quitté Paris bientôt après l'entrée de l'empereur Napoléon dans cette capitale. Un employé de la légation de Russie, M. Butiakin, celui même dont il est fait mention dans une des dépêches de M. de Talleyrand, y avait prolongé son séjour. Le duc de Vicence, devenu ministre des affaires étrangères, le fait appeler, lui dit qu'il a une communication importante à faire parvenir à l'empereur de Russie, et lui demande s'il voudrait s'en charger, mais à la condition de la porter sans retard. M. Butiakin accepta, et, peu d'heures après, le duc de Vicence lui remit un paquet qui contenait une copie de la convention et une lettre par laquelle il cherchait à enflammer l'empereur Alexandre contre les alliés perfides qui le trompaient. Napoléon avait cru par ce moyen rompre la coalition.

M. Butiakin arriva à Vienne dans les premiers jours du mois d'avril 1815. Peu après son arrivée, l'empereur Alexandre invita M. de Metternich à se rendre chez lui et lui montra la copie de la convention en lui disant : « Connaissez-vous cela ? » Après avoir joui pendant quelque temps de l'embarras du ministre autrichien, il lui dit avec douceur : « Mais oublions tout cela ; il s'agit de renverser notre ennemi commun, et cette pièce que lui-même m'a envoyée prouve combien il est dangereux et habile. » Et, en même temps, l'empereur Alexandre jeta la pièce au feu. Il fit aussi promettre à M. de Metternich de ne rien communiquer à M. de Talleyrand de ce qui venait de se passer, et M. de Metternich, heureux d'échapper à si bon marché de ce méchant pas, promit et se tut.

L'empereur Alexandre croyait avoir encore besoin de M. de Metternich et il le ménagea dans cette circonstance critique. Mais il n'en fut pas de même avec M. de Talleyrand, auquel il ne dit pas un mot de la convention du 3 janvier, réservant, sans doute, sa vengeance pour une autre occasion. En effet, après la bataille de Waterloo et la rentrée du roi à Paris, les plénipotentiaires russes, qui, l'année précédente, s'étaient montrés si conciliants, et qui avaient toujours travaillé à amoindrir les exigences de leurs collègues envers la France, devinrent aussi difficultueux que ceux-ci, et ce n'est qu'après la retraite de M. de Talleyrand et l'entrée du duc de Richelieu au ministère, que les plénipotentiaires russes prirent, dans une certaine mesure, le parti de la France contre les prétentions exorbitantes des autres puissances. (*Note de M. de Bacourt.*)

FIN DU TOME DEUXIÈME

TABLE DU TOME DEUXIÈME

SIXIÈME PARTIE

1809-1813 1

SEPTIÈME PARTIE

Chute de l'Empire. — Restauration 127
Appendice 257

HUITIÈME PARTIE

Congrès de Vienne (1814-1815) 273
Appendice 561

www.ingramcontent.com/pod-product-compliance
Lightning Source LLC
Chambersburg PA
CBHW060752230426
43667CB00010B/1534